Senkrechtstarter

Eine halbkreisförmige Bucht in Messenien, ihre Form erinnert an den griechischen Großbuchstaben Oméga (Ω). Ist das Happy End schon da? Ja. Nein. Wie es Euch gefällt! Der Name Voidokiliá-Bucht bedeutet ›Ochsenbauch‹ – Ironie? Alles eine Frage der Lesart. Zweifellos wunderschön ist auch der feinsandige Strand vor niedrigem Türkiswasser. Authentisch, doch gut besucht. Typisch und untypisch Peloponnes. Landeinwärts und entlang der Küsten warten eine Menge Wunder. Vermutlich schließt sich ihr Kreis hier noch nicht. Es fängt alles erst an …

AF514166

Überflieger
Río
Brücke als Kunstwerk
Pátra
Street-Art-Metropole
Kalógria
Diakoptó
Feuchtgebiete am Strand
Abenteuerlich durch die Schlucht
Kalávrita
Scham der Schande
Loutrá Kyllínis
Lambía
Wie Pech und Schwefel
Vorsicht: Kreuzfahrtdampfer
Heiliges Feuer
Ruhe
Olympia
Katákolo
Water Power & alte Klöster
Kaïáfa
Loúsios
Viel Platz zum Stranden
Wasserfall
Néda-Schlucht
Kokette Küste
Dorf in antiker Hauptstadt
Heldenstadt
Messene
Nestors Palast
Cool statt oll
Spartí
Chóra
Kalamáta
Mistrás
Polilímnio
Navaríno-Bucht
Von See zu See
Ruinen für Bergsteiger
Methóni
Finikoúnda
Koróni
Die Burg Venedigs
Hafen mit Fischerflair
Surfin' PPS
Wildes, schönes Land
Máni
Delfine und Carettas
Kap Tenáro
Das Ende der Welt?

Der Peloponnes — vom Mittelmeer sanft umspült! Mal eben drüberfliegen, von Ost nach West und von Nord nach Süd. Viel Meer, viel Gebirge, viel Küste, viel Urlaub! Noch immer ein echtes Stück Griechenland.

Querfeldein

Fundstücke — rundum Küste und innen Gebirge, buntes Treiben und beruhigende Stille. Der Peloponnes verspricht neben mythischem Stoff ganz viel Erholung.

Hellas tiefer Süden

Der Peloponnes liegt am Ende Europas und dies ist in diesem Fall der Süden des Kontinents, wobei die Halbinsel nur durch den schmalen Landstreifen in Korinth mit dem griechischen Festland verbunden ist. Von dieser großen Halbinsel blickt man hinaus aufs unendlich weite Mittelmeer, zurück auf unerwartet-imposante Gebirgsgefüge und steht dabei auf dem Boden, auf dem europäische Gründungsmythen entstanden.

Rundum Küste

Die vielen Buchten zeigen von rot-erdigem Sand über feine Dünen bis hin zu groben, grauen Kieseln vielfältige Formationen. Der Kalógria-Strand ist wie aus einem Bilderbuch - und dann erst die Bucht von Navaríno mit dem weißen, fast kreisrunden Voidokiliá Beach. Das A und O des Badens, doch den besten Strand muss jeder selbst küren- hier haben Sie die zuckersüße Qual der Wahl!

Máni? Oder Manie?

Das beliebte Reiseziel Máni erinnert klanglich an den übersteigerten Gemütszustand der Manie. Tatsache, der Apfel fällt nicht so weit vom Stamm: So sagt jemand, der grollt und nicht bereit ist, zu vergeben: »Ich halte es maniotisch« *(To kratáo maniátiko)*. Die Rachemorde zwischen manisch-maniotischen Familienclans sollen hinter dem Ausdruck stecken.

Von oben sehe ich, wo die Wolken unten im Tal gerade ihre Schatten werfen. Ständig dynamisch im Fluss. Unten im Meer zeichnen die Strömungen ein bewegliches Netz – wie die Äste und Zweige einer Baumkrone im Wind, denke ich, und spüre die Adern, die durch meinen Körper ziehen.

Überraschungen überall

Jeder Stein ein Mythos – also unterwegs Steine umdrehen und durchs Buch blättern! Wer nicht unterm Sonnenschirm der Beach Bar liest, taucht nach Ruinen oder surft. Da liegt Orangenduft in der Luft, da hilft man bei der Olivenernte, klettert Klippen hoch, reitet ins Meer, verkostet ungeahnt gute Weine, jubelt Jecken zu, decodiert Graffiti, schreitet durch antike Gräber und Tempel, lässt Maria beim Dorffest hochleben, badet im Bächlein im Wald, sieht Schildkröten und wie Honig entsteht, schunkelt vollgegessen zum Rembétiko, küsst Ikonen und lässt bei bestem Meer-und-Gebirgs-Panorama den lieben Gott ein frommes Männlein sein.

Für Schatzgräber
Dicht an dicht liegt das Weltkulturerbe der archäologischen Stätten auf dem Peloponnes. Wer auch mal eine Grube graben will, in die niemand fallen soll, der kann die akribische Archäologie vor Ort im Schnelldurchlauf simulieren.

»Goethe hat sich Hellas mit der Seele genähert, ich mit festem Schuhwerk. Ich bin ins Schwitzen gekommen, Goethe ins Schwärmen.«
Nicole Quint

Reichlich Gebirge

Hinter der Küste geht es steil rauf. Für alle, die gern in der Höhe durch quasi unberührte Natur spazieren, ist der Peloponnes eine wahre Wonne! Der Europäische Wanderweg E4 verbindet Égio über Kalávrita und Sparta mit Gíthio. Auch das saftig grüne Loúsios-Tal, die wilde Máni, Monemvasiá und Méthana lassen sich prima zu Fuß erkunden – erst recht die Vouraïkós-Schlucht! Nicht alle Wege sind tipptopp erschlossen, stets steht die Einladung zum Erforschen!

Inhalt

Vor Ort

Achaía und Ilía 14

Alte Olivenbäume, uralte Kirchen, ein griechischer Kaffee und natürlich der beruhigende Blick auf Meer und Berge – der Peloponnes, hier in Monemvasiá, ist die schönste Region Griechenlands.

Messinía 68

Máni-Halbinsel 96

Lakonía 122

Arkadía 150

In der Felsenstadt Monemvasiá sind die Pflastersteine der Platía glatt gelaufen – Seite 139

Argolída und Korinthía 176

Das Kleingedruckte

Das Magazin

Vor

Mit Freunden die Aussicht genießen: von der Palamídi-Festung in Náfplio auf den Argolischen Golf und die zauberhaft-historische Altstadt mit ihren klassizistischen Häusern.

Ort

Achaía und Ilía

Im Nordwesten — erst die lebendige Großstadt Pátra, dann sattgrüne Landschaften und ruhige Badeorte an der Küste. Auf den Spuren der Olympischen Spiele trifft man Oasen der Ruhe, in den Bergen verstecken sich unerwartete Naturräume.

Eintauchen

Wo in der Welt war das griechische Feuer noch nicht?

Seite 17

Pátra

Als Unistadt (dt. Patras) ist die Metropole hip und jung genug, um die Nacht zum Tag zu machen. Locker schlendert man durch Ladenstraßen – aufgefrischt durch Street-Art-Kunst. Noch schöner wird's in der Oberstadt.

Seite 30

Kalávrita

Erfrischend und traditionell zeigt sich das Gebirgsstädtchen im Sommer. Belebter sind die romantischen Gassen in der Wintersportsaison. Um die Verbrechen der deutschen Wehrmacht kommt man aber nicht herum.

Seite 38

Vouraïkós-Schlucht

Auf alten Gleisen wandert man durch die Schlucht gen Küste. Wer nicht laufen will, fährt mit der Zahnradbahn.

Seite 41

Diakoptó

Das nette Fischerstädtchen an der Nordküste ist Startpunkt für Touren ins Gebirge.

Seite 42

Kalógria

Relaxen, Wassersport oder Naturexkursion: Ein breiter Sandstrand begrenzt das Waldreservat Strofiliá.

Seite 52

Kaïáfas

Ein altes Kurhotel auf einer Halbinsel im See, die Ufer voller Sumpfschildkröten. Wer in der Naturidylle nicht badet, fährt Wasserski.

Seite 67

Reise ins Glück und zurück

Vom Land der Kindheit träumt Frau Stóli immer noch gern. Auch nach dem erfolgreichen Leben in Chicago. Im Heimatdorf bei Zacháro ließ sie bittere Armut hinter sich.

Seite 64

Néda-Schlucht

Ein Streifzug wirkt wie eine frische Brise im Sommer. Nicht nur rauscht die Néda schwungvoll durchs Tal, flutet Badebecken, bevor sie weiß-gischtig in die Tiefe fällt. Neben dem Flussbett wandert man auch durch Auen und Wälder.

&

Seite 53

Olympia ✪

Noch immer wird hier das olympische Feuer entzündet. Kein Wunder, dass ein Zauber des Friedens von dieser Landschaft ausgeht.

Entdecken Sie alte, stille und doch lebendige Klöster wie Moní Agía Lávra in den Bergen!

Barfußlaufen soll gewiss gesund sein. Auf den schier endlosen Sanddünen von Kaïáfas verbrennen Sie sich ohne Flip-Flops aber ebenso gewiss die Fußsohlen.

erleben

Urbanes Leben zwischen Hochgebirge und Meer

K

Kommerz, Kommunismus, Karneval – nicht unbedingt Dinge, die man mit Griechenland verbindet. Doch in Pátra kann man es mit sicherem Abstand erleben. Für Touristen ist die drittgrößte Stadt Griechenlands, derzeit von einem kommunistischen Bürgermeister geführt, oft nur Durchgangsstation. Dabei kann man sich hier ein unverstelltes Bild des urbanen griechischen Alltags machen.

Das weite Hinterland der Provinzen Archaía und Ilía (Elis) erlaubt stillere Eskapaden. Hinter der Stadt steigt das Panachaïkó-Gebirge auf. Und mit einer vielgipfeligen Bergwelt schwingen sich östlich das Erímanthos-Gebirge und das Chelmós-Gebirge empor. Zu ihren Füßen liegt Kalávrita mit den Klöstern Méga Spíleo und Agía Lávra; Orte, an denen an das Grauen der deutschen Besatzung im Zweiten Weltkrieg erinnert wird. Abenteuerlustige durchqueren die atemberaubende Vouraïkos-Schlucht auf 100 Jahre alten Bahngleisen.

Den Bergdörfern fehlt es nicht an Charme und geruhsamem Alltagsleben. Touristisch erschlossener sind Badeorte wie Loutrá Kyllínis und Arkoúdi an der Westküste mit weiten Sandstränden, deren Auftakt der 16 km lange Strand von Kalógria bildet.

Eine der Aufgaben, die Herakles hier trickreich mithilfe von Wasserkraft gelang: die Rinderställe des Königs von Elis, Augias, auszumisten. Am Ende führte er zu Ehren seines Vaters Zeus die Olympischen Spiele durch. Heute ist die archäologische Stätte in Olympia obligatorische Station, auch für Kreuzfahrtpassagiere. Neben dem Tourismus spielt vor allem die Landwirtschaft eine Rolle. Insofern wird vielerorts weiter ausgemistet. So etwas schafft Platz für neue Erlebnisse, für ein Bad in der griechischen Geschichte.

ORIENTIERUNG

O

www.western-greece.com: offizielle Webseite der Region Westgriechenland der GNTO
Verkehr: Entfernung von Athen nach Pátra 211 km, von Pátra nach Olympia 89 km, nach Kalávrita 74 km. Tagesausflüge nach Kalávrita, Kiáto per Bus: www.ktelachaias.gr, www.ktelileias.gr, per Bahn: www.trainose.gr
Flughafen Áraxos: Der Militärflughafen bei Patras wird auch zivil für Charterflüge genutzt, www.araxos-airport.gr

Pátra (Patras)

C2

ΠΑΤΡΑ, Πάτρα
Auftakt in Pátra, ein realistisches Abbild griechischer Gegenwart. Ruhmreicher erscheint die Vergangenheit der Hafenstadt: Steinerne Spuren zeigen die Antike, die Präsenz der Römer, des alten Byzanz sowie der Franken, Venezianer und Osmanen im Ringen um die Macht in einem der bedeutendsten Häfen Griechenlands. Unweit der Stadt rief der Erzbischof Germanós die Revolution gegen die osmanische Herrschaft aus.

Heute dominieren hohe Apartment-Blocks neben niedrigeren, auch leer stehenden Häusern der Jahrhundertwende das Bild. Doch Pátra, die drittgrößte Stadt Griechenlands mit einer lebendigen Universitätsszene, ist am Puls der Zeit. Am Hafen geht es geschäftig zu, täglich laufen große Autofähren aus Italien ein, Handelsschiffe transportieren landwirtschaftliche Produkte. Im Sommerhalbjahr landen

F

FAKTENCHECK

Einwohner: ca. 215 000 Einwohner
Bedeutung: Verwaltungssitz des Peloponnes
Auf den ersten Blick: hektisches, nichtssagendes Betonmeer
Auf den zweiten Blick: weltoffen, spannendes Nebeneinander von Alt und Neu
Besonderes: wichtigster Hafen des Peloponnes, kommunistischer Bürgermeister Kóstas Peletídis seit 2014 (2023 mit 57 % bestätigt)

Auf Pátras Stufen vor der Oberstadt – voraus die dichte City, das Meer – und hinter uns das Gebirge im Sonnenschimmer.

auf dem nahen Flughafen von Áraxos wöchentlich mehrere Chartermaschinen aus europäischen Ländern.

Das Zentrum ist schachbrettartig angelegt. In seinen Fußgängerzonen ist man am besten zu Fuß unterwegs. Aus den Querstraßen erhascht man, schön wie auf einem Bild, einen Blick über den Golf hinweg auf das riesige, im Winter oft tief verschneite Panachaïkó-Gebirge. Treppauf gelangt man in die Oberstadt mit Burg. Dort wo sich das absichtslos-schöne Panorama von Stadt- und Landschaftsformen vor Ihnen ausbreitet, können Sie erahnen, warum viele Griechen Pátra für unterschätzt halten.

In der Unterstadt

Nah am Wasser

Nah am Wasser gebaut ist eines von zwei Gotteshäusern, die dem Ortspatron gewidmet sind. Würde die Verkehrsader Aktí Diméon die Hauptkirche **Ágios Andréas** ❶ nicht von der Küste trennen, wirkte sie wie ein Schutzwall gegen die ans Ufer schlagende Naturgewalt. In der rechten vorderen Kapelle wird die Schädelreliquie des Apostels Andreas verwahrt.

In Pátra hatte der posthum prominente Bewohner nicht nur gepredigt, hier wurde er auch gekreuzigt – an einem Kreuz mit diagonal gekreuzten Balken. Bis heute findet sich das sog. Andreaskreuz in zahlreichen Flaggen, Wappen und im Fachwerkbau in aller Welt wieder. Innen können Bibelkundige anhand der großflächigen Wandmalereien, Mosaiken und Ikonen auf Entdeckungsreise gehen.

Evmílou 4, T 26 10 33 06 44, Mo–Fr 9–13 Uhr, außer bei Gottesdiensten; Fotografierverbot; um passende Kleidung wird gebeten; Parken: kostenlos am Leuchtturm

> **M**
>
> **HAFEN DER MIGRANTEN**
>
> Die Zunahme der Migration über das Mittelmeer ist spätestens seit 2015 ein Thema. Pátras Hafen gilt seit über 20 Jahren als Drehscheibe illegaler Grenzübertritte auf der Route Türkei–Italien. Immer wieder suchen Menschen ohne Papiere in den leer stehenden Hafengebäuden ein Obdach. Hier wird der Stoff der Drehbücher dramatischer TV-Krimis vorgeschrieben: In Griechenland anzukommen, bedeutet für Geflüchtete noch lange kein Aufatmen. Als blinde Passagiere auf einer der Fähren nach Europa begeben sich die Flüchtlinge in Lebensgefahr, stapeln und klemmen sich zum Beispiel in Kühltransporter.

Pause mit Meerblick

Auf dem Weg zum Meer schlängelt sich der Fußgänger durch den Intensivverkehr der Hauptstraße. Mit einer Darbietung der Nationalhymne wurde in Vorkriegszeiten jedes einlaufende Schiff vom **Leuchtturm** ❷ begrüßt. Solch tragende ›Heimatmelodien‹ sind im heutigen Bau dem Klappern von Geschirr und dem Geplapper der Gäste gewichen. Der 1999 errichtete Nachbau beherbergt das Café **Fáros en Patraís** (s. S. 26)– nur das kann man ›besichtigen‹, um sich fast im Meer zu spiegeln.

Fáros en Patraís, T 26 10 36 21 91, tgl. ab 9 Uhr

Kommst du mit in den Alltag?

Stadteinwärts führt der Weg an halb zerfallenen Fabrikgebäuden vorm Meer entlang, an abwechselnd leer stehenden und intakten Ladenzeilen vorbei. Am alten **Bahnhof** ❸ sitzt man unbehelligt ein halbes Stündchen äußerst zentral zwischen der Hafen-Platía Tríon

Pátra (Patras)

Ansehen

❶ Kirche Ágios Andréas

❷ Leuchtturm (Café Fáros en Patraís)

❸ Bahnhof (Stathmós)

❹ Platía Ólgas

❺ Platía Vasiléos Georgíou

❻ Kirche Ágios Nikólaos

❼ Kástro (Burg)

❽ Altes Krankenhaus mit Volkskunst-Museum

❾ Römisches Odeon

❿ Hamám Patrón

⓫ Platía Ípsila Alónion

⓬ Archäologisches Museum

⓭ – ⓱: s. Art Walk S. 24, Weg: gestrichelte Linie

Schlafen

1 Byzantíno & Konstantínos Palaiológos

2 Astir Hotel Patras

3 Maison Grecque

4 Galaxy City Center

5 Olympic Star

Essen

1 Stathmós

2 Stis Giagias

3 Bodegas

4 Tzoutzouka Sea Side Spirit

Einkaufen

1 The Motel

2 Parádosi Stolés

Ausgehen

1 Théatro Act

2 Byssoino

3 Mods Club

4 More Steps Naja

5 Magenda

6 Libido

K

KARNEVAL

In ganz Griechenland wird Karneval gefeiert, aber Pátra ist eine Hochburg. Am Karnevalssonntag findet ein bunter Umzug mit über 40 000 Teilnehmern statt. Fast 1 Mio. Menschen feiern auf den Straßen mit, schauen aus Fenstern, von Balkonen und Dächern zu. An Ständen wird flaschenweise Wein verkauft, an jeder Straßenkreuzung stehen riesige Boxen, aus denen manchmal sogar Latino-Rhythmen zu griechischen Texten dröhnen. Der Umzug wird im Fernsehen übertragen. Um Mitternacht wird der *karnávalos* – eine riesige Pappfigur – am Hafen verbrannt, dann wird die Fastenzeit *apókries* eingeläutet. Termine: s. S. 232, Info: www.carnivalpatras.gr.

Symmáchon und den Fährhäfen, um ein Feeling für den hiesigen Alltag zu bekommen. Dazu bietet sich das preisgünstige **Café-Restaurant Stathmós** 1 an (s. S. 26). Nahe beim 50er-Jahre-Gebäude wird eine alte Lokomotive der ehemaligen griechischen Bahn SPAP unter freiem Himmel ausgestellt.

Buntes Treiben im Park

Tiefer im Zentrum passiert man das mit Plakaten zugeklebte **Gewerkschaftshaus.** Linker Hand, von vier Straßen umschlossen, ist ein rechteckiger Park auf der **Platía Ólgas** ❹ angelegt. Der Garten der Königin Olga ist der Schwesterplatz der größeren Platía Vas. Georgíou, einst König und Ehemann Olgas. In der Mitte erinnert ein marmornes Monument an den griechischen Widerstand im Zweiten Weltkrieg.

In den warmen Monaten, wenn der Springbrunnen für Abkühlung sorgt, der Spielplatz die Kleinen unterhält und Straßenmusiker ihre Melodien spielen, zieht der Platz Leute jeden Alters an.

Ziller oszilliert

Ein Löwe empfängt uns am Springbrunnen auf der **Platía Vasiléos Georgíou** ❺. Der weitläufige Platz wurde 1829 nach der Zerstörung der Stadt gebaut – fast die gesamte holzgebaute Altstadt war in den Kämpfen gegen die Türken niedergebrannt. Das **Apollon-Theater** des sächsischen Architekten Ernst Ziller säumt das städtebauliche Tableau. Früher fügte sich dieser Renaissance-Stadtpalast bestens ein. Ende des 19. Jh. wohnten in der Unterstadt die wohlhabenden Rosinenhändler mit Beziehungen ins Ausland, die weniger Vermögenden in der Oberstadt kopierten deren klassizistisch-eklektischen Baustil später. Indes scheint der Platz nun auf seinen Verkehrsbetrieb beschränkt: leer stehende Läden neben gutbesuchten Alltagscafés und vollplakatierten Bauruinen.

Schaufensterbummel zur Burg

In der **Riga Feréou** oder **Maizónos,** die wie die Korínthou die parallel zum Meer laufenden Einkaufsstraßen bilden, vertreibt man sich konsumorientiert die Zeit. ›Unorthodox‹ wirkt die Flaniermeile **Agíou Nikoláou:** Hier pachtet der Schlüsseldienst neben großen europäischen Klamottenketten. Die Straße führt durch historische und adaptierte Bogengänge und endet südöstlich an der **Kirche Ágios Nikólaos** ❻, die sich an den Hügel anschmiegt.

Karge Terrassenbeete links und rechts, treppauf gelangt man auf fast 200 Stufen zur Burg. War Geschichte zwischen dem Beton unten schwer aufzuspüren, liegt sie in der beschaulichen **Oberstadt** wie auf einem Präsentierteller. Wer sich auf dem ›Balkon der Stadt‹ umdreht und verschnauft, den kann das Panorama von engen Stadt- und weiten Landschaftsformen fast umhauen.

Burg und Oberstadt

Obenauf und schön

Linker Hand erreicht man das **Kástro** ❼. Zwischen Zypressen, Kastanien und Feigen erlauben die Festungsmauern einen schönen Blick über Stadt und Golf. An der Stelle einer antiken Akropolis erbauten die Byzantiner eine erste Burg. Im Sommer wird der Innenhof als Freilichttheater bespielt.

Mit dem richtigen Timing können Sie im **Palió Nosokomío,** dem alten Krankenhaus neben der Burganlage, Kulturveranstaltungen erleben. Der klassizistische Bau des dänisch-österreichischen Architekten Theophil von Hansen (1857) öffnet jedes Jahr im Rahmen des Jazz-Festivals, aber auch für besondere Kinovorführungen seine Pforten. Seit einigen Jahren ist hier zudem ein kleines **Museum für Volkskunst** ❽ untergebracht.

Burg: Panachaidos Athinas 10, Mo, Mi–Sa 8.30–15 Uhr, Eintritt frei; **Volkskunst-Museum:** Korillou Square 2, Di–Sa 8–14 Uhr, Eintritt frei

Musik liegt in der Luft

Vorbei an niedrigen, hübschen Wohnhäusern gelangt man zum **Römischen Odeon** ❾, im Sommer einer der Hauptveranstaltungsorte des Internationalen Festivals. Da präsentieren sich Künstler aus aller Welt vor über 2000 Zuschauern. In bester Lage zwischen neoklassizistischen Häuschen ist die römische Halle aus dem Jahr 160 n. Chr. der besterhaltene antike Komplex Patras. Ende des 19. Jh. wiederentdeckt, wurden 1952 unter anderem die Sitzreihen mit Marmor saniert. Auf dem Vorhof sind antike Sarkophage und Mosaike zu sehen.

Odós Germanoú, Mo, Mi–So 8.30–15.30 Uhr, wg. Bauarbeiten vorübergehend geschl.; Festival: www.greek-festivals.org

Orientalisch baden

Wer nicht im Sommer kommt, kann sich vielleicht nach der feuchtfröhlichen Karnevalsfeier im **Hamám Patrón** ❿ die Sünden abwaschen. Es wurde 1400 errichtet, als venezianischer Vorbote osmanischer Herrschaft? Die Türken nahmen die Hafenstadt 1460 ein, nach 1828 hinterließen sie sie in Trümmern. Das Hamam blieb. 1987 wurde es saniert, nicht als Wellnessoase, sondern als Wärmebecken mit bis zu 44 °C Wassertemperatur, marmornen Armaturen und Sitzbänken. Das rechteckige Gebäude mit Kuppeln ist, der üblichen Geschlechtertrennung folgend, in zwei Bereiche unterteilt.

Mpoukaoúri 29, www.xamampatron.gr, Okt.–Mai, Männer u. Frauen: Mo, Mi, Fr 10–14.30 und 17–21 Uhr, Di, Do, Sa 14.30–17; Männer auch Fr 17–21.30 Uhr, Eintritt 6,50 €

Vormals Felder

Im Karneval und während der Feierlichkeiten zum 1. Mai ist die **Platía Ípsila Alónion** ⓫ ein zentraler Schauplatz: Der Name bedeutet ›hohe Dreschplätze‹ und beweist, wie weit die Felder noch vor 100 Jahren ans Stadtzentrum reichten. Die restaurierten Wohnhäuser aus jener Zeit bilden den Rahmen für die schön weitläufige Platía mit Palmen und auf der Westseite einer Statue von Germanós, dem orthodoxen Anstifter zum Nationalaufstand von 1821.

Junger Aktionismus

Vom Odeon leichten Fußes treppab, kann man sehen, was bei den Studierenden und Junggebliebenen los ist. Eine hippe Kneipen- und Bargegend hat sich rund um die Fußgängerzone **Gerokostopoúlou** entwickelt. Bis weit nach Mitternacht sitzt man draußen zwischen den Zierorangen oder raucht drinnen, denn Regeltreue beim Rauchverbot liegt fern. Im modischen **Théatro Act** 1 wird seit 2008 kritische Stand-up-Comedy für

B

BAUBOOM

Warum verschandeln so viele Apartmentblocks die Städte? Es wurden sogar historische Gebäude dafür abgerissen. Für den Wohnungsbedarf der griechischen Flüchtlinge aus Kleinasien (1923) wurde ein Gesetz geschaffen, das viele Parteien begünstigte: Ein Finanzier baute auf dem (meist bebauten) Grundstück eines nicht solventen Landeigners ein großes Mehrfamilienhaus, beide besitzen seither Wohneigentum. Ab den 1950er-Jahren wurde dieses Kompensationsprinzip zur üblichen Form der Baufinanzierung. Deshalb leben in Griechenland weniger Menschen zur Miete. Und die Baubranche boomte.

Kinder und Erwachsene, teils mit englischen Übertiteln, aufgeführt.

Théatro Act: Gerokostopoúlou 65, T 26 10 27 20 37, www.act-theater.gr, Spielzeit Okt.–Mai

Abstecher

Süße Trauben hängen nicht hoch

Das 1854 gegründete Weingut **Achaia Clauss** inmitten von Weinbergen besuchten schon Fürst Otto von Bismarck und Franz Liszt, nicht zu vergessen Kaiserin Elisabeth von Österreich-Ungarn, der ein Weinkeller gewidmet ist. In Thementouren kann man in rustikal-gepflegtem Ambiente Weine verkosten wie den Marvrodaphne, ein dunkler und süßer Dessertwein (ca. 25 €), oder auch trockene Merlot-Weine bis ca. 48 €.

Petróto (7 km), T 26 10 58 01 00, www.achaiaclauss.gr, Stadtbus 7, Endstation, tgl. 10–19 Uhr, Eintritt/Verkostung ab 18 €

Am seidenen Faden hängen?

Von wegen! Von Stahlkabeln gehalten wird die **Trikoúpis-Brücke,** offiziell Géfira Harílaos Trikoúpis. 12 km nordöstlich des Zentrums überquert sie den Golf von Korinth, sogar mit Fußgängerwegen. Optisch ganz klar eine der schönsten Brücken Europas! Die Schrägseile spannen sich über 2883 m Länge über die Meerenge. Sie zu befahren ist kein Schnäppchen, beschert dafür aber aufgrund der fächerförmigen Seilanordnungen ein großartiges Geometriespektakel.

Einfache Pkw-Fahrt ca. 14 €, Info: www.gefyra.gr/en

Zwei Festungen auf zwei Seiten

Zu Füßen der Brücke, zwischen den Städtchen **Río** (📍 C2, PIO, Pío) und **Andírrio,** rückt der Peloponnes nahe ans Festland. Deswegen erbauten die Türken in beiden Orten kleine Festungen; die von Río kann besichtigt werden. Autofähren pendeln Tag und Nacht zwischen den Ufern hin und her (Auto etwa 6 €).

Festung Río: Mo, Mi–So 8.30–15.30 Uhr, Eintritt frei

Museen

Kaiserlicher Luxus

⓬ Archäologisches Museum: Die Mosaikbilder im Museum – ein architektonisch imposanter Metallkuppelbau – stammen aus dem 3. Jh. n. Chr. Zudem hat man die Grundmauern eines römischen Stadthauses hierher versetzt. Ein kleinerer Saal beschäftigt sich mit Beerdigungsformen der Antike. Da sieht man eine Larnax, eine Kiste für Gebeine und Asche, aus dem 13. Jh. v. Chr., die außen mit zwei Kraken und innen mit sechs Fischen verziert ist. In Vitrinen liegen Schädel mit Totenkränzen, einer weit verbreiteten Grabbeigabe. Etwa 1 km nordöstlich des Museums kann man eine **römische Brücke** besichtigen, die unter einem Schutzdach steht und deren zwei Bögen gut erhalten sind. Sie stammt aus dem 2./3. Jahrhundert und war einst 21 m lang und 4 m hoch.

Odós Néa Ethnikí, T 26 13 61 61 00, www.ampatron.gr, Stadtbus 6, tgl. 8–20 Uhr, Eintritt 6 €

Schlafen

Hotels sind zahlreich, Parkplätze davor knapp, meist zahlt man den Stellplatz extra. Saisonal steigen die Preise nur in der Karnevalswoche.

Trendy nebst historisch

1 **Byzantíno & Konstantínos Palaiológos:** Bei geschlossenen Fensterläden fühlt man sich wie in einer alten Hafenstadt: Die geräumigen, nostalgisch-edel möblierten Zimmer mit Stuck an der Decke des neoklassizistischen Gebäudes machen die Zeitreise möglich. Im Byzantíno um die Ecke wurden die Zimmer hingegen vor einigen Jahren im farbigen Lounge-Stil modernisiert. Tagsüber öffnet im Erdgeschoss ein gut besuchtes Café im historischen Stil. Sehr zentral, aber ruhig in der Fußgängerzone gelegen.

Odós Ríga Feréou 106, T 26 10 24 30 00, www.byzantino-hotel.gr, DZ/F €€

Unbescheiden wie ein Interhotel

2 **Astir Hotel Patras:** Von außen ein funktionalistisch, groß angelegter Elfgeschosser mit Balkonen an jedem der 112 Zimmer, direkt am Hafen mit Blick auf Schiffsverkehr und Naturspektakel. Drinnen angepasster internationaler 4-Sterne-Hotelstandard mit Restaurant, Sauna, im Sommer Dachterrasse mit Pool.

Agíou Andréou 16, T 26 10 27 75 02 u. 26 10 27 63 11, www.hotelastirpatras.gr, DZ/F €€

In Bordeauxrot getaucht

3 **Maison Grecque:** Verschwenderisch, dunkelrot bis schwarz und

Eine der spektakulärsten Brücken der Welt verbindet den Peloponnes mit dem Festland. Die Trikoúpis-Brücke lässt die Festung von Río ziemlich alt aussehen.

TOUR
Graffiti machen graue Wände lebendig

Art Walk durch die Innenstadt von Pátra

Infos

Karte:
s. Cityplan, S. 19

Start: Ecke Georgíou Olimpíou/Maizónos
Ziel: Platía Omonias

Dauer:
Gehzeit 30 Min., 2 km

Komplette Karte aller Bilder: www.instagram.com/artwalk_festival

Natürlich finden sich auch viele Graffiti ohne tiefere Bedeutung in Pátra. Auf dieser Tour gehen Sie zu den politisch brisanteren Kunstwerken.

Dass professionelle Straßenkunst den kritischen Blick schärft und durch jugendaffine Gestaltung den städtischen Raum aufwertet, ist aus Metropolen wie Berlin bekannt. Auch Pátra hat die vermeintlich subversive Kunstform für sich entdeckt, eine kreative Strategie im Spiel mit der Ästhetik des Verfalls. Vielfältige Graffiti, allesamt großflächige Auftragsmalereien in der Tradition des Muralismo, lockern die Schwere der Betonarchitektur auf. Die Flut von über 30 im ganzen Stadtgebiet verteilten Bildern verdichtet sich zu einem wahren Wunderland: Auf dem Rundgang durchs Zentrum lässt sich so etwas wie zeitgenössischer Geist atmen, seit 2016 durch die Street Art Festivals entstanden.

Ein Blick zurück schadet nicht: Von der Hauptkirche Ágios Andréas ❶ fünf Minuten zu Fuß stadtauswärts, befindet sich am Eingang der **Straße Georgíou Olimpíou** ein ungenutztes Gelände. Manchmal parken Autos darauf. Vom angrenzenden Bau wurde nur der erste Stock fertiggestellt, oben ragt der Baustahl wie abgeschnittene Gräser heraus – das ideale Querformat für den Künstler Zamie mit dem Bild **Rising from the Woods** ⓭: Tote Baumstämme stehen wie Pfeiler vor einem abstrakt punktierten Hintergrund. Weil Holz lebendig ist, trägt eine hölzerne, grotesk-clowneske Maschinenfigur, die aus dem Boden wächst, ein Holzschwert in der Hand. Zu welchem Schlag mag sie wohl ausholen, um die Umgebung zu gestalten? Hat der Maschinenclown die Kontrolle über die Natur völlig verloren?

Das nächste Graffito in Richtung Stadtmitte – geradeaus auf der Maizónos und dann links in die **Straße**

Auf dem Graffiti »Time Hole« von WD ist Alice zwar gealtert, hat aber ihre Haltung noch nicht geändert.

Sachtoúri bis Hausnummer 19 abbiegen– hübscht wieder eine Hauswand hinter einem Parkplatz auf. **Dreams Without a Pillow ⓮** des Atheners Markosian zeigt auf liebliche Weise jemanden, der offensichtlich kein Auge zumacht. Wohl wegen des naiven Stils in blaugrauen Tönen wird die Betrachterin nicht durch die schlaflosen Nächte anderer aufgewühlt.

Anders bei der Wand von Hausnummer 18 in der **Straße Kanári.** Der skeptische Ausdruck des nichtweißen Mädchens auf dem Bild **Float ⓯** des norwegischen Künstlers AFK stimmt nachdenklich. Einen Säugling trägt sie im Tuch, beide umgibt ein Poolschwimmring mit Einhorn. Quo vadis? Aktuelle Bezüge zu aufbrechenden Schutzsuchenden im nahen Hafen oder halb obdachlosen Sinti und Roma sind nicht zu verkennen.

Nun weiter auf der großen **Straße Dim. Goúnari** in Richtung Oberstadt – vorbei an Gericht, Nationalbank und dem Theater Patheon, dann prangt an Nr. 143 cineastische Ästhetik. Die Athener Künstlergruppe Political Stencil will mit **Part of war again, Thanassi ⓰** einen Prototypen aufgreifen, der unaufhörlich auf der Flucht ist. Vorlage war ein Filmplakat der Anti-Militarismus-Satire »Was hast du im Krieg gemacht, Thanasis?« (GR 1971) – wie im Film rennt der widerständige Underdog weg, während ein Gewehr auf ihn gerichtet ist.

An der Hauswand von Nr. 121 geht es friedlicher zu – da sitzt eine erwachsene Alice auf einem Fliegenpilz, jetzt nicht mehr im Wunderland. Im Bild **Time Hole ⓱** des Balinesen WD hat sich der weiße Hase aus dem Himmel abgeseilt und zeigt auf seiner Taschenuhr die Uhrzeit. Ist es wirklich schon so spät? Alice wirkt entspannt. Sieht ganz so aus, als wolle sie noch bleiben.

Sind die Graffiti-Artists am Werk, besteht Maskenpflicht. Das Street Art Festival findet alljährlich im Mai und Juni statt.

schwer stehen die französischen handgearbeiteten Möbel und Textilien im Stil der 1930er-Jahre im klassizistisches Haus aus der Zeit um 1890. Deckengemälde in allen Zimmern, hochwertige Bettwäsche und Matratzen.

Odós 25is Martíou 116, T 26 10 24 12 12, www.mghotels.gr, DZ/F €€

Minimalistisch trifft rustikal

4 **Galaxy City Center:** Familiär geführtes Haus mit 56 Zimmern, nur 150 m vom Hafen entfernt an der Hauptfußgängerzone gelegen, von Straßencafés gesäumt. Glatte Oberflächen und das geschmackvolle Mobiliar aus Eiche entspannen vom Trubel der Großstadt.

Odós Agíou Nikoláou 9, T 26 10 27 59 81, www.galaxyhotel.com.gr, DZ/F €

Hell und freundlich

5 **Olympic Star:** Weiß ist die Lieblingsfarbe des Hoteliers, was sich von der Rezeption bis in die 34 Zimmer durchgängig bemerkbar macht. Die Möblierung des relativ ruhig gelegenen Hauses ist einfach und modern, das Preis-Leistungs-Verhältnis gut.

Odós Agíou Nikoláou 46, T 26 10 62 29 39, www.tripadvisor.com, DZ €

Essen

Ein Schiff wird kommen

❷ **Fáros en Patraís:** Das am schönsten gelegene Café der Stadt nimmt eine Art Wintergarten rund um den alten Leuchtturm von Pátra ein. Durch die riesigen Scheiben blickt man auf den Schiffe, die zwischen dem Peloponnes und den Festlandbergen ihre Bahnen ziehen. Service und Angebot sind hochwertig und nicht überteuert. Es gibt Leckereien mit lokaler Note wie Schweinefilets in einer Sauce aus dem süßen Rotwein Mavrodaphne mit Spargel und Pilzen. Alt und Jung sitzen hier teils bei Livemusik.

Aktí Diméon, T 26 10 36 21 91, fb.com/pg/FarosEnPatrais, tgl. 9–1 Uhr, €€

Auch mal am Zug sein

1 **Stathmós:** Das modern designte Diner im großen Wintergarten des alten Bahnhofs (s. S. 18) ist gut besucht. Vom Frühstück über deftige Burger bis zum nächtlichen Absacker ist hier alles zu fairen Preisen zu haben. Der Service ist flink und freundlich.

Leof. Othónos Amalías 27, T 26 10 62 25 50, cafe-stathmos.gr, Mo–Fr 8.30–23.30 Uhr Küche, Drinks bis 1 Uhr, WE ab 9.30 Uhr, €€

Abseitig romantisch-schön

2 **Stis Giagias:** Lässt man die vollen Kneipen der Oberstadt links liegen, kommt man ins Lokal von Jióta Vasilakópoulou. Das gemütlich-gepflegte, fröhlich-farbige Café eröffnete die Künstlerin im alten Haus ihrer Oma (gr. *giagiá*). Klasse statt Masse: Auf der Karte stehen unter anderem rustikale Snacks und Biere aus griechischen Mikrobrauereien. Bis in die späten Abendstunden sitzt man hier in guter Gesellschaft Kulturschaffender auf der Terrasse der kleinen Stadtvilla.

Panagoúli 21, T 26 14 00 19 81, tgl. 8–20/23 Uhr, €

Die Moleküle spielen verrückt

3 **Bodegas:** Auf ein Gläschen oder einen Kaffee abtauchen? Das Innendesign im Retro- und Loftstil verschluckt einen regelrecht. Leftheris Adriópoulos hat mit griechischen Spitzenköchen extravagante Kreationen nach Pátra gebracht. Molekular zubereitet, kosten sie bis zu 35 € und gehen eine perfekte Verbindung mit griechischen Weinen und Cocktail-Klassikern ein.

Odós Ríga Feréou 147, T 26 10 22 11 13, www.instagram.com/bodegas_summer, tgl. 7–1.30 Uhr, €€

Ganztags am Meer

4 **Tzoutzouka Sea Side Spirit:** Sofía Hatzí brachte mit dem Lokal Apénanti ápo

to Odeío, das Pátra derweil als Caterer bereichert, ein Hauch von Gourmet in die griechische Küche. Von Mai bis Oktober genießt man ihre leichten Kreationen nun am Strand.

Alexiou Despotopoulou 44, T 26 10 67 23 18, tgl. ab 9 Uhr, €€

Einkaufen

Retro und Vintage

1 **The Motel:** Die Anleitung zum Hipstersein wurde in Griechenland studiert, aber hier sind Second-Hand-Läden mit Vintage-Chic und Retro-Stücke junger griechischer Designerinnen nicht Mainstream, sondern Ausdruck von ästhetischem Erfindungsreichtum, kreativem Umgang mit Krise und Postwachstumsdenken. Gebrauchtes, Nigelnagelneues, Schmuck, Kleidung, Accessoires.

Karaiskáki 165, T 26 14 00 99 76, www.motelvintage.com, Mo–Sa 10–14, Di, Do, Fr 18–21 Uhr

Für Ethnologen, Sammler, Narren

2 **Parádosi Stolés:** Für Sammler oder für den nächsten Karneval gibt es neben neuen modernen auch traditionelle Trachten vom Peloponnes und aus anderen Teilen Griechenlands.

Odós Germanoú 27, www.paradosistoles.gr, Mo–Sa 9–21, So 11–21 Uhr

Bewegen

Radfahren

Pátra unterhält ein E-Bike-System mit derzeit zehn Stationen im Zentrum und einer App, die über das Wegenetz und touristische Highlights informiert. Die Räder können nach Registrierung in einem städtischen Büro (beidseitige Kopie des Personalausweises mitbringen) für vier Stunden entliehen werden.

www.patra.easybike.gr/en

Der kleine Snack zwischendurch kommt in Pátra oft sehr hübsch daher: Souvláki im Píta-Brot mit Pommes.

Wandern

Die felsigen Züge des Panachaïkó-Gebirges gipfeln mit dem **Pýrgos Palavoú** (›Turm des Verrückten‹) in 1926 m Höhe. Vom nur 7 km von Pátra entfernten Dorf **Romanós** aus kann man es begehen. Info beim lokalen Büro des Bergsteigervereins EOOA in Pátra.

Pantanássis 29, T 26 10 27 39 12, www.eospatras.gr, Di–Fr 20.30–22 Uhr

Kitesurfen

Cape Drepano Kite Center: Über die Wellen tanzen kann man etwa 17 km von Pátra entfernt. Privatunterricht (um 60 €) ins Kitesurfen erhalten Anfänger im Dorf Drépano. Die Lagune ist windverwöhnt, ein Leuchtturm wartet am Ufer im Sand.

Fáros Drépano, Palaia Ethniki Odos, T 26 10 43 81 16, www.kitesurfgreece.com

Ausgehen

Stand-up-Comedy

1 **Théatro Act:** s. S. 21

S

SCHATTENSPIEL

Im traditionellen Schattenspieltheater Karagiozis treibt die gleichnamige Hauptfigur – notorisch pleite – immer irgendwie Geld zum Überleben ein. Im Wesentlichen isst und schläft und betrügt sie gern. Ein für viele sympathischer Underdog! Als die UNESCO das traditionelle Karagöz-Theater – so heißt es auf Türkisch – auf die Liste des Weltkulturerbes setzte, gab es in Griechenland Proteste. Nun ja: Erst um 1890 soll Dimítrios Sardoúnis das Theater in Pátra ›gräkifiziert‹ haben.

Griechischer Blues

2 **Byssoino:** Kafenío mit griechischer Livemusik jeden Dienstag und Mittwoch. Deftige Snacks wie Frittiertes, Fingerfood und Fleisch in studentischer Atmosphäre; und doch treffen sich Locals aller Generationen, um moderne Laikó oder traditionelle Rembetiko-Musik zu hören, die typischen Lieder der Kleinasien-Flüchtlinge aus der Zeit zwischen den Weltkriegen.

Gerokostopoulou 53, T 2610 62 15 84, tgl. ab 13/17 Uhr, €

Hotspot im Zentrum

In den Fußgängerzonen Gerokostópoulou und Iféstou findet die Party draußen und drinnen statt. Oft schon musste die Gemeinde zwischen Anwohnern und Clubbesitzern wegen des Lärms vermitteln. Um Mitternacht ist die Gegend fest in der Hand der Crowd. Den alternativen **Mods Club** 3 gibt es schon seit 1990. Ein paar Meter weiter tanzt man sich die Seele aus dem Leib – etwas jünger, trashiger im **More Steps Naja** 4 und bei Gelegenheit etwas schicker, mainstreamiger im **Magenda** 5. Oder man sieht nur zu. Zwischendurch kann man sich in einem der vielen modernen Kafenía stärken.

Mods Club: Iféstou 46/Gerokostópoulou, T 26 10 62 29 44, Sa, So ab 23 Uhr; **More Steps Naja:** Treppen Gerokostópoulou 57, T 26 10 27 42 02, ab 23 Uhr; **Magenda:** Platía Georgíou A11, T 26 10 27 23 06, tgl. 18–7 Uhr

Im alten Weingut

6 **Libido:** Bar auf der Dachterrasse eines ehemaligen Weingutes, das jetzt als Einkaufszentrum Veso Mare dient. Besonders beliebt sind die ausgefallenen Cocktails, die sich von griechischen Spirituosen inspirieren lassen. In derselben Anlage befindet sich das einzige kommerzielle Kino der Stadt, **Ster Cinemas.**

Aktí Dimaíon 17, T 26 10 34 18 07, tgl. 8–3 Uhr

Feiern

- **Karnevalsumzug:** s. S. 20, 280
- **Musik/Konzerte:** Anfang Juni Musikfestival **Jazz + Praxis** auf dem Gelände des Alten Hospitals mit internationalen Jazzern. Mitte Aug. gibt es das eintägige Jazz-Fest **Agrino Jazz** (›Wilder Jazz‹). Von Juni bis Sept. bringt das **Patras International Festival** Konzerte, Kino und Ausstellungen in die Stadt. Info (nur gr.): www.patrasevents.gr, www.patrasmagazine.gr.
- **Schattentheater:** Während des dreitägigen **Théatro Skión** im Sept. stehen die griechisch-türkische Hauptfigur Karagiozis und modernere Charaktere im Apollon-Theater im richtigen Licht. Info (nur gr.): www.dipethepatras.gr/el/apollon.
- **Indie-Filme:** Im Okt. setzt das Internationale Filmfestival im Apollon-Theater auf alternative Low-Budget-Filmemacher. Info (nur gr.): www.independent.gr; kinofest.gr: Festival deutschsprachiger Filme.

Infos

- **Touristeninformation:** Odós Zaími/ Odós Agíou Andréou, T 26 10 46 17 40, www.patrasinfo.com.

- **Bahnhof:** Mehrmals tgl. Busse nach Kiáto, dort Anschluss an den Vorortzug Proastiakó zum Athener Flughafen, nach Athen und Piräus (bis Flughafen 20 €), Nahverkehrszüge zur Nordküste bis Káto Achaía. Station: Leof. Óthonos kai Amalías 27, www.trainose.gr/en.
- **Busbahnhof:** Zentraler Busbahnhof am Hafen (KTEL Achaías); Busse nach Athen via Kanal von Korinth und zu anderen Zielen auf dem Peloponnes. Verbindung (auch Express) alle 30 Min. nach Athen (bis KTEL Kifissou/Metrolinie 3), bis zu 10 x tgl. nach Pírgos, 2 x tgl. Kalamáta, bis zu 3 x tgl. Kalávrita, gute Info online, auf Englisch. Station: Zaími 2, Leof. Óthonos kai Amalías, www.ktelachaias.gr/en.
- **Stadtbusse:** Linie 1 bis Strand östlich von Pátra, Linie 6 Richtung Áno Kastrítsi passiert das Archäologische Museum und führt bis Río, Linie 7 nach Saraváli und zur Weinkellerei Achaía Clauss. Station: Agíou Andréou 9, www.astikopatras.gr.
- **Taxiruf:** T 26 10 45 00 00.
- **Hafen:** Büros für Fährtickets zwischen Bahnhof und Busbahnhof. Dort erfährt man, wo welche internationale Fähre abgefertigt wird. Schiffe zu den Inseln ab Bahnhofskai. Hafenamt: T 26 10 34 10 02.

Erímanthos-Gebirge

C2–E3

Bei dieser Tour sind friedliche Bergdörfer neben der kapriziösen Kulisse des mächtigen Erímanthos-Gebirges aufgefädelt. Auch das Panachaïkó-Gebirge begleitet uns ein wenig auf der etwa 70 km langen Strecke nach Kalávrita. Am Straßenrand stehen Rohbauten neben Ruinen. Noch vor dem ersten Halt spannt sich der Bergkamm des Eríman-

Aus den grauen Steinen des Erímanthos haben die Menschen auch ihre Häuser gebaut. Ziegenzucht und ein bisschen Gemüse, das musste reichen.

thos auf. Zeit, das Radio aufzudrehen: auf ERT läuft traditionelle Musik mit anatolischem Einschlag.

Bis 3 km vor **Katarráktes** (D 3) sorgt die neue Straße für Fahrkomfort, dann vibrieren wir mit den Sängerstimmen zur Taverne Chrysanthakópoulos, erstmals im Hochgebirge auf einen Dorfplatz. Hier sitzt es sich gut unter den Platanen, die an einem heißen Sommertag, nah an den plätschernden Bächen, dichten Schatten spenden. Wenn der Wirt das WLAN-Passwort herausgegeben hat, könnte man glattweg sitzen bleiben.

Von Kálanos bis Vlasía D3

Doch der Berg ruft. In **Kálanos** gefallen die Häuser aus Naturstein beim Blick aus dem Fenster. Im folgenden Ort **Plátanos** – Kopfsteinpflaster und querbeet wachsende Bäume – erwecken verlassene Werkstätten den Eindruck, als hätte gerade jemand alles stehen lassen. **Kompigádi** wirkt auch wie aus der Zeit gefallen, aber hat Taverne und Kafenío.

Danach geht es durch den Tannenwald nach **Tsapourniá/Míchas.** Das riesige Berghotel Zacharákis (www.ekalavrita.gr/zaharakis) auf 945 m Höhe bietet im Sommer willkommene Frische und in der kalten Jahreszeit eine gute Ausgangslage für Sportler. Auf der Terrasse zeichnen sich alle drei Gebirgszüge des Erímanthos, des Panachaïkó und des Chelmós südöstlich von Kalávrita ab: wie auf einer Postkarte. Von hier aus können sich erfahrene Bergwanderer in ca. 4 Std. den Wegweisern folgend dem Gipfel nähern.

Wenn man den Wald vor lauter Bäumen nicht mehr sieht, hat das digitale Zeitalter seine Vorzüge. Schließlich steht auf vielen der wenigen Schilder nur Griechisch. Wir schlängeln uns mithilfe des Smartphones nach **Vlasía.** Es gibt ein Ober- und Unterdorf, wobei letzteres, **Káto Vlasía,** mit hübschen Steinhäusern samt regional-typischen Walmdächern glänzt. Naturliebhaber, die am steilen Hang rasten oder wandern möchten (Wanderweg O31, der Pátra mit Archéa Olympía verbindet, Teil des Fernwanderwegs E4, www.topoguide.gr), können im Hotel Mikrí Archóndissa unterkommen (www.vlasiahotel.gr).

Moní Agíou Nikoláou D3

Hinter Áno Vlasía lohnt die Auffahrt auf 922 m Höhe zum **Nonnenkloster Ágios Nikólaos** nicht nur wegen des fantastischen Rundumblicks (tgl. 10–12 und 16–19 Uhr). Ganz in Frauenhand, hält die Gemeinschaft, die seit dem 10. Jh. besteht, eine der gepflegtesten Anlagen des Landes. Die Begegnung mit der Schwester an der Pforte verläuft nahezu wortlos. Innen gibt es eine Kirche aus dem Jahr 1892 und einen Besucherraum, wo Besucher zu süßem Loukoúmi und Wasser eingeladen werden. Im Laden kann man Ikonen und Seifen aus eigener Herstellung erwerben.

Kurz darauf führt die abenteuerlich werdende Straße teils einspurig in einer Felswand hoch entlang einer Schlucht und passiert das gepflegte Dorf **Mánesi.** Hinter **Ortholíthi** kann man wieder Richtung Küste die 43 km lange, landschaftlich berauschende Abfahrt nach Égio nehmen oder sich für die 12 km lange Fahrt nach Kalávrita entscheiden.

Kalávrita E3

ΚΑΛΑΒΡΥΤΑ, Καλάβρυτα
Niedrige Häuser aus Naturstein und Holz – natürlich gewachsen wirkt die Kleinstadt (2000 Einw.) inmitten einer

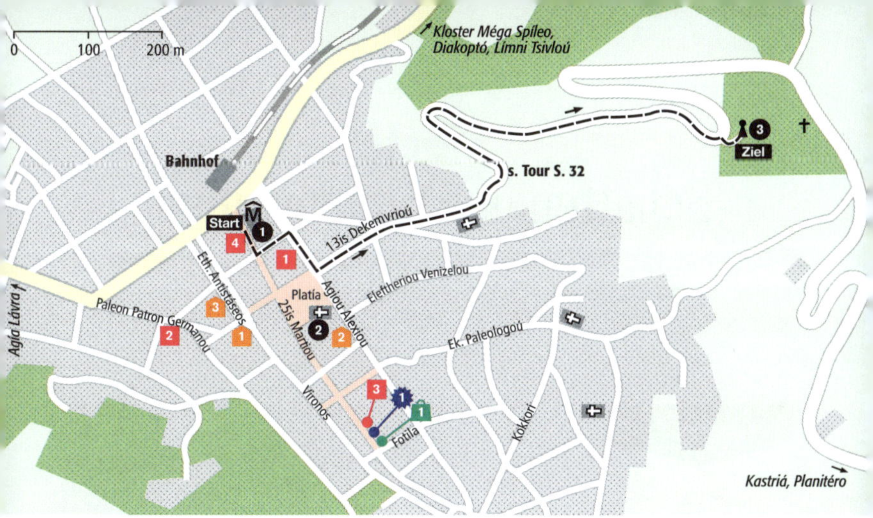

Kalávrita

Ansehen
- ❶ Holocaust-Museum
- ❷ Kirche Kímisi tis Theotókou
- ❸ Opfer-Mahnmal
- ❶ – ❸ Tour-Linie » Schatten der Vergangenheit« s. S. 32

Schlafen
- 1 Kynaítha
- 2 Ánesis
- 3 Filoxénia

Essen
- 1 Stáni
- 2 To Spitikó
- 3 Perí Orexéos
- 4 Gri-Gri

Einkaufen
- 1 Komokoi Ceramics

Ausgehen
- 1 Skinikó

weiten Hochebene auf ca. 800 m Höhe. Doch das Wohlfühlmoment, den das Zentrum des Skitourismus ausstrahlt, täuscht: Nach dem Massaker der deutschen Wehrmacht blieben nur wenige alte Gebäude erhalten (s. Tour S. 32). Trotz alledem liegt im Sommer eine romantisch-gemütliche Atmosphäre über dem Zentrum, das sich vom Bahnhof bis zur Platía entlang der autofreien, filmreifen Gasse Odós 25is Martíou erstreckt.

Die Pflasterung dieser Straße greift die Zahnradbahn als Motiv auf: Schwarze und graue Steine sind so gelegt, dass man sich auf einem Gleisbett glaubt. An der Platía finden sich denn auch Weichen, die offenbar für einen wohltuenden Aufenthalt gestellt sind. Verschlafen ist Kalávrita nicht: Ob Einheimische, Familienbesuch oder ausländische Touristen, überall tummeln sich Leute.

Schlafen

Klassisch und natürlich

1 **Kynaítha:** Zehn geräumige Zimmer mit Holzmöbeln und Natursteinwänden sowie zwei Suiten mit offenem Kamin im neuen, dreigeschossigen Gebäude im Stadtzentrum.

Odós Ethnikis Antistáseos 11, T 26 92 02 26 09, www.kynaitha.com, DZ/F €, an Winterwochenenden €€

TOUR
Schatten der Vergangenheit

Das Massaker der deutschen Wehrmacht in Kalávrita

Infos

E3
Karte: s. Cityplan S. 31

Start: Kalávrita, Holocaust-Museum ❶
Ziel: Opfer-Mahnmal ❸

Dauer: ca. 3 Std., 1 km

Info: App Municipal Museum of Kalavritan Holocaust (engl.), Zeitzeugenarchiv: www.occupation-memories.org

Museum: Odós Syngroú 1–5, www.dmko.gr Di–So 9–16 Uhr, Eintritt 3 €

Die deutschen Kriegsverbrechen auf griechischem Boden sind in Deutschland kaum Schulstoff. Für viele Griechen sind ihre Grausamkeit unvergessen. **Kalávrita** hat, gegen das Vergessen, die blutige Geschichte in Orten der Erinnerung aufbereitet.

Warum Kalávrita?

Nebel hing am Wintermorgen des 13. Dezember 1943 über der Stadt, als deutsche Truppen den Bewohnern in Kalávrita bei Glockengeläut befahlen, sich bei der Schule einzufinden. Im Laufe des Tages schossen deutsche und österreichische Soldaten mindestens 551 männliche Personen nieder und legten den Ort in Schutt und Asche. Während des »Unternehmens Kalavryta« brachten sie an 25 Orten fast 700 Griechen um. Dies wurde als Vergeltungsmaßnahme betrachtet und war als Schlag gegen die Widerstandsbewegung gedacht, die sich gegen Ende der italienischen Besetzung des Peloponnes entwickelt hatte. Im Oktober 1943 hatten die Partisanen 83 deutsche Soldaten als Geiseln genommen, um sie gegen ihre Kämpfer auszutauschen – erschossen sie aber, als sie von ›deutschen Kameraden‹ befreit werden sollten. Daraufhin schickte Generalmajor Karl von Le Suire die 117. Jäger-Division zwecks politischer ›Säuberung‹ von Lakonien nach Kalávrita.

In der App (s. o.) sind Informationen (abspielbar als Audios) nicht nur über das Museum, sondern auch über neun weitere Gedenkstätten in der Umgebung enthalten.

Fürs Leben lernen und sterben

Ausgerechnet im Schulgebäude begann das Massaker. Der neoklassizistische Bau, in dem 1906 der Lehrbetrieb begann, erschien schon den italienischen Besatzern als idealer Ort für ein Konzentrationslager. Ein Nachbau diente nach dem Krieg wieder als Lehrstätte, bis 1992 die Pläne für das **Holocaust-Museum** ❶ entstanden, das es heute beherbergt. In der interaktiven Ausstellung wird das Leben der Vorkriegszeit in dem 3000-Einwohner-Städtchen illustriert. Die Tage der deutschen Militäraktionen, durch die die ›Widerstandsnester‹

Der ›Tópos Thisías‹ (Ort der Opfer) markiert den Platz des Massakers hoch über dem heute so friedlichen Städtchen im Tal.

zerstört werden sollten, werden exakt erläutert. Natürlich sind Dokumente auf Deutsch vorhanden. In einem Film kommen Überlebende zu Wort. Besonders bewegend ist der alte Eingang zur Schule: Die Tür, die heute verschlossen ist, vergegenwärtigt die Stunden der Gefangenschaft, als Männer, Frauen und Kinder voneinander getrennt wurden. Nachdem die Deutschen das Gebäude in Brand gesetzt hatten, befreiten sich die zurückgebliebenen Frauen und Kinder durch diese Tür, heißt es im Museum. Der letzte Ausstellungsraum ist dem Gedenken gewidmet – hier werden die Opfer namentlich genannt. Schlicht und ergreifend ist ein symbolisches Grab mit einer Hakenkreuzflagge bedeckt.

Und die Zeit blieb stehen

Am linken Turm der 1946 wiederaufgebauten Bischofskirche **Kímisi tis Theotókou** ❷ an der Platía ist die alte Turmuhr angebracht, die am 13. Dezember 1943 um 14.30 Uhr stehen blieb, der Legende nach zu dem Zeitpunkt, als die Frauen und Kinder aus der brennenden Grundschule flohen. Die Säulen vor dem Portal waren den Zerstörungen durch die NS-Besatzer nicht zum Opfer gefallen und stammen vom alten Gotteshaus. Über ihnen ist Maria mit dem Kind auf einem goldenen Mosaik dargestellt. Hier betet sie zwischen Exekutionsstätte und Kreuz vor der Landschaft, der sie 1943 ihren Schutz versagt hatte.

Blick zurück zur Stadt der Witwen

Ein weißes Kreuz als **Opfer-Mahnmal** ❸ am steilen Kapi-Hügel markiert den Ort, an dem die Männer exekutiert wurden. Gedenkwände nennen Namen und Alter der Ermordeten, eine Skulptur zeigt eine trauernde Mutter. Die Lehre für spätere Generationen wurde in zwei Schriftzügen in Stein an den Hang gelegt: ΕΙΡΗΝΗ (›Frieden‹) und ΟΧΙ ΠΙΑ ΠΟΛΕΜΟΙ (›Keine Kriege mehr‹). In einer Kapelle brennen Lichter für die unvergessenen Opfer.

Jedes Jahr am 13. Dezember findet bis heute eine Gedenkveranstaltung statt. Es sprechen Opferverbände, Lokalpolitiker und Diplomaten.

S

SKIFAHREN MIT MEERBLICK

Das **Skigebiet Chelmós** auf 1650–2200 m Höhe ist eines der südlichsten Wintersportgebiete Europas. Januar und Februar gelten als schneesicher. 14 km über Straße durch dichte Nadelwälder, dann der riesige Parkplatz an der Talstation eines Sesselliftes (bisher nur im Winter in Betrieb). Noch vier weitere Lifte erschließen die sechs Pisten, die längste mit 3,2 km über 640 Höhenmeter. Unterhalb vom Parkplatz verläuft eine gespurte Loipe für Langläufer. Aktuelle Infos zu Temperaturen, Schneehöhen, Liftbetrieb und Skibus: www.kalavrita-ski.gr und www.meteoblue.com.

Günstig und zentral

2 **Ánesis:** Die beiden in Australien aufgewachsenen Brüder Nick und Jim führen ihr 26-Zimmer-Hotel an der Kirche freundlich und engagiert und geben gute Tipps für Aktivitäten.

Platía, T 26 92 02 30 70, www.anesishotel.gr, DZ im Sommer: €, im Winter: €€

Alteingesessen

3 **Filoxénia:** Außen traditionell, innen auf neu gemacht. Der Hotelklassiker vor Ort, 28 Zimmer, zentrumsnah, mit Skikeller und kleinem Wellness-Bereich. Abwechslungsreiches Frühstücksbuffet.

Odós Ethnikís Antistáseos 10, T 26 92 02 24 93, www.hotelfiloxenia.gr, DZ/F €–€€

Essen

Üppig und fein

1 **I Stáni:** Stimmungsvolle Großtaverne mit riesigem Angebot an griechischen Gerichten aller Art, die im Schautresen leicht auszuwählen sind. Schneller Service, im Winter Wildgerichte. Im Sommer sitzt man mit Blick auf das Treiben neben dem neoklassizistischen Bau der Nationalbank.

Odós 25is Martíou 3, T 26 92 02 30 00, www.kalavrita-stani.gr, tgl. ab 10 Uhr, €

Klein und romantisch

2 **To Spitikó:** Kleine, urige, mit viel Holz gestaltete Taverne mit regionaler Küche (ab 12 €), ein wenig abseits der Flaniermeile der Tagesausflügler.

Paleón Patrón Germanoú 7, T 26 92 02 42 60, tgl. ab 12 Uhr, €–€€

Neu aufgelegt

3 **Perí Orexéos:** Traditionelle Gerichte sind nicht gerade leichte Kost. Die jungen Wirte an der Platía geben ihnen den gewissen Pepp, zum Beispiel Salate mit Nüssen und Obst oder nicht zurückhaltend gewürzte Fleischgerichte.

Odós 25is Martíou 3, T 26 92 02 44 44, fb.com/Liakop02, Do–Mo 12.30–17.30, Fr/Sa bis 23.30 Uhr, €€

Für Süßmäulchen

4 **Gri-Gri:** Die bekannteste Konditorei der Stadt offeriert in altmodisch-authentischem Ambiente eine Auswahl an griechisch-orientalischen Kuchen wie Baklavá, mit Griespudding gefüllte Blätterteigtaschen Bougátsa und den Walnusskuchen Karidópitta.

Odós 25is Martíou, T 26 92 02 23 05, tgl. ab 8 Uhr, €

Einkaufen

Im Winter gehören Skiverleih und -schulen zum Angebot. Von Juni bis August ist Nebensaison, dann sind einige Geschäfte geschlossen. Die Odós 25is Martíou wartet mit vielen Lädchen mit lokalen Spezialitäten, Ess- und Trinkbarem sowie Kunsthandwerk auf.

Schick aus Keramik

Komokoi Ceramics: Anthí Zisimópoulou gibt handwerklich hergestellten Gebrauchsgegenständen und Deko-Objekten nonkonforme Formen und Linien, die an die Popkultur der 1980er-Jahre erinnern. Vielleicht schon Retro, auf jeden Fall ausgefallene Mitbringsel.
25is Martíou 55, insta/komokoi_ceramics, tgl. flexibel bis 21 Uhr

Ausgehen

Abstürzen

Skinikó: Hinter den unauffälligen Holzfenstern mit Vorhängen verbirgt sich ein schlauchartiger schlichter Raum mit langem Tresen und Barhockern. Laut tönt Musik Marke Led Zeppelin, deren Wucht man schon vergessen hatte. Wahlweise haut entweder sie oder der Tsípouro-Schnaps einen vom Hocker. Klassische Drinks gibt es auch.
25is Martiou 59, T 26 92 02 24 07, fb.com/skiniko.rock.bar, im Sommer tgl. ab 23 Uhr, Winter nur Fr/Sa

Das ›Monument der Revolution‹ ist wohl das landesweit größte Denkmal für die Freiheitskämpfer von 1821.

Infos

- **City-Kiosk:** Im Winter auf der Platía.
- **Internet:** www.kalavrita.gr.
- **Busbahnhof:** Nach Athen via Kanal von Korinth, Diakoptó, Égio, Klitoría, Kloster Méga Spíleo, Pátra, Trípoli mind. 2 x tgl. Station: Epar. Od. Diakoptoú-Kalavríton, T 26 92 02 22 24.
- **Bahnhof:** Die Zahnradbahn von Kalávrita nach Diakoptó fährt 3–5 x tgl. Bahnhof: Plateía Asimaki, T 21 30 12 10 10, www.hellenictrain.gr.

Kloster Agía Lávra E3

ΜΟΝΗ ΑΓΙΑΣ ΛΑΥΡΑΣ,
Μονή Αγίας Λάυρας
Die Einfahrt zum Kloster Agía Lávra, 5 km südwestlich, ist von Zypressen gesäumt. Adler umkreisen den Hügel daneben, der mit einem gigantischen **Monument der Revolution von 1821** des Bildhauers Konstantínos Dimitriádis gekrönt ist: Der zum Kampf bereite Soldat steht neben einem Bischof mit dem Kreuz als personifizierte Kirche, die die Unabhängigkeit vom Osmanischen Reich forcierte. Über ihnen erhebt sich keine Geringere als die Freiheit, die ihre stählernen Fesseln bereits gelöst hat. Wie Elláda, das personifizierte Griechenland, eine Frau.

Auf dem Heldenmonument noch abstrakt, wird am Kloster Bischof Germanós von Pátra konkret als der gezeigt, der hier am 25. März 1821 den versammelten Griechen das Signal zum Aufstand gab. »Freiheit oder Tod« hieß

In der dunkel-feuchten Felsgrotte vom Kloster Méga Spileo ist der Mythos des Glaubens gegenwärtig. Daran kann der herrschaftliche Eindruck des restlichen, stark renovierten Baus nichts ändern.

das Motto. Heute ist das Männerkloster, eines der ältesten des Landes, nationales Wallfahrtsziel. Es wurde im 10. Jh. gegründet; seine Gebäude aber wurden nach ihrer ersten Zerstörung durch die Türken (1826) und einer zweiten durch die deutsche Wehrmacht (1944) bis 1950 neu errichtet.

T 26 92 02 38 32, im Sommer tgl. 10–13, 16–17, im Winter tgl. 10–13, 15–16 Uhr

Spíleo ton Límnon (Cave Lakes) E4

ΣΠΗΛΑΙΟ ΤΩΝ ΛΙΜΝΩΝ, Σπήλαιο των Λήμνων

Wer sich von modriger Unterwelt angezogen fühlt, sollte die **Kastriá-Höhle,** 17 km südlich von Kalávrita, nicht verpassen. Die Tropfsteinhöhle Spíleo ton Límnon ist in Führungen begehbar. Die Stalaktiten unter der bis zu 30 m hohen Decke spiegeln sich in kleinen Seen, die durch Bäche, Sinterstufen und Wasserfälle verbunden sind. Einige von ihnen trocknen im Sommer aus; ein Höhlenbesuch im feuchten Frühjahr ist interessanter.

Straße Kalávrita–Planitéro, T 26 92 03 10 01, www.kastriacave.gr, tgl. 9–16.30 Uhr, Eintritt 9 €; Taverne am Höhleneingang

Planitéro E4

ΠΛΑΝΗΤΕΡΟ, Πλανητέρο

Fährt man weiter durchs Gebirge, lockt das weltabgeschiedene Dorf Planitéro, (200 Einw.) mit einem alten Platanenwald an einem rauschenden Bach, der die Forellenzucht mit frischem Wasser versorgt. Regenbogen- und Lachsforellen tummeln sich in den Becken und werden von örtlichen Tavernen über Holzkohle gegrillt oder in der Pfanne gebraten serviert. Bislang kamen eher Einheimische, weshalb einige Lokale die Schuldenkrise nicht überstanden.

Kloster Méga Spíleo E3

ΜΟΝΗ ΜΕΓΑΛΟΥ ΣΠΗΛΑΙΟΥ, Μονή Μεγάλου Σπηλαίου

16 km nördlich von Kalávrita streben orthodoxe Christen im Kloster Méga Spíleo in die Felsgrotte neben der teils in den Fels gebauten Klosterkirche auf der sechsten Etage. Hier fand eine Hirtin kaiserlichen Geblüts im 8. Jh. eine Marienikone, aus der die ›Gottesgebärerin‹ zu ihr sprach. Als Publikumsmagnet des Wallfahrtorts steht sie heute geschützt in der Kirche, wird statt mit Küssen der Besucher fast nur mit Silberblech bedeckt. In der Grotte wird die Szene der Ikonenauffindung unorthodox mit bemalten Holzfiguren nachgestellt: Christus stirbt auf dem Fels im Rotlichtschein über einer Blumenvase am Kreuz. Natürlich gibt es einen – für eine Klostergründung notwendigen – Quell, aus dem man sich ›heiliges Wasser‹ mitnehmen kann.

Gegen die Wand

Das neungeschossige Kloster ›Große Höhle‹ scheint mit der 100 m senkrecht aufsteigenden Felswand verwachsen, eng schmiegt es sich an sie. Entstanden sind die heutigen Gebäude überwiegend in der Nachkriegszeit, nachdem 1943 NS-Soldaten den Vorgängerbau zerstört hatten. Eine Gedenktafel vor dem Haus erinnert daran, dass dabei am 8. Dezember 1943 mind. 17 Menschen getötet wurden (s. Tour, S. 32). Jüngst wurde das Kloster, in dem etwa 15 Mönche leben, auch mittels EU-Geldern, renoviert. Im Obergeschoss kann man durch repräsentative Bankettsäle streifen und fühlt sich wie in einem Palast. Auch ein Museum befindet sich in den Räumen.

T 26 92 02 31 30, tgl. 8–13, 14–17 Uhr

Essen

Clevere Mönche

Grand Chalet: Da überwiegend Griechen nach Méga Spíleo pilgern, ist die Speisekarte ganz auf sie abgestellt, das Essen authentisch und die Kuchenpalette groß. Die Souvenirabteilung ist außer mit Devotionalien auch mit regionalen Spezialitäten bestens bestückt, darunter der mit Zitrone, Orange oder Mastix-Harz aromatisierte Honigschnaps Rakómelo oder der Zimt-Nelken-Likör Tentoúra aus Pátra.

Ggü. der Auffahrt zum Kloster, T 26 92 02 33 57, www.grandchalet.gr, tgl. ab 9 Uhr

K

KÜSSCHEN

Viele Küsschen werden in Griechenland vergeben. Direkt hinterm Eingang der Kirche steht die Ikone auf einem Pult, Gläubige bekreuzigen sich und küssen ihr Bild. Derlei (vermeintliche) Intimität herrscht erst recht in den sozialen Beziehungen: Selbst Freunde von Freunden werden unabhängig von der Geschlechterkonstellation zur Begrüßung geküsst: erst rechts, dann links. Zu viel Nähe ist nicht erwünscht, in der Praxis ist es ein Luftkuss. Die *filiá* oder *filákia* (Kuss o. Küsschen) sind gebräuchliche Abschiedsformeln bei getippten Nachrichten in der Familie, unter Freunden und auch Kollegen.

TOUR
Wundersame Wildwestlandschaft

Wanderung auf Gleisen durch die Vouraïkós-Schlucht

Infos

E3

Start: Diakoptó (Bahnhof) bzw. Wanderung ab Káto Zachloroú
Dauer: Káto Zachloroú–Pórtes ca. 4 km, 1,5 Std.
Ganze Schlucht: 12 km, ca. 5 Std., Markierung: E4

Einkehren:
Taverne Adónis kai Póli, Káto Zachloroú, T 69 83 12 56 16, derzeit geschl.

In **Káto Zachloroú** beginnt der Wanderweg auf den Bahngleisen zwischen Kalávrita und Diakoptó. Abenteuerlustig sollte man für die Tour über Brücken und durch Tunnel schon sein: Nicht überall ist Platz zum Ausweichen (online auf www.trainose.gr. den Fahrplan checken!). Beschwingt durch den Nervenkitzel laufen wir über Gleise, die gerade mal 75 cm breit sind. Es hat etwas von Kinderzimmerbahn und wildem Westen.

Erst ist das Tal offen, märchenhaft grün. Schon kommen uns Wanderer mit glücklich-erschöpften Blicken entgegen. Dann wird der ewige Sommer-Beat der Grillen vom Rauschen des Flusses **Vouraïkós** abgelöst. Eintauchen in waldig-schattige Zonen. Keine Schilder weisen darauf hin, dass man schwindelfrei sein sollte. Wir balancieren auf einem schmalen, moosbegrünten Betonbalken über die **Brücke.** Folgen einem steilen Abzweig zum Fluss hinunter und nehmen ein eiskaltes Fußbad.

Zurück auf dem Pfad bis zu den **Pórtes,** der Engstelle mit dem ersten Tunnel der Strecke. Auch der Zug fährt hier, die Spannung steigt: Er kommt gerade nicht. Abbiegen in den alten Durchgang, der nun für Fußgänger geöffnet ist (s. S. 39). Von hier bietet sich ein dramatischer Blick in die Schlucht. Den nächsten Zug lassen wir vorbeifahren, damit er uns nicht von hinten einholt. An der **Picknick-Station** am alten Bahnhäuschen Portes vor dem Tunnel wartend, wird man Teil der Attraktion – Kinder winken aus dem Waggon. Wir kehren um, obwohl der Weg Richtung Meer immer schöner wird – wie der Wirt der **Taverne Adónis kai Póli** in Káto Zachloroú nachher im Schatten der Weinreben sagt.

Límni Tsivloú

E3

Λίμνη Τσιβλού
Von Zachloroú oder Kálavrita durchquert man das Chelmós-Gebirge, um zum Límni Tsivloú, dem vielleicht schönsten See der Halbinsel, zu gelangen. Tannenwälder entlang einer kurvigen Straße, am Rand Bienenkästen. Auf der Gipfelstraße zieht erschreckend kalte Luft ins Fenster, große Schlaglöcher müssen vorsichtig umfahren werden. Abwärts soll man sich vor Erdrutschen in Acht nehmen, dann wird die Straße, je weiter es ins Tal geht, besser.

Der See ist nach links ausgeschildert. Wildcamper picknicken, schaukeln in den Bäumen über kristallblauem Wasser, ein stiller Punkt zwischen Nadelwäldern und Berghängen. Ein Rundweg führt um das nordisch anmutende Gewässer. Auf der Terrasse der **Taverne O Paradeisos** speist man unter Maulbeerbäumen.

Akráta, Límni Tsivloú, T 69 75 83 35 82, im Sommer, an Weihnachten und am Wochenende geöffnet, €

Diakoptó

E2

ΔΙΑΚΟΠΤΟ, Διακοπτό
Von Kalávrita aus braucht man mit dem Auto weniger als eine Stunde zum Küstenort Diakoptó, auch ›Diakoftó‹. Das Wort *diakopí* bedeutet ›Unterbrechung‹, dementsprechend kann man im gemütlichen Fischerhafen (2300 Einw.) nett pausieren. Schmale Kiesstrände erstrecken sich zu beiden Seiten des kleinen Hafens, an dem man gut in Cafés sitzt.

Auf den Gleisen am Bahnhof steht die alte Dampflok, die 1891 in Paris gebaut wurde und bis 1959 die Waggons der einzigen griechischen Zahnradbahn über die 22,4 km lange Strecke nach Kalávrita hinaufzog. Auch die Triebwagen, die bis 2002 in Betrieb waren, sind zu sehen. Ja, vor allem um die Bahn geht es: Mehrmals täglich beginnt die Zahnradbahn (›Odontos‹) ihre einstündige Fahrt auf der Schmalspurstrecke durch die straßenlose Vouraïkós-Schlucht nach Kalávrita (s. S. 30).

Von Zahnrädern getrieben

Seit zehn Jahren fahren auf erneuerten Gleisen Schweizer Triebwagen. Die Strecke führt über 40 Stahl- und 15 Steinbrücken. Die ersten Minuten fährt der Zug an Häusern, Zitrus- und Ölivenbäumen vorbei, unterquert die Küstenschnellstraße – wenig später tritt das Schienenband in die Schlucht ein. Oleander säumt das Wildwassertal des Vouraïkós, in den unteren Teil der Felswände schmiegen sich einfache Schaf- und Ziegenpferche, die wie prähistorische Wohnstätten wirken.

Kurz nach der Abfahrt wird der erste Tunnel passiert, dann stoppt der Zug bei der Station **Niamáta.** Gleich darauf verengt sich die Schlucht so stark, dass nur Platz ist für das Gleisbett mit seinen insgesamt 4000 m langen Stützmauern. Der Zug passiert natürliche Felsgalerien und immer wieder unbeleuchtete Tunnel, mehrmals wird der Fluss überquert. Meist liegt er tief unterhalb der Strecke, stürzt in kleinen Wasserfällen und wilden Stromschnellen dem Meer entgegen. Wo Platz ist, säumen bemooste oder efeuumrankte Platanen sein Bett. Dann kommt das Chelmós-Massiv in Sicht. Erdbeerbäume, Ginster und Steineichen säumen die Gleise.

Erst wird die mit 5 m Breite engste Stelle der Schlucht passiert, die **Pórtes,** dann weitet sie sich zu einem fruchtbaren Hochtal. Nach kurzem Halt in **Káto Zachloroú** (hier beginnt die Wanderung S. 38) geht die Fahrt weiter durch ein bewaldetes Tal. Nach einer knappen Stunde noch ein Stopp im Weiler **Kerpiní,** wenig später endet die atemberau-

Lieblingsort

Offene Türen einrennen

In der **Vouraïkós-Schlucht** (📍 E 2/3) zwischen Zachloroú und Diakoptó stehen die *pórtes*, die Türen, sperrangelweit offen. Und das Licht am Ende des Tunnels? Derlei Kompositionen von Natur und Fortschritt bestimmt sicher die Grundlage für solche Redewendungen. Aber offenbar wurden hier die ›Requisiten‹ einer Filmszenerie vergessen. Schwere, rostige Eisentüren lehnen an der Seite des ersten Felsentunnels der Route. Betagte, lose Schienen verweisen auf vergangene Zeiten und verbinden uns mit der Gegenwart: Früher fuhr die Bahn hier entlang, heute sind mehrere hintereinander folgende Durchbrüche zu Fuß begehbar. Der Blick in den Abgrund? Quietschend läuft die Schlucht in der Tiefe zusammen. Wird mir da schwindlig oder kenn ich das nur so aus dem Film? Im Zweifel hilft der geradeaus gerichtete Blick: Nebenan, ein paar Meter weiter, lässt sich die Zahnradbahn kurz blicken, bevor sie in einen neuen Durchgang hineinrattert.

bende Fahrt. Vom Bahnhof ins Zentrum von **Kalávrita** geht's zu Fuß: man ist quasi schon da.

Abfahrt Diakoptó Mo–Fr 9.50, 12.10, 15 Uhr, zurück um 10.17, 12.43 und 15.28 Uhr, Sa/So 5 x, Einzelfahrt 9,50 €; Auskünfte am Bahnhof u. im Internet, T 26 91 04 32 06, hellenictrain.gr

Ein feines Refugium

Am Kiesstrand **Paralía Poúnta,** 5 km östlich von Diakoptó beim Dorf Trápeza (📍 E 3), baden bislang meist nur Griechen. Doch ist dies ein nettes Fleckchen Erde, voll durchorganisiert mit Beach Bars und Kiosken. Mächtige Bergkämme strecken sich schützend hinter den Badegästen aus. Weil es so schön ist, stehen hier auch viele Ferienhäuser – im Sommer wird's entsprechend voll. Wer mag, kann sich hier, unterhalb der Schnellstraße nach Kalávrita, in eine private Ferienwohnung einmieten, eine Fisch-Taverne (»Michális«, T 26 91 04 16 03, tgl. ab 11 Uhr, €€) ist vor Ort.

Schlafen

Sehr geräumig

Alkistis: Wenige Meter von Hafen und Bahnhof entfernt, ist das gepflegte Rasengrundstück ruhig gelegen. Das Haus bietet 2-Zimmer-Apartments mit Terrasse oder Balkon und gut eingerichteter Küche, eine Bar und einen Pool.

Straße vom Bahnhof zum Hafen, T 29 61 04 36 50, www.alkistis-hotel.gr, DZ € im Sommer, Winter-WE €€

Einfach und preiswert

Lemonies: Einfache Zimmer mit Balkon in einem zweigeschossigen Haus direkt an der Straße, Zimmer nach hinten ruhig und mit Blick auf einen kleinen, namensgebenden Zitronengarten.

Filipopoulou 323, Straße vom Bahnhof zum Hafen, T 26 91 04 12 29, DZ/F €

Égio

📍 E2

ΑΙΓΙΟ, Αίγιο

Noch ist Égio, 14 km westlich von Diakoptó, Griechenlands bedeutendster Bananenumschlaghafen. Doch die Bananen wird er wohl an Griechenlands größten Hafen Piräus verlieren, der nun in chinesischem Besitz größer aufgezogen wurde. Die Verluste sollen durch Personenfährverkehr und – wenn es klappt – durch Erdölbohrschiffe im Golf von Pátra ausgeglichen werden. Immerhin verbindet die elektrifizierte Eisenbahnlinie inklusive neuem Bahnhof am östlichen Stadtrand die Stadt erneut mit dem Zug nach Athen und Korinth.

Kämpfender Krisenverlierer

Unter den Platanen am Hafen hat sich schon der antike Reiseschriftsteller Pausanias im 2. Jh. aufgehalten. Die riesigen Bäume beschatten zwölf Brunnen, für Mädchen und Frauen einst das soziale Zentrum des Städtchens. Viele alte Lagerhäuser für den Hafen dienen jetzt als Cafés, Bars und Restaurants. Von hier führt die Straße Michalopoúlou hinauf in die Oberstadt mit einigen restaurierten klassizistischen Gebäuden. In der von Ernst Ziller entworfenen alten Markthalle ist heute das modern konzipierte **Archäologische Museum** mit Funden aus den antiken Städten der Umgebung untergebracht.

Museum: Michalopoulou 10a, T 26 91 02 15 17, Mi–Mo 8.30–15.30 Uhr, Eintritt 2 €

Essen

I Paliá Agorá tou Égiou: In der Markttaverne gegenüber vom Museum isst man gut und in gemütlicher Atmosphäre.

Agiou Andreou 7, T 26 91 06 14 38, Mo–Sa 9–16 Uhr, €

Káto Achaía

C3

ΚΑΤΩ ΑΧΑΪΑ, Κάτω Αχαϊα
Laut tönen die Grillen in den Ölbäumen, geschäftiges Treiben herrscht auf der zentralen Platía zwischen Tavernen und Lädchen. Die Landstadt Káto Achaía (5500 Einw.) erfüllt alle Bedingungen, um als ›griechisch-charmant‹ zu gelten.

In der fruchtbaren Küstenebene, die sich mit dem Flughafen am Kap Áraxos in die Nachbarprovinz Elis hinein erstreckt, lebt der Großteil der Bevölkerung von der Landwirtschaft. Die großstadtnahen Kiesstrände mit Hotels bei Káto Achaía gehören nicht zu den beliebtesten, doch wer anstandslos in die trübe Nord- oder Ostsee geht, wird ohne Probleme in den Golf von Pátra eintauchen – und dabei so ziemlich seine Ruhe haben.

Rundreisende, die einen Strandtag einlegen wollen, sind westlich am Strand von **Niforéika** gut aufgehoben. Stufenwege führen zum Strand hinunter und erinnern an die Verlassenheit der Balkanländer. Der Ausblick ist großzügig: Er reicht von der Nordspitze der Insel Zákinthos zum über 1600 m hohen Berg Énos auf der Insel Kefaloniá, zum griechischen Festland und bis zur nachts effektvoll beleuchteten Trikoúpis-Brücke bei Pátra, die den Peloponnes mit dem Festland verbindet (s. S. 22).

F

URIGER FISCHERHAFEN

Alikés (C3) ist ein kleiner Fischereihafen, 2 km westlich von Káto Achaía. Manche empfinden das Hafengelände als chaotisch, andere als Inbegriff von Authentizität. Hier haben sich diverse Fischtavernen niedergelassen. ›Originale‹ Atmosphäre, frischer Fisch und günstige Preise sind garantiert. Am besten fährt man zum Abendessen hin.

Schlafen

Kinderfreundlich

Pavlína Beach: Weitab vom Straßenverkehr. Eine Hotelanlage mit All-inclusive-Charakter am niedrigen Steilufer, mit Pool und Tennisplatz. Günstige Familienzimmer, Kinderspielplatz, Volley- und Basketballplatz, Billardtisch, Windsurfing.
Niforéika, T 26 93 02 40 40, www.pavlinahotel.gr, DZ/F €–€€

Komfortable Apartments

Naiades Villas: 14 gut möblierte, 53 m² große Apartments in 7 zweigeschossigen Häusern, 80 m vom Meer. Pool im Garten.
Niforéika, T 26 93 02 20 80, www.naiadesvillas.gr, DZ €–€€

Einfach und preiswert

Korálli Beach: Einfache Zimmer und Bungalows, familiäre Atmosphäre. Zum Hotel gehört eine kleine Taverne.
Niforéika, T 26 93 40 09 48, www.booking.com, DZ €

Ausgehen

Im Sommer haben am Strand von Káto Achaía mehrere Beach Bars geöffnet, in denen an Wochenenden Live-Events stattfinden und unter freiem Himmel getanzt wird, so im **Sao Summer Escape** und in der **El Verano Beach Bar.**

Kalógria

B3

ΚΑΛΟΓΡΙΑ, Καλόγρια
Südlich des Kaps gehen die langen Strände in eine wunderbare Küstenlandschaft über, deren winziges Zentrum der Badeort Kalógria bildet. Er

wirkt wie ein unaufdringlicher Ferienort am Ende einer Sackgasse – locker im Gelände verstreute Häuser und eine gut im Wald versteckte Clubanlage mit über 200 Zimmern. Die Besucher sind Naturtouristen, auch durch Pauschalangebote angelockt. Die Küste ist hier so weitläufig, dass man sich nicht auf die Füße tritt.

Vor dem Ortseingang fährt man an einer rotbraunen Felswand auf der rechten Seite und auf der linken am Sumpfland des flachen **Prokópos-Sees** vorbei. Im Südosten hat man klare Sicht auf das Erímanthos-Gebirge, wenn die Atmosphäre wegen der Sommerhitze nicht zu diesig ist. Schwalben und Greifvögel kreisen vor der Felswand.

Die kleine, weiße, romantisch gelegene Kapelle **Ágios Pétros** am Nordufer des Sees ist über einen kurzen Damm zu erreichen. Etwas weiter östlich überschaut die Burg von Kalógria, **Teíchos Dymaíon** (Mauer der Dymaier) den See. Die Ruinen stammen aus vorgeschichtlicher bis mittelalterlicher Zeit.

Burg: im Sommer tgl. 8–15 Uhr, Eintritt frei

Die Natur inszeniert Schönheit

Südlich beginnt der 16 km langen Küstenwald **Dássos Strofiliás**, einer der anmutigsten Naturräume des Peloponnes (s. Tour S. 44). Im Wald leben Landschildkröten, Eidechsen, Schlangen und viele Mücken. In den Kiefern spinnen Prozessionsraupen ihre Nester. Der Strand ist naturbelassen, nur im nördlichen Bereich bei Kalógria werden Liegestühle vermietet, eine Wassersportstation und einfache Beach Bars bieten Abwechselung. Trotz der Anzeichen von Kommerz bleibt Kalógria insgesamt ein außergewöhnlicher, paradiesischer Fleck – zumal ein weitgehendes Neubauverbot besteht.

Endlos dehnt sich der Sandstrand von Kalógria nach Süden aus – im Meer lebt die Caretta-Schildkröte, das Inland steht als Biotop unter Schutz. Das Dorf versteckt sich unter den Kiefern auf dem Felsenkap.

TOUR
Famose und vergessene Feuchtgebiete

Radtour durch das Naturschutzgebiet Strofiliá

Infos

B 3

Start/Ziel:
Kalógria, hin und zurück 120 Min.

Info-Zentrum:
T 26 93 03 19 39

Mitnehmen:
Wasser, Picknick, Mücken- und Sonnenschutz, Badesachen

Auf der parallel zum Meer verlaufenden Asphaltstraße sind Sie schon mitten im Wald. Räder können Sie in Kalógria im **Hotel Verde Al Mare** ausleihen(ca. 9 €). Sollte der Schäferhund einer weidenden Kuhherde Ihnen den Zutritt verwehren, fahren Sie einfach zur nächsten Einfahrt weiter. Denn viele Wege führen durch das 143 000 Stremma große Naturgebiet (1 Stremma = 0,1 Hektar). Im 12 km entfernten Dorf **Lápas**, wo ein Rundwanderweg beginnt, befindet sich ein Informationszentrum. Ein Mosaik unterschiedlicher Lebensräume wurde in einem Wegenetz begehbar gemacht. Die Infotafeln sind allerdings witterungsbedingt ausgebleicht. Immerhin markieren sie die Eingänge.

Strofiliá, so heißt der Wald, ist ein anderer Name für Pinie (normalerweise: *koukounariá).* Also Asphalt adé, ab ins Grüne: Auf rotem Sandboden stehen die Aleppo-Kiefern neben hohen Schirmpinien mit ihren erhabenen, runden Baumkronen weit auseinander und halten das pralle Sonnenlicht doch ab. Im Sommer ist die Luft dick; vom Duft der Nadelbäume satt durchgezogen. Das spricht die Sinne an: Harz, Honig und Pinienkerne – all das wird hier gewonnen. Bienenkästen und Lagerhütten zeigen die Spuren landwirtschaftlicher Nutzung.

Die Pinien von Strofiliá behüten ein einzigartiges Naturgebiet.

Einen kleinen Abstecher nimmt man gern Richtung Meer über einen breiten sandigen Nutzweg. Doch vor dem lockend einsamen Strand fließt zwischen Wald

und Meer ein **Wasserlauf,** der das Schutzgebiet entlang der Küstenlinie abtrennt. Über die Hälfte aller einheimischen Vogelarten leben hier. Lila-blaue Libellen tänzeln in zackigen Bewegungen neben den riesigen Schilfpflanzen. Wir können also nur durch hohe Gräser zum Meer blinzeln, müssen aber leider zur Straße geradeaus Richtung Süden zurück.

Unterwegs trifft man freilaufende Hunde, auch Landschildkröten gehören zu den Passanten. Feuchte Luft legt sich auf die Glieder, hinterlässt einen klebrigen Film. Doch die Mücken halten wohl gerade Siesta. Der huckelige Untergrund macht die Fahrt auf breiten Reifen empfehlenswert. Auf dieser Schütteltour mit Mountainbike durch die kontrastreiche, menschenleere Landschaft löst sich so manche Spannung in den Muskeln und Gliedern. Ein Dickicht aus Wald mit stolzen, bis zu 200 Jahre alten Bäumen überragt das Sumpfgebiet, vor dessen unbekannten Tiefen niedrige Büsche und Sträucher am Wegesrand schützen.

Schließlich endet die Fahrt am **Meer** – und mit der Einsamkeit ist es vorbei. Unheimlich anziehend ist diese Kulisse: Vorm alten Kurhaus schauen Gäste entspannt dem Wellenspiel zu und rühren sich nicht. Ein vernachlässigter Ort, verlassen ist er nicht. Das Gebäude dient Fischern als Lager, einige nutzen es gar als spartanischen Wohnraum. Die **Loutrá Irmínis,** an der linken Buchtseite, birgt eine heiße Quelle. Ein ebenfalls zerfallenes Gebäude umgibt sie, respektlose Besucher haben Abfall hinterlassen. Das Thermalwasser fließt aus einer Höhle ins saubere Meer, wo einige ein angeblich gesundes Sitzbad nehmen. Eine Kapelle, **Ágios Nikólaos Kounoupéli** oberhalb am Hang, darf natürlich nicht fehlen.

Die Sonne hat die Lettern auf den Infotafeln regelrecht ausgesogen? Auf der Webseite des Nationalparks gibt es eine Infobroschüre zum Download aufs Handy!

Schlafen

Zahlreiche Hotels und Privatzimmer; auch einen Wohnwagenplatz gibt es.

Das Haus im Wald

Verde Al Mare: Die umweltfreundliche Anlage (Solarenergie, biologische Abwasseraufbereitung) bietet moderne Zimmer in mehreren Reihenbungalows, einen Pool mit Bar und Blick auf den schönen Küstenwald. Bird-Watching- und Wandertouren, Externe können gegen Vorlage des Personalausweises ein Mountainbike ausleihen (tgl. 9–21 Uhr, ca. 9 €).

Kalógria, T 26 93 03 11 11, www.verdealmare.gr, DZ/F €€

Auf grüner Wiese

Amalia: Das einfache Haus mit zwölf Studios, Balkons und großer Terrasse steht auf einem großzügigen Rasengelände. Zum Strand geht man etwa 5 Minuten.

Rechts der Straße zum Strand, T 26 93 03 17 62, www.booking.com, DZ €€

Bewegen

Aufs Meer hinaus

Water Sports Center: Die Station vor dem Hotel Amalia bietet u. a. Jetski, Banana Rides, Tretboote. Auch Fahrräder können am Strand ausgeliehen werden (12 €/60 Min.).

Kyllíni

A4

ΚΥΛΛΗΝΗ, Κυλλήνη

Mal eben auf die Insel hüpfen? Der Westküste gen Süden folgend, gelangt man ins Hafenstädtchen Kyllíni (600 Einw.). Wegen seiner Transitfunktion macht es einen urbaneren Eindruck. Von hier aus setzen täglich Schiffe auf die Ionischen Inseln, nach Zákinthos, das 39 km entfernt ist, oder nach Kefaloniá (50 km) über. Wer aus pragmatischen Gründen hier übernachtet, profitiert von der Infrastruktur (Geschäfte) und im Vergleich zu den unweiten Badeorten von etwas günstigeren Preisen.

Schlafen

Backpacker-Flair

Cottage Studio: Kleine Zimmer, deren Wände allerlei historische Gebrauchsgegenstände zieren. Auf einer Treppe geht es hoch zur Dachterrasse. Im Licht leuchtender Laternen, auf mit Kissen bespannten Europaletten überblickt man den funkelnden Sternenhimmel und das Meer, über das die Schiffe zu den nahen Inseln ziehen.

Káto Paralía, www.booking.com, T 69 72 63 63 93, ab Mai geöffnet, Winter geschl., DZ €

Essen

Früchte des Meeres

Sea Garden: Fische oder Meeresfrüchte fast am Hafen zu genießen hat einfach seinen Reiz. Auch Gemüse und Fleisch geht, nur frittiert oder gebraten muss es sein. In der salzigen Luft schmeckt es gleich viel besser mit einem Gläschen Hauswein.

Riga Fereou, T 697 412 02 93, tgl. mittags, abends, €€

Kástro

A4

ΚΑΣΤΡΟ, Κάστρο

Nur einen Katzensprung entfernt, aber ein idealer Standort für motorisierte Urlauber. Das rund 850 Einwohner zählende Städtchen breitet sich an einem die Küstenebene hoch überragenden Bergkegel aus. Hier kommen die auf ihre Kosten, die ursprüngliche Dorfatmosphäre, kleine Tavernen und Pensionen schätzen und gleichzeitig noch näher an den guten Sandstränden sein wollen.

Zeugnis früherer Kreuzfahrt

Ein Rundlauf um die Kreuzritterburg **Kástro Chlemoútsi** auf dem Bergkegel ist wegen der Aussicht imposant, doch die umgekehrte Blickrichtung war relevant: Wie müssen über See ankommende Eroberer nach der Festung getrachtet haben? Hier überblickten einst fränkische Ritter weite Teile des Kerngebiets ihres Fürstentums Achaia, dessen Hauptstadt Andravída im Flachland lag. Die um 1220 erbaute Festung wurde von den Byzantinern, Venezianern und Osmanen, die sie später nutzten, kaum verändert und trägt so Züge westlicher Architektur.

www.visitkastro.com, ganzjährig Mi–Mo 8.30–15.30 Uhr, Eintritt 4 €

Schlafen

Hübsch lauschig

Rooms Katsénos: Eine gastfreundliche und etwas Deutsch sprechende Familie vermietet in ihrem großen Bungalow vier ebenerdige Zimmer mit Terrasse in kleinem Garten. Die Gemeinschaftsküche steht allen Gästen offen.

30 m von der Platía Richtung. Loutrá Kyllínis, T 26 23 09 51 43, DZ €

Loutrá Kyllínis A4

ΛΟΥΤΡΑ ΚΥΛΛΗΝΗΣ,
Λουτρά Κυλλήνης

Die ›Bäder von Kyllíni‹ bestehen aus dem alten Kurhaus und einigen Apartmenthäusern. Mit Strandhafer bewachsene

So fest und wehrhaft die Mauern der Burg Chlemoútsi noch sind, im Inneren blieben nur Fundamente von einstiger Herrlichkeit.

Dünen säumen den kilometerlangen Sandstrand, an dessen südlichem Ende die Kette Grecotel eines der größten Hotelresorts des Peloponnes baute.

Direkt am Ortseingang verbirgt sich im Eukalyptuswald hinter Zäunen das Kurhaus. Die Anlage ist ungepflegt, oder ins Positive gewendet: naturbelassen. Der Geruch von verfaulten Eiern, also Schwefel, macht sich in der aufgeheizten Sommerluft breit. Das schätzen die Leute, die heute noch in den antikrömischen Bädern kuren. Sie schöpfen das mineralstoffhaltige Thermalwasser, das aus einem Hahn am Beckenrand tröpfelt, ab und übergießen sich damit – es soll anregend wirken.

Zum Glück mit Schwefel

Aus Heilschlammlöchern vorm Kurhaus können Mutige – schließlich schwimmt ein schimmliger Film obenauf – warmen Schlamm entnehmen, um sich damit einzureiben. Eine Umkleidekabine erinnert an Zeiten mit mehr Fluktuation. Geht man den Pfad rechts an der Ruine der antiken Thermen entlang, kommt man zu einem winzigen neuzeitlichen Amphitheater. Von den oberen Stufen schaut man, Überraschung, auf die Burg Chlemoútsi.

Schlafen

Dominierender Luxus

Grecotel Olympia Riviera: Das Hotelresort ist eine Welt für sich! Insgesamt 563 Wohneinheiten vom Standarddoppel bis zur exklusiven Villa mit privatem Pool gehören dazu. Übers Gelände sind Poollandschaften verteilt, es gibt ein Amphitheater und zahlreiche Sportangebote von Mountainbiking bis zu Reiten, von Tennis bis zu Bogenschießen.

Loutrá Kyllínis, Olympia Riviera Thalasso, www.grecotel.com, DZ/F €€€, über Reiseveranstalter immer günstiger

Essen

Im Ort gibt es keine Tavernen; das Hotel bietet All-in-Versorgung. Zum Essen wie die Griechen fährt man ins benachbarte Arkoúdi oder nach Kástro.

Arkoúdi

A4

ΑΡΚΟΥΔΙ, Αρκούδι

Das kleine Dorf (50 Einw.) mit im Sommer lebhaftem Zentrum und Sandstrand ist ein Hort des Individualtourismus, ein neckischer, durchorganisierter Urlaubsort. Die Wege zwischen den Tavernen sind kurz, alles ist auf Urlaub eingestellt.

Schlafen

Einfach und zentral

Bráti II Beach: Modernes dreigeschossiges Hotel mit 18 Zimmern. Einfache Ausstattung, aber die Pools des Hotels Bráti-Arcoúdi können mitbenutzt werden. Die Besitzer sprechen Deutsch.

Platía, T 26 23 09 63 65, www.bratibeach.com, DZ/F €

Recht ruhig

Bráti-Arcoúdi: Die aus dreigeschossigen Häusern bestehende Anlage mit 47 Zimmern, zwei Pools und Tennisplatz liegt nur zehn Gehminuten vom Strand entfernt.

Straße nach Loutrá Kyllínis, T 26 23 09 63 50, www.arcoudi-hotel.gr, DZ/F €

Ruhig und schlicht

Kipriotis Hotel: Ruhige Lage mit Blick aufs Meer, fußläufig ist Arkoúdi und der Strand erreichbar.

Straße nach Glýfa, T 26 23 09 61 65, www.kipriotis-hotel.gr, Mai–Sept., DZ €

Essen

Schöner Garten

Taverna Klimatária: Die Gäste sitzen unter kräftigen Maulbeerbäumen und blicken in den schönen Garten. Der Deutsch sprechende Wirt Chrisánthos, Sohn des Gründers Jórgos, serviert gute Tavernenkost und hält sein Lokal ganzjährig geöffnet.

Arkoudiou,, Straße nach Vartholomió, T 697 80 23 128, tgl. ab 11 Uhr, €€

Elis

Andravída B4

Im Sommer säumt der Straßenverkauf voller Kürbisse und Melonen den Fahrweg gen Osten ins Landesinnere. Unterwegs scheint das flache Landstädtchen **Andravída** (3500 Einw.) heute unspektakulär vor sich hin zu warten. Dennoch ein geschichtsträchtiger Ort; sein Name leitet sich vom französischen »Andréville« ab.

Die Franken sind lange fort

Vom 13. bis 15. Jh. war der Ort die Residenzstadt der fränkischen Fürsten von Achaia. Nach der Eroberung von Konstantinopel im 4. Kreuzzug besetzten sie auch den Peloponnes, wo Gottfried I. Villehardouin (gest. 1218) das Fürstentum gründete.

Als Byzanz wieder erstarkte, zerbröckelte die Macht der Franken. Als letzte Baronie mussten sie 1432 Messenien aufgeben. Der Fürstenpalast ist verschwunden, vom Ruhm des Machtgerangels blieb nur eine gotische Ruine übrig: Der gut erhaltene Chor steht heute auf einer umzäunten Wiese neben dem modernen Rathaus an der abends recht lebhaften Platía.

Archéa Ílida (Elis) B4

ΑΡΧΑΙΑ ΗΛΙΔΑ, Αρχαία Ήλιδα

Das Dorf (350 Einw.) am Weg zum 7 km entfernten Pínios-Stausee ist wunderschön gelegen zwischen Mischwäldern und Olivenhainen. Kaum vorstellbar: inmitten des saftigen Grüns soll es früher Löwen gegeben haben. Noch ganz andere Kräfte wurden im Altertum heraufbeschworen: Die antike Stadt **Elis** organisierte die Olympischen Spiele. Von hier stammte auch der erste namentlich bekannte Olympionike, Kóroibos, der 776 v. Chr. den Stadionlauf gewann.

Die Grabungsfunde aus dem antiken Elis werden im **Archäologischen Museum** gezeigt. Der Bau prunkt wie ein modernes Schulungszentrum am Ortsrand. Bemerkenswert sind in den drei Sälen runde Bronzemarken, die als Eintrittskarten fürs Theater galten, und eine römische siebenflammige Öllampe.

T 26 22 04 15 01, archaeologicalmuseums.gr, tgl. 8–15 Uhr, Eintritt 4 €

Antiken-Parcours

Die **Ausgrabungen** selbst kümmern 3 km nördlich vom Dorf auf vertrockneten Wiesen. Das **alte Museum** direkt an der Straße erinnert an die langjährige Tätigkeit österreichischer Wissenschaftler, die 1910 die Grabung begonnen haben. Das Gebäude wird jetzt als Lager genutzt. Neben dem Bau führt der Weg zum antiken **Theater,** durch das flache Gelände mit lichtem Baumbestand an den Thermen vorbei zur **Agora.** Nach Überquerung der Straße kann man sich im **römischen Stadtzentrum** umsehen.

An der Straße von Kalíva Ílida zum Stausee, frei zugänglich, Rundgang 1,6 km

Lieblingsort

Sommer vorm Balkon

Nicht immer muss man sich erst anstrengen, um endlich eine gute Aussicht beanspruchen zu können. Wenige Kilometer südwestlich von **Lambía** (D 4) (s. S. 51) dehnt sich der Folói-Wald, der liebevoll ›Balkon der Elis‹ (Bálkoni tis Ilías) genannt wird: Vom Rand des größten Eichenwalds des Balkans zeichnen sich, so weit das Auge reicht, endlose Schatten und Linien der Gebirgs- und Himmelsformen ab. Mit Blick von der Terrasse der Taverne in Lambía, die passend **To Balkoni** heißt, hat man, wenn nicht die Mitte dieser Talschlucht, so doch vielleicht seine eigene gefunden. Bei Hauswein, Deftigem vom Grill, einem Bauernsalat und *patátes tiganités* (frittierte Kartoffeln) lässt sich günstig und gemütlich die weitere Reise planen (fb.com/to.mpalkoni.divri).

Lambía

D4

LAMPEIA, Λαμπεία
Wer eine Abwechslung zu Strand- und Bildungsurlaub sucht, stößt tiefer ins Erímanthos-Gebirge vor. Nur 20 km weiter liegt in 900 m Höhe das auf mehreren Hängen verteilte Dorf Lambía (ca. 600 Einw.), in dem man frische Gebirgsluft atmen kann. Im Winter schimmert die schneebedeckte Astrás-Spitze in der Sonne, vermutlich nahm man den wetterbedingten Glanz *(lámpsi)* im Namen auf. Vielleicht sind es die Einfachheit, die Ruhe, die traditionellen peloponnesischen Steinhäuser, die den Ort klischeehaft ›ursprünglich‹ machen.

Wie immer gilt: Ängstlich darf man auf den steinigen Straßen entlang dem Abgrund nicht sein, aber vorsichtig. So ist vom Dorf aus das Männerkloster **Moní Chrisopigís** zu erreichen, dessen Kirche im Innenhof ein Mönch auf das 13. Jh. datiert. Sie beherbergt ein Fresko aus dem Jahr 1677.

Fünf Millionen Eichen

Einer der kaum bekannten Naturräume des Peloponnes erstreckt sich über 4200 Hektar im **Naturschutzgebiet Folói-Kápeli** südlich von Lambí. Der Folói-Wald ist mit über 5 Mio. Bäumen einer der größten und ältesten Eichenwälder Südeuropas. Besonders Ungarische Eichen und Kermeseichen sind vertreten, daneben auch Kastanien, Platanen und Walnüsse. Viele seltene Vogelarten leben hier. Um das südliche Nemoúta herum verlaufen zahlreiche Wasserfälle. Über Routen zum Wandern gibt es wenig Informationen. Ein möglicher Grund sind nach Aussage eines Bergführers die Haschisch-Ernten. Wenn ein Einheimischer auf Nachfrage bei strahlendem Sonnenschein vor Unwettern warnt, sollte man nicht insistieren und zurückgehen. Natürlich kann man die Natur aus dem Auto genießen, mit der üblichen Diskrepanz: man bewundert und bedroht sie gleichermaßen.

C

CANNABIS

Seit 2018 ist der Anbau von Cannabis zu medizinischen Zwecken legal. In Andravída und Kórinthos wurden Investitionen von je 8 und 12 Mio. € getätigt. Die lokale Expertise über die Pflanze beruht auch auf illegalem Anbau. In den Liedern des Rembétiko ist das Marihuana aus Kalamáta eine vielbeschworene Substanz. Exporteure und Verbindungsleute profitierten bei internationalen Drogengeschäften von der geografischen Lage Griechenlands. Genau wie die Migration kennt der Drogenhandel keine Grenzen.

Schlafen

Eingang im oberen Stockwerk

Lambia Ori Hotel: Traditionell, mit viel Holz eingerichtet, Kamine im Zimmer. Am Hang gebaut betritt man das Gebäude im oberen Stock. 22 Zimmer mit Blick in die Schlucht, eine Aussicht, die man ganz ohne Ablenkungen durchs Internet umso sorgloser genießen kann.
Lambía, T 26 24 08 13 23, www.lampeia-ori.gr, DZ/F €

Pírgos

B 5

ΠΥΡΓΟΣ, Πύργος
Die heutige Provinzhauptstadt (23 000 Einw.) erstickt am Autoverkehr, das Einbahnstraßensystem ist verwirrend. Man bleibt der Stadt besser fern, wenn man

nicht zwecks Umstieg mit dem Linienbus hineinmuss. Und das muss man nur, wenn man zu den drei hübschen Urlaubsorten an der Küste will.

Infos

- **Busbahnhof:** Erithrou Stavrou 6, T 26 21 02 06 00, Verbindung mit Olympia und Katákolo ca. 6–21.45 Uhr fast stdl., mit Athen über den Kanal von Korinth sowie mit Pátra 10 x tgl., mit Kiparissía 4 x tgl., mit Andrítsena, Figalía, Kalamáta, Kyllíni 2 x tgl., mit Trípoli 3 x tgl.
- **Bahnhof:** Odós Ypsilándou, T 26 21 02 25 76. Nur Verbindungen mit Katákolo und Olympia.
- **Taxiruf:** T 26 21 02 50 00

Skafídia B5

ΣΚΑΦΙΔΙΑ, Σκαφίδια
Der lange Sandstrand macht den Weiler zu einem der internationalen Urlaubsorte der Halbinsel. Dem Ortsbild merkt man das nicht an, die meisten Hotelgäste bleiben in der Anlage des Großhotels oder eben auf dem schönen Ufer davor.

Nicht nur das Meer ist verlockend, unerwartet stolz steht da – wie eine mittelalterliche Festung – das historisch bedeutsame, Mariä Entschlafung geweihte Kloster **Moní Skafídia,** dessen Bauten zumeist aus dem 17. Jh. stammen.
T 26 21 05 50 80, Mai–Okt. tgl. 8–13 und 17–20, Nov.–April tgl. 9–12 und 16–18 Uhr

Schlafen

Alles drin
Aldemar Olympian Village: Die ausgedehnte Anlage am Strand mit 356 Wohneinheiten im Haupthaus und Reihenbungalows bietet Einkaufspassage und Kinderspielplätze, Restaurants und Bars, ein Wellnesszentrum und Pools. Dazu viele Sportangebote (Tennis, Radverleih, Wassersport), die auch von Externen genutzt werden können. All-in-Buchung möglich.
T 26 21 08 20 00, www.aldemarolympianvillage.gr, DZ/F €€€

Katákolo B5

ΚΑΤΑΚΟΛΟ, Κατάκολο
Das kleinstädtisch wirkende Dorf (600 Einw.) ist dank des nahen Olympia der bedeutendste peloponnesische Hafen für Kreuzfahrtschiffe. Entsprechend lebhaft geht es auf der schnurgeraden Hauptstraße und an der Häuserzeile vorm Meer im Sommer zu. Ein Strand beginnt unmittelbar am Hafenrand.

Museen

Museum of Ancient Greek Technology: Mit welchen Hilfsmitteln bauten die alten Griechen die Tempel, wie bewässerten sie ihre Felder? Erstaunliches, wie das erste Kino, wird verständlich erklärt. Kóstas Kotsanás, Initiator des Museums, baute die Technik in Originalgröße oder als funktionstüchtiges Modell nach. Wer den Umweg über Katákolo scheut, findet in Olympia ein ähnliches Museum.
T 69 42 42 01 57, www.kotsanas.com/museum.php, geöffnet, solange ein Kreuzfahrtschiff im Hafen liegt, im Sommer 10–14 Uhr außer Mi u. Do, 5 €

Kaïáfas C6

ΚΑΪΑΦΑΣ, Καϊάφας
Der Ort zwischen einem See und dem Meer, 25 km von Olympia entfernt, war

einmal ein Thermalbad mit besonderem Flair. Heute gehen die Meinungen auseinander: Für die einen eine heruntergekommene Anlage, für die anderen transportiert sie den Charme eines kleinen Grand Hotel.

Heißes Wasser, heiße Dünen

Das Wasser sprudelt hier seit der Antike heiß und kalt aus dem Boden, so mischt es sich zu einem natürlichen Dampfbad. Der Bäderbetrieb startete 1907, als die Eisenbahn den Ort passierte. Richtung Meer ist im Bahnhofshaus heute ein Café untergebracht. Endlos wirkt der gut besuchte Strand, den man über den heißen Sand der Dünen hinter der alten Station erklimmen muss. Er ist geschmückt mit einem Teppich weißer Trichternarzissen.

Relaxen am See

Unzählige Sumpfschildkröten zeichnen sich unter der trüben Wasseroberfläche ab, die kleinen und großen Reptilien tauchen auf und wieder ab, so als würden die Sonnenstrahlen sie zu sehr blenden. Vom Steg aus, der vom Parkplatz zum Kurhaus über den malerischen See **Límni Kaïáfa** führt, können Sie sie sehen.

Das Thermalbad gehört seit 2000 der Gemeinde. Eine geisterhafte Atmosphäre zog ein. Was seinen Reiz hat: um den See spaziert oder radelt es sich wunderbar. Etwa 200 m südlich des Haupthauses öffnet sich im Fels eine Grotte, in der man (auf eigene Gefahr) in einem natürlichen Becken Sitzbäder im Heilwasser nehmen kann. Nach einer längeren Pause wegen fehlender Genehmigungen ist die Therme seit einigen Jahren wieder in Betrieb. Doch bei der geplanten Sanierung gibt es krisenbedingt Verzögerungen, sodass die schöne, alte Struktur zusehends verfällt.

Bus aus Athen, Pátra, Pírgos, Zacháro, T (Pátra) 26 10 62 38 88

Schlafen

Ganz in der Nähe

Anna Apartments: Familienfreundliche Ferienwohnungen oberhalb des Sees Kaïáfa, die bis zu 4 Erwachsene beherbergen. Einfach, vollmöbliert und mit vielem Nützlichen wie Klimaanlage, WLAN und Küche ausgestattet; die ruhige Lage lässt sich auch im ebenfalls gepflegten, großen Garten genießen, wo sogar gegrillt werden kann.

Kaïáfa, T 26 25 03 22 54, annaapartments.gr, DZ €

Mit Pool

Kaiafas Lake: Modernes, 1992 erbautes Hotel mit 43 Zimmern und Studios sowie einem Pool.

Nahe Ostufer, T 26 25 03 29 54, www.kaiafaslakehotel.gr, DZ €–€€

Bewegen

Schön beschleunigt

Wasserski Hatziski: Mit den Brüdern Giórgos und Tássos Hatzís, selbst erfolgreiche Wassersportler, kann man beschleunigt über den See gleiten.

T 69 45 95 88 34, www.hatziski.gr, im Sommer tgl., im Winter nur WE, 20 Min./40 €

Olympia ✪ C5

ΟΛΥΜΠΙΑ, Ολυμπία

Zwischen Hügeln und den Flusstälern des Kladéos und Alfiós liegt das bis auf den Bahnhof und ein Museumsgebäude erst im letzten Jahrhundert entstandene Dorf Olimbía (1300 Einw.) in einer lieblichen Landschaft. Kaum zu fassen, dass etwas Spektakuläres wie die Olympischen Spiele von hier aus zu Weltruhm gelangten. Keine andere Landschaft jedoch, »die so süß und beständig zum Frieden und zur Versöhnung mahnt«, schrieb Nikos Kazantzakis.

Heute ist es ein bescheidener, nur durch Besucher belebter Ort. Die kommen in Scharen und strömen zur archäologischen Sehenswürdigkeit. Sie ist nicht nur museales Areal, alle vier Jahre wird hier das olympische Feuer entzündet.

Tausendmal berührt

Von den Bauten aus Olympias langer Geschichte schauten zu Beginn des 18. Jh. nur die Mauern des Zeus-Tempels und einiger römischer Bauten aus der Erdschicht heraus, die mit über 4 m Dicke das alte Olympia unter sich begraben hatte. Der französische Mönch Montfaucon identifizierte sie 1723 als Erster. Die Ausgrabungen begannen 1829 unter dem Franzosen Abel Blouet. Er fand Metopen vom Zeus-Tempel und brachte sie nach Paris, wo sie im Louvre ausgestellt werden. Seit 1875 arbeiten hier deutsche Archäologen. Was sie ans Tageslicht förderten, nahmen sie nicht mit: Die Funde sind an Ort und Stelle im Museum zu sehen. Die Ausgrabungen dauern an, ein Ende ist nicht in Sicht.

FUN FACTS ZUR ANTIKE

In der klassischen Antike Griechenlands wurden drei Typen von Säulen entwickelt: Die **dorische Ordnung** ist benannt nach dem griechischen Stamm der Dorer im Süden (Peloponnes bis Rhodos) und fällt durch massive, dicke Säulen mit wulstigen Kapitellen auf. Die **ionische Ordnung,** benannt nach den Ioniern im Norden (Athen bis Milet), ist schlanker mit wellenförmigen Kapitellen in Form eingerollter ›Voluten‹. Die **korinthische Ordnung** entstand erst zur Blütezeit der Handelsstadt Korinth in der römischen Epoche mit Kapitellen in Form von Akanthus-Blättern (einer Distelart). Je aufwendiger die Verzierung war, desto teurer wurde der Bau, desto mehr Sklaven waren erforderlich.

Welt voller Kulte

Der heutige Besucher geht durch das römische 2. Jh. n. Chr., als Olympia seine letzte Glanzzeit erlebte. Man betritt das Ausgrabungsgelände von Norden her zwischen dem Fluss Kladéos und dem Krónos-Hügel, der den Namen des Zeus-Vaters trägt. Viele der Bauten, die jetzt als Ruinen in Augenschein zu nehmen sind, konnte der Besucher in der hellenistischen Zeit noch gar nicht sehen. Über 1000 Jahre lang wurde gebaut.

Der antike Ort ist in zwei Teile gegliedert: Den Kern bildete die Altis, der Heilige Bezirk mit Zeus- und Hera-Tempel. Er war durch eine Mauer abgetrennt und wurde durch ein Festtor in der Südwestecke betreten. Drum herum entstanden im Laufe der Zeit weltliche Gebäude wie Thermen, Gasthäuser und Sportstätten. Um sich vor Auge zu führen, wie alles ausgesehen haben könnte, lohnt ein vorheriger Besuch im Museum.

odysseus.culture.gr, April–Okt. tgl. 8–20 Uhr, Eintritt 12 €, Nov.–März tgl. 8.30–18 Uhr, Eintritt 6 €, Ticket auch für die Museen gültig

Reihenweise Ruinen

Auf einer Hochebene zwischen Hügeln erstreckt sich ein volles Feld: nicht in Trümmern, ordentlich gegliedert erscheinen Säulen und Steine, sortiert neben Fußwegen, dazwischen stehen in lockerem Abstand Oliven- und Nadelbäume; jeder ein paradiesischer Schattenspender unter der souveränen Sommersonne. Heute schlendert man durch die Säulengänge auf olympischem

Olympia

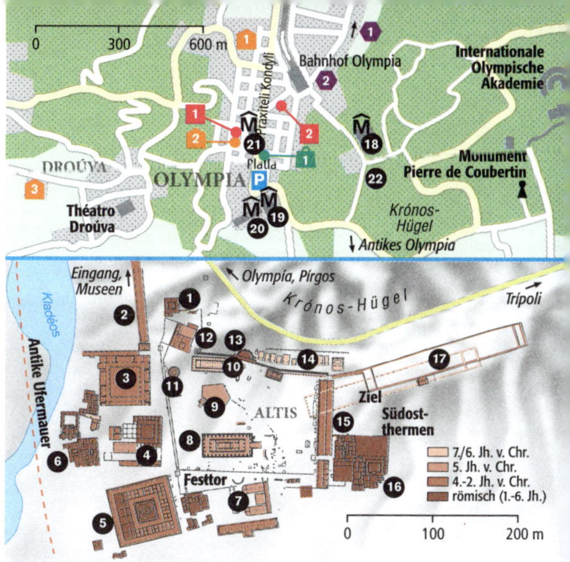

Ansehen

1. Kronion-Thermen
2. Gymnasion, Ost-Stoa
3. Palästra
4. Werkstatt des Phidias
5. Leonidaion
6. Römische Gästehäuser
7. Bouleuterion
8. Zeus-Tempel
9. Pelopion
10. Hera-Tempel
11. Philippion
12. Prytaneion
13. Nymphaion
14. Schatzhausterrasse
15. Echohalle
16. Haus des Nero
17. Stadion
18. Archäolog. Museum
19. Museum der Olympischen Spiele
20. Museum der Grabung
21. Archimedes-Museum
22. Botanischer Lehrpfad

Schlafen

1. Hotel Pelops
2. Leonidaion Guesthouse
3. Olympion Asty

Essen

1. Taverna Orestis
2. Aegean Restaurant

Einkaufen

1. Galerie Orphée

Bewegen

1. Klio's Honey Farm
2. Dig it! Olympia

Boden wie durch Alleen – königlich mit erhobenem Haupt. Manche gar mit Sonnenschirm.

Ein moderner Fitnesstempel

Antike Thermen und Gymnasien vereinen wie Fitness-Studios verschiedene Aspekte von Körperlichkeit: die einen zum Baden, die anderen für Sport und Training. Die **Krónion-Thermen** ❶ entstanden in römischer Zeit über älteren, hellenistischen, Bädern und waren mit großformatigen Bodenmosaiken geschmückt. Rechts des Weges erstreckte sich das noch nicht ganz freigelegte, 220 x 100 m große **Gymnasion;** Säulenhallen säumten den Innenhof. In der **Ost-Stoa** ❷**,** deren südlicher Teil durch Säulenstümpfe erkennbar ist, befand sich eine schattige Laufbahn mitsamt Start- und Zielvorrichtungen, die exakt die Länge eines Stadionlaufs (192,28 m) umfasste. Der Innenhof war Trainingsplatz der Diskus- und Speerwerfer.

Während der Spaziergang gemütlich südlich fortgesetzt wird, verausgabten sich in der **Palästra** ❸ einst berühmte Athleten. Die Trainingsstätte ist mit 32 in voller Höhe erhaltenen dorischen Säulen ein lauschiger Platz mit freier Sicht. Einst

So erschüttert, zerstört wie sein Tempel in Olympia ist auch der Glaube an Zeus. Da braucht es nicht viel Überwindung für einen Schnappschuss der Trümmer.

rahmten sie einen 41 x 41 m großen, mit feinem Sand bedeckten Innenhof, auf dem seit dem 3. Jh. v. Chr. Faustkämpfer, Ringer und Weitspringer aktiv wurden. Hinter den Kolonnaden lagen unterschiedlich große Räume, in denen sich die Sportler mit Öl und Sand einrieben, aus- und ankleideten, Priestern, Philosophen und Trainern zuhörten.

Bevor Zeus verschwand

Hohe Ziegelsteinmauern markieren die Umrisse der **Werkstatt des Phidias** ❹. Das Mauerwerk stammt zwar aus römischer, gar frühchristlicher Zeit. Doch Funde belegen, dass der Bildhauer hier zwischen 440 und 430 v. Chr. mit zahlreichen Mitarbeitern die mehr als 12 m hohe Zeus-Statue aus Gold, Elfenbein und Edelsteinen geschaffen hat, die zu den Sieben Weltwundern zählte. Nur die Beschreibung des griechischen Reiseschriftstellers Pausanias blieb erhalten. Die Werkstatt war etwas größer als die Cella – der Innenraum – des Zeus-Tempels, in dem die Statue aufgestellt werden sollte. Es gab Arbeitsbühnen, ähnlich wie heute im Schiffsbau.

Geteilte Gastgeberschaft

Groß gedacht wie ein Schiff, das viele Passagiere unterbringen will, war das **Leonidaion** ❺. Der Blick auf das Infoschild verrät, dass es seit dem 4. Jh. v. Chr. der flächenmäßig größte Bau am Ort war. Er diente als Gasthof für vornehme Besucher, während das einfache Volk in Zelten und Strohhütten kampierte. Von den 138 ionischen Säulen der Ringhalle sind nur die Stümpfe erhalten. Heute würde das Leonidaion sicherlich als Luxushotel eingestuft werden.

Nach seinem Vorbild entstanden zwei weitere **Römische Gästehäuser** ❻ mit eigenem Thermalbad um 170 v. Chr. unmittelbar zwischen der Werkstatt und dem Fluss Kladéos. Um den steigenden Besucherzahlen gerecht zu werden, expandierte die Anlage. Der damalige Lebensstil bedarf kaum der Fantasie: Ein Teil der Thermen blieb samt Dach in voller Höhe erhalten, Bodenmosaike werden durch ein modernes Dach geschützt. Gut erkennbar ist das raffinierte System der Boden- und Wandheizung. Zwischen den Menschentrauben muss man einen tiefen Atemzug nehmen, um sich den quadratischen Innenhof blühenden Lebens vorzustellen, dessen Mitte mit reichen Gärten und plätschernden Brunnen von Säulen umstanden war.

Erst die Arbeit

Dicht bebaut wie griechische Städte heute war Olympia an dieser Stelle. Östlich des Leonidaion schloss eines der wichtigsten, ältesten Gebäude an: das **Bouleuterion** ❼. Aus dem Wort leitet sich *voulí*, Neugriechisch für ›Parlament‹, ab. Im Bouleuterion tagte der für die Organisation der Spiele zuständige Senat von Elis. Hier ließen sich die Athleten registrieren, zogen sie ihre Startnummern und hier tagten die Schiedsrichter.

F

OLYMPISCHE FLAMME

Alle zwei Jahre reist die Olympische Flamme vom **Hera-Tempel** ❿ aus in die Welt. Der olympische Fackellauf wurde 1936 von den deutschen Nationalsozialisten initiiert; Leni Riefenstahl ahmte ihn filmisch nach. Ideengeber war ein Archäologe jüdischer Herkunft, Alfred Schiff. Doch seinerzeit gelang es Demonstranten in Prag, die Flamme kurzzeitig zu löschen. Alles Weitere über das Olympische Feuer: www.olympic.org/olympic-torch-relay.

Zu Ehren des Göttervaters

In der Altis, auf dem Heiligen Hain, wo zwischen den Tempeln des Zeus und der Hera Statuen und Weihegaben griechischer Stadtstaaten aufgestellt waren, verdeutlicht eine einzeln stehende dorische Säule das schiere Ausmaß der Huldigung. Die Dimensionen des **Zeus-Tempels** ❽, durch dessen Festtor die antiken Besucher den heiligen Bezirk einst betraten, müssen enorm gewirkt haben. Indes waren weitere 1,5 m des Fundaments mit Erde bedeckt, um den Tempel so wirken zu lassen, als stünde er auf einer Anhöhe. Seine Säulen und Mauern wurden zwischen 472 und 457 v. Chr. aus Muschelkalk errichtet, ursprünglich mit Marmorplatten verkleidet. Auf dem dreistufigen Sockel erscheinen selbst die liegenden Säulenteile großartig erhaben. Die Ringhalle wurde von 34 über 10 m hohen dorischen Säulen gebildet. Am Ende erreichte der Tempel mit Giebeldach eine Höhe von etwa 20 m; in etwa die eines siebengeschossigen Wohnhauses.

Im Innern der Cella streckten sich zwei Reihen von je sieben dorischen Säulen dem Himmel entgegen. Sie reichten bis zu einem Architrav, auf dem je sieben kleinere Säulen aufsaßen. Zu diesem Architrav führten Stufen hinauf, um so eine bessere Betrachtung des von Phidias geschaffenen Kultbilds des Zeus zu ermöglichen, das hier im Innern der Cella seinen Platz hatte. Es stellte den thronenden Zeus dar, der in der linken Hand ein Zepter hielt und in der rechten die Siegesgöttin Nike als Symbol für seine Macht, über Sieg und Niederlage zu entscheiden. Die Statue ist im 5. Jh. v. Chr. von den frühen Christen nach Konstantinopel verbracht und dort ausgeschlachtet worden.

Feuer und Flamme für Zeus

Der **Zeus-Altar** in der Mitte der Altis ist gekennzeichnet, doch nichts blieb erhalten. Auf einer 3 m hohen elliptischen Plattform erhob er sich im 2. Jh. n. Chr. in 6,5 m Höhe. Täglich gab es Tieropfer. Nördlich des Tempels erzählt eine fünfeckige Mauer von der Verehrung des Pelops (s. S. 59). Das **Pelopion** ❾ wurde der Legende nach von Herakles errichtet (s. S. 278) und war wohl die älteste Kultstätte im heiligen Bezirk, errichtet über einem Grab aus der Zeit um 2500 v. Chr.

Auch die Zeus-Gattin kommt nicht zu kurz: Im **Hera-Tempel** ❿ wird heute die Olympische Flamme in feierlicher Zeremonie entzündet. War der Ur-Bau, entstanden um 600 v. Chr., weitgehend aus Holz erbaut, wurden die Bauelemente im Laufe der Zeit durch Stein ersetzt.

Könige und Kaiser verewigt

Nach der Rückgabe einiger Architekturteile durch das Berliner Pergamon-Museum 2005 konnte das **Philippion** ⓫ teils rekonstruiert werden. Gestiftet wurde der einzige Rundbau in der Altis vom makedonischen König Philipp II. als Dank für seinen Sieg in der Schlacht von Chaironeia 338 v. Chr., die der griechischen Kleinstaaterei ein Ende setzte. Etwa 900 Jahre älter ist das **Prytaneion** ⓬, Sitz der Verwaltung des Heiligtums. Hier wurden alle vier Jahre die Olympiasieger festlich bewirtet.

Gut zu erkennen ist die halbrunde Nische des **Nymphaion** ⓭, das der römische Konsul Herodes Atticus 158 v. Chr. als Ausdruck seines Ruhms für die Wasserversorgung stiftete. In Wandnischen standen Büsten und Statuen der Kaiserfamilie und des Stifters. An das Brunnenhaus schließt sich die **Schatzhausterrasse** ⓮ an, der Repräsentationsort der griechischen Stadtstaaten. Die Terrasse wurde im 6./5. Jh. v. Chr. von Städten wie Megara, Byzantion und Selinunt errichtet, damit sie darin ihre wertvollen Weihegaben – überwiegend Kriegsbeute – ausstellen konnten.

Die olympische Flamme steht für Frieden, der Ölzweig auch. Den Wunsch aller Menschen feiern die Griechen heute noch in einem alten Ritual.

Den optischen Abschluss des heiligen Bezirks zum Stadion hin bildete die **Echohalle** ⓯. An der Rückwand dieser langen, schmalen Wandelhalle aus dem 4. Jh. v. Chr. mit 44 dorischen Säulen hingen Gemälde. Vom Werteverfall in römischer Zeit zeugt das **Haus des Nero** ⓰: Der Kaiser ließ sich den kleinen Palast auf heiligem Grund erbauen, auf dem bis dahin kein Irdischer seinen Wohnsitz hatte nehmen dürfen.

Auf die Plätze, fertig, los

Durch den gewölbten Zugang für Athleten in das **Stadion** ⓱ hineinzuschreiten, hat etwas von einem Auftritt aus dem Backstage in eine hoffentlich tobende Menge. Hinter dem kleinen

Tunnel präsentiert sich die Sportstätte in der Form des 4. Jh. v. Chr. Steinerne Sitzreihen fehlen zwar, weil die Zuschauer auf den Erdwällen lagerten. Doch erschließt sich der Sinn der Anlage heute intuitiv: Kinder rennen aufs freie, staubtrockene Feld, werden von ihren Eltern zurückgepfiffen. Obwohl diese nicht in der einzigen, steinernen Loge Platz genommen haben; sie war für die Kampfrichter vorgesehen.

Museen

Olympias Schätze

⓲ **Archäologisches Museum:** Ein Museum, das Fantasie und Verstand beim Rundgang durch die Ausgrabungen beflügelt. Kostbarkeiten, Figuren, Statuen stehen hier sicher, im Trockenen. Die zwölf Säle durchläuft man im Uhrzeigersinn: Zuerst wird Olympia als heiliger Ort beschrieben, bevor die Spiele ausgetragen wurden, also vor 776 v. Chr.

Besonders inneressant: Ein Teil des Schatzhauses von Megara ist in Saal III rekonstruiert. In Saal IV ist die Terrakotta-Gruppe des Zeus mit Ganymed aus der Zeit um 470 v. Chr. zu sehen. Rechts des Durchgangs liegt in einer Vitrine der verbeulte Helm des Miltiades: Wahrscheinlich trug er ihn in der von ihm befehligten Schlacht von Marathon gegen die Perser und widmete ihn danach Zeus zum Dank.

Herrschaftlich breiten sich die Giebelskulpturen des Zeus-Tempels im großen Saal V aus. Die Metopen stellen die zwölf Aufgaben des Herakles dar (s. S. 278). Der Ostgiebel erzählt den Mythos des Helden Pelops, nach dem die Halbinsel benannt ist. Der Westgiebel zeigt den wilden Kampf zwischen den Lapithen und den Kentauren.

Foto-Liebling der Ausstellung ist die fragmentierte Nike des Bildhauers Pae-

DER VERFLUCHTE PELOPS **P**

In mythischer Zeit war Oinomaos, Sohn des Kriegsgottes Ares, König der Elis. Ein Orakel sagte, dass er durch die Hand seines Schwiegersohns sterben würde. Deshalb wollte er eine Heirat seiner Tochter verhindern. Er ließ all ihre Anwärter zum Wagenrennen gegen ihn antreten, das er dank seiner unbesiegbaren Rosse stets gewann. Die Köpfe von 13 Bewerbern zierten schon seinen Palast – bis Pelops auftrat. Er war Sohn des durch seine Qualen sprichwörtlich gewordenen Tantalos, den sein Vater den Göttern zum Mahl vorgesetzt hatte, was jene bemerkten und ihn wieder zum Leben erweckten. In Pelops verliebte sich die Königstochter Hippodameia und bestach den Wagenlenker ihres Vaters. Die entscheidende Szene vor der Wettfahrt zeigt der Ostgiebel des Zeus-Tempels. In der Mitte wendet sich Zeus dem neben ihm stehenden Pelops zu und deutet an, wem seine Gunst gehört. Auf der anderen Seite steht die nachdenkliche Hippodameia: Sie weiß, dass sie sogleich ihren Vater verlieren wird. Neben ihr ein Diener, dann folgt der Wagen. An ihm wird gerade das Rad gelockert. Im Wettkampf stürzte Oinomaos, als das Rad brach, und Pelops versetzte ihm mit der Lanze den Todesstoß. Er floh mit Hippodameia und dem Wagenlenker. Wenig später ermordete er jenen misslichen Zeugen, wurde von ihm aber im Todeskampf verflucht. Pelops kehrte in die Elis zurück und ließ sich zum König krönen. Der Fluch des Wagenlenkers aber lastete auf seinen Kindern und Kindeskindern, den Atriden.

Lieblingsort

Ins Gespräch kommen

Die gute Gabe des unaufdringlich-gesprächigen Buchhändlers Apostólis Kosmópoulos (geb. 1947) von der **Galerie Orphée** (1 s. S. 62) macht eine Begegnung angenehm. Wenn er von Olympia erzählt, erzählt er von seiner Familie: Das Geschäft befindet sich im angeblich ältesten Haus des Ortes, hier bewirtete sein Ur-Opa Archäologen während ihrer Ausgrabungen. Sein Vater wurde Bürgermeister, er selbst war 1964 Fackelträger des Olympischen Feuers. Die Familie ist Teil der Geschichte des Ortes, auch er bleibt mit ihr verwoben. Hinter der Kasse zeigt Apostólis eine Fotowand, blättert die Bücher der Autoren wie John J. Macaloon und Emily Grosholz auf, die ihn lobend erwähnen. Eine starke Bindung zum Ort macht noch keinen provinziellen Patrioten, sondern oft im Gegenteil einen Weltbürger, der andere inspiriert.

onios aus Marmor im Saal VI, die, umgeben von Blau, geradewegs vom Olymp herabzuschweben scheint. Saal VII birgt Gefäße aus der Werkstatt des Phidias. Nr. 10 gehörte laut Inschrift dem Schöpfer der Zeus-Statue persönlich. Ein Modell seiner Werkstatt im Maßstab 1:50 unter der großen Rekonstruktionszeichnung des Standbilds lässt den Künstler und sein Schaffen aufleben.

Vor einer roten Wand in Saal VIII steht der Hermes des Praxiteles. Die über 2 m hohe Statue aus parischem Marmor aus der Zeit um 330 v. Chr. zeigt den nackten Hermes mit Dionysos als Kind auf dem Arm. Er bringt ihn zu den Nymphen, die ihn aufziehen sollen.

Löwenköpfe in Gestalt von Wasserspeiern neben römischen Statuen (Saal IX–XI) erzählen von Graus und Beglückung bis in den Tod hinein. Kleinfunde aus einer Nekropole, darunter ein lebensnahes Kinderspielzeug, werden im Saal XII präsentiert. Der Zyklus des Lebens scheint vollendet. Alle Objekte werden auch auf Deutsch erklärt.

Parkplatz ggü. den Ausgrabungen, ancientolympiamuseum.com, April–Okt. tgl. 8–20 Uhr, Nov.–März tgl. 8.30–15.30 Uhr, Eintritt 12 €

Die ›Spiele‹ in der Antike

⑲ Museum der Olympischen Spiele: Die modern konzipierte Ausstellung wird im ersten Museumsbau Olympias gezeigt, dem 1886 eingeweihten klassizistischen Syngeíon. Im Vestibül stehen vier Modelle, die das Heiligtum in der Antike darstellen. Die übrigen Räume sind dem Sport gewidmet. Man sieht eine bronzene Urkunde mit den Namen aller siegreichen Athleten aus dem 1. Jh. v. Chr. bis zum 4. Jh. n. Chr. und Sportgeräte wie Diskusscheiben, Schilde und Speere. Auch die Heraia werden thematisiert, die Spiele für unverheiratete Mädchen zu Ehren von Hera. Ein eigener Saal ist den antiken Spielen von Delphi, Isthmía und Neméa vorbehalten.

Geöffnet wie Archäologisches Museum

Wenn einer eine Grube gräbt …

⑳ Museum der Grabungsgeschichte: Im Kassenraum steht ein 1931 vom deutschen Ex-Kaiser Wilhelm II. gestiftetes Modell des antiken Olympia. Der Preuße war begeisterter Hobbyarchäologe und hatte die Ausgrabungen intensiv gefördert. Das Museum dokumentiert mit Fotos, Briefen und Zeitungsausschnitten die Arbeit der Archäologen, die hier tätig waren.

April–Okt. tgl. 10–17, Nov.–März tgl. 8.30–15.30 Uhr, Eintritt frei

Legenden und Erfindungen

㉑ Archimedes-Museum: Das Museum zu dem berühmten griechischen Ingenieur konzentriert sich auf technische Entdeckungen. Anhand von interaktiven Modellen wird aufgezeigt, dass jedes Teil moderner Autos auf Erkenntnissen antiker Technologie basiert.

Praxiteli Kondyli 9, www.archimedesmuseum.gr, April–Okt. tgl. 10–20, Nov.–März 10–15 Uhr, Eintritt frei

Heilen im Heiligtum

㉒ Botanischer Lehrpfad: Durch einen winzigen Botanischen Garten führt ein etwa 120 m langer Lehrpfad, an dem 63 Tafeln auf mediterrane Heilpflanzen wie Keuschlamm und Kermeseiche, Judasbaum, Mastix, Zistrose, Wermut, Lavendel und Oregano aufmerksam machen. Hier beginnt der markierte Weg auf den Krónos-Hügel hinauf. Die grüne Route beschert aus erhöhter Warte eine schöne Sicht auf die Grabungen. Der Pfad beginnt am Archäologischen Museum und trifft oberhalb des antiken Stadions auf die alte Hauptstraße von Olympia nach Trípoli.

Schlafen

Viele Hotels sind oft mit Busreisegruppen belegt. Eine Reservierung ist empfehlenswert.

Geschäftig und gepflegt

1 **Pelops:** Freundlich geführtes, klassizistisch nachempfundenes Haus mit 16 Zimmern, 800 m von den Ausgrabungen entfernt. Lobby mit offenem Kamin.

Odós Varelás 2, T 26 24 02 25 43, www.hotelpelops.gr, DZ €–€€

Super stylish

2 **Leonidaion:** Modern-hipp gestaltetes Guesthouse mit 7 relativ kleinen Zimmern.

Odós Spilióopoulou 3, T 26 42 02 35 07, www.leonidaion.gr, DZ €

Leicht schick am Ortsrand

3 **Olympion Asty:** Im Grünen mit Blick auf das 30 Autominuten entfernte Meer, großer Pool, 42 unterschiedliche Zimmer, Suiten teils mit Kamin, herrlich ruhig.

2 km außerhalb im Ortsteil Droúva, T 26 24 02 36 65, www.olympionasty.gr, DZ €€

Essen

Angenehme Atmosphäre

1 **Taverna Orestis:** Familiäre Atmosphäre, großzügige Portionen, sorgsam zubereitet.

Odós Spiliópoulou, T 26 24 02 60 46, tgl. ab 11 Uhr, €€

Schön sitzen

2 **Aegean:** Gute Tavernenkost, lockere Atmosphäre, schattige Terrasse in zentraler Lage. Angemessene Preise, selbstgemachte Süßspeisen, Verwendung von regionalen, frischen Produkten.

Odós G. Doúma 4, T 26 24 02 25 40, aegeanrestaurant.business.site, Mo–Sa 10–20 Uhr

Einkaufen

Untouristisch shoppen

1 **Galerie Orphée:** Geschenk- und Buchladen mit Kunstpostkarten, griechischer Musik, Spielen für Kinder, einer großen Auswahl an internationaler Griechenlandliteratur und griechischer Literatur in deutschen Übersetzungen sowie zeitgenössischer griechischer Kunst.

Praxitéli Kondíli 15, nördl. v. Olympia-Parkplatz, T 26 240 23 46 3

Bewegen

Süße olympische Oase

1 **Klio's Honey Farm:** Bei Klio Panagopoulou kann man in den Kosmos griechischer Bienen eintauchen. Im großen Garten nimmt man im Schatten der Bäume bei Gliko tou koutaljou, süß eingelegtem Obst, Platz und lernt die Wege der Honigherstellung und die verschiedenen Produkte kennen.

T 69 77 71 45 30, ww.klioshoneyfarm.com, März bis Nov. 10.30–18 Uhr, So nach Terminvereinbarung, Eintritt 8 €, bei Vorlage dieses Buches 5 €), Kinder bis 12 J. frei

Als Archäologe anfangen

2 **Dig it! Olympia:** Nicht trockene Theorie, sondern die Kelle mal selbst in die Hand nehmen! Unter Anleitung zweier Archäologinnen kann man in drei simulierten Ausgrabungen mancherlei Schätze und Fundstücke freilegen. Und erfährt, welcher Forschungsprozess nach einer Entdeckung folgt.

fb.com/digitolympia, T 26 24 02 62 32 mit Voranmeldung, Mo–Fr 9–15, Mo/Mi 18–20, Sa 10–14 Uhr, Eintritt 6 €

Feiern

- **Internationales Festival Archea Olympia:** Im **Théatro Olimpía Flóka** und in der Waldbühne **Théatro Droúva** wird im Juli/Aug. ein Programm aus Konzerten, Tanz, Theater geboten. Programm online, Plakate vor Ort beachten. Im Dorf Flokas, ausgeschildert, T 26 24 02 25 49, fb.com/olympiafestivalofthearts.

Beim Markttag in Andrítsena treffen sich die Bewohner und Händler aus dem Dorf und der Umgebung.

Infos

- **Bahnhof:** 250 m von der Platía, 300 m vom Archäologischen Museum. Bahn mit Pírgos mehrmals tgl.
- **Bus:** 1x stdl. Pírgos, 2 x tgl. Trípoli/Arkadien über Langáda; Halt am Ende der Hauptstraße nahe dem Eingang zu den Ausgrabungen.
- **Taxi:** Bahnhofsplatz, T 26 42 02 25 55.

Bassae und Néda-Schlucht

Von Olympia lohnt ein Abstecher ins Bergdorf Andrítsena, zu grandioser Landschaft, den Ruinen des besterhaltenen Tempels der Antike und in die Néda-Schlucht mit ihren großartigen Wasserfällen.

Andrítsena D6

ΑΝΔΡΙΤΣΑΙΝΑ, Ανδρίτσαινα
Im großen Bergdorf (3500 Einw.) stehen alte, meist zweigeschossige und unverputzte Natursteinhäuser aus dem 19. und frühen 20. Jh. Die Läden an der Platía und entlang der Durchgangsstraße sind so ursprünglich wie im Bilderbuch. Zum Wochenmarkt am Freitagvormittag kommen Händler aus der Umgebung, in den Tavernen wird traditionell gekocht. Die schweren Waldbrände von 2007 hat Andrítsena überstanden, obwohl die Flammen bis auf wenige hundert Meter ans Dorf herankamen.

TOUR
Wasserfälle der Nymphe

Kleine und große Abenteuer in der Néda-Schlucht

Infos

D6

Start: Figalía

Erlebnisbericht: www.umdiewelt.de; Suchbegriff: ›Figalia Neda‹

Flussbett-Touren: Trifonas Kolintzas T 69 74 45 97 53, www.trekking.gr, Mitte Juni bis Sept., 60 € bei 4–6 Teilnehmern; https://exploremessinia.com, T 69 48 58 31 38

Mit einer Schlucht beginnt der Fluss Néda. Jegliche Mythenbildung ist nachvollziehbar – erst verschwindet sie in einer Höhle, dann zieht sie über atemberaubende Wasserfälle hinweg, nach 10 km sucht sie in einem breiten Trockental ihren Weg zum Meer. In längeren Wanderungen oder kurzen, sportlichen Spaziergängen kann man den Wald um die Schlucht erleben.

Der lange Weg

Eine nicht allzu schwierige Wanderung beginnt in **Figalía.** Aus Richtung Andrítsena gabelt sich die Straße am Ortsanfang. Wenn Sie dem Wegweiser ›Archaeological Site‹ folgen, erkennen Sie rechts einen Rest der antiken Stadtmauer. Nach 120 m zweigt die serpentinenreiche **Piste M1** ab, die über 4 km zur alten **Néda-Brücke** hinunterführt (Plataniá Bridge) – als schmaler gemauerter Bogen überspannt sie den Fluss.

Coole Kantina im Wald

Bis zur Bogenbrücke können Sie auch mit dem Auto ans Wasser heranfahren, bis ›Parking Neda Waterfalls‹. Bei der **Kantina Nedamorfi** sitzen erschöpfte Wanderer bei einem kalten Getränk und alternativen Musikmelodien; am Wasser kann man die Füße kühlen. Hier beginnt eine einstündige Wanderung (1,4 km), ausgeschildet als ›Waterfalls/Katarraktes‹. So gelangt man, an Felswänden mit Handläufen auf der anderen Seite abgestützt, irritiert von waghalsigen Besuchern, die mit Flipflops kraxeln, mal mehr, mal weniger nah am Wasser, zur Brücke über

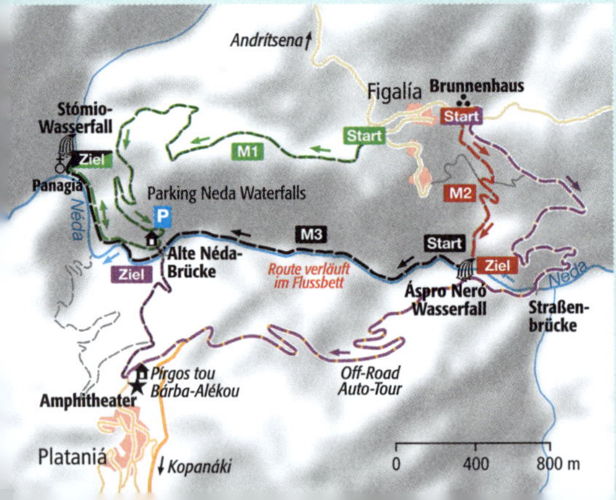

den 50 m hohen **Stómio-Wasserfall.** Das blau-milchige Wasser pausiert in einem Becken, bevor es in die Tiefe abfällt. Bei der weißen **Kapelle Panagiá** nahebei wurde in der Antike ein Eingang zur Unterwelt vermutet und die Göttin Demeter verehrt.

Manchmal zieht das Wasser Fäden wie dicke und immer dicker werdende Haarsträhnen, die den Fels hinabfallen.

Weiße Wasserfälle

Von Figalía führt zudem eine einfache Strecke (1,5 km) zu einem zweiten Wasserfall. Man fährt durch Figalía bis zum Brunnenhaus, wo der **Wanderweg M2** beginnt. Am Ende trifft man aufs Wasser, das rasant aus 60 m Höhe fällt. Vielleicht heißt es deshalb **Áspro Neró** (Weißes Wasser); es schäumt und nährt die uralten Platanen, riesigen Kermeseichen, wilden Feigen, Lorbeeren und Waldreben an den hohen Ufern.

Motorisierte Off-Road-Abenteuer

Eine Auto-Tour (lila) beginnt am Brunnenhaus in Figalía und führt eine (auf 200 m unbefestigte) Asphaltstraße kurvenreich in 2,5 km hinunter zur modernen **Straßenbrücke** (ohne Einstieg ins Flusstal) und dann oberhalb der Schlucht 3,7 km weit ins Dorf **Plataniá.** Vor dem Dorf zweigt eine Asphaltstraße zum alten Turm **Pírgos tou Bárba-Alékou** ab. 200 m hinter dem Restaurant zeigt der Wegweiser ›ΠΡΟΣ ΝΕΔΑ‹ eine steile, besser nur mit starken Reifen zu befahrende Straße abwärts, die zur alten **Bogenbrücke** über die Neda führt (s. Wanderweg M1).

Auf die radikal-nasse Tour

Das ist wirklich ein Abenteuer – diesmal gehen Sie durchs **Flussbett (M3)**: von den Wasserfällen Áspro Néro bis zum Stómio, also zwischen den Endpunkten der Wege M1 und M2 (einfache Strecke ca. 2,4 km). Man passiert Steinbrücken, schmale Klippen, Unterwasserhöhlen, sieht eindrucksvolle Wasserfälle, läuft am Ufer oder im Fluss und muss kurze Abschnitte durch die engeren Stellen der Schlucht schwimmend zurücklegen. Auf dem Rückweg müssen Sie sogar gegen den Strom schwimmen. Für diese spektakuläre Flusswanderung bucht man am besten eine organisierte Tour in einer Gruppe (ca. 4 Std.).

Achtung: Flussbett-Touren sind nur bei niedrigem Wasserstand (im Sommer, Frühherbst) und auf keinen Fall nach Regenfällen möglich!

Schlafen

Familiäre Pension

Epikoureios Apollon: Das einfache zweigeschossige Haus von Wirt Geórgios bietet sechs Studios, mit Kamin und Balkonen zur Platía hin.

Platía, T 26 26 02 28 40, www.booking.com, DZ €

Apollon-Tempel Bassae D6

ΒΑΣΣΕΣ, Βάσσες

Vom Norden kommend, schraubt sich die Straße nach oben zum Apollon-Tempel, den man aus der Ferne nicht sehen kann. Vom Parkplatz geht es steil hinauf. Auf einem Berg in 1130 m Höhe beim modernen Ort Vásses, hat er sich seit 1990 stilvoll in Schale geschmissen, verhüllt von einem überdimensionalen weißen Zelt aus Lkw-Plane – mit Ecken, Kanten und gehalten an Stahlseilen erinnert er an ein Kunstprojekt von Christo.

Die Sicherung des einsturzbedrohten Tempels, den man auf die Zeit um 420 v. Chr. datiert, entfaltet eine ungewollt landschaftskünstlerische Wirkung: Spannung, wenn man die Schwelle übertritt, atmosphärische Instrumentalmelodien hallen durch den Raum. Genau genommen ist nur das Zelt, der künstliche Vorraum, nicht das Gebäude begehbar. So läuft man um die Seiten des Tempels herum. Nicht nach Osten, sondern nach Norden ist er ausgerichtet, vermutlich um eine Beziehung zu Delphi und dem dortigen Apollon-Heiligtum herzustellen. Der Architekt des Tempels soll jener Iktinos gewesen sein, der am Bau des Parthenon der Athener Akropolis beteiligt war. Noch immer finden Restaurationsarbeiten statt.

Straße von Andrítsena nach Figalía, T 26 26 02 22 75, Mai–Okt. tgl. 8–19.45 Uhr, Eintritt 6 €; Nov.–April je nach Wetterlage geöffnet (anrufen!), Eintritt 3 €

Figalía D6

ΦΙΓΑΛΕΙΑ, Φιγαλεία

14 km Richtung Südwesten, vorbei an wuchernden Kakteenpflanzen und hoch stechenden Zypressen, liegt das stille Bergdorf Figalía (1000 Einw.). In der Antike war es ein wichtiger Umschlagplatz zwischen dem westlichen Arkadien und der Küste.

Von der Größe der antiken Stadt gleichen Namens zeugen noch teils bis zu 6 m hoch aufragende Reste der einst 4,5 km langen Stadtmauer, Grundmauern eines Tempels, von dem Teile wie der Fries der Cella im Britischen Museum ausgestellt sind, und ein antikes Quellhaus mit einst tempelähnlicher Fassade, erbaut um 300 v. Chr. Letzterem sieht man das Alter nicht an: Eine niedrige, steinerne Befestigung ist geblieben.

Am Ortsausgang fließt neben einer Platane frisches Quellwasser in die mitgebrachten Flaschen. Das kann man gut gebrauchen, um von hier aus den ausgeschilderten Wanderwegen zu den Wasserfällen der **Néda-Schlucht** und ins Dorf Plataniá zu folgen (s. Tour S. 64). Immer wieder betonen Griechen, dass die Néda einer der wenigen Flüsse mit weiblichem Geschlecht ist: Landschaftliche Schönheit des Tals und seine fruchtbaren Böden werden in der Mythologie der Nymphe Neda zugeschrieben.

Schlafen & Essen

Übernachtungsmöglichkeiten existieren im mit dem Auto 15 Min. entfernten Plataniá. Im Dorf gibt es die Tavernen **O Adónis** und **Néda.**

Zugabe

Reise ins Glück und zurück

Ein Leben vom griechischen Dorf bis nach Amerika

Sollten Sie je eine ›Zacharoúla‹ kennenlernen, können Sie schon erahnen, woher die Frau kommt. Der Name und seine Kurzform Loúla stammt aus der Region beim Dorf Zacháro. »Ich vermisse mein Dorf und zwar alles davon«, sagt die 91-jährige Loúla Stóli. Die geborene Angelakopoúlou ist aus Vrína, einer 500-Seelen-Gemeinde in der Provinz Ilía, etwa 30 Autominuten von Olympia entfernt. Sie gehört zu den Griechen, die nach dem Zweiten Weltkrieg nach Chicago auswanderten.

Die Mehrheit der griechischen Einwanderer in die ›Staaten‹ kam vom Peloponnes. Mittlerweile bilden etwa 1,3 Mio. Menschen mit griechischem ›Integrationshintergrund‹ eine der größten Diasporagemeinden überhaupt. Zwischen 1945 und 1982 siedelten etwa 211 000 Griechen über. Für sie war die Vergangenheit zunächst weniger relevant als die Suche nach einem ›besseren Leben‹. Stóli nahm 1951 im Alter von 22 Jahren mit einem Schiff 15 Tage lang den Weg auf sich. »Wir saßen nicht bei den ganz armen Kindern, sondern in der 2. Klasse«, erinnert sie sich an die Überfahrt, und damit an feine Unterschiede. Eigentlich wollte sie ihre Heimat nicht verlassen. Doch »es war unmöglich, nach dem Krieg in Griechenland Arbeit zu finden.«

Die Armut in Ilía war groß. Davon galt es Abstand zu gewinnen. Während ihrer Kindheit mussten die meisten Kinder im Winter barfuß laufen, erzählt sie. »Ich erinnere mich, wie mein Lehrer mich auf die andere Straßenseite brachte, damit meine Schuhe nicht nass wurden.« Erst sprang sie vorsichtig über Pfützen der schlammigen Dorfstraße, dann über den ›großen Teich‹. Ihre Geschichte klingt nach dem wahr gewordenen amerikanischen Traum, den sie so gar nicht geträumt hatte. In Chicago kämpfte sich Stóli im Kreis der Familie aus der Arbeitslosigkeit nach oben, wurde Unternehmerin, zuletzt führte sie einen Veranstaltungssaal, in dem auch opulente Hochzeiten für die griechische Community ausgerichtet wurden.

Die steinernen Außenwände des zweistöckigen Hauses im beschaulichen Vrína, in dem Loúla aufgewachsen ist, stehen noch. Ausgerechnet ein Feigenbaum, Symbol auch für Reichtum, wächst darin und reicht nach außen. Ihren Bruder kennt man im Dorf noch. Sein Name ist zum Dank für die Spenden in eine Tafel an der Kirche eingraviert.

Geschlagene 68 Jahre ist sie weg und schwärmt doch von Ilía. »Man sollte unbedingt hinfahren. Ich bezweifle, dass man in anderen Ländern solch eine Schönheit sehen kann.« Früher habe man alles selbst gemacht: Käse, Brot, Marmeladen, Olivenöl. Wenn Stóli von Vrína erzählt, entsteht das Bild vom romantischen Dorfleben im Land der Kindheit, in dem man sich auf das Wesentliche konzentrierte. »Das Leben war anders als das Leben heute. Denn heute hat man alles. Man schätzt die Dinge nicht mehr wert«, sagt sie – und tut es selbst doch. ■

Messinía

Im Südwesten — grüngraue Olivenbäume überall, feine Sandstrände faszinieren die Besucher. Venezianische Festungen thronen vor kristallklarem Meer, in Spaziergängen durch umsorgte Städte bezirzt mediterrane Lebensart.

Eintauchen

Ist die Olive eine Frucht, ein Obst oder gar Gemüse?

Seite 71

Kalamáta

Die vibrierende Kulturszene und das moderne gastronomische Angebot locken in die alten und bunten Gassen. Ein langer Sandstreifen prahlt als Stadtstrand neben einer kleinen Marina.

Seite 77

Messene

Im sattgrünen Tal unterhalb des Dorfs Mavrommáti breiten sich die Trümmer der antiken Stadt Messene aus. Das grandiose Arkadische Tor zählt zu den erstaunlichsten Bauwerken der alten Griechen auf dem Peloponnes.

Seite 80

Wanderung bei Polilímnio

Schmal ist der Fluss, der sich über Wasserfälle in viele kleine Seen ergießt. Abkühlung garantiert!

Seite 82

Koróni

Venezianer hinterließen eine stolze Festung. Der einstige Wohlstand ist dem Fischerstädtchen mit Strand noch anzusehen.

Seite 84

Finikoúnda

Ideale Winde machen den Badeort an der Südspitze zur Surfdestination schlechthin.

Seite 92

Nestor-Palast bei Chóra

Nach strapaziöser Reise nahm Telemach, Odysseus Sohn, im Nestor-Palast erst mal ein Wannenbad? Fest steht, die Helden Homers sind nicht nur Fiktion.

Seite 87

Pílos/Bucht von Navaríno ✪

In Pílos genießt man griechisches Dolce Vita. Trinken, Essen, Shoppen, ganz profan. Dann geht's zur Traumbucht von Navaríno: eine Naturkulisse wie aus dem Bilderbuch.

Seite 86

Methóni

Die riesige Festung prunkt vor dem Meer – sie wurde das ›Auge Venedigs‹ genannt. Die Stadt lebt von hübschen Ladenzeilen.

Seite 89

Giálova

Ferienstädtchen mit dem Golden Beach, dem schönsten der Region.

&

Seite 95

Nachhaltig produzieren!

Eine Olivenkooperative im Dorf Stérna kämpft sich als junges, faires Unternehmen von Mitgliedern mit urbanem, akademischem Hintergrund aus der wirtschaftlichen Misere.

Entdecken Sie die versunkenen Schätze der alten Griechen im Zentrum für Unterwasser-Archäologie in Pílos. (s. S. 88)

Nachtschwärmer und Partygänger haben in den Bars und Clubs von Kalamáta gute Karten. Beim Tanzfestival durchrütteln die Choreographien auch den Zaungast.

erleben

(Über-)Lebenslust und Luxus

S

Sorge dich nicht um mich. Du weißt, ich liebe das Leben«, so sang Vicky Leandros 2018 im Amphitheater des antiken Messene vor Bundespräsident Steinmeier und dem damaligen griechischen Amtskollegen Pavlópoulos. Die Stehauf-Melodie von 1976 war passend inszeniert: Will Griechenland doch endlich die Krise hinter sich lassen. Die Provinz Messenien hatte ohnehin Glück: Nicht nur brachte der aus Kalamáta stammende Pavlópoulos die Staatsoberhäupter in die versteckte Berglandschaft der rund 2400 alten Ausgrabungsstätte Messene – Höhepunkt jeder Rundreise –, auch sorgt der gesetzlich für die Landwirtschaft deklarierte Boden für das Ausbleiben von Bettenburgen.

Der ›erste Finger‹ im Südwesten des Peloponnes war bis ins 4. Jh. v. Chr. von Sparta abhängig. Touristisch lag er lange in einem Dornröschenschlaf. Kurz vor der Schuldenkrise, quasi zur rechten Zeit, wurden jahrzehntelang geplante Investitionen umgesetzt: Seit 2010 gibt es Direktflüge nach Kalamáta, der Hauptstadt der Provinz. Sie zählt zu den kreativen Metropolen und gedeiht unter dem Einfluss weitgereister Bewohner. Dank Fluganbindung – für luxuriöse, jedoch grün-autarke Hotelanlagen samt Golfplätzen um Pílos – profitieren auch bestehende Häuser. Inzwischen hat sich auch die faszinierende Natur an der Bucht von Navaríno herumgesprochen. Ob des starken Zulaufs drohen Flora und Fauna aus dem Gleichgewicht zu geraten.

Fast alle größeren Attraktionen liegen an der Küste: Mittelalterliche Burgen thronen in Koróni und Methóni vor dem Meer, dazu kommt der mykenische Palast von König Nestor bei Pílos. Olivenhaine ziehen sich an sanften Hängen empor. Mehrere Flüsse im Norden bei Charavgí bilden die kleinen Seen und Wasserfälle von Polilímnio.

ORIENTIERUNG

O

www.visitgreece.gr: Kategorie ›Messinia‹. Unterkünfte aller Art, touristische Tipps (engl.)
Verkehr: Von Kalamáta nach Kardamíli 35 km, nach Mavrommáti 31 km, nach Methóni 70 km. Von Methóni nach Pílos 12 km, nach Kiparissía 58 km. Tagesausflüge per Bus ab Kalamáta oder Pílos, www.ktelmessinias.gr
Flughafen Kalamáta: Im Sommer ab München und Düsseldorf, ganzjährig ab Thessaloniki, www.kalamata-airport.airportfield.com

Kalamáta

E8

ΚΑΛΑΜΑΤΑ, Καλαμάτα
Bekannt für die Früchte des Ölbaums? Ganz bestimmt ist der Name eingängig, weil wir die mandelförmigen, ein wenig salzigen Kalamáta-Oliven bereits kennen. In der Hauptstadt Messeniens, der zweitgrößten Stadt auf dem Peloponnes (70 000 Einw.), kommen viele mit dem Flieger an und reisen weiter. Hinter der flachen Silhouette Kalamátas thronen die Taígetos-Berge, deren Höhen man auf der Weiterreise in die angrenzende Máni in Richtung Süden überwindet. Doch kommen auch viele Urlauber wegen des Sandstrands her, einem der längsten des Landes, um zu baden oder Wassersport zu treiben. *Summer in the city* – entlang der langen, vielbefahrenen Uferstraße reihen sich die Apartmentblocks aneinander. Aus den Geschäften, Cafés und Bars im Erdgeschoss schallt laute Musik zum Strand hinunter.

Mittendrin und Up-to-Date

Kalamáta ist eine ganz und gar moderne Stadt. 1986 beschädigte und zerstörte ein Erdbeben zahlreiche alte Häuser, von denen einige im alten Stil wieder aufgebaut wurden. Doch es lohnt sich, die pulsierende Innenstadt zu erkunden. Die **Odós Aristoménous** verbindet den Hafen mit der ansehnlichen Altstadt. Erst trifft man auf einen kleinen Park mit Eisenbahnanlagen. Danach öffnet sich hinter dem Gericht und dem Stadttheater die schön-breite Fußgängerzone zur **Platía Agíou Georgíou** mit ihren modischen Kaffeehäusern und der Stadtbibliothek. Echte Boulevard-Atmosphäre. Geradeaus mündet sie in eine kleinere

In der Markthalle von Kalamáta sind tote Fische der kulinarische Hingucker. Aus Wildfang oder Aquakultur? Die Fische sind gekennzeichnet. Hier wird gerade ein Schwertfisch filetiert.

Straße, parallel zur rechts verlaufenden Einkaufsstraße **Anagnostará,** in einer belebten Gegend, in der nicht nur das Archäologische Museum, sondern auch Galerien und farbenfrohe Lädchen mit kreativem Handwerk zu Hause sind. In den Gassen mit den hippen Läden und jungen Kafenía parallel zum Fluss kann man wunderbar schlendern.

Vom Park mit dem mittelalterlichen **Kástro** ❶ auf dem Hügel über dem Flüsschen Nédontas, von dem nur die Außenmauern erhalten sind, bietet sich eine nette Aussicht auf die Stadt. Im modernen Amphitheater auf dem Burggelände finden im Sommer Konzerte und Theateraufführungen statt.

Kástro: Spartis 28, Winter 8.30–16 Uhr, Eintritt 3 €

Lob auf die Nation

Bescheiden und doch ehrwürdig steht die kleine Kreuzkuppelkirche **Ágii Apóstoli** ❷ auf der tavernenreichen Platía 23is Martíou – der Name des Platzes erinnert an den 23. März als Datum der Befreiung Kalamátas von der türkischen Herrschaft. Jedes Jahr findet an diesem Tag eine Militärparade statt, die hier einen Halt einlegt. Im 11./12. Jh. entstanden, ist die Kirche das älteste Gebäude der Stadt. Die Venezianer bezogen sie im 17. Jh. als Altarraum in den Neubau einer Basilika mit ein.

Museen

Einige Museen bleiben im August möglicherweise geschlossen.

Klassizistische Atmosphäre

❸ **Archäologisches Museum:** Das bedeutendste Museum der Stadt ist in der ehemaligen Markthalle untergebracht. In einem großen Raum mit faszinierend vielen Blickachsen werden Objekte aus der näheren Umgebung gezeigt, wie die Grabstele des Flussgottes Pamisos. Der Pamisos ist einer der wasserreichsten Flüsse des Peloponnes und entspringt unweit von Kalamáta.

Benaki/Agiou Ioannou, T 27 21 08 34 85, odysseus.culture.gr, Mi–Mo 8–20, Di 12.30–20 Uhr, Eintritt 4 €

Alte Berufe

❹ **Folkloremuseum:** In der Villa Kyriakos, einem typischen Herrenhaus des 19. Jh., informiert das Folkloremuseum über Handwerke wie Buchbinderei und Töpferei und präsentiert lokale Zeugnisse der griechischen Revolution von 1821.

Agiou Ioannou 12/Kyriakou, T 27 21 02 84 49, Mi–Sa 9–13, So 10–13 Uhr, Eintritt 5 €

Kurs auf Kunst

❺ **Pinakothek A. Tassos:** Sammlung von über 350 Werken griechischer Künstler werden in der Städtischen Kunstgalerie (Pinakothek) gezeigt, darunter auch solche des peloponnesischen Kupferstechers Anastasios Alevizos. Der Schwerpunkt der Dauerausstellung liegt auf Keramik, Malerei und Skulptur der 1980er-Jahre. In Sonderausstellungen werden auch andere Epochen behandelt.

Papazoglou 5, T 27 21 08 89 91, T 27 21 36 06 11, Mo, Di 9–12 Uhr, Eintritt frei

Kunst von heute

Das **Kulturzentrum der Stadt** ❻ mit der **Laikí Vivliothíki** (Volksbibliothek) beherbergt in seinem Hybridbau mit einem neoklassizistischen Altbau mit Rundbögen und einem eckigen Anbau mit großen Glasflächen aus den 1990er-Jahren auch die **Pinakothíki Synchrónis.** Sie zeigt ein breites Spektrum der zeitgenössischen griechischen Kunst – über 400 Werke moderner Bildender Kunst, von der Münchner Schule bis hin zum Expressionismus, werden ausgestellt.

Aristomenous 33, T 27 21 02 26 07, www.laikivivliothiki.gr, tgl. 8–14, Mo–Mi auch 18–20 Uhr, Eintritt frei, im August geschl.

Kalamáta

Ansehen

❶ Kástro/Burg
❷ Ágii Apóstoli
❸ Archäologisches Museum
❹ Folkloremuseum
❺ Pinakothek A. Tassos
❻ Kulturzentrum der Stadt
❼ Collection of Tradional Greek Costumes (s. S. 74)

Schlafen

1 Rex
2 Elektra
3 Ntouana Hotel
4 Grecotel Filoxenía

Essen

1 Platea
2 Bistroteca
3 Thiasos
4 Versallies (Mageireion Bersallies)
5 Notias

Ausgehen

1 Luna Lounge
2 Kyttaro

Schlafen

Die meisten Hotels stehen an der lauten Uferstraße und bieten Meerblick. Ruhiger – und für Besichtigungen günstiger – wohnt man in den Hotels der Innenstadt.

Feine Adresse

1 **Rex:** Das Traditionshotel in der Innenstadt aus dem Jahr 1899 mit seinen zierlichen französischen Balkonen war nie etwas anderes als eine einfache Herberge. Es verfügt über 42 Zimmer (20 m²) und 2 Suiten (über 30 m²).

Lieblingsort

Starke Stücke

In einem neoklassizistischen Bau von 1875 in **Kalamáta** präsentiert Viktoría Karélia, Firmenchefin des ältesten Tabakunternehmens Griechenlands, seit 2016 eine der vollständigsten Sammlungen traditioneller Trachten in den hochmodernen Räumen der **Collection of Traditional Greek Costumes** ❼ (Stadiou 64, T 27 21 08 69 23, www.vgkareliascollection.com, Di–Sa 9–14, Mi, Sa auch 17.30–20.30, So 10–14 Uhr, 5 €). Was nach über 50 Jahren privater Sammlertätigkeit zusammengekommen ist, ist beachtlich und inspirierend – florale, goldbestickte Fest- und Brautkleider, knallige Kostüme, edle Colliers. Griechische Moden seit Mitte des 19. Jh., beeinflusst von Ost und West, umspielt von Musik, stehen im rechten Licht.

Aristomenous 26, T 27 21 02 23 34, www.rexhotel.gr, DZ/F €€

Farbenfroh

2 **Elektra:** Das farbenfrohe Hotel mit 30 Zimmern überzeugt durch guten Service, moderne, farbig gestaltete Zimmer, einen Pool auf dem Dach und einen wunderbaren Wellness-Bereich.

Psaron 152/Ecke Bouboulinas, T 27 21 09 91 00, www.elektrahotelspa.gr, DZ/F €€

Bodenständiges Boutique-Hotel

3 **Ntouana Hotel:** Renovierter Altbau, Zimmer in rustikal-klassischem Stil, zentral gelegen, mit Spielecke für Kinder und gemütlichem Hinterhof, in dem man ausgiebig frühstücken, sich sonnen und auch im Schatten chillen kann.

Faron 196, T 27 21 09 23 14, www.ntouanahotel.gr, DZ €–€€

Der Strandklassiker

4 **Grecotel Filoxenía:** Das ursprünglich staatliche Hotel ist die klassische Adresse am Meer. Seine 188 Zimmer verteilen sich auf mehrere Gebäude in einer Gartenanlage mit Pool und Tennisplatz. Es gibt einen Wellness-Bereich und eine Stadtbus-Haltestelle vor der Tür.

Terma Navarinou, T 27 21 02 31 66, www.filoxeniakalamata.com, DZ/F €€–€€€

Essen

Direkt am Platz

1 **Platea:** Mondän gibt sich das ganztags geöffnete Café-Bar-Restaurant, doch hat die Speisekarte auch einen mediterranen Einschlag. Neben Länder-Themen-Tagen einschließlich passender Drinks gibt es hier auch edlere Gaumenfreuden wie Fisch-Carpaccio oder – absolut im Trend in Griechenland – Pilz-Trüffel-Risotto.

Platia Agiou Georgiou 22, T 27 21 02 25 25, www.platea.gr, tgl. 9–3 Uhr, €€

Bartending im Palais

2 **Bistroteca:** Hier kann man glatt vergessen, dass man sich in Hellas befindet. Westliche Speisen wie extravagante Pancakes, Burger sowie Rippchen mit Kartoffelpüree und Champignon-Soufflé werden in durchdesignter Umgebung serviert. Das Interieur lässt klassischen, dezent-luxuriösen Stil mit Retroeleganz verschmelzen. Am gefliesten Tresen mixt Spíros Antonópoulos Cocktail-Klassiker.

Platia Agiou Georgiou 18, T 27 21 09 74 31, bistroteca.gr, tgl. 8–24 Uhr, €€

Seit 1914

3 **Thiasos:** Kóstas Piérros und Vassílis Protopapás haben das 1914 gegründete Kaffeehaus in der lebendigen Altstadt im Jahr 2015 als zeitgemäßes Kafenío wiedereröffnet. Neu ist nicht nur der Anstrich, sondern auch das gemischte Publikum. Bei schwermütiger Rembetiko-Musik werden traditionelle Mezédes serviert, für die vorrangig Saisonware aus der Region verarbeitet wird.

Ipapantis 3, T 27 21 08 84 07, tgl. 8–1 Uhr, €

Essen für Ehrliche

4 **Versallies (Mageireion Bersallies):** Das *magireftá*, ein echtes griechisches Schmorgericht, muss man probieren. Yánnis Koúmanis arbeitete als Gourmet-Koch, bevor er sich selbstständig machte, um mit seiner Frau Maria täglich frische Gerichte zu offerieren. Seine Küche ist bemerkenswert, die griechische Speisekarte wird täglich im Internet veröffentlicht. Wer sie nicht entziffern kann, schaut einfach am offenen Tresen vorbei.

Evaggelistrias 46, T 27 21 08 18 58, fb.com/versallies, tgl. 12–18 Uhr, €–€€

Griechisch international

5 **Notias:** Wer tagsüber speisen möchte, sollte sich dieses Restaurant in der Marina von Kalamáta nicht entgehen lassen. Im neuen »Liebling der Stadt« stehen

Fische und Meeresfrüchte oben auf der Speisekarte und werden vom Küchenchef modern präsentiert.

Marína, notiaskalamata.gr, T 27 21 09 52 80, tgl. 13–18 Uhr, €€–€€€

Ausgehen

Im Sommer spielt sich das Nachtleben entlang der Uferstraße mit ihren zahlreichen Klubs ab. Außerdem trifft man sich in den schicken Bars im historischen Zentrum von Kalamáta.

Im Bistro-Stil

1 **Luna Lounge:** In der Bar mit großstädtischem Flair klingt dezente Musik, und es ist immer reichlich Betrieb. Viele auch internationaler Getränke stehen zur Wahl. Plätze innen und in einer kleinen Stoa. Tagsüber Brunch.

Aristomenous 23/Ecke Ethn. Trapezas, T 27 21 77 77 77, tgl. ab 9 Uhr

Hochprozentige Perlen

2 **Kyttaro:** Bestes Trinklokal. Mit 250 Bieren und mehr als 50 Cocktails größte Auswahl der Stadt. Dazu Rock- und Livemusik aus aller Welt.

Amfías/Iféstou 11, kyttarorockbar.gr, T 27 21 11 03 82, tgl. ab 19 Uhr

Feiern

- **Internationales Dance Festival:** Mitte Juli. 1995 begründet, präsentiert es an elf Tagen griechische und internationale Interpreten bei etwa 20 Veranstaltungen zeitgenössischen Tanzes. Spielorte sind das Amphitheater im Kástro und das Megaron, es gibt aber auch Darbietungen im öffentlichen Raum. Tickets (ab 15 €) sind ab Mitte Mai erhältlich und können von Deutschland aus telefonisch vorbestellt werden (T 27 21 02 01 86, www.kalamatadancefestival.gr).
- **International Music Days:** In den ersten zwei Juliwochen und im August sind in der Stadt klassische Musik und improvisierter Jazz zu hören. Meisterklassen des Konservatoriums von Kalamátas, renommierte Ensembles und junge Musiker aus aller Welt stehen (oft bei freiem Eintritt) auf der Bühne (www.kalamatamusicdays.com).

Infos

- **www.kalamata.gr:** Website der Gemeinde, auch engl.
- **Flughafen:** Der Airport Kapetán Vas. Konstantakópoulos wird im Sommer direkt aus München und Düsseldorf angeflogen. Ganzjährig gibt es Verbindungen nach Thessaloniki, das tgl. aus den deutschsprachigen Ländern erreicht werden kann. Info: www.kalamata-airport.airportfield.com.
- **Busbahnhof (Ktel):** Mehrmals tgl. Verbindungen zum Flughafen (Airport) und in Orte der Máni – Infos englischsprachiger Webseite, Kategorie »local«, nach Náfplio und Árgos 2 x/Woche, nach Pátra via Kiparissía und Pírgos 2 x tgl. Station: Odós Artemídos, an den neuen Markthallen, www.ktelmessinias.gr.
- **Stadtbusse:** Linie 1 verbindet die Altstadt mit Eisenbahnmuseum, Uferstraße und Stränden, Linie 2 mit dem heutigen Bahnhof. Fahrplan im Internet: www.astikoktelkalamatas.gr.
- **Taxiruf:** 27 21 02 11 12

P

PARKEN IN KALAMÁTA

Tagesbesucher parken am besten auf dem Großparkplatz an den neuen Markthallen. Von dort gehen Sie durch die Altstadt zur Burg, besichtigen die Altstadt und flanieren über die Odós Aristoménous zum Hafen. Von dort bringt Sie die Stadtbuslinie 1 wieder in die Altstadt zurück.

Messene

📍D7

ΜΑΥΡΟΜΜΑΤΙ, Μαυρομμάτι
Nachdem Messenien 371 v. Chr. die Unabhängigkeit von Sparta erlangt hatte, wurde mit dem antiken Messene am Nordrand der Küstenebene unterhalb und auf der Höhe des heutigen Dorfs **Mavrommáti** eine neue Hauptstadt gegründet. Bis ins frühe 4. Jh. n. Chr. hinein war Messene voller Leben; 395 plünderten es marodierende Goten. In späterer Zeit war Messene dann dem Verfall preisgegeben. Aus der Vergessenheit geholt wurde die Stadt erstmals 1828 durch eine französische Expedition.

Auf der Straße nach Arkadien

Monumentale Felsblöcke erinnern noch immer an das einst wohl gewaltigste Tor des Landes. Durch das über 2300 Jahre alte Haupttor der Stadtmauer, das **Arkadische Tor ❶**, auch Nord-Tor genannt, führt auch heute eine der Zufahrtsstraßen nach **Mavrommáti.** Es wird immer noch von meterhohen Stadtmauern flankiert. Das Mauerwerk des einst bis zu 7 m hohen und über 5 m breiten Tors ist ohne Mörtel aus exakt behauenen Steinquadern errichtet. An der Außenseite des Stadttores begann die Straße ins zeitgleich gegründete arkadische Megalópolis (s. S. 165), an der Innenseite eine gepflasterte Straße hinunter in den städtischen Trubel, zur Agorá.

Monumentale Befestigung

Der monumentalste Teil der einst 9 km langen **Stadtmauer ❷** liegt 900 m westlich (Wegweiser nach Petrálona zum ›Castle‹ folgen). Sogar einige der steinernen Türme sind noch vorhanden. Die messenische Stadtmauer war bis hinauf zu den Zinnen aus Stein erbaut und nicht wie bei den meisten anderen Städten aus weniger soliden Lehmziegeln.

Ruinen in schöner Landschaft

In der einstigen Gartenstadt ist ein Besuch zwischen den sich weit ausbreitenden schützenden Hügeln auch ein schönes Landschaftserlebnis. Die Stadt zog

Auch hier blieben von einstiger Macht nur Trümmer: das Arkadische Tor von Messene unterhalb der kargen Hänge des Ithómi-Gipfels.

sich weit einen Hang hinunter: Auf dem Weg zum pompösen Stadion blickt man über viel Grün aufs ferne Meer. Zugleich hat man immer wieder Teile der Stadtmauer vor Augen, die sich weitläufig und streckenweise sehr gut erhalten über die Hügelkämme bis hinab ins Tal zieht.

Erst seit 1987 wird die Stätte gründlich erforscht. Vieles wurde restauriert, alles wird mit Hilfe von Rekonstruktionszeichnungen und Grundrissen anschaulich erklärt, auch auf Englisch.

Pforte in ein altes Paradies

Beim Eintritt überblickt man die traumhafte Anlage, rechter Hand passiert man das in den Hang gebaute **Theater** ❸. In römischer Zeit wurde die Bühne um ein dreigeschossiges Bühnenhaus erweitert.

Links vom Theater befindet sich das **Brunnenhaus der Arsinoe** ❹ mit drei Zisternen, die die Wasserversorgung im Stadtzentrum sicherten. Besondere Aufmerksamkeit wurde auch dem Schmuck gewidmet, so verziert etwa ein Mosaik aus römischer Zeit den Boden des Bassins.

Das Stadtzentrum bildete die **Agora** ❹: der Innenhof wird ringsum gesäumt von Säulenhallen. Mit der Basilika daneben wurde in spätantiker Zeit ein Tempel für Zeus überbaut. Nördlich lag eine lang gestreckte Stoa, die als Markthalle diente.

Das zentrale Heiligtum der Stadt war das **Asklipieion** ❻, in dessen ebenfalls von Säulenhallen gesäumtem Innenhof Hunderte Statuen und ein 9 m hoher Tempel standen. Er war dem Gott der Heilkunst Asklepios (Äskulap) geweiht. Wie üblich lag der Opferaltar vor dem Tempel, während der Zeremonien erklang Musik. An der Ostseite gab es ein zweites, kleineres Theater (Ekklesiasterion), das besser erhalten ist.

Einen optischen Höhepunkt in den Ausgrabungen bildet das **Stadion** ❼. Seine 18 steinernen Sitzreihen auf der Nordseite sind bestens erhalten. Die billigen Plätze lagen unten. Am oberen Stadionrand sind die Grundmauern von bis zu 110 m langen Säulenhallen zu erkennen, die den Stadionbesuchern in Pausen oder den heutigen Besuchern unter der heißen Sommersonne Schatten spenden. Am südlichen Abschluss des Stadions steht ein tempelartiges **Heroon,** in dem die Mitglieder einer angesehenen Familie nach ihrem Tod besondere Verehrung als Heroen genossen.

Unterhalb des Dorfes, ausgeschildert, www.ancientmessene.gr, April–Okt. tgl. 8–20, Nov.–März Di–So 8.30–15 Uhr, Eintritt inkl. Museum 10 €, Zeitaufwand 2–3 Std.

Gen Sparta

Hinter dem nur schlecht erhaltenen **Lakonischen Tor** ❽ beginnt eine etwa 2 km lange Erdpiste, die in Serpentinen auf den Berg **Ithómi** führt – lohnend schon allein wegen des Ausblicks! Die gut erhaltenen Gebäude auf dem Gipfel gehören zum schon zu Beginn des 17. Jh. aufgegebenen alten Kloster Voulkánou an der Stelle eines antiken Zeus-Heiligtums. Schatten gibt es unterwegs allerdings leider kaum.

Herrlich ist der Blick auf die Messenische Ebene auch bei der Weiterfahrt, vorbei an dem erst 1972 erbauten neuen **Kloster Voulkánou** ❾, zurück nach Kalamáta.

Museen

Stolze Funde

❿ **Archäologisches Museum:** Im kleinen Msuem werden Kultstatuen und -zeugnisse ausgestellt. Kunsthistorisch am bedeutendsten ist die im 1. Jh. geschaffene, jetzt kopf- und fußlose Marmorstatue des Speerträgers (Doryforos) – sie gilt als Kopie einer Bronzestatue des berühmtesten Bildhauers der klassischen Antike, Polyklet, aus der Zeit um 440 v. Chr. Für die antiken Griechen erschien sie in

Messene

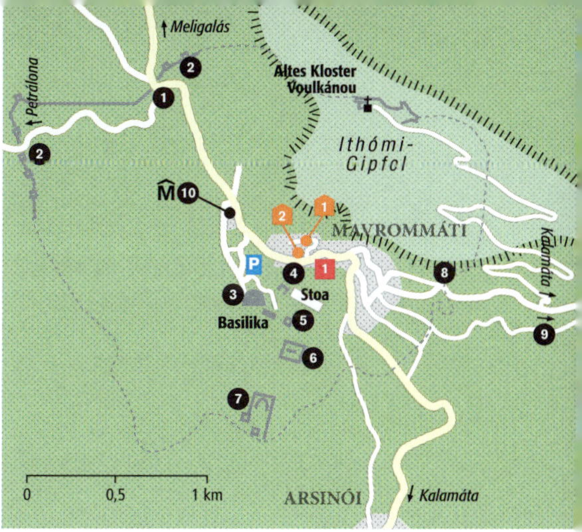

Ansehen

1. Arkadisches Tor
2. Stadtmauer
3. Theater
4. Brunnenhaus der Arsinoe
5. Agora
6. Asklipieion
7. Stadion
8. Lakonisches Tor
9. Neues Kloster Voulkánou
10. Archäologisches Museum

Schlafen

1 Lykourgos Guesthouse
2 Hotel Messana

Essen

1 Taverne Ithomi

---

ihren Proportionen als ideale Verkörperung *(kanon)* des Mannes. Spektakulär ist eine kreuzförmige Stele des Schutzgottes des Handels, Hermes, aus dem 3. Jh. v. Chr., bei der nicht wie sonst nur Kopf und Schulterpartie plastisch ausgearbeitet sind, sondern auch das Genital samt Schamhaar. Im Garten des Museums sind weitere Funde ausgestellt.

Im oberen Teil der Dorfstraße Richtung Meligálas, T 27 24 05 12 01, archmusmes.culture.gr, Mo 13.30–20, Di–So 8–19 Uhr, kein Extra-Eintritt

Schlafen

Einfache Zimmer mittendrin

1 **Lykourgos:** Schicke saubere und farbenfrohe Zimmer mit Dusche/WC in einem Guesthouse mitten im Dorf, unweit der Taverne Ithomi und mit Blick aufs Tal.

Mavrommáti, Querstraße zur Dorfstraße, T 69 70 05 21 42, guesthouselykourgos.gr, DZ €

Dörfliches Boutiquehotel

2 **Messana:** Rustikale, gepflegte Zimmer, ganz traditionell aus Naturstein. Immer wieder gelobt wird das gute Frühstücksbuffet. Auch hier hat man immer einen wunderbaren Blick hinab auf das antike Stadtzentrum.

Mavrommáti, T 27 24 05 10 00, www.messana-hotel.gr, DZ/F €

Essen

Essen mit schönster Aussicht

1 **Taverne Ithomi:** Familienbetrieb an der Dorfstraße mit großer Terasse und schönster Aussicht auf die archäologische Stätte. Eine besondere kulinarisches Entdeckung ist das selbst hergestellte Oliveneis! Im Traditionshaus mitten im Ort finden im Sommer auch manchmal Konzerte statt.

Mavrommáti, T 27 24 05 12 98, www.ithomi.gr, €–€€

TOUR
In ein Netz von Seen gehen

Wasserwanderung im Polilímnio-Tal bei Charavgí

Infos

D 8
Start: Charavgí, Parkplatz nahe dem See Límni tou Panágóu.

Länge: ca. 2 km hin und zurück, Verkürzung jederzeit möglich. Trittsicherheit erforderlich.

30 km westlich von Kalamáta, bei Kazárma im Süden Messeniens, liegt südlich der Nationalstraße das winzige Dorf **Charavgí** (Χαραυγή). Doch dafür sind Sie nicht unbedingt hergekommen. Vielmehr durchfließt ganz in der Nähe ein schmaler Fluss das üppig-grüne **Polilímnio-Tal** mit Ölbäumen, Zypressen und Opuntien. Dabei bildet er grün umrahmte Seen, in die er sich über kleine Wasserfälle, die *Kataráktes Polilímnio* ergießt. Als ›viele Seen‹ übersetzt man den Namen Polilímnio ins Deutsche. Mit dem erfrischenden Abstecher durch die Landschaft mit ihren etwa 15 Seen und einigen Badestellen an Wasserfällen gönnt man sich recht unkompliziert ein wohltuendes Naturerlebnis.

Türkisblau leuchten die Seen von Polilímnio.

Anfahrt per Auto

Vom Dorf **Charavgí** passieren Sie die Taverna Kataraktis und folgen dann der gut sichtbaren Beschilderung ›Waterfall Mavrolimna‹ auf einem Feldweg, der am Wegende in einen angelegten Parkplatz mündet. In 5 Min. gelangt man von hier zu Fuß ans Flussbett.

Über Stock und Stein

Üppige Vegetation umgibt die stufenweise aufeinanderfolgenden, strahlend blauen Wasserbecken und Wasserfälle. Über Stock und Stein, über malerische Holzbrücken, direkt an der Felsenwand entlang, vorbei an abgeschliffenen Felsbro-

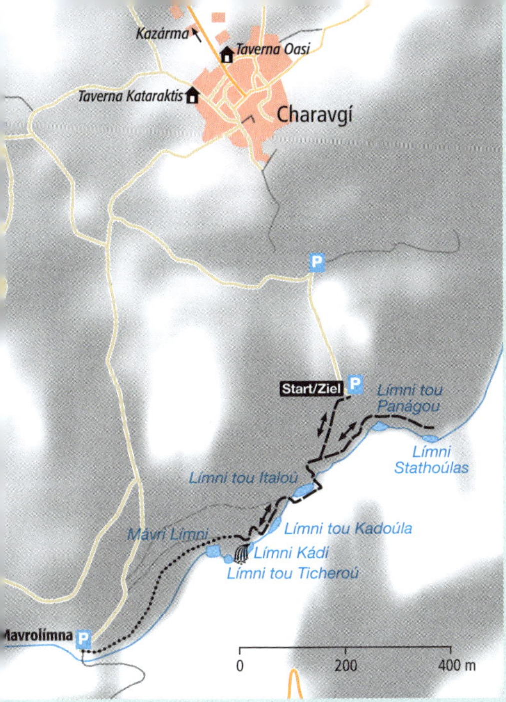

cken am Boden und entlang oberirdischem Wurzelwerk entpuppt sich der Waldweg als gut ausgebauter Pfad. Dennoch ist Konzentration gefragt: An schwierigen Stellen hält man sich streckenweise an Stahlseilen fest, manchmal muss man auch auf Steigeisen kleine Felshindernisse überwinden. Schließlich will man es nicht den Wasserfällen gleichtun.

Viele Legenden
Der vergnügliche Hauch von Entdeckungslust wird durch die englisch- und griechischsprachige Beschilderung genährt: Die Seen tragen kuriose Namen: **Mávri Límni** (›Schwarzer See‹), **Límni tou Ticheroú** (›See des Glücklichen‹) oder **Límni Kádi** (›See des Richters‹), dessen Wasserfall aus immerhin 25 m Höhe in den türkisfarbenen See rauscht. Teils wurde ihnen auch ein Geschichtsnarrativ verpasst: **Límni tou Italoú,** der ›See des Italieniers‹, ist nach einem italienischen Soldaten benannt, der während des Zweiten Weltkriegs hier fast ertrunken wäre, aber von einem Einheimischen gerettet wurde. Auch heute wagen viele kopfüber von den Felswänden aus den Sprung ins Wasser.

Ein Bad wagen
Flussabwärts erreichen Sie auf nun weniger hindernisreichem Weg die beiden Seen **Límni tou Panágou** und **Límni Stathoúlas.** Noch weiter flussabwärts kommen Sie zu anderen Seen, wo Sie ebenfalls baden können. Natürlich auf eigene Gefahr, denn die besten Namen sind schon vergeben und Sie sollten besser woanders Geschichte schreiben. Einst war die erfrischende Oase ein Geheimtipp, heute ist man im Sommer nicht allein. Hoffentlich haben Sie die Badesachen nicht im Auto liegen lassen. Zurück geht es auf dem gleichen Weg, vielleicht möchten Sie sich nun aber lieber in einer der Tavernen in **Charavgí** innerlich erfrischen.

Taverna Kataraktís: Charavgí Hauptstraße, T 27 22 08 10 88, tgl. 11.30–18 Uhr

Touren: Thanássis Asimakópoulos, T 69 49 21 23 60, private Wanderung 10 Pers. ab 60 €

Innerhalb der Festungsanlage von Koróni steht das gepflegte Kloster Timíou Prodrómou. Von einem kleinen Hügel aus schaut man über die Anlage und aufs Meer ringsum.

Feiern

- **Youth Drama Festival:** Jedes Jahr stellen junge Theatergruppen aus Griechenland und anderen Ländern Werke und Stoffe des antiken griechischen und lateinischen Dramas vor. Zwei Wochen, Ende April oder Anfang Mai (Info: www.messini.gr (nur Gr.)).

Koróni

D9

ΚΟΡΩΝΗ, Κορώνη

In der Nationalerzählung werden Griechen meist als Nachfolger antiker Hellenen vorgestellt. Dabei war das Land stets gut besucht, wurde im Laufe der Jahrhunderte oft von Eroberern heimgesucht. An Orten wie Koróni lässt sich diese wechselvolle Geschichte leicht ablesen: Frühe Siedlungsspuren zeugen von mykenischer Kultur. Byzantiner (und 1205 auch die Franken) legten die Grundsteine für die Klippenfestung am tobenden Meer. Schließlich galten Koróni und das weiter westlich gelegene Methóni (s. S. 86) den Venezianern als ihre »beiden Augen im Messenischen Golf«.

Die zwei Festungen sicherten von 1209 bis 1500 und noch einmal von 1685 bis 1715 den Handelsverkehr zwischen der Adria und der Ägäis, waren Stützpunkte der venezianischen Galeeren und

Versorgungshäfen für Handelsschiffe sowie auch Umschlagplätze für den Sklavenhandel mit gefangenen Türken. Wie wohlhabend beide Festungsstädte dadurch wurden, zeigt ein venezianisches Dekret von 1291: Es bestimmte, dass beide Städte zusammen jährlich 2000 Pfund Gold als Steuer an die Serenissima abführen sollten.

Blitzeblankes Fischerdorf

Heute hat **Koróni** (1700 Einw.) noch immer das Flair eines großen Fischerdorfes mit gut erhaltenen Häusern aus dem 19. und frühen 20. Jh. Das sagt vielen Westeuropäern zu, die sich hier inzwischen niedergelassen haben. Unten am Wasser reihen sich entlang der 200 m kurzen **Hafenstraße** zwar wie andernorts auch Cafés und Tavernen aneinander, aber an der schmalen Fußgängergasse hinauf zur venezianischen Burg liegen noch Netze vor kleinen Häusern neben Geranienbüschen, laufen Katzen und Hühner auf dem Pflaster herum. Es ist aber auch alles zugeparkt. Das Fernsehprogramm schallt auf die Straße, und auf der kleinen Veranda drückt gerade eine Frau ihre Zigarette aus.

Zum Baden geht man entweder 300 m zu Fuß an den nördlichen Ortsrand oder zum 3 km langen, sandigen **Zágka Beach** auf der anderen Seite der Burg.

Hoch an den Klippen

Das **Kástro** überrascht, weil die Burg nicht wie so viele andere eine wüste Stätte ist. Zwischen und vor den Mauern stehen einige Häuschen, die privat bewohnt werden. Der Friedhof neben der Kirche nimmt noch Verstorbene auf, der Olivenhain in der Unterburg wird abgeerntet.

Vor dem Eingang zum verwinkelten Nonnenkloster **Moní Timíou Prodrómou** liegen die Grundmauern einer frühchristlichen **Basilika,** zuvor ein Apollon-Tempel. In den östlichen Teil ihres linken Seitenschiffs baute man im 9. Jh. die kleine **Kirche Agía Sophia,** die die Türken später als Moschee nutzten. Sträucher und vertrocknete Wildblumen bedecken den Hang. Der Blick aufs freie Meer wirkt entspannend, auch der über 3 km lange **Zágka-Strand** und der sich anschließende **Mémi-Strand** mit einigen Hotels sind zu sehen.

Frei zugänglich, Kloster in der Burg 13–17 Uhr Mittagsruhe

Schlafen

Direkt am Strand

Zága Beach: Das stadtnahe Strandhotel und Restaurant (10–15 Min., teils bergauf, zu Fuß) ist unter den Ziegeldächern seiner dreigeschossigen Gebäude ganz in Weiß und Blau gehalten. Die 18 Zimmer sind funktionell eingerichtet, bieten Balkon oder Terrasse und oft Meerblick.

Zágka Beach, T 27 25 02 20 08, www.koroni.net, DZ €

Kleines Stadthotel

Diana: Das moderne, sehr gepflegte Haus mit acht Zimmern liegt direkt im romantischen Hafenviertel. Gut geeignet aber eher für eine Zwischenübernachtung, denn ganz leise ist es hier nicht.

Maizónos O, T 27 25 02 23 12, www.dianahotel-koroni.gr, DZ €

Essen

Urige Atmosphäre

Kangkelários: Das eingeschossige Haus verströmt Flair, die Auswahl an Fisch und Meeresfrüchten wird jedem griechischen Anspruch gerecht. Auf der Tageskarte steht zwar auch anderes als Fisch. Der aber ist zu empfehlen, vor allem gebratener Rochen *(saláchi)*, gegrillter Oktopus oder der Seeigelsalat *(achinó saláda)*.

Am burgnahen Ende der Uferstraße, T 27 25 02 26 48, kaggelarios-koroni.com, tgl. ab 11 Uhr, €€

Bewegen

Reiten

Peripétia Horses: Zu Deutsch ›Abenteuer-Pferde‹ – die kann man bei Iris Bahlinger buchen. Erlebnisse, die Tier und Mensch respektvoll miteinander teilen sollen, so die deutsche Pferdenärrin. Auf dem Reiterhof kann man auch wohnen. Zum Angebot (n. Vereinb.) gehören Ausritte, ganztägige Trekkingtouren, Reitunterricht und heilpädagogisches Reiten.
1,3 km abseits der Straße zwischen Chráni und Kalamáki auf der Höhe von Chelonariá, T 69 73 76 65 02, www.peripetiahorses.com

Griechisch tanzen

Ninette: Es gibt mehr als den Sirtaki. Wer in lockerer Atmosphäre das Tanzbein schwingen und traditionelle griechische Tänze kennenlernen möchte, geht in den Tanzkurs oder bucht Privatunterricht bei Ninette Lisson (T 27 25 02 29 64 privat), die seit 1995 auch zu den ersten Bioöl-Erzeugern der Region zählt. Sie finden sie im Laden **Antiques To Limáni** am alten Hafen gegenüber der Schule.

Unter Segeln

Yacht Areion: Mit etwas Glück trifft man auf Meeresschildkröten oder Delfine. Auf der Jacht der niederländischen Eigner kann man aktiv mitsegeln oder sich zurücklehnen. Gruppen können die Jacht auch für Mehrtagestörns buchen: pro Tag 300 € plus Treibstoff, acht Personen können mitsegeln.
Info an der Jacht im Hafen, T 69 47 50 35 93, www.areionsail.com

Einsame Insel

Bootsausflug: Im Sommer fahren Badeboote vormittags zum Strand auf dem vorgelagerten Inselchen **Venétiko,** nachmittags geht es verbrannt zurück …
Auskunft am Hafen

Finikoúnda C9

ΦΟΙΝΙΚΟΥΝΤΑ, Φοινικούντα
Der außerhalb der Saison eher ruhige Ort (550 Einw.) verwandelt sich im Sommer zu einer Top-Surfdestination des Peloponnes. Dann sind auch Tavernen und Cafés an der 200 m langen Uferstraße geöffnet. Westlich schließt sich der schöne, lange, sandige **Saladi Beach** an. Campen ist hier beliebt.

Schlafen

Zentraler Surfer-Treff

Hotel Finikounda: Zweigeschossiges Hotel mit schlichten Zimmern, 100 m vom Meer, überwiegend jüngeres Publikum.
Im Ortszentrum, T 27 23 07 14 08, www.booking.com, DZ/F €

Blick aufs Geschehen

Hotel Estia: In dem gepflegten Hotelkomplex mit mehreren Häusern sind die Zimmer mit einer Küchenzeile ausgestattet. Die von einem kanadisch-griechischen Ehepaar geführte Anlage mit Dachterrasse, Fitnessraum und Massageangebot steht den großen Häusern in fast nichts nach. Man blickt über das Dorf aufs weite Meer.
Hauptstraße südl. Viva Mare Hotel, T 27 23 07 11 16, www.hotelestia.com, DZ/F €–€€

Essen

Alteingesessen

Elena: Besitzer Ilías Tsónis führt mit Leidenschaft und Interesse am Mu-

Das Revier in der Bucht von Finikoúnda ist familienfreundlich, Starkwinde sind eher selten. Vom Anfänger bis zum Profi – für alle gibt es ein Zeit-Wind-Fenster.

sisch-Künstlerischen seine Taverne mit drei Terrassen und Strand. Sein Blick ist wach, in seinen Augen funkelt die Lust am Leben. Im »Élena« wird getanzt, gesungen, gefeiert, auf seinem Blog schreibt Tsónis übers Zeitgeschehen und Gedichte. Das Essen schmeckt aber auch gut, die Auswahl an Fisch ist groß; öfters gibt's griechische Livemusik.
An der westlichen Uferstraße, T 27 23 07 12 35, www.tavernaelena.gr, tgl. ab 12 Uhr, €€

Preiswert und gut

To Stéki: Einzige Taverne alten Stils im Ort, große Portionen, Schmorgerichte (Magirefká) und Souvláki zu einem guten Preis, leckeres Knoblauch-Olivenöl, Tische stehen unter einem verwunschenen Weinrankendach.
15 m abseits der östlichen Uferstraße, T 27 23 07 12 46, tgl. ab 18 Uhr, €

Bewegen

Surfstation

Alpha Watersports: Die Station verleiht Ausrüstung und bietet (auch deutschsprachige) Kurse an. Dazu Kajaks, Waterbikes, SUP, Windsurfen.
Saladi Beach, T 27 23 07 11 33, www.alpha-watersports.de, Mai–Okt. 10–19 Uhr

Bootsausflüge

Sapiéntza: Während der Saison fahren u. a. die Boote von Navarino OE (T 69 49 08 40 29) mehrmals wöchentlich zur unbewohnten Insel Sapiéntza und nach Methóni, stets vorbei an den Unterwasser-Ruinen (2–2,5 Std. 20 € pro Pers.). Auskunft am Boot, im Restaurant Elena oder im Geschäft für Tauchzubehör Finidivers am Hafen (www.finidivers.com).

Infos

- **www.finikounda.de:** Private kommerzielle Website mit Ferienunterkünften, Veranstaltungstipps etc.

Methóni

C9

ΜΕΘΩΝΗ, Μεθώνη
Der weitläufige Ort (1150 Einw.) zieht sich durch ein breites Tal mit Olivenhainen, Zypressen und einigen Gewächshäusern bis ans Meer, wo auf einer Felshalbinsel die Mauern der ersten venezianischen Festung des Peloponnes aufragen.

Innerhalb der Burganlage, dem **Kástro Methónis,** tut sich eine mehrstöckige Welt auf: Ringmauern und Terrassen, ein Pulvermagazin mit pyramidenartigem Dach, die Kirche Verklärung (Metamorfosi tou Sotirios), die Zisterne und das türkische Bad – die Anordnung der Bauten zwischen Grün und den robusten Halmen der Wildblumen wirkt im Zusammenspiel mit der Natur eher wie ein architektonisches Gesamtkunstwerk denn wie ein Militärstützpunkt, der dies einst war.

Festung am Meer

Am südlichsten, äußersten Festungsteil geht man durch das Tor zur See, überquert eine steinerne Brücke, blickt an den Seiten durchs klare Wasser auf den Meeresboden. Der Wind weht mitunter so stark, dass die Kleider einen zurück aufs vermeintliche Festland ziehen wollen, doch der imposante, achteckige Turm *(Boúrtzi)* aus dem 16. Jh. auf einer kleinen Felsenschicht wirkt trotz Gegenwind anziehend. Im 15. Jh. lebten über 2000 Menschen im Schutz der Festung, darunter neben venezianischen Offizieren und fremden Söldnern auch griechische Kaufleute und Handwerker. Von ihren Häusern blieb nichts erhalten, den Reiz der Festung bilden heute ihre Größe und ihre Lage direkt am Meer. Auf der Ostseite zieht sich ein breiter Sandstrand unterhalb der Mauern entlang, der über 1 km weit bis an den südlichen Ortsrand von Methóni reicht.

Burg, T 27 23 03 12 55, methoni-castle.gr, Di–So 8–19, Winter 8.30–15 Uhr, Eintritt 3 €

Schlafen

An Strand und Burg

Methoni Beach: Das traditionelle Hotel mit zwölf Zimmern in exponierter Lage direkt an Festung und Strand hat ein Flair von moderater Eleganz. Die Café-Terrasse lädt zu stundenlangem Verweilen ein.

T 27 23 03 15 55, www.methonibeachhotel.gr, DZ/F €–€€

Bungalows am Strand

Melina Apartments: Auf 7000 m² Fläche stehen 14 einfache Reihenbungalows mit Veranda und Aussicht auf den blumenreichen Garten; vor einigen Jahren renoviert, 30 m vom Strand und 200 m vom Ortszentrum entfernt. Äußerst empfehlenswert für entspannte Strandtage!

Posidonos 8, T 27 23 03 15 05, www.methoni-apartments.gr, DZ €–€€

Essen

Schöner Garten

Taverna Klimatária: An der Treppe zum Lokal verkündet der Wirt, dass hier der Blick in die Kochtöpfe in der Küche erlaubt ist. Gar nicht langweilig – ständig köcheln da neue Kreationen. Nachher genießt man das Mahl im blütenreichen Garten.

An der burgnahen Hauptgasse, T 27 23 03 15 44, Winter geschl., tgl. ab 12 Uhr (Ruhepause 16–18 Uhr), €€

Bewegen

Inseln erkunden

Bootsausflüge: In der Hochsaison fahren Badeboote zur Insel Sapiéntza mit gutem Sandstrand und zum Inselchen Agía Marína mit gleichnamiger Kapelle.

Infos am Hafen oder in den Geschäften für Tauchzubehör in Finikoúndas oder in Pílos

Tauchen

Waterandsports: In Methóni machten früher Pilger auf ihrer Reise ins Heilige Land Halt. Einige Anbieter behaupten, dass römische Sarkophage und Säulenteile eines Palastes von Herodes in Palästina gegenüber von Methóni, vor den Ufern von Sapienza, im Wasser landeten, als Schiffe kenterten.Tauchend oder schnorchelnd kann man die sagenumwobenen Überbleibsel in der Tiefe besichtigen.

Lampes Beach, T 69 85 78 71 20, www.waterandsports.net

Pílos/Bucht von Navaríno

C8

ΠΥΛΟΣ, Πύλος

Das angenehme Hafenstädtchen Pílos (2100 Einw.) überzeugt durch beste Lage, denn Richtung Norden schließt sich die traumhaft schöne Bucht von Navaríno an. Die **Platía** mit ihren alten Bäumen grenzt direkt an den Hafen, Cafés unter Arkadengängen sowie Modegeschäfte neben solchen für den Alltagsbedarf säumen dieses Stadtzentrum. Hier spielt sich das Leben ab, hier kann man viele Stunden, das Treiben beobachtend, mit Nichtstun verbringen.

Sechs Bastionen

Außerhalb des Städtchens, im Südwesten, bietet das **Niókastro,** die ›Neue Burg‹, stets einen Blick auf Meer, Bucht

In der weitläufigen Burganlage von Methóni geht's zum äußersten Punkt, dem Boúrtzi, übers Wasser aufs Meer hinaus.

und die Insel Sfaktería. Wald umrahmt sie, Blumen blühen – wenn auch nicht im Sommer. Gebaut wurde die Festung mit sechseckiger Zitadelle 1573 von den Osmanen. Sie nutzen eine während der Kreuzritterherrschaft erbaute Kirche als Moschee. Heute ist sie als Kirche Metamorfosi tou Sotiriou der Verklärung Christi geweiht.

Unterwasser-Sights

Die Burg ist der Sitz des griechischen **Zentrums für Unterwasserarchäologie**. Neben der Ausstellung einiger regionaler Funde wird der Wert der Unterwasserarchäologie betont. Den einschlägigen historischen Kontext vermittelt eine Darstellung der berühmt-berüchtigten Schlacht von Navaríno. Eine Ausstellung informiert ausführlich über Schiffswracks rund um den Peloponnes, deren wissenschaftliche Untersuchung sowie die Bergung und Restaurierung von Unterwasserfunden. Hier erhält man Informationen über einen diskutierten Unterwasser-Nationalpark, der besonders für Taucher interessant werden dürfte.

Niókastro u. Museum: Im Sommer Mo, Mi–So 8–20 Uhr, odysseus.culture.gr, Eintritt 6 €

SEESCHLACHT VON NAVARÍNO

S

Der Unabhängigkeitskrieg war schon in vollem Gange. Großbritannien, Russland und Frankreich schwebte zunächst ein autonomer griechischer Staat unter osmanischer Oberherrschaft vor. Ein französisch-russisches Geschwader versenkte im Oktober 1827 die ägyptisch-osmanische Flotte – ein Meilenstein auf dem Weg zu Griechenlands Unabhängigkeit, bei dem 174 christliche und etwa 6000 muslimische Seeleute starben. Ein Jahr später erklärte Russland dem Osmanischen Reich den Krieg. Bootsfahrten zu den Gefallenen-Denkmälern im Sommerhalbjahr tgl. 11 Uhr ab großem Hafenparkplatz.

Bollwerk der Natur

Die lang gestreckte Felseninsel Sfaktería riegelt die **Bucht von Navaríno** nahezu vollständig vom offenen Meer ab. Mehrere Denkmäler erinnern an die christlichen (nicht die muslimischen) Gefallenen, denen die Seeschlacht von Navarino am 20. Oktober 1827 den Tod brachte.

Schlafen

Zentral mit Aussicht

Karalis City Hotel: Das modern sanierte Haus mit 35 eleganten, gut möblierten Zimmern liegt zentral, ein Teil der Zimmer hat einen Balkon mit frontalem Blick auf die Bucht und ist ganzjährig geöffnet.

Odós Kalamátas 26 (über dem Hafen an der Straße nach Giálova), T 27 23 02 29 60, www.hotelkaralis.gr, DZ/F €€

Kuschelige Mansarden

Miramare: Das schon über 50 Jahre alte, einfache Hotel bietet eine schöne Terrasse mit Blick auf den Hafen. Von Betonterrassen am Wasser gelangt man über Leitern ins Meer. Alle Zimmer haben Meerblick, gemütlich sind die kleinen Mansardenzimmer.

Am Hafen, Tsamadou 3, T 27 23 02 27 51, www.booking.com, DZ/F €

Absolut zentral

Galaxy: Zentral gelegen, neu gestaltet, inhabergeführtes Stadthotel mit einfachen, ordentlichen Zimmern mit Balkon auf drei Etagen. Ideal für eine Zwischenübernachtung.

Platía Papafléssa (Zentralplatz), T 27 23 02 27 80, www.galaxy.com.gr, DZ €€

Die Taverne Koúkos (›Kuckuck‹) gibt schon mit der Fassade zu verstehen: Hier wird traditionelle Küche serviert.

Essen

Am Hafen

Aétos: Schick eingerichtet, große Portionen, besonders empfehlenswert ist das unserem Kasslerfleisch ähnliche *pastó* als Leckerei zu Bier oder Ouzo. Fisch gibt es auch.

Westliche Hafenseite, T 27 23 02 27 83, tgl. ab 11 Uhr, €€

Favorit

Koúkos: Einheimische schätzen die Taverne wegen ihrer guten Küche und ihrer Lage an der Hauptstraße. Der Blick aufs Wasser und den Hafen wirkt beruhigend, im Abendlicht gar romantisch.

An der Straße Richtung Giálova, 150 m von der Platía, T 27 23 02 29 50, tgl. ab 13 Uhr (Ruhepause 16–17 Uhr), €€

Bewegen

Kapitän sein

Bootsvermietung: Wo man Bootsfahrten nach Sfaktería buchen kann, werden auch Motorboote mit 10–25 PS führerscheinfrei vermietet. Ab ca. 50 € pro halber Tag, 70–85 € für einen ganzen Tag, jeweils zuzüglich Benzin.

An der Uferstraße und am Hafen

Nicht nur Wracktauchen

Pílos Dive Centre: Tauchgänge und Bootstouren unterschiedlichster Art, dazu Schnorcheltouren für jedermann.

Uferstraße Richtung Giálova, T 27 23 02 24 08 u. 69 76 43 75 15, www.pilosmarine.com

Giálova

C8

ΓΙΑΛΟΒΑ, Γιάλοβα

Die Bewohner des um 1900 gegründeten Weilers (275 Einw.) an der Bucht von Navaríno lebten bis in die 1980er-Jahre überwiegend von der Oliven- und Korinthenverarbeitung. Heute profitieren sie eher von der attraktiven Lage.

Westlich des Orts beginnt der kilometerlange, feinsandige **Golden Beach** (Chrissí Aktí), der in den **Divários Beach** übergeht. Nördlich des Golden Beach breitet sich die Lagune **Limnothálassa Divári** aus, eines der bedeutendsten Biotope des ganzen Landes (s. S. 91). Entlang dem Burgberg des Paleókastro, der die Lagune vom Meer trennt, läuft man zu Fuß zur **Voidokiliá-Bucht** mit beeindruckendem sichelförmigen Sandstrand und hohen Dünen vor dem offenen Meer. Allerdings: Der Seewind treibt die feinen Sandkörner über den ganzen Strand!

Von dort führt ein schmaler Wanderpfad, der im Sommer mühsam zu be-

Lieblingsort

Panoramablick vom Allerfeinsten

Ob auch der mykenische König Nestor zumindest in jungen Jahren manchmal auf dem Gipfel stand, den heute die Burgruine **Paleókastro** (📍 C8) bei **Giálova** bekrönt? Das frage ich mich, wenn ich auf die fast perfekte Halbkreisform des Dünenstrandes an der Voidokiliá-Bucht hinunterblicke. Eine andere Frage stellt sich im Angesicht der unmittelbar anschließenden Osman-Aga-Lagune: Wird dieses einzigartige Biotop die rasante touristische Entwicklung dieser Region unbeschadet überstehen? Oder gehören wir zu den Letzten, die ihre Schönheit und ihre Artenvielfalt noch genießen dürfen?

gehen ist, steil bergauf zum **Paleókastro** (Navarino-Burg), besser gesagt zu den Ruinen dieser fränkischen Burg.

Giálova ist ein von jüngeren Urlaubern sehr gern besuchter Ort; bescheidenes Zentrum des abendlichen Lebens ist die nur 100 m kurze Stichstraße zwischen Küstenstraße und Mole – dort gibt es Cafés und Tavernen.

Schlafen

Zentral am Strand mit Garten

Hotel Zoe: Familie Giannoútsou war die erste, die in Giálova unmittelbar am Strand ein kleines Hotel mit 22 sanierten Suiten baute. Die Taverne serviert überwiegend organisch angebaute Salate und Gemüse aus dem eigenen Garten, wo auch Oliven und Bananen gedeihen.

An der Mole, T 27 23 02 20 25, www.zoeresort.com, DZ €€–€€€

Ruhig am Strand

Navarone: Trotz der vielen Betten wird die weitläufige Hotelanlage 300 m vom Strand noch ganz freundlich-familiär geführt. 68 Zimmer und Bungalows, Pool, sehr ruhig gelegen. Nach Giálova sind es ca. 6 km.

Petrochóri, T 27 23 04 15 71 2, www.hotelnavarone.gr, DZ/F €€, Apartments ab 100 €

Auf dem Campingplatz

Eródios: Auf dem Campingplatz am Meer werden zu günstigen Preisen auch 28 m² große und moderne Bungalows mit Klimaanlage und Badezimmer für Nicht-Camper vermietet. WLAN ist auch vorhanden.

Nördl. an der Küstenstraße, T 27 23 02 32 69, www.erodioss.gr, Bungalow €–€€

Bewegen

Mountainbike-Touren

Navarino Outdoors: Zum Luxushotel Westin Costa Navarino gehört ein professionell geleitetes Mountainbike-Zentrum, das auch für Externe täglich Touren verschiedener Schwierigkeitsgrade anbietet. Für Kinder gibt es sogar Junior Bikes kostenlos. Die kürzeste Tour führt in 2 Std. über 14 km vom Resort zur Voidokiliá-Bucht und zurück (50 €), die längste in 7 Stunden über 35 km kreuz und quer durch die Landschaft (85 €). Mit Führung durch ein GPS-Gerät kann man drei schwierige Touren mit bis zu 44 km Länge und 890 Höhenmetern unternehmen.

7 km nördl. von Giálova, T 27 23 09 03 00, www.costanavarino.com

N

NATURSCHUTZ

Die **Giálova-Lagune,** eines der wichtigsten Feuchtgebiete Europas, zählt zu den insgesamt 239 Gebieten in Griechenland, die im Rahmen des europäischen Natura 2000-Programms zum Schutz von Arten und ihren Lebensräumen ausgewiesen sind. Sie ist die südlichste Station auf dem Balkan für Zugvögel auf dem Weg von und nach Afrika. Etwa 254 Vogelarten kann man hier beobachten. Auch eine in Europa einzigartige Chamäleon-Kolonie bereichert das vielfältige Naturerbe der Region.

Auf Nestors Spuren

Wanderung zum Paleókastro: Die Burg, deren offizieller Zugang wegen Baufälligkeit gesperrt ist, ist vom Divários Beach oder von der Voidokiliá-Bucht aus über Pfade ausgeschildert zu erreichen. Man kann durch Schlupflöcher in der Mauer in die Burg gelangen, doch ist der Blick über die Bucht und die breiten Strände Richtung Norden von außen genauso schön. Am Hang liegt unübersehbar die **Nestor-Grotte,** eine etwa 20 m lange und 12 m hohe Höhle, die schon zu mykenischen Zeiten bewohnt gewesen sein soll. Die Überreste der Burggemäuer – zugewachsen und eins mit all dem, was da aus dem Boden sprießt – stammen zumeist aus venezianischer Zeit, Teile gehen bis auf die mykenische Ära zurück. Der Blick über die Bucht und an den breiten Stränden Richtung Norden entlang ist hinreißend. Lange Hosen und festes Schuhwerk sind dringend anzuraten! Geführte Wanderungen auch bei Navarino Outdoors (s. S. 91), mind. 55 € pro Pers.

Chóra

C8

ΧΩΡΑ, Χώρα
Der Ort (3500 Einw.), der wie so viele in Griechenland schlicht ›Hauptdorf‹ heißt, lebt wie ein idealtypisches griechisches Dorf vor allem vom Olivenanbau. Erwähnenswert ist er aber wegen seiner mykenischen Vergangenheit.

Sagenhafter Herrscher

In einem Olivenhain südlich von Chóra legten griechische und amerikanische Archäologen seit 1939 die Überreste eines zweigeschossigen mykenischen Palastes frei, dessen Grundmauern heute ein Schutzdach überspannt. Erbaut wurde der sog. **Nestor-Palast** um 1300 v. Chr., zerstört durch ein Feuer um 1200 v. Chr.

Der Palast fällt also in die Zeit des Trojanischen Krieges und besteht aus einer Reihe von Gebäuden, unter anderem mit einem gut erhaltenen mykenischen Bad, einem Opferherd und begehbaren Kuppelgräbern (Tholos) etwas abseits der Anlage. Er könnte damit durchaus Wohnsitz jenes Herrschers Nestor gewesen sein, der Homers »Ilias« zufolge mit 90 Schiffen am Kampf um Troja teilnahm.

An der Straße von Chóra Richtung Pílos, T 27 63 03 14 37, archaeologicalmuseums.gr, Sommer tgl. 8–20, Winter 8.30–15.30 Uhr, Eintritt 6 €

G

GRIECHISCHER EIFFELTURM

Auf der Fahrt von Chóra oder Marathópoli nach Norden passieren Sie den Ort **Filiatrá** (C 9). Links der Straße steht eine fast 10 m hohe Kopie des Pariser Wahrzeichens. Charalámbos Fournarákis hat sie seiner Heimatstadt als Zierde gestiftet. Sein neuester Coup für Liebhaber des bizarren Kitsches: ein disneyhaftes Märchenschloss 6 km nördlich von hier, vor dem Küstenweiler Ágrilos (D 7).

Mykenische Grabbeigaben

Das kleine **Archäologische Museum** in Chóra – etwa 3 km nördlich vom Palast des Nestor gelegen – zeigt Funde aus diesem Palast sowie aus der Umgebung. Im ersten Saal geht man direkt auf reiche Blattgoldfunde, zwei goldene Becher und eine goldene Schale aus drei mykenischen Gräbern zu. Saal 2 birgt überwiegend mykenische Keramik, einen Tontisch mit Stukko und mehrere winzige Freskenreste aus dem Palast des Nestor.

Von besonderer wissenschaftlicher Bedeutung sind in Saal 2 die in einer Vitrine ausgestellten zwölf Tontafeln, ebenfalls aus dem Palast des Nestor. Sie stellen eine Art Buchführung über entrichtete Steuern dar und sind in einer Sprache gehalten, die als frühes Griechisch interpretiert werden kann. Damit wäre der für die griechische Nationalerzählung so wichtige Nachweis erbracht, dass die Mykener tatsächlich schon Griechen waren.

Am oberen Dorfrand, gut ausgeschildert, T 27 63 03 13 58, Mi–Mo 9–16 Uhr, vorübergehend geschl.

Aus den Weinkrügen, die im Palast des Nestor gefunden wurden, gab es damals nur mit Wasser verdünnten Wein. Wenn Ihnen jemand auch reinen Wein einschenken soll, dann ab in die nächste Taverne!

Feiern

• **Panagíri:** Mitte Oktober findet eine Woche lang das Kirchweihfest mit großem Jahrmarkt im Ortszentrum statt. Ideal für alle, die gern Lamm und Spanferkel vom Spieß essen.

Marathópoli C8

ΜΑΡΑΘΟΠΟΛΗ, Μαραθόπουλη

Die ›Fenchelstadt‹ (750 Einw.) ist ein Allerweltsdorf, das sich jedoch bei Griechen durch seine guten Fischtavernen entlang einer etwa 200 m langen Uferpromenade mit Blick aufs Ionische Meer einen Namen gemacht hat. Der Promenade gegenüber liegt dicht vor der Küste die Felseninsel **Próti,** zu deren Kiesstrand man mit Booten übersetzen kann.

Schlafen

Ruhig am Hafen

Artína: Das dreigeschossige Hotel, ruhig und romantisch etwa 300 m abseits der Promenade am Ortsrand gelegen, bietet Pool, Sauna und 24 schlicht und modern eingerichtete Zimmer.

Am Bootshafen, T 27 63 06 14 00, www.artina.gr, DZ/F €–€€

Essen

Erstklassige Fischsuppe

O Argýris: Das Knoblauch-Kartoffel-Püree *skordalja* ist besonders fein, die Salate (um 7 €) sind fantasievoll, der Fisch

stets frisch (Kalamares 12 €). Am besten aber ist die Fischsuppe *kakavía*. Mit Blick auf die Felseninsel Próti seit 1950.
An der Uferpromenade, T 27 63 06 12 08, tgl. ab 12 Uhr, €€

Kiparisía

C7

ΚΥΠΑΡΙΣΣΙΑ, Κυπαρισσία
Eigentlich ist man schon fast wieder Richtung Norden unterwegs nach Kiparisía, nicht zu verwechseln mit dem ähnlich klingenden lakonischen Städtchen namens Kiparísi. Die Hauptstraße von Pílos nach Pátra führt mitten durch die Kleinstadt (4900 Einw.), berührt aber nicht die beiden interessanteren Teile des Ortes: Das ist zum einen der schöne Strand direkt im Stadtgebiet, zum anderen die unerwartet, fast malerische Altstadt unterhalb der Burgruine, durch die man rasch spazieren kann. Von der **Burg,** in deren Mauern einst auch 80 Wohnhäuser standen, blickt man gen Norden auf ein Band aus Stränden, das bis zum Horizont reicht.

Ein Friedhof wird Kulturerbe

Landeinwärts, etwa 9 km nordöstlich von Kiparissía, befinden sich die mykenischen **Gräber von Peristeriá.** Der Abstecher von der Küstenstraße über das Dorf **Ráches** (C7, ca. 6 km) besticht durch Einsamkeit. Zu sehen sind in der archäologischen Stätte zwei heute kuppellose Gräber aus dem 16. Jh. v. Chr., die in späterer Zeit in eine Kultstätte mit Plattenring (ähnlich den Königsgräbern von Mykene, s. S. 206) einbezogen wurden. Mitsamt Kuppel gut erhalten ist ein weiteres Grab aus gleicher Zeit mit 28 m langem Zugangsweg (Dromos) und einem Durchmesser von über 12 m. Am linken Pfeiler der Eingangstür sind in etwa 2,5 m Höhe zwei Steinmetzzeichen in minoischer Linear-A-Schrift deutlich zu erkennen: ein Zweig und eine Doppelaxt. Sie sollen ein Beweis für frühe Verbindungen zwischen mykenischer und minoischer Kultur sein – zwischen Kreta und dem Peloponnes.
Ráches, Di–So 8–15 Uhr

Schlafen

Auf englischem Rasen

Kotsoris Rooms: Zugegebenermaßen wirken die Palmen etwas aufgesetzt, doch die Lage ist top. Die neun ebenerdigen Studios stehen auf einer 7000 m² großen, sorgfältig gepflegten Rasenfläche 50 bis 100 m vom Strand entfernt. Möbel und Küche sind modern, alle Studios mit WLAN.
Uferstraße nördlich des Hafens, T 27 61 02 44 34, www.kotsorisrooms.com, DZ €€

Essen

Beliebter Klassiker

En Plo: Modernes Café-Restaurant mit Terrasse direkt zum Meer und Kinderspielplatz. Auf den Tisch kommen solide griechische und ›europäische‹ Gerichte wie Pasta und Pizza. Gelobt wird eher die Lage.
Am Ende der Asphaltstraße vom Hafen in südlicher Richtung, T 27 61 02 40 41, tgl. 9–23 Uhr, €€

Fein und fair

Arkadia Gefsipoleio: Sehr ruhig in der Oberstadt, nahe der Burg. Zwischen Mosaikfliesen oder auf der kleinen Terrasse isst man griechisch – aber modern. Intensivere Gewürze und neue Variationen werden nicht gefürchtet. Fein zubereitet und fair gebongt.
Eleni Chameri 9, Oberstadt (Ano Poli), T 27 61 02 45 22, €€

Zugabe

Nachhaltig produzieren!

Kleine Öl-Produzenten finden ein neues Geschäftsmodell

Das Jahr war ganz und gar nicht schlecht«, sagt die Olivenbäuerin Julía Xirogiánni beruhigt, sichtlich froh über die letzte Ernte. Ein Jahr zuvor hingegen waren ihr die Hände gebunden – die Bäume waren vom Dakos befallen, die Oliven verdorben. Dakos ist eine schädliche Olivenfruchtfliege, deren ›Bohrungen‹ die Früchte ungenießbar machen. Durch den Klimawandel nehme die Plage zu, meint Xirogiánni. »Uns Olivenbauern machen die Wetterkapriolen sehr zu schaffen. Wir alle sollten aktiv unsere Haltung ändern, die Augen auf die Erde unter unseren Füßen richten, hören und fühlen, dass die Natur in Gefahr ist«, kommentiert sie.

Zusammen mit ihren drei Geschwistern hatte sie 2013 im messenischen Dorf Stérna die Kooperative ›Greenland‹ ins Leben gerufen. Vorher war sie angestellt in einem großen Immobilienunternehmen in Athen. Auch ihre Mitstreiter, außer Pávlos, waren anderorts, in anderen Branchen und zumeist als Multijobber tätig. Man hangelte sich eben so durch; keiner kam wirklich auf einen grünen Zweig. Der familiäre Hintergrund im Olivenanbau verschlug die Geschwister, damals zwischen Mitte 20 und Anfang 30 Jahre alt, zurück nach Stérna. Das Haus stand, ebenso die Haine in den Hügeln, eine genossenschaftliche Ölmühle verarbeitete die Oliven. Doch den Ertrag selbst zu vermarkten – das war für sie neu.

Vielerorts haben sich in Griechenland in den letzten Jahren neue Kooperativen (gr. *kinsep)* meist jüngerer Leute gebildet. Das ist eine beliebte Option, bei überschaubaren Schulden in Gemeinschaft unternehmerisch aktiv zu werden, sich den Arbeitsplatz quasi selbst zu schaffen. Die Verantwortung wird auf mehrere Schultern verteilt. Doch es geht nicht nur um wirtschaftliche Selbsthilfe: Ethische Grundsätze unterscheiden Kooperativen von anderen Wirtschaftsformen. Gesetzlich sind sie verpflichtet, sich für das Gemeinwohl in der Gesellschaft zu engagieren. Mitbestimmung im Kollektiv ist genauso essenziell wie der Verzicht auf Zwischenhändler.

Mittlerweile hat ›Greenland‹ (https://greenlandproducts.gr) sieben Mitglieder, darunter auch Lebensmitteltechnikerinnen. Ohne Zwischenhändler verkaufen sie ihr mehrfach ausgezeichnetes Öl aus Koroneiki-Oliven über das Internet inzwischen nach Holland, Österreich, Deutschland, Schweden und Polen.

Doch nicht nur der Dakos vermag die Olivenbauern in die Bredouille zu bringen. Schädlich sei auch, dass lokal operierende Landwirtschaftsbetriebe von der EU immer noch nicht ausreichend unterstützt werden, erzählt Xirogiánni. Insofern ist Griechenland, wo meist im Kleinen angebaut wird, sowieso strukturell benachteiligt – ganz genau wie die Biolandwirtschaft in Deutschland. Doch eines wollen Kooperativen wie ›Greenland‹ bestimmt nicht sein: unbeständige ›Eintagsfliegen‹ oder Sklaven eines Großkonzerns! ■

Máni-Halbinsel

Im tiefen Süden — ist die historische Region Máni geprägt von schroffen Gebirgswänden und kargen steinernen Landschaften. Sie trotzte als wildeste, abgelegenste Ecke des Peloponnes jahrhundertelang allen Eroberern.

Seite 99

Gíthio

Die einzige echte Stadt der Máni – romantisch beschwingt mit historischen Bauten an der Meerfront. Cafés, Ouzerien, nette Lädchen – so lässt sich das Leben genießen.

Seite 104

Areópoli

Hoch steht die Luft. Vom Rand aus blickt man aufs Meer. Die Bucht Ítilo dort unten zwingt zu einem lässigen Badetag. Weit weg wie in einem Inseldorf gehen in den Gassen der steinernen Altstadt die Straßenlaternen an. Dann strömen alle in die Tavernen.

Wohnten hier früher alle in kleinen Festungen?

Eintauchen

Seite 108

Pírgos Diroú

Eine Bootsfahrt ist immer schön – umso mehr, wenn man auf dem Fluss fast lautlos durch die Tropfsteinhöhle direkt am Meer gleitet. Hier beginnt auch die Tagestour durch den ebenso malerischen wie einsamen Süden der Máni.

Seite 109

Kap Ténaro

Wo endet die Welt? In alten Zeiten wurde am südlichsten Kap der Máni der Eingang zur Unterwelt vermutet. Wie sieht es heute aus am Rand Europas? Ein Topziel für Sammler vergessener Orte.

Seite 113

Geroliménas

Eine Auszeit in guter Gesellschaft! Das kleine Fischerdorf tief im Süden ist im Sommer gut besucht, doch noch immer erholsam meditativ.

Seite 113

Kardamíli

Zwischen sattem Grün der Oliven und Zypressen erinnern ans wilde Gestern nur die Wohntürme der Máni-Clans. Und dann wandert man gern in die Berge, in eine Landschaft aus Licht und Stein.

Seite 112

Kirche Odigítria

Ein verstecktes Kirchlein über rauer Felsküste. Allein im Wind zählt nur der Blick.

Seite 118

Stoúpa

Sandstrand? Klar! Caretta-Schildkröten? Auf sie achten wir! Kleinkunst? Das ist die Zugabe!

& erleben

Seite 119

Ágios Nikólaos

An der Küste Fischerromantik, im Hinterland erwandern wir bei Trachíla Bergdörfer aus alter Zeit.

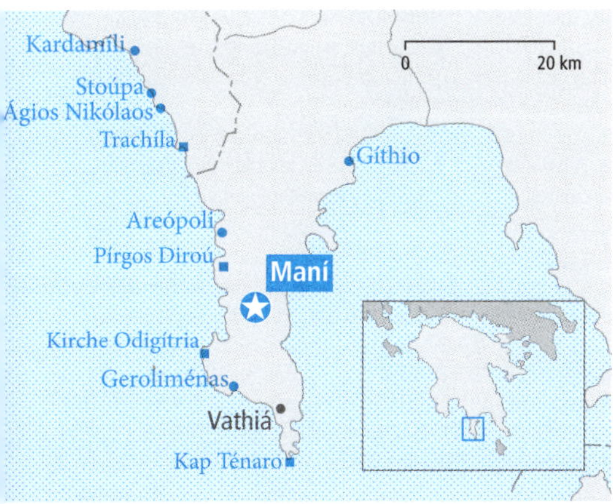

Auf die Meeresschildkröten Caretta müssen Sie am Strand von Stoúpa gut achtgeben!

In der sengenden Sommerhitze schiebt man besser eine ruhige Kugel. Aktiver erleben Sie die Mani im Herbst: bei der Olivenernte und beim Wandern.

Harte Sonne auf rauem Land

J

»Jeder Stein und jeder Bach ist ein Mythos«, befindet Patrick Leigh Fermor zur Máni – nur gut also für Entdeckungswillige, dass es gleich so viele davon gibt! Die Máni, der ›Mittelfinger‹ des Peloponnes, gehört sowohl zum nordwestlichen Messenien als auch zum südlichen Lakonien. Das raue Land, auf das die Sonne hart knallt, ist hinter den zackigen Konturen des Taígetos-Gebirges wie hinter einer Barriere versteckt. Wenn der Wind pausenlos die Küste entlangzieht, prallt er erst hinter den Dörfern an den Gebirgswänden ab. Steinerne Festungen und düstere Wehrhäuser, oft in Akropolis-Lage mit weitem Ausblick, zeugen von den Streitigkeiten zwischen verfeindeten Familienclans und von der erfolgreichen Verteidigung gegen eindringende Heere. Byzantinische Kirchen, teils aus dem 11. und 12. Jh., bewahren teils überraschend schöne Fresken.

Bäume schlagen schwer Wurzeln, doch gilt die westliche Máni als eines der besten Olivenanbaugebiete Griechenlands – die Öle erreichen hier Bio-Qualität. Der 2407 m hohe Profítis Ilías bildet den topografischen Höhepunkt des gesamten Peloponnes. An den steil abfallenden Küsten fädeln sich die drei im Sommer gut besuchten Badeorte Kardamíli, Stoúpa und Ágios Nikólaos auf. In der Hochsaison ist es schwierig, einfach ins Blaue zu fahren – besser bucht man rechtzeitig. Im Hinterland sind Wanderwege gut markiert, Linienbusse fahren in die Bergdörfer hinauf.

In der östlichen Máni ist die Natur noch rauer. Unter dem 1218 m hohen Gebirgszug des Sanginás-Massivs sind die Ölbäume vom Wind geformt. Stachelige Opuntien bilden lange Hecken. Die Schönheit des kargen Landes lässt sich bei einer Rundfahrt erkunden.

O

ORIENTIERUNG

parea-sti-mani.com: Veranstaltungen, Infos der Gemeinde West-Mani (auch engl.)
www.insidemani.com: Reiseportal mit Insidertipps (engl.)
www.laconia-hotels.gr: Unterkünfte für die lakonische Máni (engl.)
www.anatolikimani.gov.gr: Info der Gemeinde Ost-Máni, meist nur gr.)
Verkehr: Anreise über Flughafen Kalamáta, www.kalamata-airport.airportfield.com. Drehkreuze der Busse sind neben Spárti (Lakonien) und Kalamáta (Messenien) auch Gíthio, Neápoli und Areópoli: www.ktelmessinias.gr, www.ktel-lakonias.gr.

Gíthio

Γ9

ΓΥΘΕΙΟ, Γύθειο
Das östliche Tor zur Máni, Gíthio (4500 Einw.), ist die einzige wirkliche Stadt der Region. Sie erstreckt sich über 1 km am Meer und dem niedrigen Hang eines dahinter verlaufenden Bergrückens. Neue und ansprechend renovierte klassizistische Häuser bilden die Hafenfront, Markisen von Geschäften, Tavernen und Kaffeehäuser reihen sich aneinander und blicken auf das Wasser gegenüber. In den Gassen dahinter verbergen sich auch osmanische Häuser mit Holzbalkonen. Darauf folgen zwischen Agaven und Ölbäumen kleine einfache Häuschen von Fischern, Bauern und Arbeitern. Nördlich des Hafenbeckens weitet sich das Häuserband zu einem größeren Dreieck mit dem rechtwinkligen Straßennetz der erst im späten 19. Jh. entstandenen Neustadt.

Am schönsten ist das Städtchen an der kleinen Platía an der Nordwestecke des Hafenbeckens, wo sich das einheimische Leben konzentriert. Die vielen Sandstrände der Umgebung machen Gíthio zu einem guten Standort auch für diejenigen, die täglich schwimmen gehen möchten.

Im Wandel der Zeit

Zentral in der Stadt gelegen, informiert eine kleine Regionalausstellung im **Kulturzentrum der Ost-Máni** ❶ in dem neoklassizistischen Gebäude einer ehemaligen Mädchenschule (1896) über das kulturelle Erbe, Traditionen sowie gastronomische Spezialitäten der Region. Ein guter Startpunkt, bevor Sie auf Entdeckungsreise gehen.
Irakleous 1, T 27 33 02 38 88, kpmanis.gr, Mo–Fr 10–13, 18–21 Uhr, Eintritt frei

Der Oktopus wird – hier am Hafen von Gíthio – nach dem Fang erst an den Felsen weich geschlagen, dann in die Sonne gehängt, damit sich das salzige Aroma intensiviert.

Bühne am Hafen

Ein Spaziergang, vorbei an hübschen Fassaden, die mit bunten Fensterläden übersät sind, führt im Sommer vorbei an Fischtavernen mit ausgefahrenen Markisen Richtung Ortsausgang im Osten. Vom antiken Gíthio, einst Hafenstadt Spartas, sind die Überreste des **Römischen Theaters** ❷ geblieben. Der Boden bebte hier schon zu antiken Zeiten, so sind am natürlichen Hang nur noch Teile von zehn Sitzreihen erkennbar. Auch einige Steinpfeiler blieben erhalten.

Frei zugänglich, gut ausgeschildert am Ostrand der Neustadt

Insel der Liebe

In entgegengesetzter Richtung liegt das Inselchen **Kranái,** am Ortsende Richtung Areópoli. Seit 1998 ist es durch einen kurzen Damm mit dem Festland verbunden. Hier sollen Helena, die Frau des mykenischen Königs Menelaos, und ihr Entführer, der trojanische Prinz Paris, ihre erste Liebesnacht verbracht haben, bevor sie nach Troja abreisten. Helenas Entführung führte bekanntlich zum Trojanischen Krieg, der nach zehnjähriger Belagerung Trojas mit dem Tod des Paris und der Flucht Helenas nach Rhodos endete. An jene mykenischen Zeiten erinnert auf Kranái – auch Marathoníssi genannt – heute nichts mehr.

Doch spazieren Sie zwischen duftenden Kiefern und im Sommer zirpenden Grillen in die Mitte des Eilands zum **Pírgos Tzannetákis** ❸ (1829). Der Wohnturm vertritt einen in der Máni vorherrschenden Architekturtypus und wurde in ein Museum umgewandelt. Im ersten Stock sehen Sie eine interessante Ausstellung über die Architektur der Wehrtürme der Region. An der Ostspitze von Kranái weist ein **Leuchtturm** aus dem 19. Jh. den Schiffen den Weg.

Museum Tzanetákis-Wohnturm, T 69 74 02 98 71, keine festen Öffnungszeiten, Sa/So wahrscheinlich 8–16 Uhr, Eintritt 2 €

Schlafen

Gíthio ist recht lebendig. Wer Ruhe sucht, quartiert sich in einem Strandhotel außerhalb der Stadt ein.

Wie in den Zwanzigern

1 **La Boheme:** Das stilvollste Hotel der Stadt mit acht Zimmern und einer Suite ist in einem Geschäftshaus untergebracht, das 1923 nach Plänen des deutschen Architekten Ernst Ziller errichtet wurde. Es ist ganz auf elegante Nostalgie getrimmt. Geschmackvoll eingerichtet ist auch das Café-Restaurant im Erdgeschoss.

Tzáni Tzannetáki (Uferstraße westlich der Hafenmole), T 27 33 02 19 92, www.laboheme.gr, DZ/F €€

Guter Standard am Strand

2 **Aktaion Resort:** Großzügig geplante Hotelanlage mit 30 Zimmern, z. T. in Natursteinbungalows, große Rasenflächen, Pool und Frühstücksbuffet. Der feine Sandstrand vor dem Hotel ist über 1 km lang und bietet einen schönen Blick auf die Stadt.

Selinitsa Beach (2 km nördlich), T 27 33 02 91 14, www.aktaion-resort.com, DZ/F €€

Schnörkellos

3 **Saga:** Moderne Pension mit 14 Zimmern über dem gleichnamigen, guten Fisch-Restaurant. Eine temperamentvolle französische Wirtin namens Odile.

Tzáni Tzannetáki 922 (Uferstraße westlich der Hafenmole), T 27 33 02 32 20, www.sagapension.gr, DZ/F €

Stilvoll am Hafen

4 **Aktaion City:** Das dreigeschossige Natursteinhaus, 1995 komplett renoviert, bietet 22 einfache Zimmer mit Balkon und Hafenblick.

Odós Vas. Pávlou 39, T 27 33 02 35 00, www.aktaionhotel.gr, DZ €

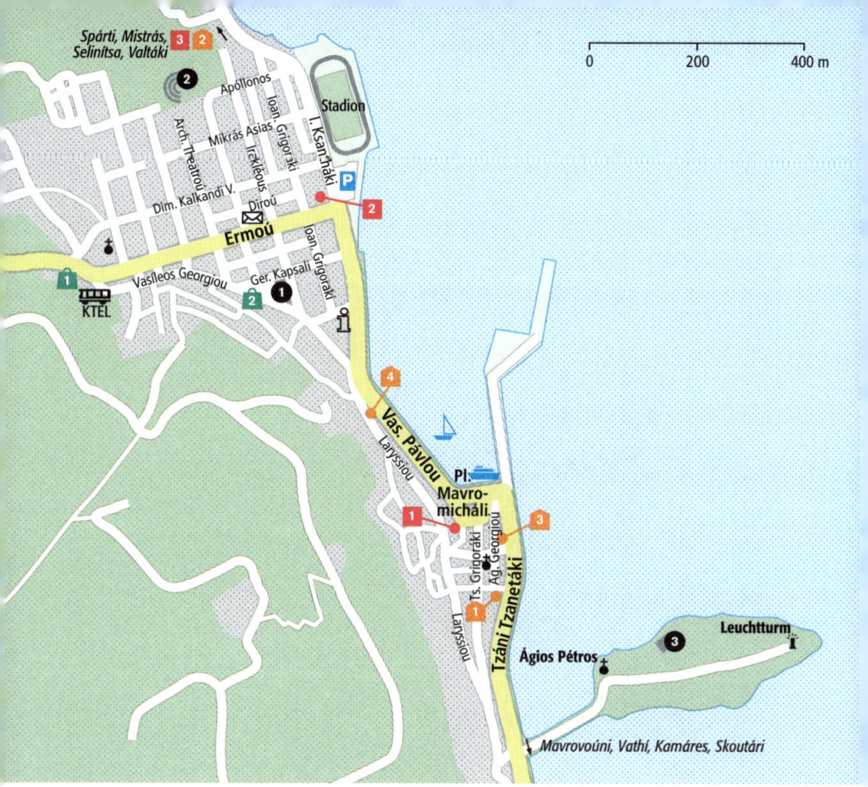

Gíthio

Ansehen

❶ Kulturzentrum
❷ Römisches Theater
❸ Pírgos Tzannetákis

Schlafen

1 La Boheme
2 Aktaion Resort
3 Saga
4 Aktaion City

Essen

1 Tris laloún ke dío chorevoún
2 Bárba Sidéris
3 Glyfáda Beach

Einkaufen

1 Mani's Rose
2 Davos Skates

Essen

Fischerkneipe

1 Tris laloún ke dío chorevoún: Die bunte Ouzerí mit dem schönen Namen ›Drei zwitschern und zwei tanzen‹ ist einfach, aber ausgesprochen authentisch und preisgünstig. Hier isst man Muscheln und Krakenarme zu Wein, Ouzo und Tresterschnaps: meist eher viele kleine Fische als einen großen, den es aber auch gibt; so wie auch Fleisch- und Gemüsegerichte.

Platía Mavromicháli, T 27 33 40 01 23, tgl. ab 12 Uhr, €€, Mezédes um 7 €

Lieblingsort

Der Charme des Verfalls

Angeblich brauchen Dinge in Griechenland durchaus ihre Zeit, besonders die langsam mahlenden bürokratischen Mühlen. Doch oft passiert gar nichts – so wie beim Schiffswrack ›Dimitrios‹ am **Valtáki Beach** (F9) 6 km nördlich von Gíthio. Die Behörden sind offenbar an dessen Beseitigung nicht interessiert. Schon von der Hauptstraße aus sieht man das Geisterschiff, das seit über 40 Jahren vor dem Sandstrand liegt. Das Frachtschiff soll sich 1980 in Gíthio bei stürmischem Wetter von der Anlegestelle gelöst haben, soll einen Monat lang führerlos über den Lakonischen Golf getrieben sein, bis es dort strandete, wo es heute noch festsitzt. Man sagt, dass an Bord illegal mit Tabak gehandelt wurde. Um Beweise für den Schmuggel zwischen Italien und der Türkei zu vernichten, sei Feuer gelegt worden. Das besprayte Wrack direkt am Strand ist spektakulär, bestätigt aber vor allem: Wer rastet, der rostet!

Kiloweise Fleisch

2 **Bárba Sidéris:** Obelix empfängt am Eingang. Die über 50 Jahre alte Taverne mit Plätzen auf einer Terrasse direkt am Meer und einem Innenraum, der an eine stimmungsvolle spanische Bodega erinnert, ist als bestes Grillrestaurant der Gegend bekannt. Hier drehen sich oft Lämmer, Zicklein, Spanferkel und Hühnchen am Spieß. Und das Fleisch wird gern kiloweise serviert – vieles auf Fettpapier statt auf Tellern. Im Sommer und an Winterwochenenden spielt häufig eine Liveband.

Odós Ermoú/Odós I. Ksantháki (Uferstraße kurz vor dem Stadion), T 27 33 02 24 76, www.barba-sideris.com, tgl. ab 12 Uhr, €€

Direkt am Strand

3 **Glyfáda Beach:** Das große Lokal direkt am Strand ist Café, Restaurant und Lounge Club zugleich. Etwas kitschig bringen Palmen, Rosen und Bananenstauden sattes Grün, aber immer blickt man hinaus aufs offene Meer, hinüber zum nahen Schiffswrack am Strand. In der Bar genießen Sie tagsüber sehr entspannt die Lounge-Atmosphäre und können an Sommerabenden öfter Livemusik hören.

Valtaki Beach, 6 km nördlich, T 27 33 02 40 44, tgl. (Okt.–April nur Fr–So) ab 10 Uhr, €€, Cocktails um 10 €

Einkaufen

Regionale Naturkosmetik

1 **Mani's Rose:** Öle, Cremes, Seifen und Sprays aus reinen Pflanzenauszügen von Oliven, Propolis und Honig, Granatapfel, Eselsmilch, Zitrone, Johanniskraut, Lavendel und Aloe vera – alles, was hier so wächst und gedeiht – werden im eigenen Lädchen präsentiert. Einfach mal vorbeigehen und reinschnuppern.

Vasileos Georgiou 93B, T 27 33 02 45 94, www.manirose.gr, Mo–Fr 9–14, 17–21 Uhr

Allerlei Außergewöhnliches

2 **Davos Skates:** Stundenlang stöbern und plaudern … David Andreikos hat ein in der Region einzigartiges Geschäft: Nicht nur Skateboards und Backpacker-Zubehör bietet er an, sondern auch eine Auswahl an Perlen, Kleidung, Schreibwaren und englischsprachiger Literatur. In dieser inspirierenden Athmo fand auch schon eine Livejazz-Nacht statt, nachzuerleben auf Youtube.

Gíthio, Vasileos Georgiou 25, T 27 33 02 24 91, www.davosskates.gr, Mo–Sa 8.30–14 u. Di, Do, Fr 17.30–21 Uhr

Bewegen

Bestens baden

Der Stadtstrand nennt sich **Selinítsa Beach** (2 km), noch weiter nördlich liegt der etwas längere Strand von **Valtáki** mit Gastro-Angebot, Schiffswrack und naturbelassenen Stellen (5 km). Die besten Strände finden sich südlich bei den Dörfern, von denen sie ihren Namen haben: der **Mavrovoúni Beach** (3 km, s. S. 104), der sehr beliebte **Vathí-Beach** (10 km) mit einem Fluss, der aus dem Felsen entspringt, sowie **Kamáres** (15 km) oder **Skoutári** (20 km), an dessen kleinen, feinen Sandstränden immer noch Ruhe herrscht.

Infos

- **www.gythio.net:** Gepflegte Website zu einem Teil Lakoniens und allgemeine Infos über die Stadt, auch deutsch.
- **Touristeninformation der Stadt:** Auf der Hafenmole, nur in der Hauptsaison tgl. 10–14 und 19–22 Uhr.
- **Auto:** Von Gíthio aus können Sie über eine gute Straße leicht Sparta und Mistrás erreichen (ca. 43 km) – diese Strecke ist weniger attraktiv als die Fahrt entlang der Küste nach Kalamáta, aber natürlich kürzer.

• **Busse:** Nach Sparta, Areópoli, Mavrovoúni, Geroliménas 5 x tgl., nach Athen bis zu 6 x tgl. Station: Vas. Georgiou 98, T 27 33 02 22 28, www.ktel-lakonias.gr.
• **Taxiruf:** T 27 33 02 34 00.

Mavrovoúni

F9

ΜΑΥΡΟΒΟΥΝΙ, Μαυροβούνι
Vom Fahrzeug aus gesehen könnte das nur 3 km südlich von Gíthio gelegene Dorf **Mavrovoúni** am Fuße des dunklen Felsens fast zum Hafenstädtchen gehören. Auf einem niedrigen Hügel am Meer ist es dank seines über 5 km langen schattenlosen Sandstrands und kräftiger Winde, die über die lakonische Tiefebene hinwegfegen, der wichtigste Bade- und **Surfspot** der Region. Einen Siedlungskern nahe dem Wasser gibt es nicht. Tavernen, Campingplätze und Pensionen reihen sich locker und mit viel Abstand aneinander.

Schlafen

Entweder wohnt man steil am Hang im modern bebauten Dorf oder am Ufer. Zudem gibt es zahlreiche Campingplätze.

Direkt am Strand

Studios Resbíthas: Nicht fancy, sondern solide. Zur legeren Mini-Anlage direkt am Strand gehören fünf Bungalows und sechs Studios in einem zweigeschossigen Haus. Autos parken im Baumschatten, für Kinder gibt es einen Spielplatz, für alle einen überdachten Grillplatz.

Nördlicher Strandzugang, nahe dem Dorf, T 23 44 02 34 40 u. 27 33 02 30 54, www.mavrovounibeach.gr, ganzjährig, DZ €–€€

Mit Gíthio-Blick

Kalypso Studios: Kreativ gestaltete Studios und Apartments in einem zweigeschossigen Haus mit Garten in Hanglage, 3 Min. von der Platía, 10 Min. vom Strand. Geschmackvoll möbliert, Haustiere sind willkommen, Babybetten stehen bereit.

T 27 33 02 44 49, www.kalypsomani.gr, März–Okt. geöffnet, DZ/F €–€€

Areópoli

F10

ΑΡΕΟΠΟΛΗ, Αρεόπολη
Trotz ihres kämpferischen Namens ist die Stadt des Kriegsgottes Ares (1000 Einw.) ein friedlicher, vor allem an Sommerabenden gut besuchter Hauptort der Máni. Sie liegt auf dem Rücken eines nackten Berges, ein paar Steinwürfe vom klaren Wasser des Messenischen Golfes, der Bucht von Liméni, entfernt, wo sich die Besucher tagsüber abkühlen.

Von der Festung des Mavromichalis-Clans, dem **Pírgos Mavromicháli,** ging 1821 der Unabhängigkeitskrieg aus. Die kopfsteingepflasterten, charmant labyrinthischen Gassen der Altstadt mit ihren Steinhäusern, teils unter rotem Ziegeldach, lassen an ein entrücktes Inselstädtchen denken. In den romantischen Hinterhöfen sticht das fröhlich leuchtende Pink der Bougainvilleen ins Auge. Es ist wie eine Zeitreise, in einem der alten Wohntürme, die in Hotels umgewandelt wurden, Quartier zu nehmen.

Ehre dem letzten Statthalter

Die große **Kentrikí Platía** vor der Altstadt – hier halten die Busse, hier spielen Kinder bis spät in die Nacht hinein Fußball – dominiert das massive **Denkmal für Petróbey Mavromichális.** 1815 setzten die Türken ihn als achten und letzten Bey der Máni ein. Doch er rief am 17. März 1821 die Manioten in Areópoli, das bis 1830 noch Tsimova hieß, zur Bei-

Café an Café – in der romantischen Atmosphäre der Gassen von Areópoli findet sich immer ein Sitzplätzchen.

legung aller inneren Streitigkeiten und zum Kampf gegen die Türken auf. Am 25. März weitete der Bischof von Pátra diesen Aufruf auf alle anderen Hellenen aus (s. S. 265).

Am Ende der Platía steht die kleine Kirche **Ágios Athanásios,** in der spärliche Freskenreste besichtigt werden können. Kaum 100 m Richtung Küste führt die Straße Kapetan Matapa zur Doppelkirche **Panagía/Ágios Charálambos,** ebenfalls ausgemalt. Beide Kirchen sind bis spätabends geöffnet.

Byzantinisch per Definition

Der Hauptgasse in die schattige Altstadt folgend, vorbei an Lädchen und Tavernen, erreichen Sie prompt den engen Platz des 17. März (Plateía tis 17is Martíou) – dank des stolzen, sechsgeschossigen Glockenturm der Hauptkirche **Ágii Taxiárches** leicht zu finden. Die selten, nur zu Messen geöffnete, innen im byzantinischen Stil ausgemalte Erzengelskirche aus dem Jahr 1798 ziert ein schönes Marmorrelief im Südportal, das die Tierkreiszeichen darstellt und an Mavromichális Proklamation zu Beginn des Unabhängigkeitskrieges erinnert. Vorbei an einer Traditionsbäckerei gelangt man von hier rasch zum Wehrturm **Pírgos Kapetanákos** aus dem 18. Jh., heute Hotel.

Nur etwa 100 m südlich von der Platía wird im schönen **Pírgos Pikoulákis** auf zwei Etagen eine gut gemachte Ausstellung zum religiösen Leben der Máni gezeigt. Zu sehen sind immerhin Marmorplatten aus dem 12. Jh. der Kirche Ágios Ioánnis bei Pírgos Diroú.

Byzantinisches Museum der Mani im Pikoulákis-Turm (Pírgos Pikouláki), am unteren Ortsrand, archaeologicalmuseums.gr, T 27 33 02 95 31, April–Okt. tgl., außer Di 8.30–15.30 Uhr, Eintritt ca. 2 €

Schlafen

Auch dank seiner Übernachtungsmöglichkeiten ist Areópoli ein prima Standort für die Erkundung der inneren Máni.

Mit Pool

Kastro Maíni: Schickes, dem alten Stil nachempfundenes Hotel mit 20 Zimmern, fünf Gehminuten vom historischen Zentrum. Frühstücken und zu Abend essen kann man auch am Hotelpool.

Epar. Od. Areopolis, T 27 33 05 12 38, www.kastromaini.gr, DZ/F €€

Im Herzen der Stadt

Aréos Pólis: Modernes und stilvolles, von einer maniotischen Familie gut und liebevoll geführtes, hochwertig möbliertes Hotel. Auch Zimmer mit Himmelbett. Auf der auch Nicht-Hotelgästen zugänglichen Dachterrasse werden abends Drinks, Kaffee und kleine Gerichte serviert.

Kentrikí Platía, T 27 33 05 10 28, www.areos polis.gr, DZ/F €€

Neu nach alter Tradition

Ktíma Karageórgou: Die im traditionellen wehrhaften Stil der Máni neu erbaute Anlage mit nur 11 Studios mit Pantryküche und einem Pool verbindet die Romantik des Alten mit moderner Technik und bringt mit ihrem Garten erfrischendes Grün in die Landschaft.

Nahe Durchgangsstraße, T 27 33 05 13 68, www.ktimakarageorgou.gr, DZ €€–€€€

Essen

Vorauseilender Ruf

Bárba Pétros: Von griechischen Gastro-Guides empfohlene Taverne mit stimmungsvollen Plätzen drinnen und draußen. Spezialität des Hauses sind Schweinebraten mit Pflaumensauce und gefüllte Zucchini; die Schweine für den Braten züchtet die Wirtsfamilie selbst.

Hauptgasse zwischen Doppel- und Taxiarchenkirche, T 27 33 05 12 05, tgl. ab 12.30 Uhr, €€

Für Gegrilltes

Psistariá Alépis: Hierher kommt man wegen der Grillgerichte – und wegen der malerisch direkt vor der Doppelkirche aufgestellten Tische und Stühle. Die familieneigene Metzgerei sorgt dafür, dass das Fleisch nie ausgeht.

Hauptgasse, T 27 33 05 12 76, tgl. ab 9 Uhr, €

Einkaufen

Backkunst

Psomí tis Miliás: Wer glaubt, in Griechenland würde man nur geschmackloses Weißbrot kennen, der war noch nicht bei Miliá Xepapadákou. Die tausendfach fotografierte Bäckerin hat inzwischen ihren Sohn in die Familienrezepte diverser Brotsorten, des Zwiebacks Paximádi und gefüllter Blätterteigspezialitäten eingeweiht. Der Duft der *lalágia*, der süßen maniotischen Hefekrapfen, ist betörend. Fotogen ist das Ladeninnere natürlich allemal.

Westseite der Taxiarchen-Kirche, T 27 33 05 12 26, tgl. 9–21 Uhr

Ausgehen

Stimmungsvoll

Aula Bar: Haus von 1860 mit Innenhof, Tische in der Gasse. Tagsüber darf es mal eine hausgemachte Limonade im schattigen, von Bougainvilleen umwachsenen Hinterhof sein, abends legt oft ein DJ auf. In dieser lässigen Inselatmosphäre ist durchaus ein Mojito drin.

Hauptgasse, T 69 73 92 21 15, tgl. ab 9 Uhr

Infos

- **Busse:** Nach Gíthio, Sparta, Kanal von Korinth und Athen 5 x tgl., nach Ítilo (dort Anschluss nach Kalamáta) 3 x tgl., nach Lágia 4 x tgl., nach Liméni 3 x tgl., nach Pírgos Diroú, Geroliménas, Kótronas und Kokála 2 x tgl. Station: Kentrikí Platía, T 27 33 05 12 29, www.ktel-lakonias.gr.

Taxi: 27 33 05 14 42

Liméni

F10

ΛΙΜΕΝΙ, Λιμένι

Auf einem ganz schmalen Felsküstenstreifen drängen sich die wenigen Häuser einer winzigen Siedlung, die früher Areópoli als Hafen diente. Alles ist so nah beieinander, fast scheint man aus dem Fenster direkt ins Meer springen zu können. Unter den fotogenen Siedlungen der Máni nimmt der Geburtsort des Petróbey Mavromichális sicher eine Spitzenposition ein. Rechts über der Uferstraße wurden der Wohnturm und die Nebengebäude des Geburtsgehöftes des maniotischen Nationalhelden aufwendig restauriert, direkt am Ufer sitzt man in den Fischtavernen mit grandiosem Blick über die weite Bucht von Ítilo.

Im Hochsommer ist hier der Teufel los, selbst auf der großen Hauptstraße oberhalb des Dörfchens würden manche gerne in zweiter Reihe parken, aber das geht nun wirklich nicht. Lieber im Morgengrauen anreisen oder hier nächtigen!

Schlafen

Feudal am Wasser wohnen

Mavromichálai: Das 1762 erbaute Haus direkt am Meer gegenüber dem Wohnturm der Familie Mavromichális ist ein Schmuckstück unter den historischen 4-Sterne-Hotels des Landes. Sechs stilvoll eingerichtete Zimmer; alles wie früher mit modernem Komfort. Ikea-Weinkühler auf dem hölzernen Rittertisch!

Uferstraße, T 27 33 05 10 42, www.mavromichalai.gr, DZ/F €€€

Essen

Bougainvilleen am Meer

Taverne O Tákis: Man sitzt auf mehreren mit Bougainvilleen berankten Terrassen direkt am Wasser. Das hoch ausgezeichnete Restaurant ist für exzellenten Fisch und Meeresfrüchte, ob mit Pasta oder als Hauptspeise, landesweit bekannt. Off-Saison empfohlen.

Uferstraße, T 27 33 05 13 27, März–Okt. tgl ab 10 Uhr, €€€

So lässig und entspannt direkt am Wasser sitzen die Locals in der Bucht von Liméni nur in der Nebensaison.

Ítilo

F9

ΟΙΤΥΛΟ, Οίτυλο

Ítilo (330 Einw.), etwas nördlich von Liméni und Areópoli, verbindet die lakonische mit der messenischen Máni. Das eigentliche Dorf mit zu vielen alten Steinhäusern für zu wenige Einwohner liegt hoch oben am Hang über der Bucht von Ítilo, drunten am Strand ist die moderne Feriensiedlung **Néo Ítilo** mit einigen Hotels, Pensionen und Tavernen entstanden. Doch weil die Máni insgesamt immer beliebter wurde, gibt es inzwischen in der traditionellen Siedlung hoch oben ebenfalls mehr Unterkünfte als Kirchen – und das will etwas heißen. Der etwa 300 m lange, aber schmale Strand mit Kieselsteinen und etwas Sand fällt flach ins Wasser ab.

Wimmelbilder betagter Mächte

Eine schmale Stichstraße zweigt von der Straße zwischen Néo Ítilo und Ítilo ab (blauer Wegweiser ›I. M. Dekoulon‹); nur etwa 1 km ist nun das Kloster **Moní Dekoúlou** entfernt. Tritt man in die Klosterkirche ein, tut sich eine zuvor nicht erwartete Bilderwelt auf. Draußen die kühne, minimalistische Máni-Landschaft, drinnen dagegen wimmelt es nur so von bunten, vollen Farbtönen, denn sie ist dicht an dicht mit sehr gut erhaltenen Fresken aus dem 18. Jh. ausgemalt. Um möglichst viele Heilige und biblische Szenen unterbringen zu können, sind die Bildfelder extrem klein gehalten und viele entsprechend kleine Figuren darin untergebracht – so ist eine ungewöhnliche Themenvielfalt gegeben.

Auf dem gegenüberliegenden Hügel sind die Mauern der über 300 Jahre alten türkischen Festung **Kástro Kelefás** zu erkennen.

Kloster Dekoúlou, tagsüber meist geöffnet, Spende üblich

K

AN DEN KLIPPEN

17 km südlich von Pírgos Diroú lohnt ein Abstecher zu rauer Küste. Hinter **Stavrí** (F 10) folgt man zuerst dem Schild zum Naos Panagías Agítrias, dann ist hinter der kleinen Siedlung Agía Kyriakí geradeaus Kástro Tigáni, nach links ist die Kirche **Panagía Odigitria** ausgeschildert (s. S. 112). Der Wanderpfad beginnt, wo die Geröllstraße endet. Am besten lässt man das Auto etwas weiter vorn stehen – Wenden ist schwierig.

Pírgos Diroú

F10

ΠΥΡΓΟΣ ΔΙΡΟΥ, Πύργος Διρού

Das Inlanddorf **Pírgos Diroú** südlich von Areópoli ist von einem Dutzend entzückend kleiner byzantinischer Kirchen umgeben. Hier beginnt der malerische Teil der schroff-schönen Máni: Dörfer und Weiler, wie üblich umgeben von felsigem Buschland (s. Tour S. 109).

Tief in die Zeit zurück

Eine Asphaltstraße führt hinunter zu den **Spílea Diroú** (Σπήλαια Διρού). Der Abstecher zu den Tropfsteinhöhlen lohnt trotz gelegentlicher Wartezeiten und Parkplatzknappheit – wobei kreatives Parken hier im Allgemeinen durchaus nicht auf Unverständnis stößt.

Der Bootsführer, bei dem man in der Höhle einsteigen muss, stakt geübt, nahezu geräuschlos durch die Unterwelt, deutlicher hörbar sind eher die flüsternden Besuchergruppen. Während der halbstündigen Bootsfahrt auf dem kleinen Kahn, im feuchten Klima vorbei an herunterhängenden, rosarot schimmernden Stalaktiken, lernen sie eine der Höhlen kennen.

TOUR

Wild, wüst und wehrhaft

Die innere Máni – Tour zum Kap Ténaro

Infos

Start/Ziel:
Areópoli (F 10)

Route:
Über Geroliménas zum Kap Ténaro ganz im Süden (F 11) und über Kokála zurück

Übernachten:
In Marmári oder Geroliménas (s. S. 113)

Eine extrem karge Natur, jahrhundertealte Kirchen und Dutzende sehr stiller Dörfer mit zahllosen Wohn- und Wehrtürmen prägen die faszinierend-forsche Natur- und Kulturlandschaft der inneren Máni.

Neues Leben, alte Kirchen

Seit fast 30 Jahren erlebt die zuvor nahezu entvölkerte Region ein Revival. Abgewanderte Manioten restaurierten ererbte Ruinen, verwandelten alte Wehrtürme in kleine Hotels. Viele Dörfer wurden wieder attraktiv, so wie der kleine Ort **Chariá** gleich zu Beginn der Rundfahrt mit ihren bestens erhaltenen Wehrtürmen, die für Touristen zugänglich sind.

Nach **Pírgos Diroú** (s. S. 108) folgt **Charoúda.** Fährt man bis zum meerseitigen Dorfende, entdeckt man eine der fotogensten Kirchen der Máni, Ágios Taxiárchis aus dem frühen 12. Jh. Ihr Tambour ist außergewöhnlich hoch, der dreistufige Glockenträger über der Westtür besonders grazil. Typisch byzantinisch ist die umlaufende Zierkante mit Zahnschnittdedekor, der Türsturz über der Westtür ist nach Máni-Art reich mit Reliefs verziert.

Maniotische Friedhöfe

Wieder etwas landeinwärts, in **Triantafiliá** befindet sich an der Hauptstraße der Garten des Restaurants O Vangélis (Ο Βαγγέλης) – ein guter Pausenstopp! 3 km weiter

Mehr zur Máni: In dem Blog www.maniguide.info von John Chapman (auf Englisch) finden sich viele weitere Infos anhand von interaktiven Karten.

wagt man einen Blick auf einen Friedhof links der Straße. Er ist typisch für die Totenstätten der steinreichen Máni. Die Ossuarien stehen offen: schlichte Natursteinhäuschen; eine steinerne Reliefplatte vermerkt den Namen der Familie. Drinnen lagern auf weiß gekalkten Regalen die Kisten mit den nach vier Jahren Verwesungszeit dem Grab entnommenen Gebeinen. Fotos zeigen die Verstorbenen, Ikonen stehen zwischen Weihrauchgefäßen und Öllämpchen.

Rund 1 km nach dem Friedhof gelangt man am Ortsausgang von **Drìalos** zur stets geöffneten Kirche Ágios Geórgios aus dem 14./15. Jh. Der Eingang ist Máni-typisch extrem niedrig, die Ikonostase angesichts der Holzarmut aus Stein aufgemauert, weiß verputzt und wie immer mit den Ikonen Mariens und Christi geschmückt. Der Eingang zur Vorhalle wird von einer bauchigen byzantinischen Säule geteilt, Zahnschnittdekor ziert beide Türbögen.

Ein bisschen Baden ist auch drin

Die Máni ist kein klassisches Badeurlaubsziel, denn nur an wenigen Stellen kommt man unmittelbar ans Wasser. Deshalb ist jetzt mal ein Abstecher nötig – bei **Mézapos** zum **Chalikiá Beach**, einem winzigen Kieselsteinstrand in zackiger Felslandschaft am Ende einer schlauchförmigen Bucht, wo es auch eine Fischtaverne gibt. Dann weiter nach **Káto Gardenítsa** zur Kirche Naos tou Sotíra, die nur von außen zu betrachten ist. Sie wurde unter Verwendung antiker und frühchristlicher Bauteile, sog. Spolien, um 1050 errichtet.

Sie möchten gern etwas länger in diesem Paradies ohne Palmen bleiben? Dann übernachten Sie im Hotel Marmari Paradise (s. S. 113).

Im idyllisch-einsamen Dörfchen **Ágios Geórgios Kitás** zeigt die Kirche Episkopí aus dem 12. Jh. schöne Grotesken und einen Wasserspeier-Löwenkopf als Bauschmuck. Über **Kéria** geht es weiter in den vergleichsweise großen Küstenort **Geroliménas** (s. S. 113), wo man am ›Dorfstrand‹ ebenfalls ein Pausenbad nehmen kann. In **Vathiá** protzen besonders viele Wehrtürme auf dem Berg – eindrucksvoll! Ein paar Kilometer hinter Váthia gerät mit dem **Marmári Beach** der einzige Sandstrand der Máni in den Blick. Doch jeglicher Naturschatten fehlt: Wer einen Sonnenschirm mitbringt, ist eindeutig im Vorteil. Dann vielleicht besser ein Stopp an der Bucht von **Pórto Kágio** mit ihren guten Fischtaver-

nen. Dort liegt man auf einem Kieselsteinstrand mit etwas Sand unter einem Mietschirm, schwimmt zwischen Fischerbooten und Jachten. Wie eine Chimäre wirkt das am Hang liegende Dorf Achíllio auf der anderen Seite der Bucht.

Nur das Bodenmosaik des Tempels am Kap Ténaro blieb erhalten. Der Name leitet sich vom Zeus-Sohn und Gründer Tainaros ab.

Mystisches Land

Jetzt sind es nur noch ein paar Kilometer bis zum Kap Ténaro, dem südlichsten Ende des Peloponnes. Für die Menschen der Antike war die Máni ein totes Land. Ölbäume wachsen hier erst seit dem 19. Jh., Wein gar nicht. Schafe und Ziegen finden nur spärlich Weidegründe. So verwundert es nicht, dass die Spartaner nahe dem Kap Ténaro ein Totenorakel befragten und hier einen Eingang zur Unterwelt vermuteten.

Dieser liegt am Straßenende im Örtchen **Kokinógia,** unterhalb der **Taverne Akrón Tainaró.** In den Ostteil eines antiken Poseidontempels wurde eine Kapelle hineingebaut; in der Altarnische stehen zwei antike Säulenstümpfe. Auch Mosaike blieben erhalten.

In der östlichen Bucht verbirgt sich hinter Mönchspfeffer und Feigenbaum der Eingang zu der **Hades-Grotte.** In der Antike war ihr ein etwa 16 x 20 m großes Gebäude vorgesetzt: Hier kamen Pilger zu Priestern, die den Kontakt zu den Schatten der verstorbenen Liebsten vermittelten. Entlang der Westseite der Bucht durchquert man ein Feld mit Resten einer römischen Villa aus dem 1. Jh. und gelangt auf schattenlosem Pfad in einer Stunde zum Leuchtturm am **Kap Ténaro**.

Der 1892 errichtete, 16 m hohe Leuchtturm am Kap Ténaro blickt weit aufs Mittelmeer. Wie viele Schiffe wurden an dieser Stelle wohl versenkt? In der letzten Seeschlacht, die man hier beobachten konnte, der Schlacht von Matapan, standen sich 1941 Briten und Italiener gegenüber.

Turm um Turm

Auf der Rückfahrt entlang der Ostküste sind besonders prächtige Wehrtürme noch in **Lágia, Exó Nimfío** und **Flomochóri** zu sehen. Ein Bummel durch diese Orte rundet eine Máni-Rundfahrt perfekt ab. Für Badestopps hält man am knappen Kieselsteinstrand von **Kokála** oder ganz im Norden am winzigen Sand-Kies-Strand von **Kótronas.**

Lieblingsort

Stille und Stöhnen der See

Der Trampelpfad neben dem piksenden Gestrüpp ist platt gelatscht – angesichts der Gratwanderung entlang der Klippe ein gutes Zeichen. Unten peitschen Wellen ans Felsenband. Bloß nach vorne schauen, unterhalb der Siedlung **Agía Kiriakí** (📍 F 10), wirklich weit weg von allem. Stumme, dumpfe Hitze. Nach einer halben Stunde in der Nachmittagssonne kommt endlich die **Panagía Odigítria** in Sicht, die einen passenden Namen trägt: ›Führerin‹ der Blinden. Drinnen bei brennenden Gaslampen und geschlossener Tür verschnaufend, hört man seinen Puls und die jammernde See. Verblasste und neuere Ikonen, Marmorreliefs und Vogelmotive auf dem Boden. Neben der Kapelle aus dem 12. Jh. befindet sich eine zugemauerte Höhle – jedoch nicht bis ganz oben. Mit etwas Klettergeschick kann man ins Dunkle lugen. Umdrehen, der Blick fällt auf die herausgestreckte Landzunge, die eher wie eine Pfanne aussieht, auf der Steinstümpfe einer Burg zu erkennen sind: Tigáni (gr. ›Pfanne‹) ist ein treffender Name für das Kap.

Für die Öffentlichkeit nicht zugänglich ist die benachbarte **Alepótrypa-Höhle,** die in der Jungsteinzeit bewohnt war. Hier hat man Schädel und Knochen von Menschen und Tieren, Werkzeuge, Waffen und Schmuck aus Stein, Keramik, Kupfer und Obsidian und sogar einige Felszeichnungen gefunden. In dem kleinen **Museum** am Fußweg zu den Höhlen kurz hinterm Kassenhäuschen wird ein Teil dieser Funde ausgestellt.

Pírgos Diroú, T 27 33 05 22 22, diros-caves.gr, Juni–Sept. tgl. 9–20, Winter tgl. 8.30–16.30 Uhr, Museum Di–So 8–15 Uhr, Eintritt für Höhle 7 € (inkl. Bootsfahrt 15 €)

Bewegen

Ins Meer reiten

Mani Horses: Griechischer Familienbetrieb von Michális Diakoumákos, der Reitunterricht und auch freies Reiten anbietet. Über Kosten informiert die Webseite.

Ítilo, T 69 44 43 06 42, manihorses.gr

Geroliménas F10

ΓΕΡΟΛΙΜΕΝΑΣ, Γερολιμένας

Der kleine Fischerort (99 Einw.) versammelt alles dicht nebeneinander: Steinhäuser, Hafen und Badestrand mit abgerundeten, großen grauen Kieselsteinen in der Bucht, die nicht piksen. Eine Felswand schiebt sich dominant an der Seite nach oben. Eine Wüstenlandschaft, die nur im Sommer stark frequentiert ist.

Nah am Wasser scheint dann jeder Balkon und jeder Tavernenstuhl besetzt. Ein dennoch ruhiger und guter Ort für eine vergleichsweise günstige Zwischenübernachtung an der Küste und mit Anschluss zu beliebten Ausflugszielen.

Schlafen

Schlicht und gut

Akrotainaritis: Mit Blick in die Bucht und auf die Badestelle. Einfach eingerichtete Zimmer mit Balkon und dazugehörigem Parkplatz. Der Familienbetrieb lädt auch zu einer gut besuchten Taverne im Ort.

Am Hafen, T 27 33 05 42 05, www.akrotainaritis.gr, DZ/F €–€€

Treppen zum Strand

Hotel Marmari Paradise: 14 km vom Dorf entfernt Richtung Südspitze liegt die im alten Stil errichtete, gepflegte Hotelanlage am Hang zum Strand.

Mármari Beach, T 27 33 05 21 01, www.marmariparadise.com, DZ/F €€

Kardamíli E9

ΚΑΡΔΑΜΥΛΗ, Καρδαμύλη

Nur etwa 35 km von Kalamáta entfernt, ist **Kardamíli** (330 Einw.) zweifellos ein berüchtigter Ort: Homer erwähnt ihn in der Ilias, Romanciers (wie einst Patrick Leigh Fermor) und Vertreter anderer Künste finden hier und in der Máni allgemein Inspiration und Frieden, um sich ans Werk zu machen. Das gilt freilich mittlerweile eher für die Nebensaison.

Zwar liegt der Ort an der Küste, er besitzt aber keine Uferpromenade. Zypressen und Ölbäume verströmen sattes Grün zwischen altehrwürdigen steinernen Landhäusern. Das Leben spielt sich entlang der schmalen Durchgangsstraße ab, an der ein paar schöne Geschäfte (Kleidung, Kunstgewerbe, Antiquitäten), zwei Reisebüros und einige Cafés liegen. Die Platía nimmt nur eine Nebenrolle ein. Direkt vor dem Dorf liegt eine niedrige Steilküste mit kleinem Hafen

M

MUSEUM UND UNTERKUNFT IN EINEM

Das Haus des britischen Autors und Agenten des britischen Nachrichtendienstes Patrick Leigh Fermor in Kardamíli kann einerseits zwischen Juni und September als Luxus-Unterkunft gemietet werden (mind. drei Nächte, €€€, https://patrickleighfermorhouse.reserve-online.net/property/PATRICK/Excl). Andererseits operiert es zwischen Oktober und Mai als Museum, das auch Touren anbietet (nur nach Vereinbarung, Mo u. Do um 11/12 Uhr, T 21 03 67 10 90, leighfermorhouse@benaki.org). Das von Fermor selbst entworfene Anwesen hatten er und seine Frau als Nachlass dem Benaki-Museum übertragen. Inmitten eines Olivenhains mit Zypressen, umgeben von Rosmarinhecken und Wildblumen, stehen vier Steingebäude, die von Kieselsteinmosaiken umgeben sind.

zwischen Felsen und ein paar Tavernen. Ein langer Kieselsteinstrand schließt sich nördlich außerhalb des Ortes an.

Als Hauptort der Region ist Kardamíli ein guter Standort für Touren im gebirgigen Hinterland und im Taígetos-Gebirge. Die wichtigste Attraktion ist die historische Siedlung am Ortsrand mit ihren Wehrtürmen.

Erwachte Ruinenstadt

Nur wenige Meter oberhalb des heutigen Ortes erbaute sich der Mourtzínos-Clan im frühen 19. Jh. ein wehrhaftes Anwesen mitsamt einem für die Máni typischen Wehrturm mit vier Innengeschossen, dem Turmhaus **Pírgos Mourtzínos** in Old Kardamíli. Etwa 100 Jahre älter ist die in das Gehöft (heute Kástro genannt) einbezogene **Kirche Ágios Spirídonas** mit ihrem extrem schlanken, 17 m hohen Glockenturm. Ein kleines **Museum** informiert über die Familiengeschichte, das religiöse Leben – das Christentum fasste in der Máni erst im 9. Jh. Fuß – und die regionale Architektur.

Nördl. Ortsrand, T 27 21 07 36 38, April bis Aug. Mi–Mo 8–20 Uhr, odysseus.culture.gr, Eintritt 3 €

Schlafen

Oase der Ruhe

Kalamítsi: Die Hotelanlage ist in einen weitläufigen Olivenhain am Meer eingebettet, die einfachen Zimmer und Bungalows haben alle Balkon oder Veranda, die Bungalows auch eine Küchenecke. Familiär geführt, einer der Inhaber spricht Deutsch.

Südl. Ortsausgang, 50 m südl. der Hauptstraße, T 27 21 07 31 31, www.kalamitsi-hotel.gr, DZ €€–€€€

Panoramablick

Merópi Villas: Doppelvilla mit zwei Etagen, 80 und 110 m² groß, mehrere Terrassen, moderne Einrichtung, Mindestaufenthalt 5 Tage, im Winter 3 Tage.

Oberhalb des Hafens, T 69 32 36 98 90, www.meropi.net, Villa €€–€€€

Für länger

Katsouléas Villas: Zwei zweigeschossige Steinhäuser am grünen Hang 800 m außerhalb des Ortes und nur 150 m vom nächsten Badeplatz. Die 90 m² bieten Platz für 2–4 Erwachsene plus 2 Kinder. Ganzjährig geöffnet.

Südl. Ortseingang, T 27 21 07 34 42, www.wundertravel.com, €€

Essen

Terrasse überm Meer

Lela's: Ohne Reservierung ist leider selten ein Platz zu bekommen. Denn der

Service ist gut, das Essen exzellent. Serviert werden nur gekochte, geschmorte oder überbackene Gerichte, selten Fisch und Grillfleisch. Zimmer zur Übernachtung ebenfalls im Haus.

Am Felsufer nahe dem Hafen, T 27 21 07 35 41, www.lelastaverna.com, Mi–Mo ab 18 Uhr, €€–€€€

Bewegen

In die Berge

2407 Mountain Activities: Vermietung und Verkauf von Ausrüstung für Bergwanderer, geführte Wanderungen und Trekkingtouren ins Taígetos-Gebirge. Lobenswert: Die Inhaber halten mit ihrem Team die Wanderwege in der Region begehbar. Verleih von Mountainbikes, auch in Stoúpa.

Im Zentrum, T 27 21 07 37 52 u. 69 75 78 58 87, www.2407m.com, tgl. 9–23 Uhr

Gute Ausflüge

Wundertravel: Das deutschsprachige Reisebüro von Kai Wunder vermittelt Unterkünfte jeder Art in Kardamíli und Umgebung, bietet in der Saison Ausflüge bis hin zum antiken Messene an und organisiert für Gruppen auch Wandertouren.

kein Büro, Kontakt: T 27 21 07 31 41, www.wundertravel.com

Ausgehen

Szenig mit Niveau

Androuvísta: Das Café verwöhnt mit griechischer Musik, gepflegter Atmosphäre und günstigen Getränken, Kaffee und Kuchen, griechischen Snacks und abendlichem Sundowner. Der Hof ist ideal für eine entspannte Pause zum Lesen oder fürs Internet. Ab und zu Live-Auftritte.

Im Zentrum, T 27 10 07 37 88, tgl. ab 9 Uhr

In dem Turm lebte die Familie Troupákis-Mourtzínos, die Kardamíli während der türkischen Herrschaft zwei Jahrhunderte lang beherrschte.

TOUR
Land aus Stein und Licht

Wanderung in die Bergdörfer bei Kardamíli

Infos

E9
Start:
Alt-Kardamíli

Kurze Tour (grün):
ca. 2 Std., 200 Höhenmeter, schwarz-gelbe Markierung

Lange Tour (schwarz):
6 Std., 790 Höhenmeter, bis Chóra blau-weiße Markierung, ab Níkovo rot-gelbe Markierung

Jeder Stein hat seine Geschichte, heißt es. Um diese zu erfahren, können Sie sich einer geführten Tour anschließen. Aber die Region bei **Kardamíli** ist ein reizvolles Wandergebiet, das aufgrund seines gut markierten Wandernetzes auch selbstständig erkundet werden kann. Zudem gibt es eine gute Wanderkarte aus dem Anavasi-Verlag im Maßstab 1 : 30 000 (Máni, 7,50 €, anavasi.gr). Einige Bergdörfer im Hinterland sind im Sommer zweimal täglich mit dem Linienbus zu erreichen (Fahrplan vor Ort oder online checken!), sodass man seine Wanderung im Bergdorf beginnen oder beenden kann.

Auf Augenhöhe mit den Wolken

Mitten in der hoch gelegenen Altstadt von Kardamíli beginnt der gut markierte Weg. Vorbei am **Mourtzínos-Turm** (s. S. 114), geht es ständig auf dem Steinweg bergauf. Vorbei an verbrannten Gräsern, Macchia und gelegentlichen Nadelbäumen erreicht man nach dem

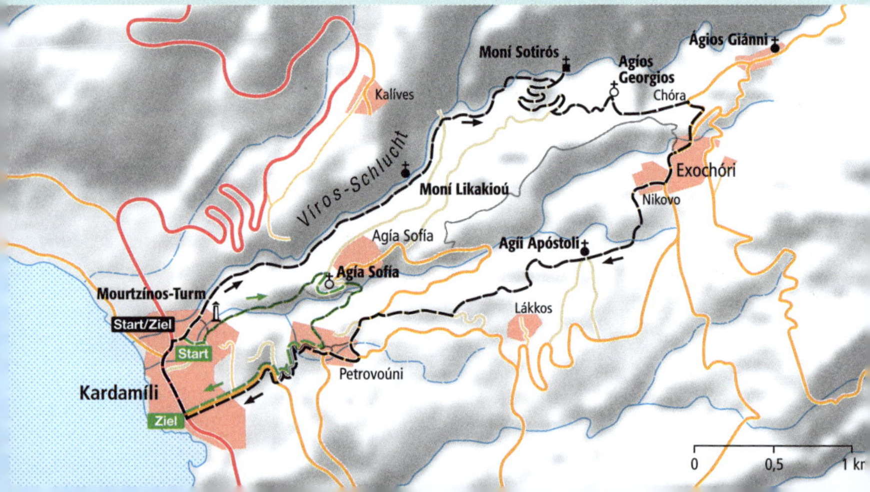

etwas aufregenden Passieren einer Felswand in 45 Min. das byzantinische Kirchlein **Agía Sofía** in 200 m Höhe. Umdrehen und Rasten ist natürlich erlaubt: Man blickt auf das olivgrüne, steinerne Kardamíli und sich nebeneinander erstreckende Landzungen. Wolkenbänder ziehen sich hin zu weit entfernten Ufern. Von hier läuft man durch eine kleine Gebirgssiedlung noch einmal 45 Min. weiter zunächst bergauf. Dann, der Beschilderung folgend, nach rechts wieder Richtung Meer auf den benachbarten Hügel, nach **Petrovoúni** in 180 m Höhe.

Auf den Esel gekommen? So authentisch wie die Mani sein will und teils ist: Allzu oft trifft man die feinseligen Gefährten auch hier nicht mehr.

Hier erscheint nun alles in anderem Licht, man kann dem Friedhof der Kirche einen Besuch abstatten, um sich ein Bild von der griechischen Gräberkultur zu machen. Vorbei an zum Teil verlassenen Bauernhäusern mit Balkonen, Ölbäumen und hervorstechenden Zypressen, führt von der Straße am südwestlichen Dorfrand von Petrovoúni ein etwas steiler Pfad in 10 Min. hinunter zu einer Asphaltstraße, die nach 10 Gehminuten in die Hauptstraße von Kardamíli mündet.

Auf die lange Tour

Eine anspruchsvollere Exkursion beginnt ebenfalls am Parkplatz unterhalb von Alt-Kardamíli. Sie führt auf Pfaden durch die **Víros-Schlucht** am Kirchlein Moní Likakioú (kurzer Abstecher, gut ausgeschildert) vorbei zum Kloster **Moní Sotirós.** Von dort geht man zunächst eine Erdstraße bergauf, von der kurz nach der dritten Serpentine ein Pfad ins Dorf **Chóra** in 450 m Höhe abzweigt. Chóra wird im Sommer zweimal täglich vom Linienbus angefahren.

Auf der Asphaltstraße geht man ins benachbarte Dorf **Exochóri** (mit Kafenío). Dort beginnt am südwestlichen Ortsrand der Wanderweg zur Küste, der kurz vor Petrovóuni zunächst in eine Erdpiste und dann in eine Asphaltstraße übergeht. Von **Petrovoúni** gelangt man, wie in der kurzen Wanderung beschrieben, zurück nach Kardamíli.

Busse in die Dörfer verkehren selten. Auf der Webseite des KTEL sind sie nur auf Griechisch zu lesen: www.ktelmessinias.gr, dann Kategorie τοπικά wählen.

Festivals

- **Internationales Jazzfestival:** Kardamíli ist ein Magnet für Kunst und Klang: In der Nebensaison reisen Jazzer aus Norwegen, Deutschland, den USA und ganz Griechenland an, um die alten Gebäude und Kaffeehäuser zu bespielen. Anfang bis Mitte Mai, T 69 44 37 99 89, fb.com/Kardamili's International Jazz Festival
- **West Mani Frames:** Die Fotogruppe organisiert Ausstellungen ihrer Mitglieder in Cafés oder in der alten Schule des Ortes (fb.com/westmaniframes).

Infos

- **www.kardamili-greece.com:** Website mit vielen Infos und Links (deutsch).
- **Busse:** von Kalamáta bis zu 5 x tgl. nach Kardamíli, Stoúpa, Ágios Nikólaos und Ítilo, teils mit Haltestellen an Stränden unterwegs, zurück nach Kalamáta max. 4 x tgl., Mo–Sa von Kardamíli um 9.40 und 18.10 Uhr in die Bergdörfer Proástio, Exochóri, Saidónia, Kastaniá, Kariovoúni, Miléa, Pírgos und Neochóri; T 27 21 02 85 81, www.ktelmessinias.gr.

Stoúpa

E9

ΣΤΟΥΠΑ, Στούπα

Drei maniotische Steindörfer mit alternativem, künstlerischen Kolorit fädeln sich hintereinander auf. Etwa 7 km von Kardamíli entfernt liegt **Stoúpa,** das sich mittlerweile am meisten herausgeputzt hat. Der einzige Ort (600 Einw.) der messenischen Máni mit feinem Badesand grenzt an zwei, allerdings nicht allzu lange, Buchten und wird im Sommer von vielen Briten, Deutschen und Skandinaviern besucht.

Carettas im Meer und am Strand

Wer ein wenig Máni mit viel Baden verbinden will, ist in Stoúpa richtig. Aber Achtung: Auch die Meeresschildkröten legen hier ihre Eier ab, daher ist beim Sonnenbaden absolute Vorsicht angebracht (s. S. 256). Ein Naturschutzverein kümmert sich um die Kennzeichnung der Nester durch Netze und Zäune.

Einst gehuldigter Anlaufpunkt für Nischenurlauber und Rucksacktouristen, ist in Stoúpa mit seinem weitgefächerten Angebot für Verzehr, Souvenirs und Kleinkunst-Unikate inzwischen im Sommer jedes Bett belegt. Dennoch, Ausstellungscharakter ist noch nicht erreicht, das ehemalige Fischerdorf bereichert mit authentischem Flair die Reise.

Schlafen

Spuren von Kazantzákis

Zorbas House: 1917/18 lebten und arbeiteten der Dichter Níkos Kazantzákis und sein Vorarbeiter Giórgis Zorbás, der zum Vorbild für die Filmfigur Alexis Sorbas wurde, ein halbes Jahr lang in Prástova. Sie betrieben hier erfolglos (wie auch im Film) ein Braunkohlebergwerk. Das Wohn- und Bürohaus der Mine übernahm 1967 ein deutscher Maler, dessen Tochter es nun als Ferienhaus für 4–6 Personen vermietet. Es hat Balkon und Terrasse mit Meerblick und bietet eine gut ausgestattete Küche.

Prástova, T +49 178 817 60 29, das ganze Haus 500–950 €/Woche

Essen

Am Meer

Akrogiáli: Tische und Stühle in einem 1870 errichteten Lagerhaus und auf der Terrasse davor direkt über Strand, Meer und der geschäftigen Promenade. Tagsüber serviert man Süßes. Beliebt ist die

Taverne vor allem wegen der ausgezeichneten Speisen – ob Fisch, Fleisch oder Gemüse. Lage und Qualität sind heiß begehrt, also besser vorher reservieren.

Südl. Ende der Hauptbucht, T 27 21 07 73 35, tgl. ab 9 Uhr, €€

Bewegen

Boote mieten

Rent a Boat: Am Hauptstrand. Tretboote 10 €/Std., Motorboot ca. 30 €/Std., 2er-Kanu 10 €/Std.

Ab in die Tiefe

Dive Code: Geführte Tauchgänge mit Scuba-Tauchgerät und gemeinschaftliche Schnorcheltouren, auch für Anfänger und Familien, sind im Programm.

Kazantzáki, Kalógria, T 27 21 06 49 08, www.divecodegreece.com, tgl. 9–19 Uhr

Mani mit dem Moped

Moto Steki: Mit einem Scooter aus dem Motorradverleih durch die Máni-Dörfer und die gebirgige Landschaft zu düsen kann das sinnliche Erlebnis steigern – per Du mit dem Fahrtwind und dem Esel, den man unterwegs vielleicht trifft.

E.O. Kalamatas-Areopolis, T 27 21 07 82 87, www.motosteki.com, Mo–Fr 9–14 u. 18–21 Uhr

Ágios Nikólaos ⚲ E9

ΑΓΙΟΣ ΝΙΚΟΛΑΟΣ, Άγιος Νικόλαος

Geben Sie diesen Ort in die Suchmaschine ein, sollten Sie die Region Máni hinzufügen, denn nach dem hl. Nikolaus sind in Griechenland zahlreiche Orte benannt. In dem Dorf (450 Einw.), in der Máni das drittbeliebteste Reiseziel, sind immer noch einige Fischer zu hause. Sie landen ihren Fang im winzigen Hafen an und bieten ihn dort meist auch sogleich zum Verkauf an – wenig später kommt er in den Tavernen an der kurzen Uferpromenade auf den Grill. Zum Baden geht man südwärts an den 1300 m entfernten, 200 m langen Sand-Kies-Strand **Pantázi Beach** mit altem Tamariskenbestand. Im Nordteil des Ortes führen an klobigen Felsen angebrachte Leitern ins Wasser.

Etwas weiter südlich, bei den Küstenweilern **Malsóva** und **Ágios Dimítrios** beginnt eine atemberaubend schöne, unmittelbar unter steilen Felsen am Meer entlangführende Straße. Sie endet nach 5 km im abgelegenen Weiler **Trachíla,** in dem es kaum ein Geschäft gibt (s. Tour S. 120). Dennoch ist hier etwas los: Griechen und Ausländer haben sich hier ihr Feriendomizil gekauft und baden direkt vor ihrem Haus und der Promenade neben den Felsen im kristallklaren Meer.

Schlafen

Stilvoll wohnen

Orion Residence Mani: Vier großzügige Apartments für bis zu vier Personen, mit schönem Garten, teils mit Seeblick. Hochwertige Möblierung, gut eingerichtete Küchen. Viele weitere Sitzgelegenheiten im Freien, auf der Terrasse oder auf den Balkonen.

350 m vom Strand im Ort, T 69 45 54 46 54, orionresidence.business.site, Apts. €€

Am Dorfrand

Pension Xenios: Einige Meter hinter der malerischen Promenade bietet Lámbros Láni gut ausgestattete Zimmer mit Küchenecke sowie zweistöckige Studios (Lofts genannt) mit Balkon und Seeblick. Unten im Restaurant, an der Straße am Meer, serviert der deutschsprachige Chefkoch abends persönlich frische Speisen.

xenios-hotel.de, T 27 21 07 90 15 u. 69 78 23 93 43, DZ/F €–€€

TOUR

Kühne Küste

Wanderung zu Bergdörfern bei Trachíla

Infos

E9

Start: Küstenstraße nördlich von Trachíla
Ziel: Trachíla

Dauer: ca. 4 Std., ca. 8 km, ca. 450 Höhenmeter

Im Hinterland der felsigen Küste zwischen **Ágios Nikólaos** und dem südlich gelegenen Fischerdorf Trachíla gibt es mehrere Wanderpfade, die zumeist nur kurze Stücke zwischen Erd- und Asphaltstraßen überbrücken. Die Markierungen sind nicht so gut wie in der Region um Kardamíli, dennoch kann man seinem Bewegungsdrang hier in der einzigartigen, wilden Natur der Máni frönen. Die längere Rundwanderung, die fast nur über kleine Pfade führt, ist allerdings eher geübten Wanderern zu empfehlen.

Bei dem kleinen, stets geöffneten Kirchlein **Panagía Kouvátsou,** 7,5 km südlich von Ágios Nikóloas, steht ein griechischer Wanderwegweiser mit der Aufschrift ›Nomitsi-Thalames‹. Er weist auf einen von Mauern gesäumten, streckenweise arg zugewachsenen Weg, der relativ steil ansteigt und auf der Hauptstraße im Dorf **Thalámes** (s. S. 121) endet.

Auf der Hauptstraße geht man nach rechts und kommt nach bisher insgesamt ca. 2 Std. Gehzeit ins Nachbardorf **Plátanos** mit seiner schönen Taverne. An der großen Dorfkirche steht dann ein Wegweiser nach Trachíla. Nach etwa 2 km erreicht man einen Wassertank. Hier folgt man an einer Gabelung (leicht zu übersehen!) dem Pfad nach rechts, passiert eine kleine Kapelle und kommt so in den Küstenweiler **Trachíla.** Hier scheint man endlich am schönen Ende der Welt angekommen zu sein; die Häuserzeilen wurden im Stil der Volksarchitektur des 19. Jh. restauriert. Und man kann, wie die Griechen, noch ein Bad im Hafenbecken nehmen.

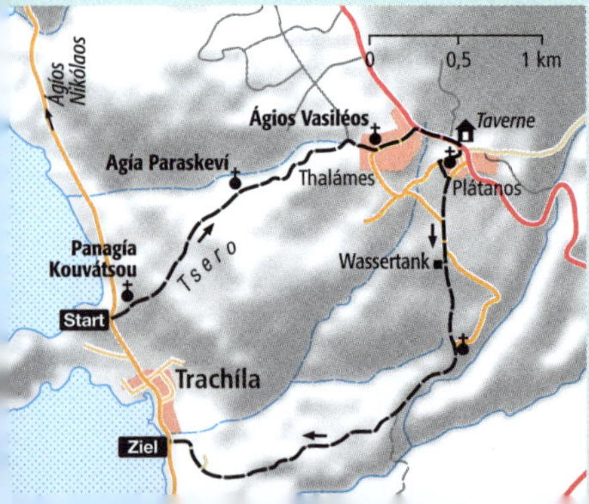

Essen

Charismatisch

Elli's: Die große Taverne ist der ideale Ort für Gruppen, die sich bei Live-Rembétiko gegenseitig einhenkeln. Dann gibt die gesellige Besitzerin Elli Nikoloúdi den Takt an. Der Service ist flink, die Gerichte traditionell, mit frischen Kräutern garniert.
Über dem Hafen, T 69 83 29 49 89, ellistavern.weebly.com, tgl. ab 12 Uhr, €€

Gesellig bei Mezédes

Meze Mani: Köstliche traditionelle Vorspeisen, die als Hauptgerichte herhalten, nennt man im Griechischen im Singular *méze* und im Plural *mezédes.* Letzteres passt durchaus, denn viele großzügig gefüllte Tellerchen landen hier auf den Tischen der Paréa, die auf der kleinen Platía direkt am Wasser einen ganzen Sommerabend lang sitzen. Menü zum Ankreuzen.
Am Hafen, T 27 21 07 73 68, @instagram, tgl. ab 8 Uhr, €–€€

Ausgehen

Locker beschützt

Niriides: Benannt nach liebreizenden Wassernymphen, bietet das Café tagsüber und auch abends als Bar eine lockere Atmosphäre, Tanzstimmung deutet sich an. Drinnen stöbert man in den Bücherregalen, draußen sitzt man nahe am Meer.
Am Hafen, T 27 21 07 70 28, tgl. ab 9 Uhr

Bewegen

Für die ganze Familie

Mamakita: Private Touren mit Kajak, Boot oder Fahrrad für Groß und Klein. Im Kochkurs kann man sich hinterher stärken.
Eléni Fotíou, mamakita.gr/mani/, eleni@mamakita.gr, Preis nach Absprache u. Gruppengröße

Thalámes

F9

ΘΑΛΑΜΕΣ, Θαλάμες
Die eigentliche Attraktion des stillen Bergdorfs ist die kleine, stets frei zugängliche **Kirche Metamórfosis** aus dem 13. Jh. Sie steht am nördlichen Ortsanfang links der Straße. Ebenso wie viele Kirchen in der Máni besitzt sie keine hölzerne, sondern eine gemauerte, weiß gekalkte Ikonostase, die direkt mit den entsprechenden Motiven bemalt ist. Von den Fresken aus dem 13. Jh. ist kaum noch etwas zu erkennen – einzigartig in ihrer Erzählfreude und Originalität aber sind vier niedrige Säulen mit Kapitellen in Augenhöhe. Sie sind mit Reliefs verziert, wie man sie sonst am ehesten in der Romanik Westeuropas findet. Da trägt ein Greif einen Hasen im Schnabel, schlägt ein Raubtier einen Hirsch, picken zwei Vögel an Trauben, zwei Hähne kämpfen miteinander, zwei Tiere ziehen einen Pflug, der von einem Vogel als Bauern geführt wird.

600 m weiter lohnt der **Dorfplatz** einen Stopp. Zu beiden Seiten der schattigen Terrasse des uralten Kafénio Plátanos blickt man in Brunnenhäuser, die einstmals mit Zisternenwasser gespeist wurden.

Essen

Unter einer Riesenplatane

O Plátanos: Eine riesige Platane spendet auf der Terrasse der großen Taverne Schatten, in der man in aller Ruhe Kaffee trinken kann. Übrigens: Den Griechen geht es nicht allein um ihr Tässchen Ellinikó, meist sitzen sie stundenlang davor und schwatzen. Hier kann man auch Deftiges essen, wie Omelett oder Pastó, das griechische Pökelfleisch.
Thalámes, Platía, T 27 21 07 45 93, tgl. ab 9 Uhr, €

Lakonía

Der Südosten — das herbe Land der Spartaner! Doch mit geschniegelten Mittelalterruinen und einer Felsenstadt im Meer laden verstreute Goldstücke zur Kulturtour. Eine Flucht zu Buchten, Inseln oder in die Berge ist immer möglich.

Seite 125

Spárti

Das antike Sparta ist aller Welt bekannt. So lebt die Kleinstadt von heute vom kriegerischen Ruhm durch Events und Statuen. Klassizistische Bauten in modernem Leben sorgen für vergnügliche Stunden.

Seite 131

Mistrás

Metropole aus dem Mittelalter, ein grandioses Landschafts- und Kulturerlebnis. Kirchen und Klöster, Palast und Burg der mittelalterlichen Stadt liegen verstreut an einem steilen Hang. Der Aufstieg fordert dem Besucher allerdings einige Kondition ab.

Sind die Spartaner ausgestorben? Und wenn, warum nur?

Eintauchen

Seite 139

Monemvasiá

Über 500 Jahre lang war der Felsklotz im Meer ein bedeutender Handelsplatz. In der fast zu schön restaurierten Unterstadt ist alles stilvoll, die Oberstadt erscheint als romantisches Ruinenfeld mit im Frühjahr fantastisch blühender Natur.

Seite 138

Geráki

Mittelalterliche Geisterstadt – kleiner, weitaus einsamer als Mistrás. Kirchlein zeugen von der Kreuzritterpräsenz auf dem Peloponnes. Nach der Tour erholt man sich in den Dorftavernen.

Seite 144

Limín Iéraka

Lagune und Hafen, hier erlebt man eine Küstenregion mit vielen kleinen Buchten und kann im urigen Ambiente frischen Fisch essen.

Seite 144

Elafónisos

Die Insel macht den Müßiggang zum Tagesprogramm. Chillen an einem der schönsten Dünenstrände Griechenlands mit weißem Sand und karibikblauem Meer.

Seite 146

Neápoli Vión

Aufgefrischt durch Street-Art, umweht die Stadtgründung des Bayern-Königs Otto ein heiterer Hauch. Im Süden erstaunen versteinerte Bäume, vom Kap Maléas aus blickt man bis nach Kreta – eine wirklich ungetrübte Aussicht.

&

Seite 148

Männer-Mythos Sparta

Sind Männer nur mit Schild und Speer wirkliche Männer? Oder machen Frauen einen Mann zum Helden?

Probieren Sie doch mal den echten Malvasier-Wein, das Glückselixier der fränkischen Ritter!

Im Olivenmuseum von Spárti erfährt man alles über 7000 Jahre Geschichte des Olivenanbaus, ganz modern präsentiert in einem historischen Elektrizitätswerk.

erleben

Wo die Spartaner zuhause waren

W

»Was zuerst flicken? Die Welt hat viele Löcher bekommen«, heißt es in dem Gedicht »Stürme« des aus Monemvasiá stammenden Dichters Jánnis Rítsos. Ja, ein Flickenteppich mustergültiger Stationen hellenischer Geschichte ist Lakonien. Die einstige Heimat der legendären Spartaner ist das Urstromtal des Flusses Evrótas zwischen dem Taígetos- und dem Párnonas-Gebirge.

Der Evrótas fließt in den Lakonischen Golf, wo er die natürliche Grenze zwischen dem zweiten und dritten ›Finger‹ des Peloponnes bildet; im Osten die ganz zu Lakonien gehörende Halbinsel mit dem Kap Maléas. Mit Elafónisos gehört die einzige bewohnte Insel des Peloponnes mit fantastisch feinsandigem Strand dazu. Nur im Sommer haucht der Tourismus der wenig besiedelten Gegend Leben ein.

Eindrucksvolles ist im Hinterland zu sehen: Die Fruchtbarkeit der Hochebene ermöglichte in der Antike die Macht Spartas und veranlasste im 13. Jh. die fränkischen Kreuzritter zur Gründung von Mistrás. Zehntausenden bot der Burgstaat, bis 1834 Hauptstadt der Region, auf der Bergspitze genügend Platz. Im neugriechischen Königreich übernahm Sparta, jetzt Spárti, wieder seine angestammte Rolle. Mistrás, nur 5 km entfernt, wurde zum großartigen, begehbaren Ruinenfeld.

Zweiter Besuchermagnet ist die bezaubernde byzantinische Felsenstadt Monemvasiá. Die Wellen des Mirtoischen Meeres schlagen hier seit Jahrhunderten heftig gegen das schroffe Gestein. Prachtvolle Häuser sind bis zur Glattheit saniert worden – eine surreal aristokratische Fusion aus Felsen, Kleinstadt und Museum. Wer mit viel Ruhe Inspiration sucht, mietet sich in der stürmischen Jahreszeit ein. Also, mit einem (griechischen) Wort: *pamé* – auf geht's!

ORIENTIERUNG

O

www.exploresparta.com: Englischsprachiges Tourismus-Portal
www.sparti.gov.gr: Webseite der Gemeinde Spárti, auch engl.
monemvasia.gov.gr: Webseite der Gemeinde Monemvasiá
Verkehr: Von Kalamáta direkt nach Spárti 61 km, von Spárti nach Monemvasiá 88 km, nach Neápoli 110 km, Gíthio 40 km. Von Monemvasiá nach Geráki 58 km. Drehscheiben des Busverkehrs sind neben Spárti die Orte Gíthio und Neápoli; www.ktel-lakonias.gr.

Spárti (Sparta)

F8

ΣΠΑΡΤΗ, Σπάρτη
Das heutige Sparta ist eine ordentlich wirkende Kleinstadt (16 000 Einw.) ohne Hektik, mit ihrem Arrangement von neoklassizistischen Bauten und Apartmentblocks ist sie eine typisch-griechische Stadt. Zweifellos eilt ihr der historische Ruf weltweit voraus. Im Mittelalter wurde sie zugunsten von Mistrás aufgegeben. Die Neugründung erfolgte 1834, dementsprechend wurde ihr Grundriss am Reißbrett entworfen. Ihren besonderen Reiz macht neben der historischen Bedeutung und den Museen die Einbettung in die imposante Landschaft aus: Die zumeist weißen Häuser liegen zwischen Orangen- und Olivenhainen vor der Kulisse des nur 6 km entfernten Taígetos-Gebirges mit seinen über 2000 m hohen, bis März oft tief verschneiten Gipfeln. Noch vor

L

LAKONISCH

Es müssen nicht nur wenige Worte sein, sie müssen auch an Ort und Stelle Sinn erzeugen – dann spricht man von ›lakonischer Rede‹. Der Stil, in dem jedes überflüssige Wort gemieden wird, geht auf das antike Lakonien zurück. Der makedonische König Philipp II. soll den Spartanern gedroht haben: »Wenn ich euch besiegt habe, werden eure Häuser brennen.« Worauf diese entgegnet haben sollen: »Wenn …«.

Das neoklassizistische Rathaus am Zentralplatz von Spárti, gebaut 1909, ist heute der beliebteste (und schönste) Treffpunkt der Stadt.

Spárti (Sparta)

Ansehen
❶ Rathaus
❷ Grabmal des Leonidas
❸ Leonidas-Denkmal
❹ Akropolis-Hügel
❺ Archäologisches Museum
❻ Pinakothek Koumandários
❼ Olivenmuseum

Schlafen
1 Menelaíon
2 Maniátis
3 Cecil
4 Dioskoúri

Essen
1 Café Symmetron
2 To 50
3 Diethnés
4 Oinokratis álles epochés

---

dem Gebirgszug thront auf steilem Felsen – von Sparta aus gut sichtbar – die mittelalterliche Stadt Mistrás. Im Osten fließt der ganzjährig wasserführende Fluss Evrótas.

Die nach dem letzten byzantinischen Kaiser Konstantinos Palaiologos benannte Hauptverkehrsachse Spartas durchschneidet die Stadt vom Norden, vom Akropolis-Hügel, bis nach Süden; den Mittelpunkt bildet die Zentralplatía.

Spartanischer Stadtspaziergang

Hier wird der Bedeutungswandel des Wortes ›spartanisch‹ buchstäblich vollzogen: An der großen **Kentrikí Platía** steht das 1910 erbaute klassizistische **Rathaus** ❶ als schönstes Bauwerk der Stadt. Im Erdgeschoss ist das **Café Symmetron** 1 (s. S. 130) angesiedelt, den Platz säumen Grillrestaurants und Geschäfte. Tagsüber wirkt die Szenerie wie ausgestorben, doch: Je später der Tag, desto lebendiger wird sie. Gegenüber führt eine Grünanlage mit Sitzbänken und Springbrunnen zum **Archäologischen Museum** ❺ (s. S. 127).

Auf in den Kampf

Vielleicht erinnern sich einige an König Leonidas, so wie er vom Schauspieler Gerard Butler verkörpert wurde. An der Odós Thermopýlon soll das **Grabmal des Leonidas** ❷ liegen – jedenfalls hat Pausanias es so bezeichnet. Tatsächlich dürfte es der Rest eines im 3. Jh. v. Chr. aus großen Steinblöcken erbauten Kleintempels sein. Doch am **Leonidas-Denkmal** ❸, dem Postkartenmotiv Spartas vor der Akropolis, kann man den Prototyp noch einmal studieren. Am 1968 errichteten Denkmal des spartanischen Königs, der 480 v. Chr. die Thermopylen gegen das persische Heer verteidigte, ist der kühne Appell zu lesen: »Molon lave!« – »Komm und hol sie dir!« Gemeint sind die Waffen, mit denen er und seine 300 Soldaten in den Kampf zogen. Auf diese Spartaner ist das berühmte Epigramm des Simonides gemünzt, das in der Schiller'schen Übersetzung Generationen deutscher Gymnasiasten auswendig lernten: »Wanderer, kommst du nach Sparta, verkündige dorten, du habest uns hier liegen geseh'n, wie das Gesetz es befahl!«

Ein stiller Antiken-Park

Auf dem **Akropolis-Hügel** ❹ liegen unter Pinien- und Eukalyptusbäumen nur spärliche antike Überreste. Schöner ist die Aussicht (s. S. 129). Man erkennt Reste der römisch-byzantinischen Stadtmauer, einer Basilika und eines römischen Theaters. Mit 52 Sitzreihen war es einmal eines der größten Griechenlands, doch seine Steine wurden im Mittelalter nahezu vollständig

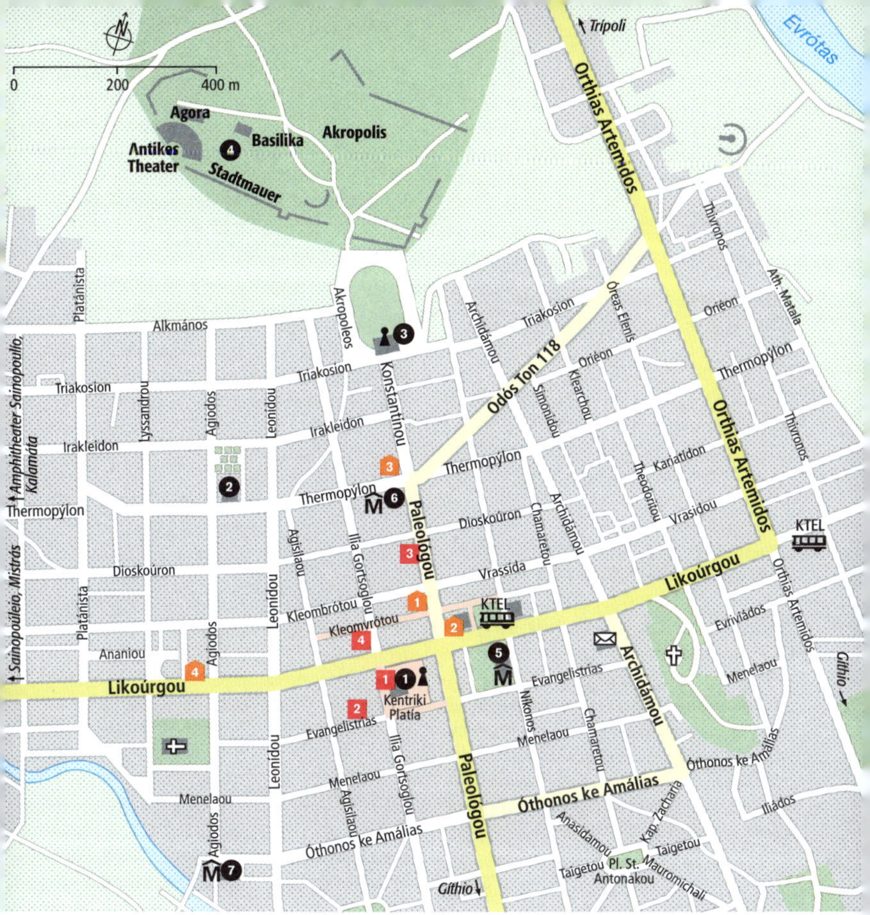

für den Bau der Kirchen und Paläste von Mistrás verwendet.

Zufahrt ab Stadion, Mi–Mo 8–16 Uhr, Eintritt frei

Museen

Erinnerungen an die Spartaner

❺ Archäologisches Museum: Einzelne Ventilatoren, keine auf Tiefkühlung gestellte Klimaanlage, verteilen die dicke Sommerluft. Die Beschriftungen der Ausstellung, die Farbe an den Wänden – all das scheint in den 1980ern entworfen. Der klassizistische Museumsbau beherbergt gut erhaltene Mosaike (1. Saal rechts), die aus hellenistischer und römischer Zeit (2. Jh. v. Chr. bis 4. Jh.) stammen. Zwei der auf den Mosaiken dargestellten Themen haben mythologischen Bezug: Eines zeigt Odysseus mit Waffen am Königshof der Insel Skyros (s. Kasten S. 128).

Die nicht einmal fingerlangen Blei- und Bronzeplättchen im 1. Saal links waren Weihgaben: Sie stammen aus der Blütezeit Spartas ab dem 7. Jh. v. Chr. und stellen Krieger mit Helm und

Schild, Bogenschützen, Pferde mit und ohne Reiter, Musikanten, Tänzer und Fabelwesen dar.

Die als Torso erhaltene, 48 cm hohe Skulptur einer nackten knienden Frau im 2. Saal rechts aus der Zeit um 600 v. Chr. wird als Göttin der Geburt interpretiert. Zwei kleinere Figuren flankieren sie: ein Flötenspieler und ein Mensch, der seine Hand auf den Unterleib der Göttin legt. Das um die Zeitenwende angefertigte Tonmodell eines Kriegsschiffes mit auffälligem Rammsporn im 2. Saal links zeigt eine römische Quinquereme. Ein Meisterwerk der Bildhauerkunst ist ein fast lebensgroßer hellenistischer Eber aus dunklem Marmor.

Evrótas/Ecke Likoúrgos, T 27 31 02 85 75, tgl. außer Di 9–16 Uhr, Eintritt 2 €

Malerei des 19. Jahrhunderts

❻ **Pinakothek Koumandários:** Die kleine, der Nationalgalerie in Athen angeschlossene Koumandários-Pinakothek (auch: Koumantareios) zeigt die Entwicklung der neugriechischen Malerei im 19. und 20. Jh. und will dabei auf zwei künstlerische Einflüsse in Südgriechenland aufmerksam machen: die über die Ionischen Inseln verbreiteten italienischen Vorbilder und die mit König Otto ins Land gekommenen bayerischen Künstler.

K. Paleológou 123/Ecke Thermopílon, T 27 31 08 15 57, www.nationalgallery.gr, Do–Mo 8–15, Mi 12–19 Uhr, Eintritt 5 €

Goldenes Öl

❼ **Olivenmuseum:** Das moderne Museum gehört zum Netz privater Museen, die von der Stiftung einer griechischen Bank aufgebaut wurden. In einem Elektrizitätswerk aus den 1920ern informiert die Ausstellung anhand von Tafeln (auch engl.), Zeichnungen, Fotos und Objekten über Olivenanbau, Verarbeitung und Handel damals und heute. Versteinerte Ölzweige von der Kykladeninsel Santorin belegen, dass Ölbäume schon vor 50 000 Jahren in der Ägäis wuchsen. Verschiedenste Formen von Ölmühlen sind ebenso zu sehen wie alte Öllampen oder Amphoren zum Öltransport.

Othónos ke Amalías 129, T 27 31 08 93 15, www.piop.gr, Mi–Mo 10–18 Uhr, Eintritt 4 €

Schlafen

Die Unterkünfte in Spárti liegen an Hauptverkehrsstraßen. Ruhiger wohnt man im 6 km entfernten Mistrás.

Eleganz der 1930er-Jahre

1 **Menelaíon:** Das schon 1935 eröffnete, inzwischen modernisierte Hotel ist ein traditionsreicher, gesellschaftlicher Mittelpunkt der Stadt. Klassische Eleganz prägt Lobby, Restaurant und alle 48 Zimmer.

Odós Paleológou 91, T 27 31 02 21 61, www.menelaion.gr, DZ €€–€€€

Modern und zentral

2 **Maniátis:** Mittelklassehotel in zentraler Lage mit 80 Zimmern (aber: Doppelfenster!). Gutes Restaurant im Haus.

Odós K. Paleológou 72–76, T 27 31 02 26 65, www.maniatishotel.gr, DZ/F €€

W

VON WAFFEN VERFÜHRT

Thetis hatte ihren Sohn Achilles in den Mädchengemächern am Königshof auf Skyros versteckt. Sie wusste, dass er sterben würde, wenn er in den Kampf um Troja zöge. Odysseus wiederum wusste, dass der Kampf ohne Achilles nicht zu gewinnen sein würde. Deswegen zog er mit Waffen für Achill in die Mädchengemächer ein und ließ Kriegsfanfaren erklingen. Achill konnte nicht widerstehen, griff zu Schwert, Schild und Speer – und verriet sich so selbst.

Lieblingsort

Der Reiz des Gegensätzlichen

Gegensätze ziehen sich an. Am **Akropolis-Hügel** ❹ in **Sparta** sitze ich friedlich an einem von der Geschichtsschreibung verteufelten Ort mit über zweieinhalbtausendjähriger Vergangenheit und blicke auf liebliches Grün und raue Felswände. In der Ebene werden im Winter leuchtende Orangen geerntet, auf den Gipfeln des alpinen Taígetos liegt Schnee. Zwischen Zeichen der Vergänglichkeit wie den Ruinen von Mistrás und denen der Akropolis pulsiert das Leben in einer modernen Kleinstadt, in der wohl niemand mehr spartanisch lebt.

Klein und fein

3 **Cecil:** Kleines Hotel mit nur 12 Zimmern, gepflegter Charme der 1930er-Jahre, ganz in der Nähe der Pinakothek. Freundliche Wirtsleute, sehr sauber.

Odós K. Paleológou 125, T 27 31 02 49 80, www.hotelcecil.gr, DZ/F €

Ausblick ins Grüne

4 **Dioskoúri:** Hotel auf dem höchsten Punkt der Stadt, 30 Zimmer, Frühstück mit griechischen Bio-Produkten. Dazu auch Damenfriseur, Pediküre und Maniküre im Haus.

Odós Likoúrgou 182, T 27 31 02 84 84, www.dioscouri.gr, DZ €–€€

Essen

Einfache Grillrestaurants liegen am Rathausplatz und in den Gassen Odós Kleomvrótou und Vrassída.

Neue H3

1 **Café Symmetron:** So mondän geht es in Hellas selten zu. Außen auf großer Schattenterrasse mit Blick auf den Zentralplatz und die Statue des sterbenden Spartaners, innen modern-elegant. Vom Frühstück über Pizza bis zum Nacht-Cocktail ist alles drin.

Kentríki Platía 1, T 27 31 02 33 60, www.lesxispartis.com, tgl. ab 8 Uhr, €€

Versteckte Klasse

2 **To 50:** Das Tsipourádiko mit schönem Garten ist eine der traditionellsten Tavernen des Peloponnes. Das Essen ist grandios, es gibt auch selten angebotene Spezialitäten.

Evangelístrias 50, T 27 31 08 35 85, tgl. ab 13 Uhr, €€

Typische Taverne

3 **Diethnés:** Solide Taverne, typische Kost mit guten gekochten Gerichten *(magireftá)*, schöner Garten hinterm Haus.

Odós K. Paleológou 105, T 27 31 02 86 36, tgl. ab 12 Uhr, €€

Geschmackvoller Mix

4 **Oinokrátis álles epochés:** Mit ästhetischem Gespür für farbenfrohe Verbindung von Alt und Neu renovierte Takis Boretos das neoklassizistische Herrenhaus seiner Familie. Seit 2003 Café und Piano-Bar mit Selbstgebackenem. Wie der Name ›Weinkelch‹ vermuten lässt, gibt es auch Alkoholisches. Regelmäßig Livemusik.

Kleomvrótou 43, T 27 31 08 16 78, tgl. 9–12, dann wieder ab 18 Uhr, Kuchen um 5 €

Bewegen

Wandern um Sparta

Seiner Bekanntheit verdankt Sparta ein gutes Wanderwegenetz mit Wegmarkierungen, die auf www.exploresparta.gr erläutert sind. Zwischen wasserreichen Becken wie der **Lagadiótissa-Schlucht,** trockenen Waldpfaden und dem höchsten Gipfel, dem **Profítis Ilías,** wandern Sie in verschiedenen Schwierigkeitsgraden.

Geführte Exkursionen z. B. bei Explore Messenia in Kalamáta: T 69 48 58 31 38, www.exploremessinia.com

Feiern

- **Kultursommer:** Ende Juni bis Mitte Sept. open-air im **Sainopoúleio Théatro Spártis** (5 km außerhalb). Veranstaltungen mit klassischer, traditioneller und moderner Musik, Aufführungen antiker Tragödien und moderner Dramen. Büro: K. Paleológou 86, T 27 31 08 24 70, www.sainopouleio.gr (nur gr.).

Kultivierter Kult

Spartanisches Rennen: Übers Feuer springen, sich durch Hindernis-Parcours schwingen oder robben, die letzten Kräfte mobilisieren – für Extremsportler und Sparta-Fanatiker aus mehr als 30 Ländern ist das ›Spartan Race‹ in originaler Kulisse im November ein Highlight. Info: www.spartanrace.gr

Infos

- **Busse:** Nach Athen 9 x tgl.; nach Pátra und Trípoli tgl. außer Sa; nach Kalamáta 2 x wöchentl., nach Monemvasiá und Areópoli 3 x tgl., nach Mistrás bis zu 5 x tgl. Die Busse fahren an der Haltestelle in der Leofóros Likoúrgou 94 vorbei, eine zuverlässige Fahrplanauskunft erhält man am Busbahnhof: Leof. Likoúrgou 23, T 27 31 02 64 41, www.ktel-lakonias.gr.
- **Taxi:** T 27 31 20 02 00

Mistrás

E/F8

ΜΥΣΤΡΑΣ, Μυστράς

In Griechenland gibt es viele Geisterstädte, doch hatte keine jemals so viele Einwohner wie Mistrás, in keiner sind und werden so prächtige Kirchen, Klöster und Paläste erhalten. Keine andere ist so wenig gespenstig, so friedvoll.

Nähert man sich Mistrás von Sparta her, fährt man auf das hoch aufragende Taígetos-Gebirge zu. Was von Weitem wie eine einzige Wand erschien, entpuppt sich schließlich als zerklüftete Bergregion. Am Hügel oberhalb des heutigen Dorfes heben sich immer deutlicher die Bauten der Stadt von der Umgebung ab. Zunächst ist über knorrige Olivenbäume hinweg die gewaltige Palastruine zu erkennen, bald auch die Bischofskirche; auf der Bergspitze thronen die Mauern der Burg.

Jetzt vermag man abzusehen, welches Erlebnis, welche Anstrengung der Besuch von Mistrás sein wird, das sich über 300 Höhenmeter erstreckt.

MISTRÁS BEQUEM B

Wenn Sie nicht gut zu Fuß sind, fahren Sie mit dem Linienbus oder Taxi zum oberen Eingang, steigen Sie von dort zur Burg hinauf und gehen Sie dann an wichtigen Monumenten vorbei bis zum unteren Eingang. Von dort können Sie ins Dorf laufen oder mit dem Linienbus nach Sparta zurückkehren.

Wer kam, sah und baute

Gründer von Mistrás war der fränkische Fürst von Achaía, Wilhelm II. Villehardouin (1245–78). Er wollte seinem Reich die unbefriedeten Teile Lakoniens einverleiben, eroberte Monemvasía von den Byzantinern und ließ auf dem Fels von Mistrás eine erste Burg und den ersten Palast erbauen. 1262 vertrieben die Byzantiner die fränkischen Herren aus Mistrás. Nun begann eine rege Bautätigkeit. Von 1348 bis 1460 trugen die vom Kaiser eingesetzen Statthalter den Titel eines *despótes* – meist Verwandte des Kaiserhauses der Palaiologen.

Die Unterstadt erhielt eine schützende Mauer – Pracht und Reichtum nahmen weiter zu. Wirtschaftliche Grundlage für das Erblühen der Stadt war die Seidenraupenzucht. Als die Osmanen 1460 die Herrschaft auf dem Peloponnes übernahmen, gesellten sich Moscheen und Minarette zu Kirchen und Klöstern. Um 1700 zählte Mistrás 42 000 Einwohner, selbst nach dem wirtschaftlichen Niedergang waren es um 1800 noch 16 000.

Zusammenbruch und Fall

Der Niedergang der Stadt kam mit dem griechischen Freiheitskampf. Albanische Söldner in osmanischen Diensten plünderten die einstige Metropole, töteten ihre Bewohner und zerstörten die

Häuser. Nur Kirchen und Klöster blieben weitgehend verschont – mit den Heiligen wollten sich selbst die ›Ungläubigen‹ lieber nicht anlegen. Die allerletzten Bauernfamilien verließen Mistrás 1953. Seitdem leben hier nur noch die Nonnen des Pandanássa-Klosters.

Mistrás: odysseus.culture.gr, Sommer tgl. 8–20; Winter 8.30–15.30 Uhr, Eintritt 12 €

Die Unterstadt

Beim wirklich sportlichen Spaziergang durch Mistrás sind über 300 Höhenmeter zu bewältigen. Nicht umsonst ist die Strecke Teil des Europäischen Wanderwegs E4. Trinkwasser sollte man mitnehmen, vor Ort ist derzeit keines erhältlich. Auch für einen Faltplan stehen nicht immer Mittel zur Verfügung, meckert die Mitarbeiterin am Eingang. Am besten fotografiert man die Karte an der Kasse und folgt dann den anderen Besuchern entlang der Beschilderung.

Spartas Nachfolgestadt

Wie viele Siedlungen des Peloponnes nutzte auch die byzantinische Metropole die Hanglage zu ihrem Schutz. Wasser floss reichlich, die Steine und das Bauholz aus dem Taígetos-Gebirge, aber auch aus den Ruinen des antiken Sparta waren günstig verfügbares Baumaterial. Der Blick gen Gipfel, auf dem Weg in die Oberstadt, bietet anmutige landschaftliche Fotomotive. Die Bewohner Mistrás müssen früher recht fit gewesen sein: Auf den gepflasterten Straßen der Festungsstadt halfen, treppauf, treppab, nur Esel oder Pferde – die meisten stiegen zu Fuß empor.

Religiöse und weltliche Herrscher

Nur wenige Jahrzehnte nach der Gründung wurde 1291 die Kirche **Mitrópolis** ❶ erbaut, die uns in der Unterstadt begrüßt. Der dreistöckige Turm der Bischofskirche stammt aus dem 15. Jh. Der arkadengeschmückte Innenhof ist eine Ergänzung aus osmanischer Zeit; er wurde 1754 angelegt. Die Fresken in der Kirche sind Werke des späten 13. und frühen 14. Jh. Das kleine Museum zeigt byzantinische Kleinkunst und Steinmetzarbeiten.

Wie alle Kirchen in Mistrás ist die meist nicht zugängliche **Kirche Evangelístria** ❷ von etwa 1400 mit Ziegelsteinornamentik geschmückt. In die Mauern sind Keramikteller eingelassen. Dahinter liegt die 1296 gegründete **Kirche Ágii Theodóri** ❸, die zum ehemaligen Kloster Vrontóchion gehörte. Auffällig ist die große, 1932 restaurierte Kuppel. Die meisten Fresken sind verblichen, prachtvoll aber die Darstellung des Erzengels bei Mariä Verkündigung.

Mit modernen Glastüren ist heute die Kirche **Panagía Odigítria** ❹ aus dem frühen 14. Jh. versehen. Die Kirche ›Maria als Wegweisende‹ beeindruckt mit stattlichen Emporen, Adelsgräbern hinter Glas und Darstellungen der Kirchenväter in der Apsis. Sie war die offizielle Kirche des Despoten, in der zu Besuch weilende Kaiser am Gottesdienst teilnahmen.

Die Oberstadt

Als Schutz auch vor inneren Feinden der Herrschenden galt das **Monemvasía-Tor** ❺ am oberen Ende der Unterstadt. In der Oberstadt war kein Platz fürs einfache Volk. Hier wohnten Mönche und Nonnen, Beamte und Kaufleute. Die arbeitende Bevölkerung lebte sowieso in Hütten außerhalb der Stadtmauern. So lautete wohl die Faustregel: Je größer die Macht, desto weiter der Ausblick.

Unter osmanischer Herrschaft wurde den Christen die Oberstadt nicht

Mistrás

Ansehen

- ❶ Mitrópolis (Bischofskirche)
- ❷ Kirche Evangelístria
- ❸ Agíi Theodóri
- ❹ Kirche Panagía Odigítria
- ❺ Monemvasía-Tor
- ❻ Kirche Ágios Nikólaos
- ❼ Kleiner Plalast (Palatáki)
- ❽ Despoten-Palast
- ❾ Kirche Agía Sofía
- ❿ Villehardouin-Burg
- ⓫ Pandanássa-Kloster
- ⓬ Perivléptos-Kloster
- ⓭ Museum (Kirche Ágios Dimítrios)

---

verwehrt: Dies bezeugt die **Kirche Ágios Nikólaos ❻**, im 17. Jh. erbaut. Wandmalereien aus dem 18. Jh. an der Nordwand erzählen in fünf Bildfeldern Legenden um den heiligen Bischof aus Myra, die Südwand ziert eine Darstellung des Jüngsten Gerichts.

Der **Kleine Palast ❼** etwas oberhalb war einst der Witwensitz einer byzantinischen Kaiserin, die ab 1425 in Mistrás lebte. Der ›Palatáki‹ ist heute nach dem Despoten-Palast (s. u.) das bedeutendste Zeugnis weltlicher Baukunst in der Stadt. Vier Flügel umgeben einen Innenhof mit einem Wohnturm in der Südwestecke.

Rechts, zwischen den Treppen hinter einem kleinen, grün bewachsenen Plateau, sorgt der auffällige, dreigeschossige **Despoten-Palast ❽** für Erstaunen. Noch immer wird er restauriert und darf nicht betreten werden. Trotzdem verbildlicht der Komplex den Glanz erst des Fürstenhofs, dann des byzantinischen Statthalters. Er war vielen mitteleuropäischen Burgen seinerzeit ebenbürtig – nach Westen schützt ihn die

Von den Galerien des Klosters Panagía Pandanássa blicken die Schwestern wie einst über Stadt und Tal. In Místras war dieser Bautyp beliebt, um der Hitze des Sommers zu entgehen.

mächtigste erhaltene Burgmauer. Sein ältester, etwa um 1250 errichteter Kern ist der südliche Teil des Ostflügels. Im obersten Geschoss befand sich der 36 m lange und 12,5 m breite Thronsaal – erst für den fränkischen Herrscher, später für den *despótes,* den Statthalter.

Eine Kirche als Moschee

Und wieder bergauf: Wie auf einer Empore liegt die **Kirche Agía Sofía** ❾. Die ab 1350 erbaute Kirche der ›Heiligen Weisheit‹ wurde in osmanischer Zeit als Moschee genutzt. Mit diesem Wissen schaut man anders durch die freundlich geschwungenen Bogengänge, von drinnen nach draußen auf harmonische Hügel. Vom früheren Kloster blieben Mauern des Refektoriums und eine Zisterne erhalten. Unter dem mit Marmormosaik belegten Kirchenboden haben Archäologen byzantinische Gräber freigelegt, eine Seitenkapelle diente als Grablege.

Die Burg an der Spitze

Wie weit ist es noch bis nach oben? Am **Oberen Tor** kann man jemanden fragen, der es von Berufswegen her wissen muss. Der Wart entgegnet scherzend: »Ihr habt das Kalb gegessen, bleibt nur noch der halbe Schwanz.«

Zwar ist der Weg zur **Villehardouin-Burg** ❿ wirklich nicht mehr lang, doch steil führt er hinauf, zuletzt auf einem gepflasterten Rundweg. Trotz späterer Umbauten ist die kleine Kreuzritterburg zu erkennen. Innerhalb der Mauern geht es immer noch ein Stückchen höher hinauf: vom Außentor über eine Rampe und durch eine enge Pforte hinein in die Oberburg. Auf ihren äußeren Mauern kann man sitzend pausieren – der Wind trocknet den Schweiß – und hinab ins grüne Tal schauen. Der Rundum-Ausblick lohnt die Mühe unbedingt.

Nonnen halten die Stellung

Um ein paar Ecken geht man, um das **Kloster Pandanássa** ⓫ zu besuchen, das als einziges Gebäude von Mistrás noch bewohnt ist. Der Ort der Stille erfreut mit Trinkwasser und einem blumenreichen Garten, in dem sich wohlgenährte Katzen necken. Die Anlage soll von innen nicht fotografiert werden; auch von klingelnden Telefonen haben die Schwestern genug. Der Bau entstand um 1430. Die gut erhaltenen Fresken im oberen Teil der Kirche stammen aus dem 15., die im unteren Teil aus dem 17./18. Jh.

Am Ende wagt man noch einen Abstecher an den Rand der Unterstadt zum **Perivléptos-Kloster** ⓬, das sich fotogen an einen Felsen anlehnt. Im 13. Jh. lag es außerhalb der Stadtmauern. In seiner Kirche birgt es restaurierte Fresken aus dem 14. Jh. So abseitig die Lage, so ungewöhnlich die Kunst: Die Maler liebten kleine, im orthodoxen Kanon eigentlich nicht vorgesehene Nebenszenen, ließen Mädchen neugierig aus Häusern blicken, belebten Flüsse mit Fischen.

Byzantinische Begegnungen

Nun zurück zum Eingang, auf jetzt bekannten Pfaden. Der kühlste Ort der Stadt ist das im malerischen Hinterhof der Kirche Ágios Dimítrios klimatisierte **Museum** ⓭. Hinter einer schweren Eingangstür sieht man bemerkenswerte Funde, dann wird klar: Die Kühlung gilt nicht den strapazierten Besuchern, sondern den ausstaffierten und zu ganzen Kleidern ergänzten Stoffresten, die in einem Grab in der Agía Sofía gefunden wurden und wahrscheinlich einer byzantinischen Prinzessin gehörten.

Schlafen

Einfache Mittelklasse

Byzantíon: Das dreigeschossige Hotel mit 22 Zimmern im Dorfzentrum bietet hinterm Haus einen Garten mit Pool.

Mistrás, Platía, T 27 31 08 33 09, www.byzantionhotel.gr, April–Sept. geöffnet, DZ/F €

Klein und kuschelig

Mystras Inn: Pension über der Taverne O Éllinas. 14 moderne und mit viel Holz eingerichtete Zimmer in schönen Natursteinhäusern, die meisten mit Balkon.

Mistrás, Platía, T 27 31 08 26 66, www.mystrasinn.gr, DZ/F €

Fantastische Aussicht

Xenónas Mazaráki: Die sechs Apartments tragen Namen wie ›Olive‹, ›Sky‹ oder ›Pomegranate‹ und sind im Dekor dem Thema angeglichen. Herrlicher Blick auf Mistrás und das Tal des Evrótas.

Pikouliánika, an der Dorfstraße, T 27 31 02 04 14, www.xenonasmazaraki.gr, DZ €€

Essen

Zentral und gut

O Éllinas: Die Dorftaverne mit Pension Mystras Inn ist ganzjährig geöffnet. Üppige Tavernenkost und Frühstück. Freundlich serviert, mit schattiger Terrasse.

Mistrás, Platía, T 27 31 08 26 66, €€

Tolle Sicht auf Mistrás

Marmara: Viele Grillgerichte, besonders schmackhaft sind Lamm und *Choriátiki saláta* mit frischem Brot. Von der Terrasse aus überblickt man die ganze Ebene.

Mistrás, Straße zw. Parkplatz der Archäologischen Stätte u. Ortseingang, T 27 31 08 34 21, tgl. ab 12 Uhr, €€

TOUR
Mit Falken auf Augenhöhe

Wanderung auf dem Burgberg von Geráki

Infos

G 8

Start: Geráki, (s. S. 138)
Dauer: 1–2 Std.

Eintritt:
Mo–So 8.30–15.30, letzter Einlass vor 14 Uhr, Eintritt frei

Tipp:
Wegen Personalmangels am besten vorher anrufen:
T 27 31 02 53 63 oder 27 31 02 85 03

Die Burgsiedlung Kástro Gerakíou gleicht einem Mistrás in Kleinformat: Der Berg, an dem die mittelalterliche Ruinenstadt liegt, ist niedriger, die Burg kleiner, einen Palast gibt es nicht mehr. Nach 1254 von Kreuzrittern als Residenz einer Baronie neu gegründet, zählte die Siedlung einst Tausende Einwohner. Um 1700 wurde sie aufgegeben. Diesen landschaftlich bezaubernden Ort zu verpassen, wäre auf jeden Fall ein Fehler. Die Anlage ist bestens gepflegt, gut begehbar, die Infotafeln sind neu, zweisprachig und (im Gegensatz zu anderen im Land) wetterfest. Ein Wunder, dass kein Eintritt verlangt wird. Hier genießt man Abgeschiedenheit und entgeht Besucherscharen, wie sie in Monemvasiá üblich sind.

Der Berg ruft, aber Sie parken besser erst mal vor der Bibliothek des lebendigen Dorfs **Geráki** – als Rast vor der durchaus sportlichen Wanderung zur Burg. Man stapft bergauf, vorbei an gut erhaltenen Herrenhäusern mit Balkonen, bis zur angenehm-großen Platía, wo die Männer in den Kafenía sitzen. Sie dann vielleicht auch! Der Gasse folgend gelangt man zu einer Bäckerei, wo man sich gern eine kleine Stärkung und Wasser besorgt.

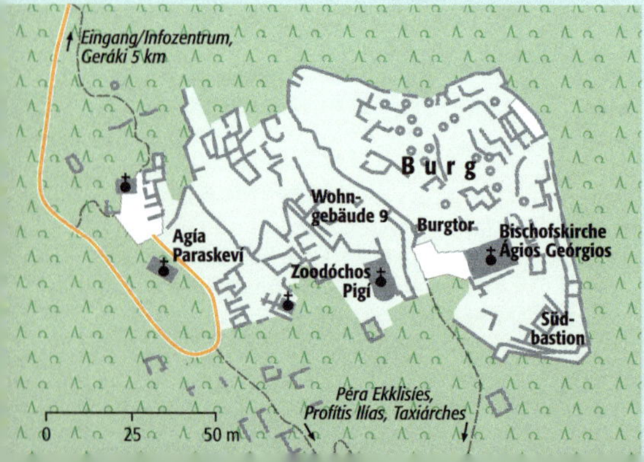

Nach 4 km Fahrt zum anderen Hügel (ausgeschildert als ›Archeological site – Kastro‹), kann man sich hinter dem Eingang im neuen, klimatisierten **Informationszentrum** einen Film über die Ausgrabung der Ruinenstadt mit ihren byzantinisch-fränkischen Kirchen ansehen. Dann hinaus in die erwärmte Gebirgsluft. Auf trittsicheren Wegen erreichen Sie die **Agía Paras-**

Laut Inschrift wurde die Zoodóchos Pigís 1430/31 u. a. vom Priester Dimítrios Voústichas als katholische Kirche gegründet.

keví, die erste Kirche, die zur Besichtigung einlädt. Sie stammt aus dem späten 13. Jh. Mit leuchtend bordeauxfarbenem Umhang grüßt die Namensgeberin Paraskeví an der Nordwand, nach der im Griechischen der Wochentag Freitag benannt ist. Ebenfalls aus dem 15. Jh. stammt das Bild vom Kirchenstifter und seiner Familie, die dem in den Wolken schwebenden Christus die Kirche überreichen. Fränkisch-gotischer Einfluss zeigt sich bei den vier Tiermedaillons an einem steinernen Bogen neben der Ikonostase.

An dem **Wohngebäude 9** wird deutlich, wie ein Gebäude ab dem 14. Jh. aufgestockt wurde, sogar einen Balkon fügte man im frühen 15. Jh. an. Verständlicherweise, denn schließlich konnte man – so wie heute – im Dreieck zwischen Mistrás, Monemvasiá und Geráki ganz Lakonien bis über seine Klippen, Olivenbäume hinweg bis zum Meer überblicken. Kurz darauf führt eine gotische Pforte in die Kirche **Zoodóchos Pigís,** geweiht der Maria als ›Quelle des Lebens‹. Auch hier ist an der Westwand ein Stifterbildnis zu finden.

Durch einen inneren Mauerring betreten Sie schließlich die **Burg** auf dem unebenen Hügelplateau. Hier blieben nur niedrige Mauern, Zisternen und die **Bischofskirche Ágios Geórgios** aus dem 13./14. Jh. erhalten. In höfischen Höhen, mit Blick auf die Unterstadt, das Dorf und Monemvasía im Süden leuchtet nun der Ortsname ein – Geráki heißt Falke! Durch hochgewachsene Gräser nun hinein in die Kirche, wo an der Nordwand ein reich verzierter Steinbaldachin eine **fränkische Grablege** überspannt. Im Gewand des Erzengels auf dem Fresko am Pfeiler links der Mitteltür der steinernen Ikonostase erkennen Sie ein fränkisches Wappen.

Die Gittermuster, Rosetten und verknoteten Säulen des Frankengrabs fertigte ein byzantinischer Steinmetz nach Zeichnungen westlicher und islamischer Vorbilder.

Wer weiter mit Blick auf Tal und Taígetos wandern möchte, folgt beim Abstieg einem mit Büschen umwachsenen Abzweig in Richtung **Péra Ekkliseis,** der auf zwei Nachbarhügel führt. Dort kann man die beiden kleinen Bruchsteinkirchen **Profítis Ilías** sowie **Taxiárches** entdecken, beide aus dem frühen 15. Jh. und mit schönem Marmorportal versehen.

Auf hohem Niveau

Chrómata: Die seit 1936 bestehende, von einer Bühnenbildnerin neu gestaltete Taverne bietet kreative, gehobene griechische Küche mit Menüs und ausgewählten Weinen, dazu einen fantastischen Blick auf die Ebene.

Pikouliánika, T 27 31 02 39 95, www.estiatorio chromata.blogspot.de, tgl. ab 19 Uhr, €€–€€€

Infos

- **Bus nach Spárti:** www.ktel-lakonias.gr.
- **Taxi:** nur in Spárti, Fahrt zum oberen Tor von Mistrás ca. 20 €.

Geráki

G8

ΓΕΡΑΚΙ, Γεράκι
Das ländlich geprägte Dorf Geráki (1300 Einw.) liegt an und auf einem Hügel, der schon in der Antike eine Siedlung trug. Auf Pflastersteinen steigen Sie steil bergauf durch die von Herrenhäusern gesäumten Gassen.

Auf der lebendigen Platía trifft sich die Dorfgemeinschaft unter Baumschatten und lässt die Zeit auf den vielen Stühlen der Kafenía verstreichen. Das Dorfleben ist recht rege: Die Bibliothek an der Platía organisiert regelmäßig volkstümliche Veranstaltungen, dann wird in Trachten traditionell getanzt. 4 km östlich thront die mittelalterliche Ruinenstadt der Burg von Geráki (Kástro Gerakíou) in über 300 m Höhe (s. Tour S. 136).

Das lohnt, denn während die Spartaner für ihre Kriegs- und Kampfkunst bekannt waren, schufen ihre byzantinischen Nachfolger erst die architektonischen Grundlagen zur Verteidigung Lakoniens. Mistrás, Geráki, Monemvasiá sind von Landesinneren bis zur Küste wie die Glieder einer Kette aufgespannt, besonders in Geráki offenbart sich bei klarer Atmosphäre diese Weitsicht.

Schlafen

Mit Ausblick

Xenónas Nikiá: Die Pension bietet 6 traditionell möblierte Zimmer mit Kitchenette und Balkon und einem Blick ins Tal oder aufs Dorf. Die Platía ist etwa 500 m entfernt.

An der Umgehungsstraße, T 27 31 07 17 77 u. 69 44 57 72 04, booking.com, DZ €

Essen

Entspannt

Melia Cafe: Für den schnellen Snack: Pizza und Crêpes, süße und salzige Snacks, guten Kaffee und alkoholische Getränke bietet das Café, in dem sich auch junge Leute treffen.

Geráki, Platía, T 27 31 07 17 98, tgl. ab 7 Uhr, Crêpes um 5 €

Kloster Paleomonástiro Vrontamás

F8

ΒΡΟΝΤΑΜΑΣ, Βροντάμάς
Etwa 14 km südwestlich von Geráki – vorbei am **Dorf Vrontamás** nach gut 7 km, dort gut ausgeschildert – zwängt sich in fast völliger Einsamkeit die Ruine des kleinen Klosters an und unter eine Felswand über einem Schluchtkessel, durch den der Evrótas fließt. Das Kloster wurde im 11. Jh. gegründet und 1825 zerstört, als sich rund 300 Griechen darin vor osmanischen Truppen verschanzt hatten. Eine Asphaltstraße führt hin. Vom Parkplatz aus erreicht man das Kloster über einen gepflasterten Weg mit 67 Stufen in etwa 5 Min.

Monemvasiá

★ H10

ΜΟΝΕΜΒΑΣΙΑ, Μονεμβασιά
Für historisch Interessierte und Flaneure ist Monemvasiá (gespr. *monämwassja)* ein einwandfreies Revier. Nicht nur wurden mit der Restaurierung der Kirche Agía Sofía, des Leuchtturms und der Ostmauer der Unterstadt eine beachtliche Zahl von Projekten abgeschlossen – wovon andere griechische Städte nur so träumen –, die durchgängige Beschilderung ist zudem lobenswert informativ. Weil das ›Gibraltar des Ostens‹ recht touristisch ist, wäre es eine gute Idee, auf die Nebensaison auszuweichen.

Als ab dem 6. Jh. die Küsten des Peloponnes erst von slawischen Stämmen, dann von Sarazenen und schließlich von den Normannen heimgesucht wurden, entwickelte sich die Felseninsel zum Rückzugsgebiet der Griechen. So entstand eine prosperierende Stadt, die auf dem Festland Ländereien besaß. Mitte des 13. Jh. gelangte sie für kurze Zeit in den Besitz fränkischer Barone, kam dann zum Despotat von Mistrás, behielt aber ihre Rolle als Handelszentrum.

Nach der Eroberung von Mistrás durch die Osmanen zog sich der letzte Despot nach Monemvasiá zurück und schloss 1464 einen Schutzvertrag mit Venedig. Knapp 80 Jahre später fiel sie dann doch an den Sultan – bis 1821.

Felseninsel im Meer

Von Norden kommend taucht erst ein hoher, rötlich gefärbter Kalksteinklotz dicht vor der Küste auf. Dann erreicht man das Dorf **Géfira** (›Brücke‹, 22 000

Über byzantinisches Pflaster geht es zum Hauptplatz von Monemvasiá mit wenigen Cafés, die wie die Kirche Elkoménos Christós aufs Meer hinaus schauen.

Monemvasiá/Géfira

Ansehen

1. Stadttor
2. Jánnis Rítsos House
3. Kirche Elkoménos Christós
4. Museum
5. Leuchtturm
6. Oberes Tor
7. Aussichtsterrasse
8. Kirche Agía Sofía
9. Akropolis
10. Zisterne

Schlafen

1. Malvasía Traditional
2. Ardámis Guesthouse
3. Agnantio Rooms
4. Iris Beach

Essen

1. Matoúla
2. To Kanóni
3. Scorpios Taverna
4. Mateo's
5. To Kastráki

Ausgehen

1. Vathisfairo
2. Vóltes

Einw.). Von hier aus führt ein Damm zur Felseninsel. Am Ende des Damms liegt ein kurzer schattenloser Kieselsteinstrand und ein kleiner Bootshafen sowie Pensionen und Tavernen.

In die mittelalterliche Stadt

Die Straße zum **Stadttor** ❶ ist im Sommer von parkenden Autos gesäumt. Unterwegs sieht man die städtische Badestelle: Eine am Gestein angebrachte Leiter führt ins Meer, als wäre es ein Pool. Schließlich werden zinnenbekrönte Mauern und rotbraune Ziegeldächer sichtbar. Jetzt kann es nur zu Fuß weitergehen. So mancher Rollkoffer wird hier von den Hotelportiers entgegengenommen.

Hinter den Mauern gliedert sich das mittelalterliche Monemvasiá in eine herausgeputzte Unterstadt mit historischen Gebäuden, von denen etliche in Hotels umgewandelt wurden, und in eine unbewohnte Oberstadt auf dem weitläufigen Hochplateau des Felsens. Ein steiler, teils rutschiger Weg führt in etwa 15 Min. hinauf, bietet einen prächtigen Blick auf die Unterstadt und das Meer. Alternativ zweigt von der Straße aus Géfira ein ausgeschildeter, höher und damit näher an der Felswand gelegener trockener Pfad ab, der in etwa 30 Min. direkt zur Oberstadt mit Burg führt (auchgeschildert als ›Walking Route‹).

Unterwegs in der Unterstadt

In der Stadt haben etwa 160 Häuser Eigentumsrechte; gleich das erste Haus links hinter dem Stadttor ist das **Geburtshaus von Jánnis Rítsos** ❷, dem griechischen Lyriker (1909–90), dessen Werke in der Vertonung von Míkis Theodorákis (1925–2021) zu Volksliedern wurden. An Cafés, Souvenir- und Kunstgewerbegeschäften vorbei führt die Hauptgasse nach ca. 100 m auf die Platía mit der größten Kirche der Unterstadt, **Elkoménos Christós** ❸, deren ursprünglicher Bau wahrscheinlich auf das 6.–7. Jh. zurückgeht. Gegenüber ist

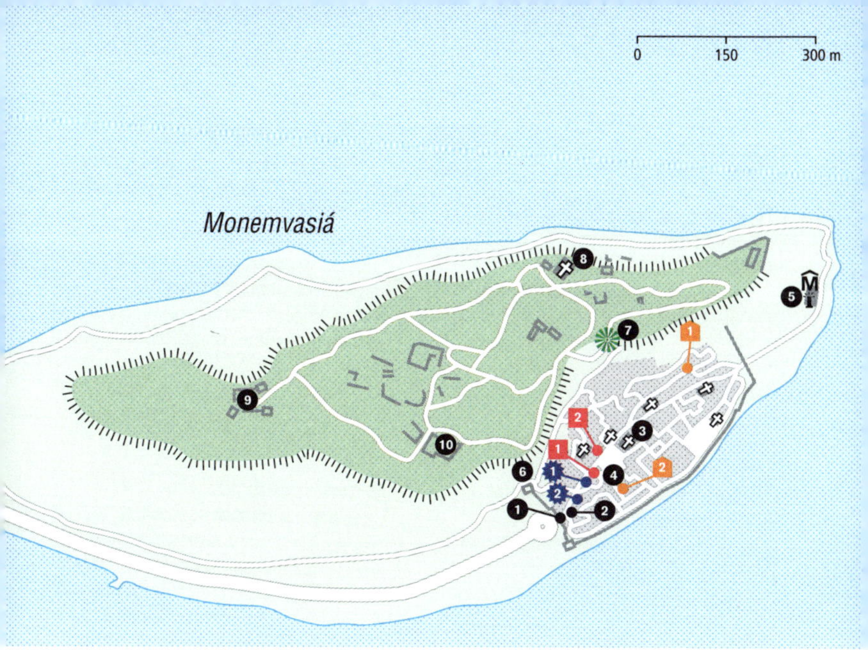

das **Museum** ❹ in einer ehemaligen Kirche untergebracht (tgl., außer Di 8.30–15.30 Uhr, Eintritt 2 €). Hier sind byzantinische Architekturfragmente, mittelalterliche Keramik sowie Ton- und Meerschaumpfeifenköpfe aus dem 17. bis 19. Jh. zu sehen.

Folgt man der Hauptgasse bis zum Ende, erreicht man hinter der Stadtmauer den **Leuchtturm** ❺ aus dem Jahr 1896 erreichen, in dem sich auch ein Ausstellungsraum befindet. An der Seemauer entlang kehrt man zum Haupttor zurück, wo der beschilderte Aufstieg zur Oberstadt beginnt.

Aufstieg in die Oberstadt

Wie die Besucher sich heute selbst, so schleppten einst Esel mühsam Lebensmittel auf den Rücken des Felsens. Wie war wohl das Leben hier, bevor 1911 die letzten fortgingen? Die Unterstadt vermittelt uns bereits eine Vorstellung, doch die Oberstadt nimmt eine noch viel größere Fläche ein. Heute ein ausgedehntes Ruinenfeld inmitten wilder Natur, durch die wenige, aber gute Pfade führen. Riesenfenchel gedeiht in großen Mengen.

Vom **Oberen Tor** ❻ mit eisenbeschlagener Holztür führt der Weg zu einer **Aussichtsterrasse** ❼ mit Infotafeln und Blick über die Unterstadt. Von hier geht es hinauf zur **Kirche Agía Sofía** ❽**,** die im 12. Jh. am Steilabfall nach Norden

GRIECHISCHES MARZIPAN

M

Amigdalotá ist die griechische Variante des Marzipans. Das beste im Lande soll es in Monemvasiá geben: Kaum ein griechischer Urlauber verlässt den Ort ohne einige Päckchen als ›Beute‹. In der Konditorei Charámi (XAPAMI) am kleinen Platz vor dem Damm kann man es kostenlos probieren, sieben Teilchen kosten ca. 6 €.

M

MALVASIER-WEIN

Richard III., König von England, wählte seinen liebsten Tod: Einer Legende nach wurde er in einem Fass Malvasier-Wein ertränkt. Malvasia nannten die Franken Monemvasía – so ist die Stadt Namensgeberin für jene Rebsorte, der auch Martin Luther und Thomas Mann verfallen seien sollen. Seit etwa 20 Jahren wird sie wieder am Herkunftsort angebaut. Das Weingut **Tsimbidi Monemvasia** steht für Besucher und Verkostungen offen (in Aggelóna, T 27 32 07 17 05, malvasiawines.gr, Di–Sa 10–17 Uhr).

erbaut wurde (Innenbesichtigung Fr–Mo 9–16 Uhr). Über einen schmalen Pfad erreicht man die **Akropolis** 9 bzw. Zitadelle auf dem höchsten Punkt des Felsens, von dem sich durch die ›Wand mit Loch‹ ein grandioser Blick zum Festland bietet (Di geschl.). Geht man den Rundweg auf der anderen Seite zurück, kommt man an der **Zisterne** 10 vorbei, in der noch heute Wasser steht.

Schlafen

In den historischen Gemäuern der Unterstadt zu wohnen, hat seinen Preis. Günstiger übernachtet man in Géfira, wer Strand möchte, 7 km südlich in Xifías (Ξιφίας).

Mediterran gepflegt

1 **Malvasía Traditional:** Im alten Stil neu erbaute Hotels mit Naturmaterialien in edler Verarbeitung. Manche Zimmer haben Holzdecken, in anderen schläft man unter unverputzten Tonnengewölben. Einfache Zimmer bis hin zu Grand Suites Apartments mit Kamin, mit Seeblick oder ohne buchbar. Zwei andere Häuser gehören dazu: das Ritsos Guesthaus (kostengünstiger) und das Stellaki Mansion.

Monemvasiá, T 27 32 06 11 60, www.malvasiahotel-traditional.gr, DZ €€

Gute Adresse

2 **Ardámis Guesthouse:** Acht Zimmer, Suiten und Apartments in verschiedenen Gebäuden, darunter ein DZ in einem Turm und ein 140 m² großes Apartment mit 100 m² großer Terrasse über dem Meer.

Monemvasiá, Unterstadt, T 27 32 06 18 87, www.ardamis.gr, DZ €€

Bei den Locals

3 **Agnantio Rooms:** Schlicht eingerichtete Zimmer im Obergeschoss eines Hauses, in dem die freundlichen Wirtsleute ganzjährig wohnen. Nur 4 Min. vom Damm, 5 Min. vom Kieselsteinstrand.

Géfira, südliche Uferstraße, T 27 32 06 13 75, www.agnantiorooms.com, DZ €

Abseits des Trubels

4 **Iris Beach:** Modern gestyltes, familien- und tierfreundliches Hotel abseits des Trubels nahe einem 150 m langen Grobsandstrands mit Blick auf das mittelalterliche Monemvasiá. 14 Zimmer, kostenloser Fahrradverleih für Gäste.

Xifiás, 5,5 km südlich, T 27 32 06 62 20, www.irisbeach.gr, DZ/F €–€€

Essen

Die Renommierteste

1 **Matoúla:** Alte Taverne mit kleinen Terrassen zwischen den Mauern der Stadt. Zu empfehlen sind die warmen Dolmádes in Ei-Zitronen-Sauce und die Hackfleischbällchen Soutzoukákia in Tomatensud.

Monemvasiá, Hauptgasse, T 27 32 06 16 60, www.matoula.gr, tgl. ab 12 Uhr, €€

Schönste Atmosphäre

2 **To Kanóni:** Ebenfalls eine Taverne mit Straßenterrasse, Balkonen und Dach-

terrasse, griechische und mediterrane Küche.

Monemvasiá, Hauptgasse, T 27 32 06 13 87, www.tokanoni.com, tgl. ab 9 Uhr, €€

Direkt am Meer

3 **Scorpios Taverna:** Blau und Lila sind die Grundfarben des Lokals mit vielen Plätzen im Freien, auf einer Terrasse und direkt auf der Uferpromenade. Der Service ist familiär und flink.

Géfira, südlich der Brücke, T 27 32 06 20 90, tgl. ab 12 Uhr, €€, Winter geschl.

Am Fischerhafen

4 **Mateo's:** Hier sitzt man zu jeder Tageszeit schön vor kleinen Booten. Morgens kann man English Breakfast (10 €) bestellen, auch vegane Variationen gibt es. Abends genießt man exzellente Oktopus in Rotweinsauce (9 €).

Géfira, Fischerhafen, T 27 32 06 13 56, www.mateos.gr, tgl. ab 7 Uhr, €€

Der Dichter Jánnis Rítsos ist ein Kind der Stadt. Eine Büste vor seinem Geburtshaus erinnert an ihn.

Gógles probieren

5 **To Kastráki:** Die Taverne am Meer, mit bestem Blick auf die Felsenstadt, hält neben Standardgerichten einige Spezialitäten bereit. Dazu zählen *gógles,* in zerlassener Butter mit Käse servierte Nudeln. Weniger schwer liegen die kleinen frittierten Fischchen *gávros* im Magen.

Géfira, südlich der Brücke, T 27 32 06 19 43, tgl. ab 12 Uhr, €€

Bewegen

Baden ist möglich

Strände: Vor der Unterstadt kann man ins Wasser steigen, mehr nicht. In Géfira kann man sich am Kieselsteinstrand sonnen, kommt wegen der spitzen Felsen aber kaum schmerzfrei ins Wasser. Groben Sand und Kies bietet 5 km nördlich der lange **Póri Beach,** wo eine Kantína Sonnenschirme vermietet. Die schönsten Strände liegen südlich von Géfira am Weg nach **Ágios Fókas** (14 km), u. a. die Sandstrände Ambelákia und Livádi.

Aus der Sicht der Venezianer

Bootsfahrten: Wer das alte Monemvasiá einmal wie Byzantiner oder Venezianer vom Wasser aus erleben möchte, lässt sich vom Hafen mit dem Bootstaxi zur Unterstadt bringen. Auch längere Fahrten können gebucht werden.

City Cruise, Géfira Harbour, T 69 79 70 05 99, ab 10 €/Pers./1 Std.

Ausgehen

Zum Chillen

1 **Vathisfairo:** Die nach einem griechischen U-Boot benannte Bar ist ideal zum Chillen bei Jazz, Rock und Lounge Music. Ab 22 Uhr mit DJ, manchmal Livekonzerte.

Monemvasiá, Hauptgasse, T 27 32 06 21 54, www.vathisfairo.ogibiz.com, Cocktails ab 9 €, tgl. ab 10 Uhr

Kleinigkeiten und Kunst

2 Vóltes: Hier gibt es leckere Mezédes, die ihren anatolischen Einschlag klar benennen. Nicht nur die Küche ist ein Kreativbereich, ständig wechselnde Ausstellungen kann man bei Craftbeer und Hauswein auch im Gastraum begutachten.

Monemvasiá, Hauptgasse, T 27 32 06 19 19, fb.com/voltesmonemvasisa, tgl 18–3 Uhr

Infos

- **Online-Tourismusportal:** www.monemvasia.gr (auch auf Deutsch).
- **Shuttle-Bus:** Vom Damm fährt ein Gemeindebus im Sommer zwischen 8 und 24 Uhr etwa alle 30 Min. zum Stadttor der Unterstadt (Tickets beim Fahrer oder bei Malvasia Travel gegenüber der Haltestelle, T 27 32 06 17 52).
- **Busse:** Ktel Lakonías, T 27 32 02 22 09
- **Taxi:** 27 32 06 20 50

Limín Iéraka H9

Nördlich von Monemvasiá liegt eine weniger besuchte Küstenregion mit vielen kleinen Buchten. Die Bucht von Limín Iéraka, Λιμήν Ιέρακα (auch Limáni Gérakas) geht in einen lagunenartigen See über, an dem sich im Winter viele Zugvögel niederlassen.

Uriges Dorf an der Lagune

Der Ortskern säumt einen langen, geschwungenen Felsfjord mit grünen Phrygana-Hängen. Hierher kommen griechische Touristen, um in urigem Ambiente stets frischen Fisch zu essen. Schön ist die Weiterfahrt über das auf einer baumbestandener Hochebene liegende Dorf **Richéa** (Ρειχέα) und durchs Koulochéra-Gebirge zurück nach Gíthio.

Plítra G10

ΠΛΥΤΡΑ, Πλύτρα

Der kleine Küstenweiler (160 Einw.) an der Westküste der Halbinsel (34 km) bietet drei helle Sandstrände und Lokale jeder Art. Die Atmosphäre ist so locker, dass man getrost den ganzen Tag in Badebekleidung verbringen kann. Noch ruhiger geht es am Sandstrand von **Bóza** an der Westküste beim Ansatz der kleinen Halbinsel zu.

Schlafen

Persönliche Atmosphäre

Alkyónes: Familienbetrieb mit Migrationserfahrung nach Kanada, daher wird hier gut Englisch und Französisch gesprochen. Sechs Zimmer, die Familienzimmer sind mit Klimaanlage ausgestattet. Im Garten gibt es Grillmöglichkeiten.

Plítra, Ende der Uferstraße, T 69 83 73 12 35, www.alkyones-plytra.gr, Winter geschl., DZ €–€€

Elafónisos H10/11

ΝΗΣΙ ΕΛΑΦΟΝΗΣΟΣ, Νησί Ελαφόνησος

Es scheint, als sei das nur 19 km² kleine Inselchen im Lakonischen Golf im Schöpfungsplan bereits als Badeurlaubsinsel vorgesehen. Seine 745 Bewohner haben sich vor nicht allzu langer Zeit überwiegend von der Fischerei und ein wenig Viehzucht ernährt. Seitdem hat der griechische und italienische Tourismus dem nur 570 m vom Festland entfernten Eiland gewaltigen Auftrieb gegeben. Dieser hat dafür gesorgt, dass es auf Elafónisos wieder ein *gymnásio* gibt, also die Sekundarstufe I.

Fast berühren sich die Gewässer – so ein schönes, sandiges ›Fast‹ liegt am Símos Beach auf Elafónisos, der kleinen Insel westlich vor Neápoli Vión.

Tagsüber liegt das Dorf **Elafónisos** schläfrig da, denn alle Urlauber sind am Strand. Baden kann man zwar direkt am Ort, aber die sandigen Traumstrände außerhalb werden bevorzugt. Kurz vor Sonnenuntergang wird die schmale Hafenpromenade für den Verkehr gesperrt. Dann stellen die Tavernen ihre Tische und Stühle direkt auf der Kaimauer auf und die Stunde der Geschäfte an der kurzen Dorfstraße hat geschlagen.

Weißer Sand, karibikblaue See

Eine über 2 km lange Halbinsel beginnt 3,5 km südlich des Dorfes. Vor der Westküste zieht sich ein Dünengürtel entlang, vor dem sich ein breiter Feinsandstrand erstreckt: der **Símos Beach.** Sein nördlicher Teil, die Megáli Paralía, liegt an der weiten ›Piratenbucht‹ Órmos Sarakíniko, sein südlicher Teil – der eigentliche Símos Beach – an der kleineren ›Frankenbucht‹ Órmos Frángo. Zwischen beide schiebt sich eine winzige, felsige Landzunge, die durch einen ganz aus Sand bestehenden Isthmus mit dem Inselkörper verbunden ist. Hunderte Liegestühle sind aufgereiht, man kann aber auch unter dem eigenen Schirm liegen. Auf den Dünen wachsen Wacholder und Strandhafer, Thymian und Strandlilien.

Schlafen

Mit Aussicht

Berdoussis: Fünf Fußminuten sind es vom Hafen zum Hotel, schon hört man nichts mehr vom Trubel. Die Zimmer sind modern eingerichtet. Inhaberin Georgía Berdoússis hat in New York gelebt und spricht Englisch. Die Atmosphäre ist herz-

lich. Üppiges Frühstücksbuffet auf der luftigen Terrasse unter Leinenmarkisen mit Blick über Hafen und Meer.
Südöstliche Hangstraße, T 27 34 06 10 46, www.berdoussishotel.gr, DZ €€

Das erste überhaupt

Hotel Elafonisos: Das zweigeschossige Hotel mit nur elf Zimmern war 1982 das erste auf der Insel. Alle Zimmer sind inzwischen modern möbliert. Geblieben ist die Lage am Ortsrand unmittelbar an der schmalen Uferstraße, auf deren anderer Seite ein schmales Sandband einen bequemen Einstieg ins Wasser ermöglicht.
Elafónisos, westl. Uferstraße, T 27 34 06 12 68 u. 69 86 96 10 04, DZ/F €€

Ganz naturnah

Símos Camping: Großer Platz mit Bäumen am Rand vor dem langen, sonst unbebauten Sandstrand. Auch einige einfache Bungalows werden vermietet.
Símos Beach, T 27 34 02 26 72, www.simoscamping.gr, €, Bungalows €€

Essen

Mittendrin

Sta Kalá Kathoúmena: Im Herzen von Elafónisos und doch ruhig gelegen. In der Familientaverne mit großem Außenbereich werden Fleisch, Fisch und vegetarische Optionen angeboten. Besonders ist hier der mit heißem Feta gefüllte Tintenfisch.
Korópi, Nähe Supermarkt Mentis, T 27 34 06 13 75, tgl. ab 10 Uhr, €–€€

Direkt auf dem Strand

Antónis: Gute Taverne mit vielen Tischen auf dem Kai, vor den Fischerbooten. Probieren Sie die cremige Fáva, ein Erbsenpüree, das Humus ähnelt und das man mit Zwiebeln und Olivenöl als Vorspeise oder Beilagenteller genießt.
Elafónisos, westl. Uferstraße, T 27 34 06 10 06, tgl. ab 12 Uhr, €€

Für Strandtage

Símos Parádiso: Großes Selbstbedienungsrestaurant in den Dünen. Kein Feinschmeckertipp, aber ordentliche Qualität.
Símos Beach, Südende, T 69 32 57 81 82, tgl. ab 8 Uhr, €

Infos

- **Autofähre:** Ab Poúnta (13 km westlich von Neápoli/Vión) im Juli/Aug. ca. 8–23, sonst bis 19.30 Uhr stdl., 11 €/Pkw, 1 €/Pers. Fahrplan: elafonisos.inspacetime.gr oder www.elafonisosferries.gr

Neápoli Vión H10

ΝΕΑΠΟΛΗ ΒΟΙΩΝ, Νεάπολη Βοιών
Die erst im 19. Jh. gegründete ›Neue Stadt‹ ist trotz ihrer nur 2700 Einwohner die Metropole des südöstlichen Lakoniens. Für etwas Leben außerhalb des Hochsommers sorgen die Fähren, mit der Passagiere und Fahrzeuge täglich zur Insel Kíthira übersetzen. Zentrum aller Geschäftigkeit ist die Uferstraße mit vielen Tavernen. Schöne Sandstrände befinden sich rund um die Bucht von Neápoli bis hin nach Poúnta im Norden und Agía Paraskeví im Süden.

Ein versteinerter Wald

Das eigentliche Küsten-Highlight ist der **Geopark Agíos Nikólaos:** ein fossiler Wald, deren versteinerte Palmenstämme vor 3 Mio. hier verknotet Wurzeln schlugen. Der Weg dahin ist vom Dorf Agíos Nikólaos Lakonías gut ausgeschildert.
Geopark, 16 km südlich von Neápoli Vión, www.keppedm.gr, Eintritt frei, Touren Juli/Aug., Sa u. So, erste Tour 10.30, letzte 17.30 Uhr

Blick nach Kreta

Der Leuchtturm am **Akrotíri Maléas** (J11), der Südostspitze der Halbinsel, wurde 1883 mit 15 m Höhe errichtet und ist seit 2006 denkmalgeschützt. Vom Dorf **Velanidiá** erreicht man ihn über 2 km Straße, dann 3,5 Std. auf ausgeschildertem Küstenpfad. Rechts hebt sich die Insel Kíthira aus dem Dunst, geradeaus bei klarer Sicht Kreta.

Schlafen

Im Stil der 70er-Jahre

Limira Mare: Das äußerlich noch die 1970er-Jahre repräsentierende Hotel mit 108 modern gestalteten Zimmern ist wohl das beste dieser Region.

Neápoli Vión, Uferstraße, T 27 34 02 22 36, www.limiramare.gr, DZ/F €€

Essen

Traditionell und regional

Tzivaéri: Draußen und drinnen sitzt man gemütlich, die sehr freundliche, nur griechisch sprechende Wirtin Stavroúla kocht nach Mamas Rezepten und legt Wert auf stets frischen Fisch.

Neápoli Vión, südl. Uferstraße, T 27 34 02 25 45, tgl. ab 12 Uhr, €€

Kastaniá

9 km östlich von Neápoli – eingebettet in üppige Natur in den Bergen über der Ostküste der Halbinsel – liegt das hübsche kleine **Káto Kastaniá.**

Unter die Erde gehen

Mit bis zu 15 % Gefälle geht es hinunter zur **Tropfsteinhöhle von Kastaniá,** die im Rahmen einer 30-minütigen Führung besichtigt werden kann. Für die Rückfahrt nach Neápoli wählt man am besten die gut ausgebaute, teils kurvenreiche Straße über Farakló.

www.kastaniacave.gr, Winter 10–16 Uhr, Eintritt 7 €, Café am Eingang

Selbst tief im Süden des Peloponnes ist nicht immer Sommer. Aber auch dunkle Gewitterwolken hindern das Schiff im Hafen von Neápoli Vión nicht am Auslaufen

Zugabe
Männer-Mythos Sparta

Lakoniens Helden und der Film »300«

Der Philosoph Peter Sloterdijk sagte in einem SPIEGEL-Interview 2006: »Ein Mann ohne Speer oder ohne Ball, das geht ja noch, aber eine Frau ohne Handtasche, das ist wider die Natur.« Ein Jahr später bewunderten (Unterstellung!) etwa 1,4 Mio. deutsche Kinozuschauer die speer- und schildtragenden, stets kampfbereiten spartanischen Soldaten in Zack Snyders Blockbuster »300«. Wie in der gleichnamigen Graphic-Novel von Frank Miller (1998) wird darin die Schlacht im Engpass bei den Thermopylen 480 v. Chr. dargestellt, bei der 300 Spartaner am Platz gegenüber den überaus überlegenen Persern ausharrten, um einen ›freien Heldentod‹ zu sterben. Im Film »Der Löwe von Sparta« (1962), seinerseits Inspiration für den Comic, half sogar der griechische Staat mit, indem er Soldaten für die Kampfszenen auslieh.

Die oft in der Kunst aufgegriffene, erhobenen Hauptes verlorene Schlacht wird stets als schmeichelhaft für Griechenland, Europa, ja die gesamte westliche Welt, allen voran fürs Producer-Land USA empfunden. Die heftige Kritik an »300« bezog sich teils auf diese Deutung: Das heroische Verhalten der Spartaner als ›zivilisierte Demokraten‹ steht im Film der durchweg ›barbarischen‹ Darstellung der Perser gegenüber – was nach 9/11 und in Bezug auf den Irakkrieg 2003 als ›rassistisch‹ aufgefasst wurde. Die Lacher und Sympathien gehen im Film an die Spartaner: Frech und ›lakonisch‹, abgeleitet vom spartanischen Kernland Lakonien, entgegnet ein Spartaner der Warnung, dass die Pfeile der Perser den ganzen Himmel bedecken werden: »Gut, wir kämpfen lieber im Schatten.«

Das ›männliche‹ Motiv, auch einen aussichtslosen Kampf zu Ende zu kämpfen, wirkt wie ein gut gemeinter Ratschlag fürs Leben, aufbauend und richtungweisend. Nur schadet es nicht zu wissen, wer davon noch so verführt wird: Die faschistische griechische Partei ›Goldene Morgenröte‹ veranstaltete schon in den 1980ern Seminare über das antike Sparta und den Nationalsozialismus als heroischen Mythos. Und die rechtsextreme deutsche ›Identitäre Bewegung‹ verwendet den griechischen Buchstaben Lambda aus »300« in ihrem Logo. Das Bild von Stärke und Durchhaltevermögen im Kampf hat durchaus einen Rechtsdrall.

Aber die spartanischen Frauen im Prä-Handtaschenzeitalter? Für historische Facts muss man etwas länger

Sagt der Spartaner: »Gut, wenn Pfeile der Perser den Himmel bedecken. Wir kämpfen lieber im Schatten!«

suchen. Sportlich und überaus unabhängig sollen sie gewesen sein. In Steven Pressfields Bestseller »Gates of Fire« (1998) wählt Leonidas bewusst nicht die besten oder schlechtesten Männer, die geopfert werden können, sondern jene, die die stärksten Frauen hinterlassen werden.

Nun gut, den Spartanerinnen blieb nichts anderes übrig, als ihr Leben dem Krieg unterzuordnen. Mütter verabschiedeten ihre Söhne mit dem Satz »I tan í epí tas.« – »Bring es (das Schild) oder werde auf ihm gebracht.« Ohne sein Schild konnte er, der feige Sohn, sich hinterher nicht mehr blicken lassen.

Immerhin hat das weibliche Dasein nicht jeden Sinn verloren, wenn weder Schild noch Träger wiederkommen. Eine solche Aktion, aka Kriegsführung, unterstützt von Frauen, würde heute gewiss als ›todessüchtig‹ oder ›irrational‹ bezeichnet werden. Doch aus eben diesen hochemotionalen Aspekten speist sich das Heldinnenprinzip, der eigentliche Mythos Sparta. ■

Eine breite Brust kriegte der Mann in der Antike nicht durch Bodybuilding, sondern durch tägliches Schwertkampftrainung. Ohne die Bereitschaft, auch zu sterben, ging es nicht. (David Wenham als Spartaner Dilios im Film »300: Rise of an Empire«)

Arkadía

Im Zentrum — Der Name Arkadien tönt gut: In wilden Tälern nebst steinernen Bergdörfern ist die Begeisterung für Naturidylle bis heute nachzuempfinden. Herausgeputzt haben sich die Badeorte an der Ostküste. Träumen Sie ruhig weiter!

Seite 155

Athena-Tempel in Tegéa

Der antike Kultbau wird in einem tollen Museum erklärt. So lernen Sie den Architekten Skopas von Paros kennen, nach dessen Plänen der marmorne Säulenbau um 350 v. Chr. entstand.

Seite 156

Kirche von Mantíneia

Fast alle historischen Baustile seines Landes vereinte ein griechischer Architekt in einer Kirche. Herausgekommen ist ein bizarres Bauwerk, das, leider sehr abgelegen, ein wenig an die Werke von Antoni Gaudí erinnert.

Unter welchem Ziegeldach lebte hier kein Freiheitsheld?

Eintauchen

Seite 157

Die Gortynía

Im Ménalo-Gebirge mit seinen ursprünglichen Bergdörfern und Klöstern erleben Sie idyllische Gebirgsromantik, regionale Kost und traditionelles Handwerk wie Silberschmieden.

Seite 158, 160

Dimitsána und Loúsios ✪

Im Wasserkraftmuseum bei Dimitsána wird anschaulich erklärt, wie ›Technik‹ früher ging. Unterhalb fließt der Wildbach Loúsios durch eine dicht bewaldete Schlucht. Die Tageswanderung führt zu alten Klöstern und grandioser Natur.

Seite 164

Karítena

Aufstieg zur Burgruine mit sensationeller Rundumsicht.

Seite 166

Agía Theodóra

Bäume ziehen das Kirchlein der Gender-Heiligen nach oben, das Geflecht aus Stein und Holz gibt Rätsel auf.

Seite 167

Leonídio

Rote Felsen wie in US-Canyons: Rock-Climber finden an der Ostküste ihr Paradies.

Seite 172

Párnonas-Tour

Gebirgsdörfer, urige Tavernen und der Aufstieg zum Megáli Toúrla, dem höchsten Gipfel.

Seite 170

Ástros

Eifriges Städtchen mit Badeoption. Kleiner Hafen, lebendige Uferpromenade und, klar: Burg mit altem Dorf.

&

Seite 174

Umwelthelden über dem Strand

Eine deutsch-griechische Familie zog in den Badeort Tíros, um eine Herberge zu übernehmen. Seither versucht sie, im Dorf einiges anders zu machen.

Zypressen umrahmen die Friedhöfe und die Kirchen, immer da, immergrün – der Baum des ewigen Lebens.

Megalópoli als packendes Fotomotiv? Absolut! Aus den obersten Rängen des antiken Theaters blickt man auf die qualmenden Schlote der Braunkohlekraftwerke.

erleben

Das Traumland der Dichter entdecken

A

»Auch ich habe in Arkadien gelebt« – so der Titel einer Erzählung von Ingeborg Bachmann. Literaten und Malern diente die Landschaft im Zentrum des Peloponnes mit etwa 100 km Küste im Osten als utopisches Pendant zum Moloch der Stadt … so weit die Projektion. Arkadiens Hauptstadt Trípoli ist heute Luftwaffenstützpunkt. Die zweitgrößte Stadt, Megalópoli, versorgt mit Braunkohlekraftwerken den ganzen Peloponnes mit Strom (und deren Abgasdreck). Auf den fruchtbaren Hochebenen der Städte werden Gemüse und Getreide angebaut, Rinder, Schafe, Hühner gezüchtet.

Wahrlich schön ist die Landschaft nördlich, rund ums Ménalo-Gebirge. Zwischen den Wäldern der Region Gortynía liegen kleine umsorgte Dörfer, die sich zur Erkundung Arkadiens bestens eignen – hier ist man dem Bild in der Dichtung wohl am nächsten. Eher Athener und griechische Eigentümer nutzen diese schmucken Rückzugsorte mit kleinen Ladenzeilen für regionales Handwerk und selbst erzeugte Lebensmittel. Das Schauspiel der Berge und Flüsse nimmt in der Loúsios-Schlucht Fahrt auf, wo sich alte Klöster spektakulär in die Landschaft einfügen.

O

ORIENTIERUNG

www.traveltripolis.gr: Englischsprachiges Tourismus-Portal.
menalontrail.eu: Praktische Infos über den 75 km langen Menalon Trail durch arkadische Bergdörfer.
Verkehr: Von Trípoli nach Ástros 42 km, nach Vitína 36 km, nach Dimitsána 48 km, nach Megalópoli 34 km, nach Spárti 60 km. Drehscheibe des Busverkehrs ist Trípoli, doch www.ktelarkadias.gr nennt nur Fahrtzeiten für die Hauptstrecken. Die englischen Seiten sind selten aktuell.

Fast unberührt wirkt die arkadische Küste, die durch das Parthénio-Massiv und das Párnonas-Gebirge abgeschirmt wird. Arkadien wurde vom Massentourismus noch nicht entdeckt; mithin locken in der grünen Umgebung von Ástros und Tíros geruhsame Badetage an langen Kiesstränden. In und um Leonídio – mit seiner roten Felsenwand eine beeindruckende Kletterkulisse – geben Schilder im tsakonischen Lokaldialekt dem Besucher ein paar Vokabeln an die Hand. Sollte Sie jemand fragen: *Apo kjá ési* – »Woher kommst du?«, können Sie den Spieß umdrehen: *Ekjú tsi es'aú* – »Was sagst du?«

Trípoli

F6

ΤΡΙΠΟΛΗ, Τρίπολη
Arkadiens Hauptstadt (47 000 Einw.), erst im 14. Jh. gegründet, ist heute keine Schönheit – liegt aber für einen sommerlich-touristischen Ausflug auf angenehm-kühler Höhe von 650 m im Zentrum einer Hochebene. Wenn man hier übernachtet, dann der zentralen Lage wegen. Dann genießt man am besten einen entspannten Abend auf der **Platía Áreos.** Der Platz zwischen einem Park und dem klassizistischen Gerichtsgebäude ist der größte auf dem Peloponnes. Schatten ist hier ein kostbares Gut, wohl deshalb haben die Cafés und Restaurants ihre Tische und Stühle lieber unter die Bäume gestellt. Martialisch erhebt sich das Reiterstandbild des Generals Kolokotrónis, der 1821 mit seinen Truppen Trípoli als erste griechische Stadt den

M

MYTHOS ARKADIEN

Von Arkadien haben ganze Generationen geschwärmt, ohne je dort gewesen zu sein. Poeten vom römischen Dichter Vergil (70–19 v. Chr.) bis zu Vertretern der europäischen Schäferdichtung wie Jacopo Sannazaro (1456–1530) haben die Provinz in einer höfischen Rollendichtung als Land der Hirten verklärt. Ganze Adelsgeschlechter verkleideten sich im Rokoko bei romantischen Festen als naturverbundene ›Arkadier‹. Goethe stellte seine »Italienische Reise« unter das Motto »Auch ich in Arkadien«.

Trípoli kann sich zwischen städtisch und traditionell nicht entscheiden. Die Taverna Klimatária Piterós ist eine urige Institution nahe der zentralen Platía in einem modernen Apartmentblock.

Osmanen entriss und alle türkischen Bewohner töten ließ. Jedoch: Ibrahim Pascha eroberte sie vier Jahre später zurück, ließ die Griechen ermorden und zerstörte, was noch stand.

Mittelpunkt der Stadt

Im Zentrum schindet die 1855 erbaute **Kirche Ágios Basilíos** Eindruck, geweiht dem Kirchenvater Basilius dem Großen. Sie fällt kaum aus der (neo-) byzantinischen Reihe: Mauern aus Kalkstein, kreuzförmiger Grundriss mit kupfergedeckter Kuppel, die natürlich ein Kreuz trägt, an der Eingangsseite zwei Glockentürme. Der Eingang ist abgehoben, über Treppen und ein Plateau zu erreichen. Ernst Ziller soll für die Ikonostase verantwortlich sein. Ebenerdig, quasi unter der Kirche, sind Geschäfte im Sockel untergebracht: Bäckereien, Schmuckläden, aber auch weniger kirchliche Läden.

Platía Agíou Vasilíou, tgl. geöffnet

Für archäologisch Interessierte

Das **Archäologische Museum,** wenige Minuten von der Platía entfernt, ist in einem ehemaligen Hospital untergebracht, das um 1900 nach Plänen des deutschen Architekten Ernst Ziller erbaut wurde. In dem neoklassizistischen Gebäude werden unter anderem Tonidole aus der Jungsteinzeit sowie eine Amphore aus spätmykenischer Zeit aus der Region Gortynía (s. S. 157) ausgestellt.

Spiliopoulou 2, T 27 10 24 21 48, Di–So 8–15 Uhr, Eintritt 2 €

> **Z**
>
> **ERNST ZILLER**
>
> Der sächsische Architekt und Archäologe Ernst Ziller (1837–1923) arbeitete fast ausschließlich in Griechenland. Er wurde Professor an der Nationalen Technischen Universität Athen und Hofbaumeister unter König Georg I. Mit über 500 privaten und öffentlichen Bauten prägte er wie kein anderer den klassizistischen Stil Griechenlands.

Schlafen

Das Beste

Mainalon Resort: 30 Zimmer und zwei Suiten in einem stilvoll restaurierten Hotel von 1936.

Platía Áreos, T 27 10 23 03 00, www.mainalonhotel.gr, DZ/F €€

Essen

Alte Schule

Klimatária Piterós: Die 1933 gegründete Taverne gilt als beste der Stadt. Die Auswahl ist riesig, der Service flink und freundlich. Von der Platía aus in nur 5 Min. erreichbar.

Kalavrýton 11, T 27 10 22 20 58, tgl. ab 11 Uhr, €€

Ausgehen

Ausgefallene Eleganz

Elephant: In der gepflegten Bar treffen sich Leute jeden Alters auf einen guten Kaffee oder einen Drink. Tagsüber Kuchen wie Red Velvet, abends mit DJ bei einer ausgefallenen Cocktailkreation.

Eth. Antistáseos 28, tgl. ab 10 Uhr

Infos

- **Busse:** Nach Athen, Megalópoli; Ástros (nur freitags), Leonídio über Tyros (bis zu 3 x tgl.), Náfplio (bis zu 3 x tgl.), zu Bergdörfern der Gortynía bis zu 7 x tgl. (So nur 1 x); saisonale Fahrpläne auf Website und

S

VIELE SOLDATEN?

Sollten Sie viele junge uniformierte Männer in Trípoli sehen, wundern Sie sich nicht: Es sind Wehrpflichtige. Hier befinden sich die beiden größten Bootcamps der griechischen Streitkräfte, eines für die Armee und eines für die Luftwaffe. Das Verteidigungsministerium ist der größte Arbeitgeber im Land, und – trotz Krise – bestens mit Waffensystemen aus Westeuropa und den USA gerüstet.

über die Hotline. Station: Odós Náfpliou 40, T 27 10 22 25 60, ktelarkadias.gr; per Taxi erreichbar.

- **Taxi:** 27 10 22 62 20

Tegéa und Episkopí

F6

Keine 9 km südlich von Trípoli ist inmitten des bescheidenen Dorfs **Tegéa** der Unterbau eines **Athena-Tempels** aus dem 4. Jh. v. Chr. freigelegt. Nach dem Zeus-Tempel von Olympia war er einst der größte Kultbau auf dem Peloponnes. Heute steht keine einzige der 36 äußeren Säulen mehr aufrecht.

Tempel der Athena Alea

Begeisternd ist das **Archäologische Museum** zum Tempel der Athena Alea im Dorf, das vor einigen Jahren gründlich modernisiert wurde. Ein eigener Saal ist dem Architekten Skopas von Paros vorbehalten, nach dessen Plänen der ganz aus weißem Marmor errichtete Prachtbau entstand. Seine Kunst wird multivisuell erläutert: Auf dem Bildschirm zeigt eine Rekonstruktionszeichnung das Innere des selbst als Ruine eindrucksvollen Baus. Schön dargestellt ist die Entwicklung der arkadischen Hermen: Pfeilerschäfte mit integrierten Schultern, Kopf, manchmal auch Genital vor schwarzem Hintergrund. Einst standen sie als Schutzgottheit an den Straßenkreuzungen.

Tegéa, Mi–Mo 9–16 Uhr, T 27 10 55 65 40, www.tegeamuseum.gr, Eintritt 4 €

Kirche mit Volksfest

Auch das Dorf **Episkopí** lag im Stadtgebiet des antiken Tegea (1,5 km). Westlich vom Dorf umfasst der schöne, schattige **Archäologische Park Tegea** unterhalb der Kirche Kímisi Theotókou weitere Ruinen einer frühchristlichen Basilika und mittelalterlicher Mauern. Das **Laográfiko Mousío** zeigt volkskundliche Exponate mit den typischen Hauseinrichtungen des 19. Jh. Die vollständig

Die Ruinen in Tégea scheinen wie oft in archäologischen Stätten einer natürlichen Ordnung überlassen.

ausgemalte Kirche wurde 1888 erbaut und ist Mariä Himmelfahrt geweiht. Mitte August findet dort das größte Panigíri (s. S. 232) des Peloponnes mit großem Besucherzustrom statt.

Museum: www.tegeatikos.gr, Mo–Fr 9–15, Sa 10–16 Uhr, Eintritt frei

Feiern

- **Panigíri:** 14.–21. Aug. Volksfest mit Jahr- und Viehmarkt sowie Landwirtschaftsausstellung im Archäolog. Park von Episkopí.

Mantineia F5

MANTINEIA, Μαντίνεια
Fast menschenleeres Niemandsland umgibt die Ruinen der antiken Stadt **Mantineia,** etwa 14 km nördlich von Trípoli. Sie besaß weder eine Akropolis noch einen Burgberg und entstand um 370 v. Chr. auf einer absolut ebenen Talfläche, gesichert durch eine 4 km lange Mauer mit 105 Türmen und zehn Toren. Lediglich zwei Steinlagen sind davon erhalten.

N

NEBENSTRECKE VON TRÍPOLI NACH LEVÍDI

Fährt man von Trípoli nach Mantíneia und von dort über eine Nebenstraße weiter über Artemísio nach Orchoménos und Levídi, passiert man viele Rebgärten und kann Weinkellereien besuchen. Man fährt über eine kilometerlange Birkenallee an alten Bauernhäusern mit Taubentürmen vorbei. Von Levídi kann man weiterfahren oder auch mit einem Abstecher zur Tropfsteinhöhle von Kápsia nach Trípoli zurückkehren.

Die Agorá – der Versammlungsplatz – weist noch einige Gebäudespuren auf. Am auffälligsten ist das kleine Theater, das als erstes in Griechenland nicht an einem Hang, sondern auf einer künstlichen Erdaufschüttung gebaut wurde.

Ausgrabungen T 27 10 24 21 48, odysseus.culture.gr, tgl. 8.30–15.30 Uhr, Eintritt frei

Grandioser Stilmix

Interessanter ist wohl die kuriose **Kirche Agía Fotiní** an der Hauptstraße gegenüber dem Zugang zur antiken Stätte. Der 1937 geborene Architekt Kóstas Papatheodóros hat hier seit 1970 seine Fantasie spielen lassen und innen wie außen versucht, möglichst viele historische Baustile Griechenlands seit der mykenischen Zeit miteinander zu verbinden. Byzantinisches Ziegeldekor wechselt mit Marmorblöcken ab, funktionslos stehen hier Pfeiler und dort Säulen mit neu erfundenen Kapitellformen. Im Kircheninnern warten skurrile Fußbodenmosaike, bizarre Altäre und volkstümliche Wandmalereien – ein Formenspiel mit Wiedererkennungswert, vielleicht gar wie bei Friedensreich Hundertwasser oder Antoni Gaudí.

Kirche tagsüber frei zugänglich

Spíleo Kápsia F5

ΣΠΗΛΑΙΟ ΚΑΨΙΑ, Σπήλαιο Κάψια
Hinter dem Dorf **Kápsas** findet sich eine öffentlich zugängliche Höhle, in der unter einer 50 cm hohen Schlammschicht menschliche Knochen, Schädel und auch Scherben von Tongefäßen aus dem 5./4. Jh. v. Chr. gefunden wurden. In stündlichen Führungen (6 €) kann man die farbenprächtigen Tropfsteinbildungen betrachten. Ein Kaffeehaus befindet sich in der Anlage, eine Taverne im Dorf.

www.spilaiokapsia.gr, T 21 22 14 95 33, Mi–Mo 9–14.30 Uhr (letzte Führung)

Levídi

E5

ΛΕΒΙΔΙ, Λεβίδι
Von diesem geschäftigen Dorf (1200 Einw.) auf 860 m Höhe zu Füßen des Ménalo-Gebirges blickt man auf die weite Arkadische Hochebene, auf deren anderer Seite weitere Gebirgsmassive, die bis auf über 1700 m Höhe ansteigen. Unten auf dem Marktplatz sind die Cafés im Sommer gefüllt, auch im Winter ist Levídi an den Wochenenden Kurzurlaubsziel vieler Griechen.

Nahe der zentralen Platía befindet sich das private **Alexandros Papanastasiou Museum** (Besichtigung: T 69 74 06 08 42 u. 27 96 36 00 00, Rathaus). Der griechische Politiker (1876–1936) war u. a. nach dem Türkisch-Griechischen Krieg 1924 kurze Zeit Ministerpräsident.

Schlafen

Freundlich traditionell

Artemis Traditional Hotel: Ein wahnsinniger Ausblick auf die Gebirgslandschaft bietet sich aus den 16 Zimmern, bei denen Moderne und regionaltypischer Stil eine optimale Verbindung eingehen. Teils mit Kamin. Regionales Frühstück.
Östlich der Hauptstraße, T 27 96 02 26 00, www.artemis-levidi.gr, DZ/F €

Orchomenós

E5

ΟΡΧΟΜΕΝΟΣ, Ορχομενός
6 km nördlich von Levídi bewacht der Weiler Orchomenós (nicht zu verwechseln mit dem gleichnamigen Ort auf dem Festland) einen Hügel am Rand der Hochebene. Alte Hirten ziehen mit ihren Schafherden durch diese Gegend – und Hütehunden, die uns etwas Furchtlosigkeit abverlangen. Vor der bescheidenen Dorfkirche zweigt eine Straße nach rechts ab, die zum Parkplatz vor der Stadtmauer des **antiken Orchomenos** führt.

Auf Pfaden kann man durchs Gelände streifen und Überreste der antiken Stadt suchen. Folgt man den Spuren der hellenistischen Mauer nach rechts, gelangt man zum Theater. Von seinen Rängen aus schweift der Blick weit über die arkadische Bergwelt. Ein Stück weiter, oberhalb am Hang, liegt die Agora mit den Überresten einer Säulenhalle, eines Tempels und eines Altars. Wärter gibt es hier genauso wenig wie eine Kasse.

Die Bergdörfer der Gortynía

Die Region um das Ménalo-Gebirge (gr. Maínalo) mit ursprünglichen Bergdörfern an Hängen und zwischen Wäldern, mit Klöstern vor Klippen schenkt uns unerwartete Gebirgsromantik. Man lebt hier auch vom Inlandstourismus – so finden Sie entlang des 75 km langen ›Menalon-Trail‹ eine gute Infrastruktur – sowie Stille und Einsamkeit, um einfach mal durchzuatmen.

Vitína

E5

ΒΥΤΙΝΑ, Βυτίνα
Mit gut erhaltenen und sanierten Natursteinhäusern gibt das schöne Vitína (880 Einw.) im Sommer eine kühlende Oase in den Bergen, fernab der hektischen Städte und hitzigen Badeorte. Es liegt

auf etwa 1000 m Höhe am Rande großer Nadelwälder und ist bei (Auslands-) Griechen ein beliebtes Ausflugsziel – entsprechend groß ist das Angebot an Pensionen und Geschäften. Fast schon hat man die reproduzierte Authentizität der städtischen Schickeria preisgegeben. Hier findet man, was das Herz oder Portemonnaie begehrt: hippe Tortenläden, Espressobars, die auch Cocktails servieren, sowie fantastische regionale Spezialitäten wie Käse, Pasta, Nüsse und Holzschnitzereien.

Schlafen

Beim Galeristen wohnen

Art Maínalon: Das von der Familie eines Athener Galeristen geführte Hotel ist eine Perle für Liebhaber moderner Kunst und skandinavischen Designs und die teuerste Unterkunft im Dorf. In jedem der 50 einmaligen Zimmer hängt ein Kunstwerk. Pool im Hof, Fitnessabteilung.

Nahe Platía, T 27 95 02 22 00, www.artmainalon.gr, DZ/F €€

L

IM TAL DES LÁDONAS

Das grüne, sehr schöne **Ládonas-Tal** (D/E 4/5) ist noch fast unbekannt. Es zieht sich im Norden von Dimitsána an der Grenze zur Provinz Achaía entlang. Üppig sprudelt der Quelltopf des Flusses unter Platanen bei **Kerásia** südlich von Klitoría. Von der Nationalstraße 33 führt später eine Straße hinunter zu einer Station am Fluss, wo man nach Absprache Kajak- und Raftingtouren auf dem Ládonas unternehmen kann (T 69 78 99 69 50, fb.com/RaftingLadonas). Über das große Bergdorf **Dáfni** und Pumariá geht es hinunter an den Stausee **Límni Ládonas,** der sich wie ein breiter Fluss durch dichtes Grün windet. Von der Staumauer aus fährt man hoch ins Bergdorf **Tropéa** und dann zur Nationalstraße 74.

Essen

Die größte Auswahl

Red Pot (Kókkina Pythária): Gehobene moderne griechische Küche in gepflegter Tavernen-Atmosphäre. Sehr gute Salate.

Zentrum, T 27 95 02 90 30, www.kokkinapitharia.gr, tgl. ab 12 Uhr, €€

Beliebt und regional

To Arhontikó tis Athínas: Mit Blick in die kleinen steinernen Gassen sitzen wir hier in familiär-freundlicher Atmosphäre, draußen oder drinnen neben einem der großen Kamine. Zu den Spezialitäten des Hauses gehören Chortópita mit Kerbel, Athener Salat und typisch tolle Fleischgerichte wie Hirsch mit Pflaumen.

Nahe Platía, T 27 95 02 21 33, tgl. ab 12 Uhr, €€

Dimitsána

D5

ΔΗΜΗΤΣΑΝΑ, Δημητσάνα

Das hübsche Großdorf (600 Einw.) ist ein guter Standort für mehrere Urlaubstage in den arkadischen Bergen. Mit alten Holz- und Steinhäusern und roten Ziegeldächern bedeckt es einen lang gestreckten, 960 m hohen Felsrücken über dem Loúsios-Tal. In den Gassen finden sich viele Angebote – von hip-großstädtisch anmutenden Cafés bis zu urigen Kafenía und Tante-Emma-Lädchen, die hier Pandopolío heißen. Von der Aussichtsplattform, gleichzeitig die Platía an der Lambardopolou-Hauptstraße, blickt man bis auf die qualmenden Schlote des

In Dimitsánas schöner Bergkulisse mit mittelalterlichen Steinhäusern gab es die richtigen Waffen für die Unabhängigkeitsbewegung ab 1764: Schießpulverfabriken und eine ›Geheimschule‹ im Loúsios-Tal.

Braunkohlekraftwerks von Megalópoli in etwa 40 km Entfernung.

Ein Opfer der Unabhängigkeit

Westlich der Hauptstraße Lampardopoulou ist in einer Gasse das **Haus des Patriarchen Gregor V.** tagsüber als Museum geöffnet (Ekklisiastikó Mouseío Dimitsánas). Er gilt als Märtyrer, die Kirche sprach ihn heilig, aber eigentlich war seine Rolle im Unabhängigkeitskrieg ambivalent: 1821 belegte er die christlich-orthodoxen Revolutionäre offiziell mit einem Kirchenbann und rief sie zur Ordnung. Angeblich hielt er jedoch heimlich Kontakt zu ihnen. Der osmanischen Führung genügte sein Engagement gegen den Aufstand nicht. Er wurde im selben Jahr in Konstantinopel gehängt. Die Klöster in der dicht bewaldeten **Loúsios-Schlucht** spielten damals als Hort der griechischen Sprache und Kultur eine bedeutende Rolle für die Vorbereitung des Freiheitskampfes (s. Tour S. 160).

Wasser belebt die Wirtschaft

In osmanischer Zeit war Dimitsána dank üppig vorhandener Wasserkraft ein bedeutendes Gewerbe- und Handelszentrum. Teppiche waschen, Getreide mahlen, Leder gerben, Munition

TOUR
Klöster in der Klemme ✪

Wandern im Loúsios-Tal

Infos

D5

Start: Dimitsána
Ziel: Gortys
Strecke: Tageswanderung, 9 km

Info: www.menalontrail.eu; Section-1-stemnitsa-dimitsana

Rückfahrt: Taxis morgens vorbestellen (ca. 35 €)
Klöster: 13–17 Uhr Mittagsruhe!

Der Fluss Loúsios in der Provinz Gortynía bildet von Dimitsána im Norden bis zum antiken Gortys im Süden eine 5 km lange tiefe Schlucht – eine Klamm. Ein ausgebauter Wanderweg führt über Brücken, durch Wälder, an den Felswänden entlang. An die Felsen drängen sich Klöster (Moní), als wäre hier ihr natürlich angestammter Platz. Gerade die unter osmanischer Herrschaft erbauten Klöster zeugen sowohl von der Rolle der Kirche bei der Bewahrung der nationalen Identität als auch von der Liberalität der Sultane.

Am besten beginnt die Wanderung am unteren Ausgang des Wasserkraft-Museums von **Dimitsána.** Wenn das Museum zu ist, folgt man am südlichen Ortsende von Dimitsána dem ausgeschilderten Wanderweg O32 nach Paleochóri. Der schöne Pfad führt an Ruinen der einst mit Wasserkraft betriebenen Werkstätten vorbei.Alternativ lassen Sie sich morgens mit dem Taxi nach Gortys bringen und können die Strecke andersherum laufen.

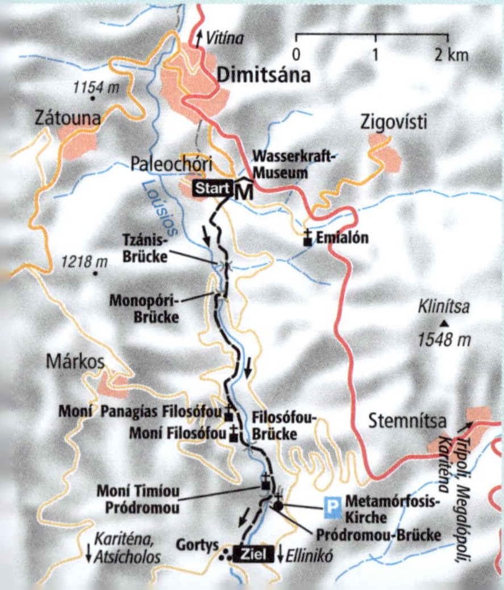

Von Kloster zu Kloster

Das Dorf in Sichtweite, überquert man auf der **Tzánis-Brücke** einen kleinen Nebenbach, der von dem eng an Felsen gedrängten Kloster **Moní Emialón** (Μόνη Αιμυαλών) aus dem Jahr 1608 her kommt. Anschließend geht es auf der **Monopóri-Brücke,** deren Steinbogen 12 m überspannt, erstmals über den Loúsios. Der Pfad schlängelt sich am Hang entlang, verläuft kurz über Asphalt. Nach ca. 3,5 km erreicht man das neue Kloster **Moní Panagías Filosófou** (Μονή Παναγίας Φιλοσόφου). Das Schönste an diesem noch bewohnten, 1691 gegründeten Kloster ist der atemberaubende Blick in die Klamm und zum Kloster

Auf hohem Felsen überblickt die Kirche Metamórfosis tou Sotíros das enge Tal des Loúsios.

Timíou Pródromou hinüber. Ein Mönch lässt Besucher in die Kirche mit Wandmalereien von 1693. Mäzen war angeblich der Muslim Mavraidi Pascha Farmakis aus Stémnitsa, der später zum Christentum konvertierte.

Gegründet vom Philosophen

Von hier geht es etwa 1 km weiter zum nur zu Fuß erreichbaren alten Kloster **Moní Filosófou** (Παλαιά Μονή Φιλοσόφου). Heute leben hier Eidechsen und Fledermäuse. Die denkmalgeschützte Anlage aus dem Jahr 963 zwängt sich auf eine Felsterrasse vor einer nackten Wand. Welchem ›Freund der Weisheit‹ ist es gewidmet? Der aus Dimitsána stammende Ioánnis Lambardópoulos war im 10. Jh. offenbar Sekretär des Kaisers Nikeforos Phokas und wurde bei der Gründung von den Griechen hier ›Philosoph‹ genannt. Einer Überlieferung zufolge soll hier bis ins 19. Jh eine religiöse Geheimschule *(krýfo schólio)* existiert haben, in der einige wegen ihrer Rolle im Freiheitskampf bekannte Persönlichkeiten studierten – etwa der aus Dimitsána stammende Bischof Germanós von Pátra.

Festung mit Gottvertrauen

Über die **Filosófou-Brücke** kommt man zum Kloster **Moní Timíou Pródromou** (Μονή Τιμίου Προδρόμου). Im 16. Jh. gegründet und noch bewohnt, bietet es einen ähnlichen Anblick wie die Metéora-Klöster in Nordgriechenland. Zunächst scheint der sechsgeschossige Bau in der Luft zu hängen, aber eigentlich klemmt er sich in einen waagerechten Spalt, Terrassen mit Holzgeländern in den Obergeschossen künden von Gottvertrauen. Die kleine Klosterkirche, in eine Grotte hineingebaut, stammt aus dem Jahr 1167.

Vom Kloster Pródromou ist nach 700 m der Parkplatz an der neuen Kirche **Metamórfosis tou Sotíros** erreicht. Wanderweg O32 führt dann weiter zum Fluss hinunter – überquert man ihn über die **Pródromou-Brücke**, erreicht man in 20 Min. das antike **Gortys** (s. S. 162).

Wanderweg O32 zweigt vom E4 ab und verbindet Vitína mit Gíthio. Karten auf Griechisch auf www.topoguide.gr, Suche: Εθνικό Μονοπάτι O32.

herstellen – was und wie alles mit der Energie des Wassers hergestellt wurde und damit die Lebensgrundlage der Region sicherte, erklärt in mehreren historischen Gebäuden das **Wasserkraftmuseum** (Mousío Ydrokínisis), das dem Museumsnetzwerk einer griechischen Bank angehört.

2 km außerhalb an der Straße nach Stemnítsa, T 27 95 03 16 30, www.piop.gr, März bis 15. Okt. Mi–Mo 10–18, sonst 10–17 Uhr, Eintritt 4 €

Therme und Tempel

So wie heute die Provinz heißt, Gortynía, hieß in der Antike die Region am Loúsios-Fluss bei der antiken Stadt **Gortys** (Archéa Górtyna). Dort soll Göttervater Zeus der antiken Mythologie zufolge nach seiner Geburt gebadet worden sein. Darum schrieb man in der Antike dem Wasser hier Heilkraft zu und legte ein dem Asklepios geweihtes Heiligtum an. Von diesem zeugen heute die eher geringen Reste zweier Tempel, einer Badeanlage, in der bis zu 30 Personen gleichzeitig eintauchen konnten, und einer Säulenhalle.

Antikes Górtis, über die Straße vom Dorf Ellinikó oder vom Parkplatz bei Moní Agíou Ioánnou Pródromou zu erreichen, frei zugänglich

Das Loúsios-Wasser macht die Ruinen von Gortys heute noch grün. So ist vielleicht die Heilkraft des Asklepios dort immer noch zu erspüren.

Theodorákis im ›Lockdown‹

In **Zátouna,** einem Bergdorf in 1020 m Höhe und 4 km westlich von Dimitsána, verbrachte der Komponist Míkis Theodorákis (1925–2021) während der Zeit der Militärdiktatur als ›Staatsfeind‹ etwa 14 Monate in Verbannung. In der ehemaligen Schule gleich neben der Dorfkirche hat man ein **Theodorákis-Museum** eingerichtet, das über Leben und Werk des berühmten Musikers informiert und im Hochsommer auch Konzerte veranstaltet.

Öffnungszeiten, Konzerte unter fb.com/mikistheodorakis.museum

Schlafen

Fast wie eine Burg

Archontiko Deligianni: Neun historisch eingerichtete Zimmer und elegante Studios in einem alten Herrenhaus, das von außen fast wie eine Burg wirkt. Sonnenterrasse, Lounge mit Kamin.

Lampardopoulou 36, T 27 95 03 15 71, www.arxontikodeligianni.gr, DZ €

Im Wald an der Schlucht

Koustenis Village: Das nahe dem Wasserkraftmuseum gelegene Feriendorf eines Athener Speiseeisfabrikanten steht auf einem 5 ha großen Grundstück über der Loúsios-Schlucht. Die 35 modernen Zimmer verteilen sich auf Natursteinhäuser, die Suiten verfügen über einen Kamin.

Dimitsána, T 27 95 03 14 45, www.koustenisvillage.gr, DZ/F €–€€

ERKUNDUNG DES LOÚSIOS-TALS

L

Autofahrer können das Tal an einem einzigen Tag (ab/bis Dimitsána: ca. 85 km) genießen. Nach einem Abstecher zum **Kloster Emialón** geht es am Wasserkraftmuseum abwärts nach Paleochóri, von dort oberhalb des Tals zum **Kloster Filosófou.** Dort wendet sich die Straße von der Schlucht ab und führt über die Bergdörfer Márkos und Zatoúna zurück nach Dimitsána. Danach geht es in Richtung Stemnítsa. 6 km nach Dimitsána und 1 km vor Stemnítsa fahren Sie beschildert zum **Kloster Pródromou** und von dort weiter zum antiken **Gortys.** Bergan geht's hoch nach **Ellinikó** und auf ausgebauter Straße weiter nach **Karítena** und **Megalópoli** oder zurück nach Dimitsána.
Auch eine Kombi aus Autofahrt und Wandern ist möglich: das Auto vom Dorf Ellinikó kommend an der Kirche **Metamórfosi tou Sotíros** parken, von dort den steil geschwungenen Weg zum **Kloster Pródromou** (ca. 700 m) nehmen oder nach Süden zum antiken **Gortys** (ca. 2 km) wandern.

Essen

An Wochenenden am besten
To Stéki tis Géfsis: Das kleine und anheimelnde Lokal serviert an Werktagen nur wenige Gerichte, bietet dafür an Wochenenden auch ländliche Gerichte mit Wildschwein, Reh und anderem Wild.
Lampardopoulou, T 27 95 93 14 24, www.tostekitisgefsis.gr, Mi–Mo ab 12.30 Uhr, €€

Stemnítsa

D/E5

ΣΤΕΜΝΙΤΣΑ, Στεμνίτσα
In dem auch Ipsoús genannten Dorf (400 Einw.) lebten vor dem Zweiten Weltkrieg über 4000 Einwohner. Die alten Natursteinhäuser in Stemnítsa sind erhalten geblieben, die Menschen jedoch fortgezogen. Inzwischen wurde ein Teil der Bauten restauriert, an Wochenenden herrscht reges Treiben im Ort.

Die Stadt der Silberschmiede
Das **Folklore-Museum** (Laografikó Mousío) an der Hauptstraße erzählt von alten Zeiten, als in Stemnítsa Glocken gegossen und an einer Fachhochschule Gold- und Silberschmiede ausgebildet wurden. Übrigens: Zwei Silberschmiede betreiben bis heute an der Hauptstraße kleine Ladenateliers. In der im Ort ansässigen Fachschule wird das Handwerk inzwischen wieder gelehrt.
Folklore-Museum: T 27 95 08 12 52, www.stemnitsamuseum.gr, vorübergehend geschl.

Schlafen

Luxus mal sehr stilvoll
Trikolonion Country: Gediegener Luxus im englischen Landhausstil im Natursteinhaus, das bis 1954 eine Mädchenschule war. 18 Zimmer und Suiten, Restaurant, kleiner Wellness-Bereich.
Agias Paraskevis, T 27 95 02 95 00, www.trikolonioncountry.gr, DZ/F €€–€€€

Essen

Selbstangebautes
To Láthos: Wie es wohl zum Namen »der Fehler« kam – obwohl hier doch alles richtig gemacht wird. Selbstangebautes Gemüse auf den Tisch sowie eine in der

Region hergestellte würzige Bratwurst werden serviert. Beliebt ist auch das zartschmelzende Tomaten Beef Stew. Großer Garten zum Toben für die Kleinen.
E.O. Dimitsanas–Karkalous (Hauptstraße), T 27 95 03 17 09, Fr–So ab 12 Uhr, €€

Einkaufen

Handgeschmiedete Kunst

Archetypo Jewelry: Stemnítsa pflegt eine jahrhundertelange Tradition im Feinschmieden. Mit Silber kennt man sich hier aus. Andere Kollegen halten ihre Werkstätten ebenfalls an der Straße.
Pelopida (Zentrum), T 27 95 08 13 12, tgl. 10–14, 17–21 Uhr

Karítena

D6

KAPITAINA, Καρίταινα
Das weitläufige Dorf (270 Einw.), das sich aus dem Tal über 2 km bis zur Burgruine in 535 m Höhe hinaufzieht, ist Griechen besonders als Geburtsort ihres Freiheitshelden Theodoros Kolokotrónis (1770–1843) bekannt. Er übernahm 1821 zusammen mit Unabhängigkeitskämpfern das 1254 unter den Franken erbaute **Kástro Kariténas** als Stützpunkt. Mit großen Waldameisen steigt man den steinigen Weg in steilen 15 Min. hinauf. Lässt man sich am Eingang nicht von der Warnung »Betreten auf eigene Gefahr« abschrecken, genießt man hier eine absolut großartige Rundumsicht in rauschendem Wind.

Idylle bei Leben und Tod

Nur wenige Schritte vom Parkplatz im Dorf entfernt befindet sich die ehrwürdige byzantinische **Kirche Ágios Nikólaos** oberhalb des von Zypressen umrahmten Dorffriedhofs. Zypressen als ›Lebensbäume rahmen auch den alten Friedhof der **Kirche Zoodóchou Pigís** etwas außerhalb – eine wahre Idylle! Der Bau stammt ursprünglich aus dem 14. Jh. und wurde im 16. Jh. neu errichtet.

Das Neue überdeckt das Alte

Weiter unten im Tal an der Straße Richtung Megalópoli versteckt sich unterhalb der modernen Straßenbrücke über den Álfios eine sechsbogige Brücke aus der Kreuzritterzeit (13. Jh.) mit dem schlichten Namen **Paliá Géfira Alefioú Karítenas,** die – um inzwischen recht morsche Holzbohlen ergänzt – noch immer über den Fluss führt.

Schlafen

Gut und preiswert

Vrenthi Guesthouse: Die junge Wirtin Vicky und ihre freundliche Mutter vermieten neun ordentliche, sehr saubere Zimmer in einem Natursteinhaus.
E.O. Karitenas–Stemnitsas, Rezeption im Café Vrénthi 70 m weiter, T 27 91 03 16 50, www.vrenthi.gr, DZ/F €

Mitten im Ort und im Grünen

Hotel Pelasgos: Modern, elegant und doch im traditionellen Stil eingerichtete Zimmer mit Balkon. Die Häuser der Anlage sind neu, aber im alten Stil mit Naturstein verkleidet. Gutes Frühstücksbuffet.
Abzweig an der Hauptstraße unterhalb von Karítena, T 27 91 03 14 90, www.pelasgoshotel.gr, DZ/F €–€€

Essen

Die alte Taverne

To Kástro: Sehr gute regionale Küche. Sollte das Lokal geschlossen sein, isst man im Ort Souvláki bei der Kantina, snackt im Kafenío oder fährt bis nach Megalópoli.
E.O. Karitenas–Loutron Ireas (am Parkplatz), T 27 91 03 11 13, Di–So ab 11 Uhr, €–€€

Megalópoli

E6

ΜΕΓΑΛΟΠΟΛΗ, Μεγαλόπολη
Im weiten Hochtal wirkt Megalópoli mit nur etwa 5000 Einwohnern wie eine richtige Stadt, ist jedoch ein Beispiel für ungeschönte griechische Wirklichkeit. Auf dem Reißbrett entworfen, mit einer zentralen Platía, ausreichend Platz, Bürgersteigen neben den Straßen (sonst keine Selbstverständlichkeit) ist die Funktionalität gewährleistet. Im Sommer kann man in den Abendstunden auf der Platía Iroón kostenlos Konzerten erleben und wunderbar das Treiben der ›Großstädter‹ beobachten.

Antike in Schall und Rauch

Die ›Große Stadt‹ – das bedeutet ihr Name – entstand 371 v. Chr. durch die Zusammenlegung von 40 kleinen Poleís, doch schon im 2. Jh. lag sie größtenteils in Trümmern. Am Stadtrand befinden sich in den Feldern nahe der Straße nach Karítena die spärlichen Überreste des **antiken Megalópolis.** Archäologen legten acht Reihen eines 50 Sitzreihen umfassenden Theaters frei – Platz für bis zu 20 000 Zuschauer. Vor dem Theater ist der Grundriss des Thersileions erkennbar, das im 4. Jh. v. Chr. als Versammlungssaal des Arkadischen Bundes diente. Noch am eindrucksvollsten sind die Baureste der 155 m langen Nord-Stoá der antiken Agorá, die wieder rekonstruiert werden soll. Besichtigungen sind nur gelegentlich möglich; doch der Zaun ist teils löchrig. Aus den oberen Zuschauerreihen bietet sich ein bizarrer Anblick: Hinter den betagten Ruinen steigen die Rauchschwaden der Moderne empor.

S

SCHLOTE RAUCHEN

In Megalópoli leben fast alle Einwohner von einem der größten Arbeitgeber des Landes: der staatlichen Elektrizitätsgesellschaft DEI. Die ständig qualmenden Schlote der vier Kraftwerke ragen an vielen Tagen aus einer gelben Dunstwolke über der Stadt heraus. Hier wird der Strom für den ganzen Peloponnes erzeugt. Die Braunkohle stammt größtenteils aus einem Tagebau in der Nähe (s. S. 255).

Leondári

E7

ΛΕΟΝΤΑΡΙ, Λεοντάρι
Ein Ausflug lohnt in das zur Gemeinde Megalópoli gehörende, wenige Kilometer entfernte **Leondári** (260 Einw.) am nördlichen Fuß des Taígetos-Gebirges, fast an der Grenze zu Lakonien. Einst gab es hier eine **mittelalterliche Burg,** am Nordhang können Sie die Ruinen erkunden. Bis zum Ende der osmanischen Herrschaft blühte der Ort, doch unter den Türken wurde die **Kirche Ágii Apóstoli** in eine Moschee umgewidmet. Heute wird der Bau aus dem 14. Jh. an der großen, gepflasterten Platía nachts mit Scheinwerfern angestrahlt. Antike Säulen stützen die Vorhalle, der Stumpf rechts trug einst das Minarett, darüber thronen zwei byzantinische Kuppeln.

Essen

Aus einer anderen Zeit

Allotinó: Seit 2009 führen Maria und Nikoletta Smyrni die bestimmt beste Taverne der Gegend. Drinnen hängen Bilder aus alter Zeit, draußen, unter Maulbeerbäumen gegenüber der Apostel-Kirche, ist es an Sommerabenden schwer, einen Tisch zu bekommen. Die Qualität der Grillgerichte

Lieblingsort

Wurzelloser Weltenbaum

Begrünte Dächer in der Stadt sind vielleicht ein symbolischer, bestimmt aber ein heilsamer Trend für ein besseres Klima. Die Steineichen auf der **Kapelle Agía Theodóra** 7 km südlich vom Dorf **Vastás** (📍 D 6, 20 km westl. von Megalópoli) hingegen waren so nie geplant. Mit Regeln der Statik lässt sich nämlich nicht nachvollziehen, warum das Gewicht das Dach nicht eindrückt, wie die Wurzeln aus dem Boden aufsteigen. Den Legenden über die hl. Theodora ist das Motiv des Identitätstausches gemeinsam, der trotz des Wechsels ins privilegierte Geschlecht ein jähes Ende nimmt: Theodora war gezwungen, sich als Mann auszugeben. Eine Schwärmerin beschuldigte sie, also ›ihn‹, sie geschwängert zu haben, woraufhin ›er‹, also sie, zum Tod verurteilt wurde. In der Nacht vor der Hinrichtung habe sie gebetet, zu einer Kirche zu werden – ihre Haare zu Bäumen, ihr Blut zu Wasser. Auf wundersame Weise erfüllte sich der Wunsch: Sogar Wasser plätschert unterhalb der Besucherplattform.

und *magireftá* (Schmorgerichte) hat sich herumgesprochen.

E.O. Megalopolis–Kamaras, T 27 91 06 16 00, Mi–Mo 10.30–16, 18.30–23.30 Uhr, €€

Leonídio

G7

ΛΕΩΝΙΔΙΟ, Λεωνίδιο

Leonídio (3200 Einw.) liegt eingebettet in ein Halbrund aus beeindruckenden kräftig roten Felswänden. Zwischen ihnen öffnet sich die **Dafnón-Schlucht** des Párnonas-Gebirges zu einer kleinen, mit Ölbäumen bestandenen Küstenebene, in der viel Gemüse angebaut wird. Der Ort ist besonders für Auberginen bekannt; in den Geschäften entlang der Hauptdurchgangsstraße kann man Magnete und niedliche Souvenirs erstehen sowie süß eingelegte Aubergine *(gliká tou koutalioú)* probieren.

Nicht nur Traditionelles findet man in dem umfassend renovierten Ort. Seine Natursteinhäuser mit ungewöhnlich dicken Mauern haben zumeist farbig umrahmte Fenster und stehen in kleinen, teils verwildernden Gärten. Mittlerweile hat sich hier eine junge, kreative Szene niedergelassen. Aber auch Kletterer wissen die herrliche Lage zu schätzen.

Einen sauberen, 4 km langen Kiesstrand findet man beim 3 km entfernten Küstenort **Pláka.** Gut für ein paar Badetage sind auch die Orte **Poúlithra** im Süden oder **Paralía Tiroú** im Norden.

Kultiges Kletterzentrum

Für Rock Climber ist Leonídio das Paradies. Über 1000 Routen stehen an den Felswänden der Umgebung zur Auswahl. Jedes Jahr im Oktober oder November, wenn die Temperaturen wieder auf menschliches Maß gesunken sind und der im Sommer ausgetrocknete Fluss Dafnón wieder Wasser führt, reisen Kletterer aus aller Welt an, um während des **Climbing Festivals** zu klettern, zu tanzen und sich beim Yoga zu quälen.

Schlafen

Ferienwohnung

Leonidio Rocks: Funktional eingerichtete Zwei- oder Dreibettzimmer mit Dusche, Aircondition, voll ausgestatteter Küche und Garage, aber ohne jeden Schnickschnack sonst. Freundliche Gastgeber.

Leonídio, Hauptstraße nördl. des Dafnón, T 69 73 25 58 05, DZ €

Unerwarteter Luxus

Smýros Resort: 44 Zimmer in dreigeschossigen Natursteinhäusern bieten Komfort in dieser abgelegenen Region. Alle haben einen Balkon mit Blick auf den Strand und die roten Felswände hinter dem 8 km entfernten Leonídio.

Poúlithra, T 27 57 05 12 00, www.smyros resort.gr, DZ/F €€

Grundsolide

Byzantínon: Drei geräumige Studios sowie acht hochwertig möblierte Apartments in romantischem Natursteinstil, ca. 170 m

M

EIN BISSCHEN MEER

Arkadien hat, wie es sich für Griechenland gewissermaßen gehört, ein Stück Meer abbekommen. Entlang der Ostküste, am Argolischen Golf, liegen ein paar teils lange, teils kleine Buchten säumende Strände. Viel Trubel gibt's nicht. **Kynouría** war in der Antike der Name der Landschaft, die auch den nordöstlichen Teil des Párnonas-Gebirges umfasst. Im Hinterland befinden sich Klöster und antike Stätten.

vom Strand entfernt, super Matratzen, geräumige Tiefgarage.

Poúlithra Leonidion, T 27 57 05 12 20, www.byzantinonhotel.gr, DZ €–€€

Essen

Mehr als nur Küche

Panjika Cooperative: Die coole Kooperative gibt jedes Jahr einen toll designten Climbing Guide heraus, den man neben Fair-Trade-Produkten und Kletterequipment erwerben kann. Dazu gibt es auch regionale Mezédes, guten Kaffee, hausgemachte Kuchen. Regelmäßig Livemusik und Ausstellungen.

Leonídio, Zentrum, T 27 57 02 31 15, www.panjika.org, tgl. ab 9 Uhr, €€

Nette Lage am Hafen

Michalis-Margaret: Griechische Taverne direkt am Wasser, sehr freundliche Wirtsleute.

Pláka, Hafen, T 27 57 02 23 79, tgl. ab 12 Uhr, €–€€

Strandtaverne wie ein Traum

Myrtoon: Schicke Strandtaverne, hervorragende Küche zu guten Preisen. Der Bauernsalat (ca. 7 €) wird mit eingelegten Kapernzweigen serviert, Hummer gibt's für 70 €/kg.

Poúlithra Leonidion, Uferstraße, T 27 57 05 13 39, www.myrtoon.gr, tgl. ab 12.30 Uhr, €€

T

TSAKONÍA

Leonídio ist nicht nur der Hauptort der Region **Kynouría**, sondern auch der Tsakonía, einer ebenfalls historischen Landschaft, in der viele ältere Leute noch des Tsakonischen *(Tsakonikí diálektos)* mächtig sind. Diese sonst nirgendwo verstandene Sprache gilt als Relikt eines antiken dorischen Dialekts – des einzig erhaltenen. Neu herausgegebene Kinderbücher tragen dazu bei, dass er nicht in Vergessenheit gerät.

Bewegen

Wandern im hohen Rot

Walk4fun – climb2red: Sarántos Dolianítis bietet verschieden anspruchsvolle Wander- und Klettertouren für Gruppen an. Auf der Website sind die Aktivitäten terminiert. Auf den roten Felsen klettern Sie etwa 2 Std. für ca. 15 €.

E.O. Leonidiou–Kosma (Hauptstraße), T 27 57 02 24 22, walk4fun.gr

Infos

- **www.climbinleonidio.com:** Website über das Climbing Festival, mit Unterkünften der Region.

Paralía Tiroú

G7

ΠΑΡΑΛΙΑ ΤΥΡΟΥ, Παραλία Τυρού

Die neue Strandsiedlung von Tirós, zieht sich im Viertelkreis über 1700 m an einer sichelförmigen Hafenbucht entlang. Der Ort **Tíros** wirkt sehr traditionell; vor vielen Häusern stehen alte Maulbeerbäume. Der Blick reicht über den Golf bis in den Süden der Argolischen Halbinsel. An der Küste spielt sich das Leben auf der Uferstraße ab, die parallel zum schmalen Kieselsteinstrand verläuft. Vor 60 Jahren standen hier etwa 15 Häuser – mangels Straßenanbindung wurde sämtlicher Verkehr mit Náfplio und Piräus über den Hafen im Süden der Bucht abgewickelt.

Das Wasser ist glasklar und fällt an zahlreichen Stellen tief ab. Die kleinere

Badebucht **Tigáni** schließt gleich nördlich an den Ort an. Nur zu Fuß und in etwa 30 Min. zu erreichen ist der traumhaft gelegene **Mýloi Beach.** Vor allem in der noch warmen Nebensaison empfiehlt sich Paralía Tiroú als ruhiger Badeort; im Juli/August ist er besser besucht.

Schlafen

Sehr zentral

Oceanis: 16 Zimmer in einem zweigeschossigen Haus, alle zumindest mit partiellem Meerblick. Akzeptabel für eine Zwischenübernachtung.

Paralía Tiroú, Uferstraße, T 27 57 04 12 44, www.okeanishotel.gr, DZ €

Grüne Oase

Studios Kyparissi & Spa: Im Bergdorf Sapounakéika oberhalb von Paralía Tiroú gibt es moderne Studios im Grünen mit schönem Meerblick. Im zugehörigen Garten kann man entspannen, es gibt auch ein Spa mit Sauna und Yogakurse (s. S. 174).

Sapounakéika, T 27 57 04 16 68, www.studios-kyparissi.eu, DZ €€

Essen

Beste Küche, schöner Ausblick

To Konátsi: Liebevoll dekorierte Taverne mit Terrasse und schönem Ausblick auf das Meer. Herausragende Salate (Tipp: *saláta tou spitioú* – Haussalat) und die wohl besten Lammkoteletts der Region, auch ein gutes Kaninchen-Stifádo. Alle traditionellen Gerichte haben den richtigen Kniff.

Sapounakéika, Platía,T 27 57 04 13 21, tgl. ab 9 Uhr, €€

Auf Tsakonisch heißt der Ort Tíros übrigens Teré. In der alten Stadt zwischen Párnonas-Gebirge und Myrtoischem Meer wird dieser Dialekt aber kaum noch gesprochen.

Ástros

G6

ΑΣΤΡΟΣ, Άςτρος
Ob aus Richtung Náfplio oder Leonídio kommend, die Straße teilt sich kurz nach Erreichen der überwiegend von Ölbäumen bestandenen Küstenebene. Bleibt man auf der Hauptstraße, gelangt man in das 3 km landeinwärts gelegene Ástros (2350 Einw.). Auf der anderen Seite geht es an einem langen Feinkiesstrand entlang zum Hafen von **Paralía Ástroús,** den eine 1825 errichtete Burg auf niedrigem Kap überragt. Dort finden sich in alten Gassen Tavernen und Beach Bars in den Fußgängerzonen vorm Strand. Im Hochsommer finden gelegentlich Konzerte und Aufführungen im Open-Air-Theater unterhalb der Burg statt.

Bunte Mosaike

Weiß getünchte Mauern umgeben das Kloster **Moní Loukoús,** Arkaden säumen den blumenreichen Innenhof des stattlichen Baus. In die Mauern der Klosterkirche sind bunte Keramikteller und antike Spolien eingemauert, in einer der Arkaden-Nischen sitzt eine kopflose römische Statue. Bunte Mosaike bedecken den Boden der mittelalterlichen Kirche, die Fresken (17. Jh.) sind gut erkennbar.

3 km westlich, geöffnet Sonnenauf- bis Sonnenuntergang, 14–17 Uhr Pause

Römischer Sommerpalast

Nördlich vom Loukoús-Kloster wurden die Grundmauern eines großen Gebäudes aus dem 2. Jh. freigelegt, das ein gewaltiges Schutzdach erhalten soll. Der Komplex soll der **Sommerpalast des Herodes Atticus,** eines reichen Römers des 2. Jh., gewesen sein, der Griechenland viele Wohltaten erwies. Unter anderem stiftete er das Odeon, das noch heute für die Athener Festspiele genutzt wird. Auf der anderen Seite, hinter dem Kloster, spannt sich ein Aquädukt über ein Tal, der wohl die Villa mit Wasser versorgte.

Vorgelagertes Feuchtgebiet

In Richtung Meer speisen zwei Flüsse das Feuchtbiotop im Naturschutzgebiet **Límni Moustoú** mit Süßwasser, ein Kanal lässt auch Meerwasser eindringen. In der Antike war das Naturareal Teil einer Meeresbucht mit zwei vorgelagerten Inseln: dem Fels Cheronísi im Süden und der Festung am Kap von Paralía Astroús. Bis zum **Cheronísi-Fels** kann man heute fahren (4 km), von hier zieht sich ein schmaler Strand aus Sand und Kies nach Norden bis zum Hafen am Kap. Den nördlichen Abschnitt am Kap säumen Hotels und Tavernen, die Paralía Cheronísi ist einsamer, aber auch dort gibt es eine nette Strandtaverne.

Im Párnonas Kosmás

G8

ΚΟΣΜΑΣ, Κοσμάς
Das Dorf 30 km östlich von Leonídio im Bergland duckt sich in den Schatten riesiger Kastanienwälder.

Scheinbar unerreichbar

Bei der Fahrt durch die **Dafnón-Schlucht** scheint das blendend weiße Kloster **Moní Elónis** unerreichbar in der roten Felswand zu kleben. Doch eine 200 m lange Stichstraße führt direkt bis vors Tor. Unter überhängenden Felsen kommen Sie auf den Hof, steigen zur Klosterkirche hinunter. Dort zeugen viele von Gläubigen gestiftete Öllampen davon, dass ihre Gebete erhört wurden. Die wundertätigen Ikonen sind mit Oklad – getriebenem Silberblech – bedeckt, das nur Gesicht und Hände der Heiligen offenlegt. In das Metall sind die nun verdeckten Szenen der Ikone ziseliert. Von der Kirche führen ein paar Stufen in eine Grotte, wo eine Quelle entspringt. Das Quellwasser wird durch eine Pumpe gefördert, sodass Gläubige das segensreiche *agiásma* (›heiliges Wasser‹) mit nach Hause nehmen können.

14 km östl. von Kosmás, 16 km westl. von Leonídio, tagsüber geöffnet

Bergdorf als Standquartier

Das Dorf **Kosmás** gelangte einst zu Wohlstand durch die Fertigung von Webstuhlkomponenten, die ins gesamte Osmanische Reich exportiert wurden. Heute zählt es nur noch 580 Einwohner und sucht sein Heil im Tourismus. Viele Griechen wählen das Dorf als Standort für Touren mit geländegängigen Fahrzeugen durch die Bergwelt des Párnonas. Schön ist ein Bummel durch den Ortskern mit einem **Volkskunde-Museum** (Laografikó Mouseío) an der Ausfallstraße nach Norden.

Schlafen

Ganz auf der Höhe

Ouranogiton: Romantische, gepflegte Zimmer und reichhaltiges, traditionelles Frühstück in der Anlage aus Naturstein am Ortsrand. Fantastische Aussicht von den Balkonen aus über 1150 m Höhe. Ortsmitte fußläufig zu erreichen.

An der E.O. Leonidio–Kosma (Hauptstraße) kurz vorm Ortseingang, T 27 57 03 14 90, ouranogeiton.gr, DZ/F €€

Essen

Preiswert zum Leute-Gucken

Navarchos: Unter Platanen genießt man einfache griechische Küche und kann auch die Ziegenbrühe Gída probieren.

Kosmás Platía, tgl. ab 12 Uhr, T 27 57 03 14 89, tgl. ab 11 Uhr, €

Kastanítsa

G7

ΚΑΣΤΑΝΙΤΣΑ, Καστάνιτσα

Die Fahrt bis Kastanítsa (400 Einw.) ist nur knapp 60 km lang, zauberhaft aussichtsreich, dauert aber über 2 Std. Durch Kastanienwälder, in denen im Oktober von den Bäumen gefallene Maronen dichte Teppiche bilden, senkt sich die Straße in das schönste Bergdorf des Párnonas auf 840 m Höhe mit viel traditioneller Architektur. Die meisten Häuser sind aus Naturstein erbaut und mit schweren Schieferschindeln gedeckt.

Kastanitsa wird schon Ende des 13. Jh. als Dorf der Tsakonier erwähnt. Ihr Name könnte eine Abwandlung von ›Lakonier‹ sein, die im 6. Jh. vor den slawischen Invasionen in den Párnonas flüchteten. Ihr Dialekt hat sich vage erhalten, mehr aber noch der regionale, antike Tanz, den beispielsweise der Tanzclub Trípolis (Choreftikós ómilos Trípolis) regelmäßig beim Festival in Epídavros zeigt.

Essen

Alles aus der Region

O Liakoúris: Die Taverne von Ilías Palladás ist gleichzeitig ein Pandopolío, hier werden regionale Landwirtschaftsprodukte verkauft. So wird auch gekocht, nach traditionellen Rezepten mit lokalen Zutaten, z. B. geschmorter Hahn mit Ofenkartoffeln.

Kastanítsa, Hauptstraße, 130 m nördlich vom Besucherparkplatz, T 27 55 05 22 93, €

Lokale Leckereien

I Nostimiés tis Sofías: Im Dorf Ágios Pétros (s. S. 173), gute Hausmannskost dörflicher Art, überwiegend lokale Produkte und Fleisch von der Ziege.

Àgios Pétros Arkadiás, Platía, T 27 92 03 13 19, tgl. ab 9 Uhr, €€

TOUR
Geneigtes Gebirge

Mit dem Auto durch den nördlichen Párnonas

Infos

F/G 6/7

Start/Ziel: Ástros
Länge: Rundtour, 90 km,

Einkehren: In Ágios Pétros und Kastanítsa (s. S. 171)

Info zur Berghütte am Megálo Toúrlo: www.eosspartis.gr (nur gr.), T 27 31 02 25 74 (auch engl.)

Zur Erkundung der reizvollen Gebirgsregion des Párnonas bietet sich eine Tages-Rundtour im Norden des Massivs bzw. in der Region Kynouría (s. S. 167, 168) an, die von Ástros an der Küste über Ágios Pétros (34 km) und rund um die höchste Erhebung, den Megáli Toúrla, zurück nach Ástros führt. Wer nicht die ganze Rundfahrt unternehmen möchte, fährt von Ágios Pétros aus weiter nach Norden und stößt auf die Nationalstraße nach Náfplio (s. S. 179).

Eine Nonne spricht Deutsch

Von der Hauptstraße Richtung Ágios Pétros führt, nahe dem Dorf **Elinikó**, eine kurze Asphaltstraße zum Frauenkloster **Moni Palaiopanagiás** (Μονή Παλαιοπαναγιάς), in dem noch einige Schwestern wohnen. Eine von ihnen lebte bis 1982 in Hannover und spricht etwas Deutsch. Schön sind die versteckte Lage in einem Talschluss und der Innenhof mit der einfachen Kirche von 1812.

Direkt aus dem Paradies

Nach weiteren 25 kurvigen Kilometern ist das schon in byzantinischer Zeit gegründete Frauenkloster **Moní Panagía Malevís** (Μονή Μαλεβής Αρκαδίας) auf 950 m Höhe ein gutes Beispiel dafür, wie Wille und Eifer den Wohlstand eines Konvents mehren können: Als die Nonnen das Kloster 1949 wiederbelebten, lag es in Ruinen, heute hingegen gleicht es einem Palast. In dem riesigen zweigeschossigen Gebäudekomplex leben je-

doch nur etwa 14 Schwestern – der überwiegende Teil der Anlage sind Pilgerunterkünfte. Manche Gläubige bleiben auch eine Nacht und erbitten Beistand von der Gottesmutter. Sie ist in der Klosterkirche in Gestalt einer Ikone präsent, die vom Evangelisten Lukas gemalt worden sein soll. Seit April 1964 sondert sie eine harzartige, ungemein wohlduftende Substanz ab, die einer Vision der Nonnen zufolge direkt aus dem Paradies stammt.

Die Straße von Ágios Pétros nach Norden passiert bei Mesorráchi das alte Kloster Timíou Pródromou, das sich malerisch an die Felsen klammert.

Kulinarische Entdeckungen

Das Dorf **Ágios Pétros** (950 Einw.), 7 km weiter, zieht sich über 1 km an einem Hang entlang, der dicht mit Nuss-, Kastanien- und Olivenbäumen bestanden ist. Zwischen den obersten und untersten Häusern liegen über 200 m Höhendifferenz, entlang der Dorfstraße ragen aus den rot gedeckten Häusern die hohen Kuppeln zweier Kirchen hervor. Am Dorfplatz servieren gute Tavernen regionale Küche. Im Feinkostladen To Agiopetrítiko an der Platía kann man hausgemachte regionale Spezialitäten wie *pastó* (eingekochtes Schweinefleisch) und *katsikisía féta* (Feta nur aus Ziegenmilch) probieren und kaufen.

Dem Gipfel entgegen

Kurz vor Ágios Pétros steigt eine Straße anfangs durch Misch-, dann durch Tannenwälder zum fast 2000 m hohen Felsmassiv der **Megáli Toúrla** an. Königskerzen und Disteln, Ginster und Farne gedeihen im Überfluss. 12 km weiter führt eine Stichstraße nach rechts zu einer Berghütte auf 1420 m Höhe hinauf. Hier beginnt ein markierter Wanderweg, der in etwa 2,5 Std. eine Hochebene unterhalb des Gipfels erreicht, wo ein Pfeil letztmals den Weg zum etwa 350 m höher gelegenen Gipfel weist.

Für den Aufstieg zum **Megálo Toúrla** kalkulieren Sie mind. 6 Std. reine Gehzeit; **Übernachtung** dann am besten in Ágios Pétros.

Das Dorf der Kastanien

Wer nicht auf den Toúrla klettern will, fährt von Ágios Pétros kurvenreich (und langsam) durch wilde Berglandschaft nach Süden zum Dorf **Vamvakoú.** Die letzte Station ist das Kastaniendorf **Kastanítsa** (s. S. 171) auf 840 m Höhe. Von dort aus geht es Richtung Ágios Andréas in 30 km wieder zur Küste zurück.

Zugabe

Umwelthelden hoch über dem Strand

Ein Refugium mit Kibbuz-Atmo

Am großen Tisch im Garten lädt Angelikí Papadátou auf eine ungesüßte Zitronenlimo ein, dann huscht sie ins Haus, um sich umzuziehen. Unten auf der Veranda ihres Hotels Kyparissi warten Urlauberinnen auf ausgerollten Matten, dass die Yogastunde beginnt.

Sie und ihr Mann Níkos Antóniou wagten 2016 einen beträchtlichen Schritt in eine ungewisse Zukunft: Das Paar zog von Baden-Württemberg ins arkadische Dorf Sapounakéika, oberhalb des Badeorts Paralía Tiroú. Freilich gab es für die umgekehrte Migration ins ökonomisch instabile Griechenland einen guten Grund: Níkos Mutter musste altersbedingt Haus samt Ferienunterkunft aufgeben. »Wir wollten das Schiff nicht einfach sinken lassen«, erklärt Angelikí. Ihr Anwesen liegt am steilen Hang, halb im Wald, der sich oberhalb des Grundstücks weiter in die Höhe streckt – mit steinernem Landhaus und, eine Terrasse weiter unten, den Gästehäusern.

Sie, gelernte Tänzerin, er, Architekt, haben sich in den Kopf gesetzt, den Ort noch paradiesischer zu machen. Die Voraussetzungen waren ohnehin nicht schlecht. Denn da ist sie endlich: die beseelte Abgeschiedenheit, die bei überarbeiteten Menschen ganz oben auf der Wunschliste steht. Orangen und Ölbäume, überhaupt die immergrünen Zypressen erinnern an legere Tischgesellschaften aus Filmen, die in Südfrankreich spielen.

Die kultivierte Naturidylle um Sapounakéika hat dauerhaft ein paar Westeuropäer angezogen, die sich hier ihren Platz an der Sonne eingekauft haben. Bei wolkenlosem Himmel unternehmen Teilzeit-Einheimische und Urlauber ausgiebige Wanderungen in den Wald. Angelikí läuft manchmal mit und zeigt, was da so alles wächst und gedeiht. Auch hat Níkos an den Felsen oben im Wald von Fachhand sechs Kletter-Routen abstecken lassen. Zwei leichte kraxelte schon sein 9-jähriger Sohn. »Man muss kein Profi sein, um zu klettern«, versichert er.

Jetzt steht er im Hühnerstall im Garten, hält kurz inne, prüft die Futterstelle und das Nest. Häufig gibt's zum Frühstück frische Eier für die Gäste, sowie Gemüse und Obst aus dem Garten. Das Brot aus dem Holzofen wird von den Frauen aus dem Dorf, Honig und Käse von lokalen Herstellern gebracht. Den Gästen, derzeit viele junge Familien aus Athen, wird in

»Wir wollten das Schiff nicht einfach sinken lassen«, erklärt Angelikí.

den modisch-minimalistische Studios mit Meerblick Komfort geboten.

Aber reiner Dienstleistungskonsum ist hier nicht; stattdessen ein bisschen Kibbuz-Atmo: Draußen, neben dem Bücherregal für alle stehen im Gemeinschaftskühlschrank selbst gemachte Marmeladen und Getränke – die Blechdosenkasse baumelt am Griff.

An die Zimmertüren hat Angelikí selbstgenähte Taschen gehängt, darin: leere Flaschen. Die können die Gäste mit frischem Quellwasser auffüllen. »So spart man Plastikflaschen«, sagt sie – banal, doch besonders! Denn ökologisches Bewusstsein steckte lange in den Kinderschuhen, jeder Grieche erzeugte um 2004 fünfmal mehr Plastikmüll als andere EU-Bürger. Doch seit 2022 sind auch hier Einwegkunststoffe verboten, soll ein Recycling-System für Plastikflaschen entstehen.

Das ökologische Engagement der beiden endet nicht an der Grundstücksgrenze: Angelikí hat versucht, im Dorf eine Mülltrennung zu etablieren. Die Gemeinde bietet es nicht an. Auf dem kleinen Marktplatz in Sapounakéika und im Badeort Tíros hatten sie und Níkos Tonnen für Plastikflaschen aufgestellt, das Plastik fuhren sie selbst zur nächsten zentralen Sammelstelle. Doch dann wurde ihre Aktivität durch die Gemeindeverwaltung boykottiert.

Dabei gibt es, meint Angelikí, »noch viel größere Probleme zu lösen«. Aufgeben kommt aber erst mal nicht infrage, stattdessen versucht sie, mit ihren Mitstreitern eine Kooperative zu gründen. Denn sie weiß: Auch wenn es schwer fällt, ändern muss sich etwas.

Studios Kyparissi: Sapounakéika bei Tíros, T 69 88 37 67 16 o. +49 17 41 87 28 18, www.studios-kyparissi.eu. ■

Unterm Sonnensegel die Krone des Kopfes gen Himmel ziehen: Angelikí Papadátou zeigt eine Yogagrundübung.

Argolída und Korinthía

Im Nordosten — erstaunen pittoreske Hafenstädte, dazu viel Antike, Genusstouren durch Weinareale und Streifzüge durch vulkanische Landschaften. Erholung bieten Sonnenbäder an den stillen Stränden der Ostküste.

Seite 179

Náfplio

Die schönste Altstadt des griechischen Festlands wird gleich von zwei Burgen überragt. Museen, Tavernen, kleine Hotels und viele Geschäfte beleben die Gassen der Hafenstadt. Alles toll beim Blick auf den Boúrtzi-Turm, der vorm Uferkai im Wasser schwimmt.

Seite 194

Trizína

In der Teufelsschlucht beim antiken Troizen führt eine natürliche Brücke zu Wasserbecken im tiefen Flusstal. Unter heißer Sommersonne sorgen sie für frische Momente.

Machen die Griechen aus Trauben nur Wein?

Eintauchen

Seite 197

Epidaurus

Ein sommerlicher Theaterabend unterm Sternenhimmel bleibt unvergesslich. Aber auch tagsüber staunen Sie über die Ausgrabungen des antiken Kurorts Epidaurus. An der Küste sorgen die Badeorte für gute Laune.

Seite 196

Portochéli

Der größte Hafenort der Halbinsel Argolída im Süden verschenkt griechisches Flair: etwas verschlafen, doch sehr ursprünglich. Und man kann noch weiter ins Abseits, ins Glück, fahren: zur vorgelagerten Insel Spétses.

Seite 202

Méthana

Geologen vermuten aktive Magmakammern unter der Halbinsel – man lebt hier sozusagen mit Feuer unter dem Allerwertesten. Sie fahren zu Dörfern auf alten Lavazungen oder ersteigen den jüngsten Vulkan bei Kaméni Chóra. Die Asche waschen Sie am Vathí Beach ab.

Seite 215

Kórinthos ✪

Die Säulen der antiken Handelsmetropole. Auf den Burgberg schaffen es nicht viele, aber der Kanal ist ein Muss!

Seite 206

Mykene

Vor dem Löwentor der ältesten Burg Europas standen auch die Helden Homers. Nur die Gräber der Könige blieben.

Seite 212

Weinstraße ab Neméa

Zwischen Neméa und Kiáto laden Kellereien zu Verkostungen ein.

&

Seite 227

Bleiben oder gehen?

Sofía in der Beach Bar in Asíni könnte, wie andere in ihrem Alter, ins Ausland gehen. Aber ist das Leben in Griechenland nicht schöner?

Dem Bayern-Prinzen Otto war eine Episode als König von Griechenland in der Geschichte vergönnt. Folgen Sie bayerischen Spuren in Náfplio! (S. 184)

Jeder Hafen ist ein Versprechen und lockt aufs Schiff – im Süden und Osten der Argolída zu kleinen Inseln wie Égina, Póros, Ídra, Spétses. Nicht weit weg und wunderschön.

erleben

Magische Landschaft vor antiken Kulissen

W

Was hat die Korinthe mit Pedanterie zu tun? Die getrockneten Träubchen waren zu Beginn ihres Exports im 15. Jh. jedenfalls so wertvoll, dass jede einzelne ins Gewicht fiel – so winzig klein sie auch war. Ihr Name machte die Provinz Korinthía bekannt. Noch heute ist die prägende Kulturpflanze der Weinstock: Er sorgt für süffige Tropfen und bringt die sprichwörtlichen Korinthen hervor. Intensiv erlebt man die regionalen Weingärten bei einer Tour durch die vielen Weinkellereien.

Im Nordosten des Peloponnes bildet der Kanal von Korinth als geografische Grenze zum griechischen Festland einen würdigen Abschluss (oder Auftakt) jeder Rundreise, zählt er doch zu den künstlichen Wasserstraßen überhaupt. Im antiken Korinth (Archéa Kórinthos) erspüren Sie ein Grundelement der griechischen Landschaft: die räumliche Nachbarschaft von Meer und Gebirge. Auf der erhabenen Festung Akrokorinth ist sie am besten zu begreifen.

In der Provinz Argolis (heute Argolída) entwickelte sich vor über 3500 Jahren mit der mykenischen die erste Hochkultur auf europäischem Festland. Heute sind ihre zentralen Orte in Mykene und Tiryns zu sehen. Hier sprach und schrieb man das erste Griechisch. Imposante Kuppelgräber verteilen sich über den Landstrich. In Epidaurus (Epídavros) mit bestens erhaltenem Theater lag ein wichtiger Kurort der römischen Zeit; auch heute verstrahlt die Stätte Magie bei den sommerlichen Aufführungen.

Im Freiheitskampf gegen die Osmanen spielte die Region eine zentrale Rolle, und Náfplio wurde schließlich zur ersten Hauptstadt des befreiten Hellas. Heute kann die Stadt am Argolischen Golf mit der schönsten Altstadt des griechischen Festlands punkten. In der Vulkanlandschaft der ruhigen Halbinsel Méthana kann man wie auf Treppen die Lavadome erklimmen. Also: allerhöchste Zeit für Rosinenpickerei!

ORIENTIERUNG

O

www.argolisculture.gr: Infos zu allen Sehenswürdigkeiten (auch dt.)
www.argolis.de: Umfangreiche private Website, auch zu anderen Teilen des Peloponnes
Verkehr: Von Náfplio nach Mykene 23 km, nach Epídavrus 28 km, nach Portochéli 57 km, nach Méthana 59 km. Drehscheibe des Busverkehrs ist Náfplio: www.ktelargolida.gr.

Náfplio (Nauplia)

★ G5

ΝΑΥΠΛΙΟ, Ναύπλιο
Der Schein trügt, wenn man die Stadt mit dem Auto erreicht; aus dem Süden kommend, stört Plastikmüll am Straßenrand den Blick, im Norden verstellen die üblichen unschönen Apartmentblocks (s. S. 22) die Sicht. Aber in Wirklichkeit besitzt Náfplio (14 000 Einw.) die schönste neuzeitliche Altstadt Griechenlands, die in keinem Rundreiseprogramm fehlen sollte. Die Nähe zu Athen lockt griechische Wochenendurlauber an, Touristen kommen aus aller Welt, die Menschen aus der Region erledigen ihre Behördengänge. Verkehrschaos herrscht trotzdem nicht; die Gassen des historischen Kerns sind Fußgängerzone. Kostenlos parkt man vor der Marina am Hafen.

N

NEUES AUS NÁFPLIO

Der 2022 verstorbene Fernsehjournalist Wilfried Jakisch lebte viele Jahrzehnte nahe der Stadt und schrieb regelmäßig Beiträge über das Kultur- und Kunstgeschehen in Náfplio und der gesamten Árgolis. Seine Website www.argolis.de ist nach wie vor online.

Erste Hauptstadt Griechenlands

Klassizistische Bauten mit roten Ziegeldächern breiten sich auf einem schmalen Küstenstreifen zwischen dem Scheitel des Argolischen Golfs und der Festung Akronáfplio aus. Die engen Gassen des

Über die Hafenpromenade in Náfplio flanieren nicht nur die Liebenden, hier starten auch die Boote zum Boúrtzi-Turm im Golf.

alten Náfplio, das 1828 bis 1834 die erste Hauptstadt des von den Osmanen befreiten Griechenlands war, werden von Tavernen, kleinen Hotels und vielen Souvenir- und Schmuckgeschäften gesäumt. Fünf Museen widmen sich der Kultur und Geschichte, ein Strandbad ist nur zehn Gehminuten von der Altstadt entfernt. Im Ergebnis: Náfplio ist ein wunderschöner Ort, in dem man gut ein paar Tage verbringen kann – zu jeder Jahreszeit.

Rund um den Zentralplatz

Die Nordseite des mit Marmor gepflasterten Hauptplatzes **Platía Sintágma-**

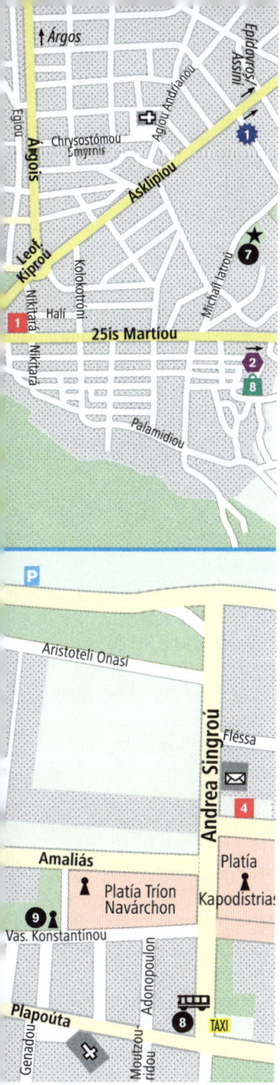

Náfplio (Nauplia)

Ansehen

1 Vouleftikó (Platía Sintagmátos)
2 Trianón (Alte Moschee)
3 Kirche Ágios Spirídonos
4 Festung Boúrtzi
5 Festung Akronáfplia
6 Festung Palamídi
7 Bayerischer Löwe
8 Haus (Megaro) Armansperg
9 Statue für König Otto
10 Kriegsmuseum
11 Katholische Kirche Phrangokklesiá
12 Archäologisches Museum
13 Papantoníou Museum
14 Komboloi Museum
15 National Gallery

Schlafen

1 Grande Bretagne
2 Xénon Inn
3 Ómorfi Póli
4 Byron
5 Pension Nikólaos

Essen

1 Zournal
2 Bounos Psarosavoras
3 To Teloneío
4 Goody's

Einkaufen

1 Camara Gallery
2 Gazelle
3 Nectar & Ambrosia
4 Sandalworkshop
5 Paradosiaká Mallioú
6 Agnýthes
7 Taste3
8 Karoni Distillery
9 Wochenmarkt

Bewegen

1 Arvanitiá Beach
2 Karathónas Beach
3 Stadtrundfahrten
4 Segway Náfplio
5 PanExpeditions

Ausgehen

1 Fougaró Artcenter
2 Blublanc Resto Bar
3 Mediterraneo Wine & Deli

Weg-Linie: Fußweg zu den Stadtstränden s. S. 182

tos säumen Cafés und Restaurants in hübschen klassizistischen Gebäuden. Die Westseite nimmt die venezianische Kaserne ein, die nun das **Archäologische Museum** 12 (s. S. 186) beherbergt. In der Südwestecke steht eine 1730 fertiggestellte **osmanische Moschee** (Tzámi tou Aga Pasa), die ab 1825 Tagungsort des griechischen Parlaments war und daher nun **Vouleftikó** 1 genannt wird.

An sie schließt sich der Bau der **Nationalbank** an, der mit seinen kretisch-minoischen roten Säulen auf eine noch ältere Hochkultur als die mykenische verweist. Im Osten des Platzes setzt die **Odós Vas. Konstantínou** als

Haupteinkaufsgasse der Altstadt an. Hier steht die **Alte Moschee Trianón** ❷: um 1550 erbaut, ab 1915 ein Kino, jetzt als Ausstellungshalle genutzt.

Schauplatz eines Mordes

Die 1702 geweihte Kirche **Ágios Spirídonos** ❸ ist nationaler Wallfahrtsort, weil Griechenlands erster Premierminister, Ioánnis Kapodístrias, 1831 vor ihrem Südportal von zwei Manioten des Mavromichalis-Clans erschossen wurde: Das Einschussloch ist rechts der Tür in der Kirchenwand zu sehen.

Odós Papanikoláou, meist tagsüber geöffnet

Schwimmende Festung

Die abends effektvoll angestrahlte **Festung Boúrtzi** ❹ bauten die Venezianer gegen Ende des 17. Jh. an der Stelle eines schon 1473 errichteten Turms zur Sicherung der Hafeneinfahrt. Nachts und in Krisenzeiten konnte man von dort aus eine Kette zum Festland spannen. Heute fährt man hinüber, um den Blick auf Náfplio zu genießen.

Frei zugänglich, Bootsabfahrten tgl. 9 Uhr bis spätabends alle 30 Min., hin und zurück 5 €

Meerburg mit Luxushotel

Die 900 m lange und bis zu 400 m breite Burganlage **Akronáfplia** ❺ liegt 45 m über dem Meer und wird heute größtenteils vom Luxushotel Nafplia Palace eingenommen. Schon seit dem 6. Jh. ist der Fels über der Stadt befestigt. Von 1936 bis in die 1950er-Jahre diente die Burg als politisches Gefängnis.

999 Stufen zur Aussicht

Lohnender ist ein Besuch der **Festung Palamídi** ❻, natürlich wegen des herrlichen Ausblicks. Der Legende nach sollen es 999 schweißtreibende Stufen sein, die vom Altstadtrand auf den fast völlig kahlen, 223 m hohen Burgberg hinaufführen. Man kommt aber auch mit dem Auto hin. Angelegt wurde die Festung erst während der kurzen venezianischen Zwischenherrschaft 1684–1715.

Stufenweg ab Busbahnhof, tgl. 8–18, Winter 8.30–15 Uhr, Eintritt 8 €

Zu Fuß zu den Stadtstränden

Vom Ende der Uferstraße **Akti Miaoúli** aus führt ein gepflasterter Weg vorbei am alten Yacht Club und dem heruntergekommenem Meeresschwimmbecken. Dann ist man urplötzlich mit der Natur allein. Die Uferpromenade führt über dem Wasser um die Steilküste herum, bei starkem Seegang spritzt die Gischt herauf. An die Steilfelsen klammern sich Wolfsmilchgewächse und Opuntien (Feigenkakteen), einige Felsabschnitte sind als Kletterrouten für Rock Climber erkennbar. Am Ende versteckt sich der kleine **Arvanitiá Beach** 1: 100 m helle Kieselsteine und Felsplateaus mit Badeleitern. Liegestühle und Sonnenschirme können genutzt werden, wenn man sich ein Getränk aus der Beach Bar bringen lässt, Duschen und Umkleidekabinen sind kostenfrei.

Von hier aus wäre man in fünf Minuten wieder in der Altstadt. Aber es lohnt sich, den Küstenweg weiterzugehen: Er folgt unmittelbar dem Ufer über 3 km bis zum **Karathónas Beach** 2. Weit vom Stadttrubel entfernt badet man am langen, flach abfallenden Grobsandstrand. Hier gibt es ein großes Wassersportangebot und schicke Beach Bars.

B

BIKE SHARING

Nafplio hat ein System zum Ausleihen von Rädern mit mehreren Stationen in der Innenstadt. Das geht ganz einfach: Erst registrieren, dann Konto mit einem kleinen Geldbetrag aufladen, danach kann man das Rad täglich 2 Std. kostenlos nutzen. Registrierung auch auf Englisch: www.nafplio.cyclopolis.gr.

Lieblingsort

Auf den Dächern der Stadt

Eine unmittelbare Schönheit wie die **Náfplios** muss man erst einmal begreifen. Am besten lässt man sie auf sich wirken und nimmt sich hier ein Zimmer, zum Beispiel im Hotel **Ómorfi Póli** 3 (s. S. 187). Unten in der Gasse gehen Leute schweigend in der dicken Sommerluft spazieren, die Fensterläden im Haus gegenüber sind geschlossen. Nebenan verrät aufgehängte Wäsche, dass dort jemand wohnt. Und da, ein unerwartetes Detail: Auf der Spitze des Vordergiebels stehen, hochkant aufgereiht, florale und muschelförmige Dachziegel. Heute fast liebevoll wirkende Bordüren, die in der Zeit des Neoklassizismus ihre letzte Blüte erlebten, bevor sich der Modernismus durchsetzte. Diese unterschiedlichen *akrokeramo* zieren unzählige Dächer der Stadt. Der Blick nach oben, auf die Dachkanten der neoklassizistischen Gebäude, empfiehlt sich in Náfplio also ….

TOUR
Náfplio mit weiß-blauen Augen

Auf bayerischen Spuren in Griechenland

Infos

G5

Start: Bayerischer Löwe ❼; **Ziel:** Kirche Phrangokklesiá ⓫

Dauer:
1–2 Std., ca. 1,5 km, 20 Min. reine Gehzeit

Kriegsmuseum:
Leof. Vasílisis Amalías 22, tgl. 9–19, Nov.–März 9–17 Uhr, 3 €

Bei dieser Tour erkunden Sie die Spuren der Bayern in Náfplio. Am 30. Januar 1833 hielt der 17-jährige Wittelsbacher Prinz Otto als erster griechischer König der Neuzeit von Brindisi aus in Náfplio Einzug. Er brachte 3500 Soldaten und Verwaltungsfachleute mit in die erste Hauptstadt des befreiten Griechenlands und residierte hier bis Dezember 1834. Dann zog er weiter nach Athen. Zu dieser Zeit überragten zahlreiche Minarette die heutige Altstadt, die bis ans Wasser hinunter von Stadtmauern umgeben war. Die Häuser waren von osmanischer Architektur geprägt, besaßen zumeist hölzerne Erker und vorkragende hölzerne Obergeschosse.

Bayerns Wappentier
Wir beginnen die ›bayuwarische‹ Tour am Ehrenmal des **Bayerischen Löwen** ❼ an der Straße Michaíl Iatroú (›Sleeping Lion‹, Anfahrt per Taxi). Den monumentalen schlafenden Löwen meißelte Christian Siegel, der erste Professor für Bildhauerei an der Universität Athen, hier im Auftrag des bayerischen Königs Ludwig I. um 1840 aus dem Fels. Er ehrt das bayerische Wirken in Griechenland in den schweren Anfangsjahren.

Die Residenz des Regenten
Wie hohe bayerische Beamte in Náfplio wohnten, lässt das 1833 erbaute **Haus Armansperg** ❽ schräg gegenüber vorm Alten Landtor erkennen. Der frühere bayerische Finanzminister Graf von Armansperg sollte zusammen mit drei anderen Bayern Griechenland bis zur Volljährigkeit König Ottos regieren. Diese ›Regenten‹ organisierten die Verwaltung nach

bayerischem Vorbild, waren aber weniger auf das Wohl des Landes als auf die Machtsicherung für ihr Mündel bedacht. Die vom Volk geforderte Verfassung durften sie nicht gewähren; auch König Otto konnte sie erst 1844 abgetrotzt werden.

Dem Grafen Armansperg gegenüber residierte sein Mitregent Professor Ludwig von Maurer in einem Haus, das 1953 abgerissen wurde. Anders als der König sprach keiner von ihnen Griechisch. Ihre Gesetze wurden im »Regierungs-Blatt des Königreichs Griechenland« zweisprachig gedruckt.

Schläft er oder stirbt er schon? König Ludwig von Bayern wollte mit dem Löwen die bayerischen Soldaten ehren, die in Náfplio 1833/34 an Typhus gestorben waren.

Otto in Stein gemeißelt

Dem ersten König haben die Griechen erst 1995 die kleine **König-Otto-Statue** 9 errichtet. Sie steht am Park der Platía Tríon Navárchon, die aber prominenter von der Statue von Ioánnis Kapodístrias, dem ersten Präsidenten, beherrscht wird. Nahebei lag auch die erste Residenz des Königs, von der nichts erhalten blieb. Otto, 1815 in Salzburg geboren, war der Sohn des bayerischen Königs Ludwig I. Die Großmächte Russland, Frankreich und England hatten ihn zum griechischen König erkoren, da sie von den Bayern keinen Einfluss auf ihre Geschäfte erwarteten und Griechenland auf keinen Fall als Republik zum Präzedenzfall für Revolutionäre in anderen Ländern werden lassen wollten.

Alte Uniformen, tote Soldaten

Zur Unterdrückung eventueller Aufstände brauchte die von Bayern kontrollierte Armee zuverlässige Offiziere. Sie wurden in einer Kadettenakademie ausgebildet, deren Bau heute als **Kriegsmuseum** 10 dient. Im ›War Museum Nafplio‹ sind in der ersten Etage bayerische Militäruniformen jener Zeit und zahlreiche Lithografien aus Ottos Regierungszeit zu sehen, die auch seine Ankunft in der Stadt zeigen.

Die Gebeine von mehreren Hundert bayerischen Soldaten, die in Náfplio 1833/34 an Typhus starben, ruhen heute in der Krypta der kleinen katholischen Kirche **Phrangokklesiá** 11 in der Straße Potamiánou unterhalb der Stadtfestung Akronáfplia.

Zweisprachige Gesetzestexte der bayerischen Verwaltung unter König Otto aus dem Jahr 1833 sind in der **Destillerie Karonis** 8 (s. S. 189) zu sehen.

Vom südlichen Strandende aus führt ein Pfad weiter zur kleinen Kapelle **Ágios Nikólaos Krasóktistos.** Er bietet einen wunderbaren Blick auf die Bucht von Náfplio. Zurück in die Stadt fährt ein Bus nur im Hochsommer, sonst nur per Taxi.

Museen

Mykenische Funde

⓬ **Archäologisches Museum:** In einer venezianischen Kaserne aus dem Jahr 1713 präsentiert sich die archäologische Sammlung äußerst ansprechend. Es sind Fundstücke aus dem Neolithikum, aus mykenischer Zeit sowie von der geometrischen bis zur klassischen Epoche zu sehen. Der Rest eines Freskos mit zwei Delfinen aus dem Tiryns des 13. Jh. v. Chr. zeigt, dass schon die Mykener Wandmalereien schätzten. Anschaulich teilrestauriert sind der Helm, die Rüstung und die Beinschienen eines mykenischen Kriegers vom Ende des 15. Jh. Aus dem frühen 7. Jh. v. Chr. stammt ein Terrakotta-Votivschild, das mit einer Kampfszene bemalt ist. Darin versucht ein Krieger, seinem mit einem Rock bekleideten Gegner den Helm vom Kopf zu reißen.

Platía Sintágmatos, T 27 52 02 75 02, odysseus.culture.gr, Mi–Mo 8.30–15.30 Uhr, Eintritt 6 €, Winter 3 €

Zeitreise mit Volkskunst

⓭ **Papantoníou Museum:** Die Peloponnesian Folklore Foundation (PLI) stellt hier eine große Sammlung historischer Trachten aus. Auch Schmuck und Keramik sind zu sehen; der Museumsshop bietet eine außergewöhnliche Auswahl an hochwertigen Souvenirs.

Odós Vas. Aléxandrou 1, T 27 52 02 83 79, www.pli.gr, nur So 9.30–15 Uhr, Eintritt 5 €

Zeitvertreib mit Rosenkränzen

⓮ **Komboloi Museum:** Áris Evangelínos und seine Frau zeigen im ersten Stock über ihrem Geschäft katholische Rosenkränze und Gebetsketten anderer Religionen. Zwei Räume sind ähnlichen griechischen Ketten vorbehalten, den *kombológia,* wie sie sich noch heute in vielen Männerhänden finden. Sie hatten nie eine religiöse Funktion, sondern dienen dem Zeitvertreib und werden zum Teil als Glücksbringer betrachtet. Die kunstfertigen Objekte aus Bernstein, Kamelknochen, Koralle, Elfenbein, Ebenholz und anderen Materialien stammen überwiegend aus der Zeit zwischen 1700 und 1950.

Odós Staikopoúlou 25, T 27 52 02 16 18, www.komboloi.gr, Mi–Mo 9.30–21 Uhr, Eintritt 2 €

Bilder vom Freiheitskampf

⓯ **National Gallery:** In der klassizistischen Villa werden im Erdgeschoss Kupferstiche, Lithografien und Aquarelle mit historischen Ansichten der Argolis gezeigt, im Obergeschoss sind überwiegend Ölgemälde mit Porträts und Szenen aus dem griechischen Freiheitskampf zu sehen.

Odós Sidirás Merarchías 23, T 27 52 02 19 15, www.nafplio.gr, Mo–Sa 10–15, Mi u. Fr auch 17–20, So 10–14 Uhr, Eintritt 5 €

Schlafen

Historischer Glanz

1 **Grande Bretagne:** Das 1878 erbaute dreigeschossige Hotel beherbergte schon Heinrich Schliemann und Frau. Nach langem Leerstand wurde es zu Anfang der 2000er-Jahre umfassend restauriert und ist jetzt ein stilvolles Grand Hotel mit nur 20 Zimmern, das sich hervorragend ins Stadtbild einfügt.

Platía Filéllinon, T 27 52 09 62 00, www.grandebretagne.com.gr, DZ/F €€

Absolut zentral

2 **Xénon Inn:** Der zweigeschossige klassizistische Bau erhebt sich am zen-

K

KULTURPASS

Die Hotels in Náfplio bieten Gästen ein besonderes Kultur-Kombiticket an: Der Eintritt für das Archäologische Museum Náfplio, Palmídi, Assíni, Tyrins, Mykene und das Byzantinische Museum Árgos kostet mit dem drei Tage gültigen Pass lediglich 20 €. Fragen Sie an der Rezeption Ihres Hotels!

tralen Platz der Altstadt. Im Treppenaufgang begrüßen feine Deckenmalereien den Gast. Das Frühstück wird im Zimmer oder im Café im Erdgeschoss serviert.

Platía Sintagmátos 2, T 27 52 02 93 33 u. 69 77 00 72 71, www.xenoninn.gr, DZ/F €€

Mit deutscher Wirtin

3 **Ómorfi Póli:** Ute Kirchgässner und ihr Mann Ioánnis haben einige Altstadthäuser in eine gemütliche Pension mit 13 schön modernisierten, geräumigen Zimmern – davon vier topsanierte Studios mit Küche und Blick auf die Oberstadt – verwandelt. Sie liegt 50 m vom kostenlosen Parkplatz am Hafen entfernt. Wunderbar gefrühstückt (à la carte oder Buffet) wird im hauseigenen Bistro. Bei Direktbuchung und Vorlage dieses Reiseführers 5 % Rabatt.

Sofróni 5, T 27 52 02 15 65, www.omorfipoli-pension.com, DZ €€

Vernünftige Preise

4 **Byron:** Das teils mit Antiquitäten eingerichtete Haus am oberen Rand der Altstadt hat 17 Zimmer, die Nummern 32 bis 34 sind die besten: mit Balkon und Meerblick.

Platónos 2, T 27 52 02 23 51, www.byronhotel.gr, DZ/F €€

Tierlieb und preiswert

5 **Pension Nikólaos:** Moderne, einfach gehaltene, aber gepflegte Pension bzw. Maisonettewohnung am oberen Ende der Durchgangsstraße unterhalb der Festung Akronáfplia, Parkplatz direkt vor dem Haus. Blick auf Meer und Boúrtzi.

Zigomalá, T 27 52 09 62 82, fb.com/NikolaosNafplio, DZ €

Essen

Jung und bunt

1 **Zournal:** An der Straße des 25. März wird man fündig, wenn man junge griechische Küche und studentisches Leben sucht. Das ›Journal‹ ist ein bunter, sympathischer Hort für Kreativ-Aktive. Serviert werden liebevoll angerichtete, besondere Mezédes zu fairen Preisen.

25is Martíou, Ecke Nikitará, T 27 52 02 56 55, fb.com/zournalmeze, Di–So ab 14 Uhr, €€, Mezédes jeweils um 7 €

In den Gassen Náfplios gibt's den Blick auf fröhliche Fassaden gratis, wie hier beim Hotel Ómorfi Póli.

Für Fischliebhaber

2 Bounos Psarosavouras: Guten Fisch gibt es in Náfplio auch anderswo, aber hier wird er verlockend am Rand der Hafenpromenade präsentiert. Die Inneneinrichtung erinnert an die 1960er-Jahre.

Bouboulínas 77, T 27 52 02 77 04, www.psarosavouras-bounos.gr, tgl. ab 12 Uhr, €€–€€€, Fisch 50–70 €/kg

Unter Einheimischen

3 To Teloneío: Griechisch-moderne Küche, die nicht geizt mit außergewöhnlichen Zutaten, inmitten des malerischen Zentrums, nah am Hafen. Vielbesucht von Einheimischen wie Reisenden.

Boumpoulinas 83, T 27 52 02 26 65, tgl. außer Mi ab 13 Uhr, €€

Fast Food in alter Fabrik

4 Goody's: Griechenlands größte (und eigene) Fast-Food-Kette hat sich hier in einer sehr kreativ umgestalteten alten Fabrikhalle eingerichtet – das lohnt zumindest einen Blick.

Sidirás Merarchías 1 (neben dem Postamt), tgl. ab 9 Uhr, €

Überall in der Altstadt gibt es geschmackvolle Läden und Lokale.

Einkaufen

In Náfplio gefertigt

1 Camara Gallery: In diesem Ladenatelier bietet ein deutsch-griechisches Paar selbst entworfene und gefertigte Schmuckstücke aus Gold und Silber an. In jeder Preislage ist etwas dabei.

Vas. Konstantínou 10, T 27 52 02 60 77, tgl. 11.30–21 Uhr

Für Modeversessene

2 Gazelle: Hier findet man wilde, sehr schicke griechische Mode und dazu Schuhe gleicher Art: spitz, hochhackig, bunt oder alles zusammen.

Amalías/Ecke Sofróni, T 27 52 02 20 18, tgl. 10.30–15, 18–23 Uhr

Honig als Kunstwerk

3 Nectar & Ambrosia: Familie Reppas betreibt Bienenzucht in vierter Generation. Die verschiedenen Honigsorten kann man verkosten und auf Anfrage auch die Bienenstöcke besuchen.

Staikópoulou 1, tgl. 10–22 Uhr

Riesenauswahl

4 Sandalworkshop/Sandalopieío: Traditionelle und moderne Ledersandalen in vielen Formen und allen Größen, alle handgefertigt ›Made in Greece‹.

Staikopoúlo 52, Mo–Fr 10–22, Sa/So bis 24 Uhr, www.sandalworkshop.gr

Direkt aus der Manufaktur

5 Paradosiaká Mallioú: Hinter nostalgischen Ladenfassaden werden hier Nudeln *(simariká)* selbst hergestellt. In den Regalen stehen aber auch biologische und vegane Produkte anderer griechischer Lebensmittelhersteller.

Polizoídi 6, T 27 52 02 89 59, tgl. 8.30–15, 17–22 Uhr

Handgewebte Textilien

6 **Agnýthes:** Schon seit 1983 beschäftigt sich María Gonídou mit traditioneller und moderner Handweberei. Sie verkauft Stoffe und Kleidung, Tischwäsche, Krawatten und Schals.

Vas. Aléxandrou 11, Sommer tgl. 10–21 Uhr

Paradies für Süßmäulchen

7 **Taste3:** Hier gibt es aufregende Süßigkeiten! Schokolade jeder Art, Nüsse und Sesamriegel, Soutzoúk-Loukoum in Form einer Wurst aus eingedicktem Traubenmost. Ebenso spannend: die fleischfreie Feigensalami mit Orange. Lecker auch der geräucherte Knoblauch mit Mastix und, als seltener Wein, ein Gewürztraminer aus Korinthía.

Athan. Siókou 4, T 27 52 02 35 32, www.taste3.gr

Was trinkst du so?

8 **Karonis Distillery:** Seit 1869 bestehende Destillerie mit Museum und Infos über das Brennen (s. S. 284). Schnäpse, Oúzo, Tsípouro und Mastícha kann man vor dem Kauf am Tresen probieren.

Perióchi Palamidíou, www.karonis.gr, T 27 52 02 49 68, tgl. Besichtigung/Touren nach Vereinbarung

Mittwochs und samstags

9 **Wochenmarkt:** Einer der größten Obst- und Gemüsemärkte des Peloponnes – lohnt einen Besuch auf jeden Fall.

25is Martíou/Leof. Kýprou, Mi, Sa ca. 7–15 Uhr

Bewegen

Badefreuden in Stadtnähe

1 **Arvanitiá Beach und** 2 **Karathónas Beach:** s. S. 182

Familienspaß

3 **Stadtrundfahrten:** Wahlweise im Fun Train (4 €), einem Miniaturzug auf Gummirädern oder im Cabriobus (8 €). Der funktioniert nach dem Hop-On/Hop-Off-Prinzip, sodass man von der Palamídi-Festung zu Fuß in die Stadt hinuntergehen und dort wieder zusteigen kann.

Ab Hafen, Platía Filellinon, T 21 04 17 61 44, www.nafpliocitytour.gr

Fun-Fahrten in der Stadt

4 **Segway Náfplio:** Nach kurzer Einweisung am Kreuzfahrtanleger startet man auf eigene Faust zur Stadtrundfahrt.

Anmeldung: T 27 52 02 52 48, fb.com/segwaynaf, ca. 10 €/30 Min., ca. 20 €/1 Std.

Stadtrundfahrt im Kajak

5 **PanExpeditions:** Sport und Stadtgeschichte – bis zu viermal tgl. wird je nach Wetterlage eine 7 km lange, relativ einfache, vierstündige englischsprachige Kajaktour um die mittelalterlichen Burgen herum angeboten (um 70 €).

Bouboulinas 50, T 69 79 91 53 40, www.panexpeditions.com

Kraxeln und Klettern

Nafplio Climbing Hiking: Mehr als 200 Kletterrouten sind in und um Náfplio abgesteckt, dank verschiedener Schwierigkeitsgrade ist auch für Anfänger etwas dabei. Archäologe und Kletterleiter Dimitris Sotirakis hat viele Berge der Welt bestiegen und bildet in Stemnítsa Bergführer aus.

Kontakt: T 69 74 58 22 58, www.nafplio-climbing-hiking.com,

Ausgehen

Kulturfabrik reloaded

1 **Fougaró Artcenter:** Auf der großen Terrasse des Restaurants sitzen Kinder, wenn sie wollen, an Zwergentischen am flachen Wasserbecken; die Großen können Bier und Wein am Draußentresen genießen. Die Natursteinbauten der einstigen Konservenfabrik mit markantem Fabrikschornstein aus dem frühen 20. Jh. wurden als Kulturzentrum zu neuem Leben

E

ERFOLG ALS DILETTANT

Der mecklenburgische Kaufmann Heinrich Schliemann (1822–1890) entdeckte als archäologischer Außenseiter das bronzezeitliche Troja und grub auch erfolgreich auf dem Peloponnes, in Mykene und Tiryns. Bei seiner Suche nach den Orten der griechischen ›Mythen‹ stützte er sich auf Homer und auf die Reisebeschreibungen des Pausanias. Die offizielle Forschung verlachte ihn – aber siehe da, er hatte recht.

erweckt: Es gibt auch eine Bibliothek und eine Galerie. Ständig finden Konzerte und Lesungen statt.
Leofóros Asklipíou 98, T 27 52 04 73 00, www.fougaro.gr, tgl. ab 10 Uhr

Schon schick

2 **Blublanc Resto Bar:** Der angesagte Sommer-Nacht-Spot ist durchgestylt, vom preiswerten Espresso bis zum teuren Champagner ist alles zu haben. Fürs leibliche Wohl sorgt das dazugehörige Restaurant Théros. Im Sommer auch Livekonzerte.
Arvanitiá Beach, T 27 52 09 60 31, ab 8.30 Uhr

Wein und mehr

3 **Mediterraneo Wine & Deli:** Regale voller Flaschen, ein paar moderne hohe Tische, ein Tresen mit mediterranen kleinen Köstlichkeiten und Platz genug zur Grüppchenbildung im Stehen – da kommt man gut miteinander ins Gespräch. Viele Weine werden glasweise ausgeschenkt.
Odós Sofróni 10, T 27 52 09 77 04, tgl. ab 13 Uhr, €€

Infos

- **www.nafplio.gr:** Website der Gemeinde (auch auf Englisch)
- **www.nafplio-tour.gr:** Portal mit allen Sehenswürdigkeiten (auch dt.)
- **visitnafplio.com:** Privat betriebene Website (engl.) mit guten Tipps
- **Busse:** Nach Mykene 1 x tgl., Tiryns und Árgos mind. stdl., Galatás/Insel Póros 1 x tgl., Epidávros mind. 1 x tgl., Assíni/Toló stdl., Kanal von Korinth stdl. Aktuelle Fahrplanauskünfte auf der Website. Station: Odós Singroú 8, T 27 52 02 73 23, www.ktelargolida.gr.
- **Taxi:** 27 52 02 63 00 u. 27 52 02 41 20
- **Nafplion Festival:** Juni/Juli, klassische Musik und Jazz in der Festung Palamídi und an Schauplätzen in der Altstadt; Info: www.nafplionfestival.gr

Tírintha (Tiryns) G5

ΤΙΡΥΝΘΑ, Τίρυνθα
Tírintha ist ein Bauerndorf (630 Einw.) mit Justizvollzugsanstalt direkt an der Nationalstraße nach Árgos. An dieser Straße ziehen sich auch die gewaltigen Mauern der mykenischen Burg **Tiryns** entlang. Heinrich Schliemann setzte 1876 erstmals den Spaten an. Seit 1967 graben und konservieren hier Mitarbeiter des Deutschen Archäologischen Instituts Athen. Da die Burg auf einem niedrigen Felsplateau errichtet wurde, mussten ihre Mauern besonders mächtig sein: Sie sind noch heute bis zu 17 m hoch erhalten, ihre größten Steinblöcke wiegen bis zu 13 t. Insgesamt sind die Mauern 725 m lang und bis zu 8 m dick.

In den Mauern des Palastes

Für die meisten dürfte der Blick auf die Mauern von außen interessanter sein als der Rundgang durch die mykenische Burg, in der keine Informationstafeln vorhanden sind. Deutlich zu erkennen ist der Grundriss des Megaron, also des Königspalastes. Seine Wände waren mit Fresken geschmückt, vier Säulen umstanden einen runden Herdplatz. Eine Besonderheit sind die Galerien, spitzbogig überwölbte Gänge, die den Zugang zu Zisternen sicherten und sicherlich als Vorratsräume für den Belagerungsfall genutzt wurden.

Parkplatz am Burgende Richtung Árgos, T 27 52 02 26 57, April–Aug. tgl. 8–20, Winter 8–15.30 Uhr, Eintritt 4 €

Einsames mykenisches Grab

Den Reiz des **mykenischen Kuppelgrabs** macht seine einsame Lage am Rand eines Orangenhains aus. Der um 1250 v. Chr. überkuppelte, über 7 m hohe Raum wurde in römischer Zeit als Ölmühle genutzt. Die Fahrt zum **mykenischen Stausee** lohnt nur für überdurchschnittlich Interessierte, denn die wenigen Mauerreste des um 1300 v. Chr. angelegten Staudamms sind heute kaum zu erkennen.

Wegweiser ›Mycenean Dam of Tiryns‹, dann ›Tholos Tomb of Tiryntha‹, frei zugänglich

Lerna G5

ΛΕΡΝΑ, Λέρνα

Das Dorf **Míli** (Myloi, 750 Einw.) am Golf gegenüber von Náfplio ist ein angenehmer Badeort mit guten Tavernen am Strand. Am Südrand erstecken sich die eher spärlichen Ausgrabungen von **Lerna** zwischen Zitrusbäumen. Das Gebiet war vom 6. Jt. v. Chr. an besiedelt. Das älteste Haus Griechenlands (ca. 4000 v. Chr.) liegt weit unter heutigem Bodenniveau beim Eingang. Eindrucksvoller ist das Gebäude aus der Zeit um 2400 v. Chr. – heute unter einem Schutzdach. Seine Mauern aus ungebrannten Lehmziegeln trugen ein Dach aus gebrannten Tonziegeln und Schieferschindeln, die jetzt zwischen den Mauerresten aufgeschichtet sind. Der Bau war zweigeschossig und von einer doppelten Wehrmauer umgeben. Um 1650 v. Chr. wurde über der Hausruine ein Erdhügel aufgeschüttet, in dem man zwei mykenische Schachtgräber anlegte.

T 27 51 04 75 97, Mi–So 8.30–15.30 Uhr, Eintritt 3 €

S

SÜSSWASSER-SCHATZ

Am Nordstrand von **Kivéri** (G 6) entspringt im Meer eine Quelle, die die ganze Argolis mit Süßwasser versorgen könnte. Schon der Reiseschriftsteller Pausanias hat sie im 2. Jh. beschrieben. Auf Initiative eines deutschen Ingenieurs wurde in den1970ern eine Anlage gebaut, die das Wasser abpumpen konnte. Über Staubecken kann es in weite Teile der Argolis geleitet werden – wenn denn alles funktioniert: In den letzten Jahren wurde das Pumpwerk vernachlässigt. Die Bauern der Argolis befürchten, dass sie bald kein Wasser mehr von hier bekommen.

Toló G6

ΤΟΛΟ, Τολό

Toló (2000 Einw.), 11 km südlich von Náfplio, war in den 1970er-Jahren ein bedeutender Badeort, inzwischen aber eher ein Ziel für kostenbewusste Autourlauber: Das Bettenangebot aus der Zeit des Booms sorgt für günstige Preise, außer im Hochsommer. Der Ort ist zudem Urlaubern zu empfehlen, die von einem Strandhotel aus die Argolis erkunden wollen. Schön ist der kilometerlange Sand-Kies-Strand. In Zeiten mit laschen Bauvorschriften entstanden einige der älteren Hotels direkt am Strand. Sie sind somit kinderfreundlich, lassen aber auch keinen Platz für eine Uferpromenade.

Urlaub zwischen Berg und Meer

Das nur 7 km von Náfplio entfernte **Asíni** (Ασίνη, G 5/6) am Rande von Mandarinen- und Clementinenpflanzungen ist ein guter Standort für einen zugleich strand- und stadtnahen Urlaub ohne Trubel. Direkt am Meer liegen die Überreste der antiken Siedlung **Asine** auf einer felsigen Halbinsel zwischen Pláka Beach und Kastráki Beach an der Stelle, wo die Straße von Náfplio nach Toló das Ufer erreicht. Eindrucksvoll sind die **hellenistischen Stadtmauern,** die aus dem 3. Jh. v. Chr. datieren.

Asine: Sommer tgl. 8.30–15.30 Uhr, 3 €

Fisch essen an der Lagune

Vivári (Βιβάρι, H 6), 7 km östlich, ist kaum mehr als eine Anhäufung weniger Häuser an der engsten Stelle einer Lagune hinter dem Dorf **Drépano.** Mehrere Fischtavernen lohnen abends wegen der idyllischen Umgebung einen Besuch.

Schlafen

Direkt am Wasser

Mari: Älteres und daher direkt am Strand stehendes, 2014 vollständig modernisiertes Hotel mit Zimmern und Apartments für jede Familiengröße.

Toló, Bouboulínas 31, T 27 52 05 90 06, www.mari-tolo.gr, DZ/F €€

Wohnen im Mandarinenhain

Bungalows Ingrid: Neun Reihenbungalows inmitten eines Mandarinenhains, jeder von ihnen mit Veranda ausgestattet. Geselliger Mittelpunkt der von der Kölnerin Ingrid Kothe und ihrem Mann

Gut besucht ist die Paralía Psilí Ámmos, der lange Strand von Toló – mit viel Sand und flachem Einstieg auch gut für kleine Kinder geeignet.

Geórgios engagiert geführten Anlage ist eine kleine Bar für Hotelgäste und Freunde. Der nächste Strand ist zu Fuß zu erreichen.

Asíni, Straße nach Drépano, T 27 52 05 97 47, www.bungalows-ingrid.com, DZ/F €€

Essen

Taverne mit Tradition

Akrogiáli: Familie Moutzoúris betreibt die Taverne seit 1955. Bedient wird draußen auf einer Terrasse und direkt am Strand. Ausgesprochen lecker wird hier der Gambasspieß mit Speck (14 €) zubereitet.

Toló, Aktís 10, T 27 52 05 97 89, tgl. ab 12 Uhr, €€, Winter geschl.

Französisch verfeinert

Chez Gilles: Die alteingesessene Taverne eines französisch-griechischen Paares ist *die* Adresse für Leckermäulchen vor Ort. Gelobt werden das knoblauchreiche Rindersteak (19 €) und das Aprikosenlamm mit Couscous (12 €). Dazu mundet die hausgemachte Limonade.

Toló, Bouboulínas 4B, T 27 52 05 80 08, www.chezgilles.gr, tgl. 12–16 u. ab 18 Uhr, €€€, Winter geschl.

Rund um die Argolída

Die Argolische Halbinsel im Süden der Ostküste ist dünn besiedelt mit einsamer Gebirgslandschaft im Inland. Entlang der Küste reihen sich kleine Badeorte, die bislang noch zumeist vom innergriechischen Tourismus leben. Eine Rundfahrt verspricht unspektakuläre Badetage in authentischer Atmo und vielen Chancen für ein Insel-Hopping.

ARTISCHOCKENDORF A

Die große Ebene beim Dorf **Íria** (H 6) am Argolischen Golf, 20 km südöstlich von Toló, ist das Zentrum des griechischen Artischockenanbaus *(anginára)*. Erntezeit ist von November bis Mai. Die Taverne O Nóntas an der Platía (T 27 52 09 40 95, tgl. ab 19, Sa/So auch mittags ab 11 Uhr) serviert Artischockengerichte wie Omelettes, Muffins und oft auch Moussáka.

Trizína (Troizen) J 6

ΤΡΟΙΖΗΝΑ, Τροιζήνα

Der Abstecher zur **Teufelsschlucht** (s. Tour S. 194) ist gewiss interessanter als die Ausgrabungen des antiken **Troizen** nördlich des heutigen Dorfes Trizína. Dort sind am Ende des Feldwegs die eher knappen Überreste eines Asklepios-Heiligtums und das große Fundament des Hippolytos-Tempels, eines Ringhallentempels mit 6 x 11 Säulen erhalten. Die Kirche des Bischofspalastes weiter nördlich entstand im 11. Jh. über dem Grundriss einer frühchristlichen Basilika.

Galatás K 6

ΓΑΛΑΤΑΣ, Γαλατάς

Der Reiz von Galatás (2600 Einw.) besteht in seiner Lage an der nur 250 m breiten Meerenge zwischen dem Peloponnes und der zur Provinz Attika gehörenden Insel Póros (s. S. 195). Personen- und Autofähren pendeln vom frühen Morgen bis in die Nacht hin und her, Fähren und Jachten passieren den Sund.

TOUR
Des Teufels Beitrag

Wanderung zur Teufelsbrücke von Trizína

Infos

J6

Start/Ziel:
Trizína, s. S. 193

Tipp:
Badesachen und Picknick mitnehmen!

Unter der heißen Sommersonne kann eine verwunschene Landschaft mit kleinen Wasserfällen *(kataráktes)* und natürlichen Wasserbecken *(váthres)* zu erfrischenden Momenten verhelfen. In der ›Teufelsschlucht‹ am Weg zum antiken Troizen kann man eine solche Oase erkunden.

Etwa 100 m hinter der Kapelle **Ágios Geórgios** liegt der **Theseus-Stein.** Dem Mythos zufolge hat Theseus' Vater, König Aegeas (nach ihm wurde das Ägäische Meer benannt), seine Rüstung, sein Schwert und die Sandalen unter dem Stein ›geparkt‹, damit Theseus sie dort abholen konnte, sobald er stark genug war, den Felsen anzuheben. Funde sollen auf ein Musen-Heiligtum an dieser Stelle verweisen.

Folgt man der südlichen Straße, trifft man auf einen **Wehrturm** aus hellenistischer Zeit als Teil des Theseus-Palastes. Etwas weiter erreicht man die **Teufelsbrücke** (Diavologéfiro); der Teufel hält quasi seinen Schwanz über die Schlucht. Die natürliche Brücke über den Wildbach Chrisorróas (oder Kremastós) ist jedoch relativ unscheinbar. Dahinter gehen Sie nach rechts auf einem Trampelpfad durch ein Wäldchen, an einigen Stellen müssen Sie vorsichtig sein. Kurz darauf sind Sie an den **Wasserfällen,** wo Sie in kleinen Seen baden und am Ufer picknicken können.

Wenn Sie noch die Ausgrabungen (Asklepios-Heiligtum, Hippolytos-Tempel) des antiken **Troizen** (s. S. 193) zu Fuß erkunden wollen, gehen Sie zum Theseus-Stein zurück und folgen dann den Wegweisern.

Schlafen

100 Schritte vom Anleger

7 Brothers: Zentrale Lage, freundliche Mitarbeiter, 16 zwar kleine, aber gute, neu und schick renovierte Zimmer.

Póros, Platía Iróon, T 22 98 02 34 12, www.7brothers.gr, DZ €

Essen

Exzellente Küche

Sti Róta: Direkt gegenüber dem Fähranleger wird ideenreich und lecker griechisch gekocht.

Galatás, Platía Iróon, T 22 98 02 56 27, tgl. ab 9 Uhr, €€

Infos

- **Fähre nach Póros:** Kostenloser Parkplatz neben dem Anleger der Autofähren, daran anschließend Kai der Personenfähren. Pendelverkehr rund um die Uhr, Fahrpreis ca. 1 €.
- **Fähren nach Piräus:** Tgl. Autofähren und schnelle Katamarane (www.gtp.gr).

Póros K6

ΠΟΡΟΣ, Πόρος

Trotz seiner Nähe zum Peloponnes ist das 33 km² kleine Póros eine typisch griechische Insel fernab des ausländischen Massentourismus geblieben. Das Inselstädtchen erstreckt sich kilometerlang und mit vielen Tavernen am Sund entlang; die Häuser staffeln sich an niedrigen Hügeln übereinander. Den krönenden Abschluss bildet ein markanter **Uhrturm,** der zur Zeit seiner Errichtung 1927 als ein Zeichen europäischen Fortschritts galt. Ein schmaler Kanal trennt das Städtchen von der übrigen Insel. Zu Fuß kommt man zu kleinen Stränden mit viel Naturschatten wie der **Love Bay** oder der **Russian Bay.**

Eine Inselrundfahrt per Auto oder Taxi führt auf die grüne Hochebene Foússa hinauf und zu den einsam auf einem Hügel gelegenen Ausgrabungen eines antiken **Poseidon-Heiligtums.** Besuchenswert ist das Mönchskloster **Zoodóchos Pigí.** Ansonsten genießt man einfach den Tag, die Tavernen und den Blick hinüber zum Peloponnes oder den Saronischen Golf bis hin nach Athen. Nimmersatte Museumsfans können das kleine **Archäologische Museum** nahe der Hafenpromenade besuchen, das einige Funde aus Póros, Trizína und Méthana hütet.

Poseidon-Heiligtum: frei zugänglich; **Kloster Zoodóchos Pigí:** tgl. 13–17 Uhr geschl.; **Museum:** Mi–Mo 8.30–15.30 Uhr, Eintritt 3 €

Ermióni J6

ΕΡΜΙΟΝΗ, Ερμιόνη

Hinter Galatás geht es zunächst übers Gebirge, dann beginnt beim Weiler **Metóchi** ein Band langer Sand-Kies-Strände, die sich nur im Sommer durch griechische Urlauber beleben. Erst in Ermióni (2600 Einw.) wird es lebendiger. Das Hafenstädtchen mit Fähren zur Insel Hydra (Ídra) punktet mit guten Tavernen an der Hafenpromenade. Auf der grünen Halbinsel Erionída am Ortsrand sind Überreste einer byzantinischen Stadtmauer und eines antiken Tempels zu entdecken.

Zur Jetset-Insel Hydra

Die Insel **Ídra (Hydra)** lebt bis heute von ihrem Ruf als Aussteiger- und Künstlerinsel der 1960er-Jahre – hier schrieb Leonard Cohen seine LP »Songs from a Room«. Danach verbrachte auch der

Endlich Feierabend! Am Hafen in Spétses genießt man den Sonnenuntergang. In den Tavernen an der Promenade geht es bald richtig los.

Jet-Set seine Ferien hier. Bis heute ist Hydra eine autofreie Insel, nahezu baumlos mit einem der schönsten Inselstädtchen Griechenlands

Ab Ermióni in 25 Min. tgl. per Tragflügelboot (Blue Star Ferries, tickets.ferries.gr); ab Metóchi je nach Saison 4–13 x tgl. (www.hydralines.gr), auch Taxiboote, ca. 8 €

Portochéli

H7

ΠΟΡΤΟ ΧΕΛΙ, ΠόρτοΧέλι

Das Hafenstädtchen (1900 Einw.) dient wegen seiner Lage an einer geschützten Bucht vor allem Segeljachten als Marina, bietet aber nur mäßige Strände. Tavernen und Bars säumen eine breite Uferstraße.

Stippvisite zur Insel Spétses

Im Inselstädtchen **Spétses** (J7) sind Kapitänshäuser aus dem 19. Jh. erhalten. Das **Haus der Bouboulína** informiert über das Leben der reichen Reederwitwe und legendären Freiheitskämpferin gegen die Türken. Fähren nach Spétses fahren in 15 Min. vom 5 km südlich von Portochéli gelegenen Hafen Kósta aus ca. 4 x tgl., im Hochsommer öfter. Außerdem können Bootsfahrten rund um Spétses unternommen werden (ca. 80 €/Boot).

Bouboulina Museum: T 22 98 07 20 77, fb.com/BouboulinasMuseum, tgl. 11–14, Fr auch 18–19 Uhr, Winter geschl., Eintritt inkl. Führung 6 €

Dídima

J6

ΔΙΔΥΜΑ, Δίδυμα

Das untouristische Dorf (1250 Einw.) liegt unterhalb der Hauptstraße von Portochéli nach Náfplio in einem fast kreisrunden Hochtal. An dessen westlichem Rand sind von Weitem zwei markante Dolinen zu erkennen, die wie Krateraugen im Berghang aussehen. Sie gaben dem Ort seinen Namen: Zwilling.

Die kleinere Doline, **Small Cave** genannt, ist ein etwa 40 m tiefer Krater mit über 100 m Durchmesser. Er entstand, als die Decke einer Karsthöhle einstürzte. Die Wände fallen senkrecht ab, auf dem Dolinenboden wachsen Gräser, Büsche und Bäume. In die senkrechten Wände hat man zwei Kapellen hineingebaut, von denen eine Freskenreste aus dem 15. Jh. aufweist. Die zweite Doline (Big Cave) ist größer, aber weniger spektakulär.

Bei den sich in die Wand drängenden Kapellen sprechen gläubige Christen mit den Heiligen. In ganz Griechenland stehen solche ›Konsulate des Himmels‹ in einsamer Landschaft. In ihnen sollen die hilfreichen Heiligen anwesend sein und sich wie antike Götter unter die Menschen mischen.

Epídavros (Epidaurus) H5

ΕΠΙΔΑΥΡΟΣ, Επίδαυρος

Eine gespannte Atmosphäre wie von Kindern, die vor einem Erlebnispark warten, herrscht auf dem Parkplatz – wenn nicht der Andrang wäre, lägen die Ausgrabungen von Epidaurus einsam in sanfter Landschaft. Das weitläufig eingezäunte Gelände des UNESCO-Weltkulturerbes unter hohen Pinien und Olivenbäumen wirkt von außen wie ein Park. Doch die Anlage beginnt mit einer Flaniermeile; es gibt Getränke, Snacks, einen Museumsshop, sogar einen Post-Kiosk. Fast 9 Mio. € werden zurzeit in Rekonstruktionsarbeiten gesteckt. Säulen werden aufgerichtet, Mauern ausgebessert. Und das Schönste: Hier kann der Besucher im Juli und August einen unvergesslichen Theaterabend unterm Sternenhimmel erleben.

Archäologischer Bezirk: T 27 53 02 20 09, odysseus.culture.gr, Mai–Aug. 8–20 Uhr, bis Okt. 8–18 Uhr, Eintritt 12 €

Zentrum der Heilkunst

An dieser Stelle wurde Apoll in seiner Funktion als Gott der Heilkunst schon im frühen 1. Jt. v. Chr. verehrt. Dann kam im 6. Jh. v. Chr. ein **Asklepios-Heiligtum** hinzu, das sich zu einem Zentrum der Heilkunst entwickelte und Vorbild für über 200 Sanatorien in der griechisch-römischen Welt wurde. Seine Glanzzeit erlebte es ab dem 4. Jh. v. Chr. und vor allem in römischer Zeit.

Ein Theater für alle

Eigentlich strömen die meisten Besucher heute direkt ins **Theater** ❶. Zu Beginn des 3. Jh. v. Chr. wurde es zunächst mit 34 Sitzreihen in den Berghang hineingebaut. Durch eine Aufstockung um 21 Sitzreihen im 2. Jh. v. Chr. stieg sein Fassungsvermögen auf 13 000 Zuschauer. Besonders bemerkenswert ist die Akustik des Theaters: Meistens wird man Glück oder – wie man's nimmt – Pech haben: Ein Besucher stellt sich in

B

MYKENISCHE BRÜCKEN

An der alten Straße von Náfplio nach Epídavros machen braune Wegweiser auf erhaltene Straßenbrücken aus mykenischer Zeit aufmerksam (›Mikinekí Géfira Kazármas‹). Eine steht 4,1 km hinter der Abzweigung links der Straße nach Kándia (H 6). Wie bei den Kuppeln der mykenischen Gräber ist der Brückenbogen kein echtes Gewölbe, sondern wird durch überkragende Steinschichten gebildet.

den umkreisten Mittelpunkt der Bühne und probiert sie aus. Noch in der obersten Reihe – hoch über dem Geschehen auf der Bühne – lässt sich leises Getuschel oder das Fallen einer Münze auf der weit unten liegenden 50 m² großen Orchestra wahrnehmen. Heute gelten die, die Freifahrten fordern, oft als Spinner, doch in der Antike war der Theaterbesuch wahrscheinlich kostenlos.

Cleveres Kurhotel

Jahrhundertelang reisten Kranke nach Epidaurus, wahrscheinlich begleitet von Freunden. Für diese wurde um 300 v. Chr. das **Katagogion** ❷ erbaut, das nach einer Renovierung in römischer Zeit mindestens 600 Jahre Dienst tat. Der Bau war in vier Quadrate unterteilt, deren Zimmer sich je um einen eigenen Innenhof gruppierten. Jedes der vier Quadrate hatte einen eigenen Eingang, zwischen dem westlichen und dem östlichen gab es eine Verbindung, diese fehlte zwischen dem südlichen und dem nördlichen. So konnte man bei wenig Betrieb eine Hälfte des ›Hotels‹ stilllegen oder die Teile voneinander separieren, um bei einer Seuche die infizierten Kranken zu isolieren.

Spätestens seit dem 3. Jh. v. Chr. gehörten medizinische Bäder zum Kurprogramm. In den **Thermen** ❸ zwischen Katagogion und Hestiatorion sind Reste von Wannen und Becken zu erkennen.

Essen mit den Göttern

Seit frühester Zeit spielte nicht nur die Reinigung durch ›geweihtes‹ Wasser, sondern auch das gemeinsame Mahl von Menschen und Göttern im Heilungsprozess eine Rolle. Menschen opferten Göttern Tiere auf einem Brandaltar. Der Rauch des verbrannten Fleisches war für die Götter, die Menschen bekamen das Fleisch der Opfertiere. So sollte im Mahl – wie im orthodoxen Gottesdienst – eine Gemeinschaft zwischen Irdischen und Himmlischen hergestellt werden. Die Mahlzeiten wurden seit dem späten 4. Jh. v. Chr. im **Hestiatorion** ❹ eingenommen – noch heute ist *estiatório* das griechische Wort für Restaurant.

Sport mit Musik

In späterer Zeit diente das Hestiatorion auch als Gymnasion zur sportlichen Ertüchigung. Den Wert des Sports für die Gesundheit kannte man natürlich schon im Altertum. Im Innenhof des 70 x 76 m großen Gebäudes konnte trainiert werden, in den von 60 Säulen gestützten Hallen ringsum wurden wahrscheinlich Massagen verabreicht. Erst zu römischer Zeit wurde dann noch ein kleines **Odeon** ❺ für musikalische Aufführungen in den Innenhof gebaut – da kann das iPhone auf dem Laufband heute nicht mithalten!

Treue Tempelwächter

Durch das **Propylon,** das die Archäologen teilweise wiedererrichteten, betrat man den heiligen Bezirk mit dem zentralen **Asklepios-Heiligtum** ❻**.** Darin stand eine goldbesetzte Statue des thronenden Gottes mit einem Stab in der einen und einer Schlange in der anderen Hand. Neben ihm saß ein Hund. Er schien die Schatzkammer des Heiligtums zu bewachen, die sich vor ihm im Boden befand. Darin wurden wertvolle Weihegaben und Geschenke von Heilungsuchenden verwahrt.

Der eigenartigste Bau im heiligen Bezirk war aber ein **Rundtempel** ❼**,** Tholos oder Thymele genannt, dessen Ruinen unweit des Asklepios-Tempels liegen. Auch er wird zurzeit wiederaufgebaut. Ein äußerer Kranz aus 26 dorischen und ein innerer Kranz aus 14 korinthischen Säulen bildeten zusammen mit einer runden Cella den sichtbaren Teil des Tempels. Unter dem Boden lag ein rundes Labyrinth, das wahrscheinlich die Unterwelt symbolisieren sollte.

Epídavros (Epidaurus)

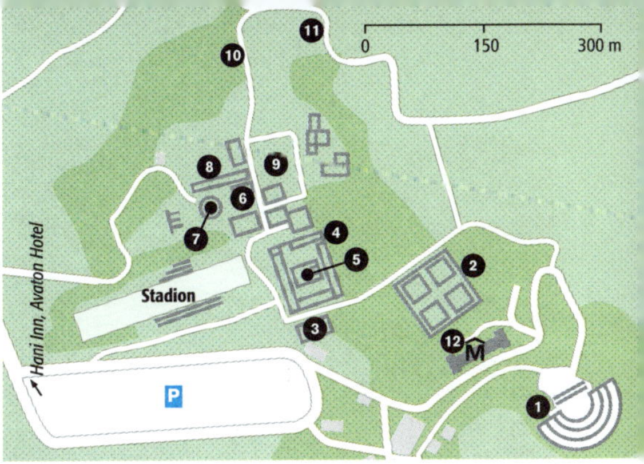

Ansehen

1. Theater
2. Katagogion
3. Thermen
4. Hestiatorion (Gymnasion)
5. Römisches Odeon
6. Asklepios-Heiligtum
7. Rundtempel (Tholos)
8. Abaton (Heilschlafhalle)
9. Festplatz
10. Große Propyläen
11. Basilika
12. Archäologisches Museum

Vielleicht wurden darin Schlangen, dem Asklepios heilige Tiere, gehalten.

Sich gesund schlafen

Im Mittelpunkt der antiken Medizin stand die Gewissheit, dass Heilung von der Gottheit ausgehen kann. Darum legten sich alle Kranken nach der Reinigung, den Opfern und anderen Ritualen in die Abaton genannte zweigeschossige **Heilschlafhalle** ❽ (Abaton). Sie hofften darauf, dass ihnen der Gott im Schlaf erschiene. Ihre Vision berichteten sie den Priesterärzten, die ihre Diagnose und Therapievorschläge als göttliche Weisung ausgaben: psychosomatische Heilung also schon in der Antike!

Tor zum Tempelreich

Auf dem **Festplatz** ❾ mit Bibliothek und einer weiteren Badeanlage standen Hunderte von Statuen und Weihegeschenke. Über diesen Platz betraten die Pilger das Heiligtum. Sie wurden durch diese Geschenkausstellung in ihrem Glauben an den Nutzen ihrer Pilgerreise bestärkt.

Den monumentalen Prachteingang zum Kurbezirk bildeten die **Großen Propyläen** ❿, die noch heute nördlich unter Bäumen in stattlicher Größe erhalten sind. Im 5. Jh. entstand etwas östlich auch eine christliche **Basilika** ⓫. Wahrscheinlich kamen weiterhin Kranke nach Epidaurus, nutzten das heilende Wasser und das empirische Wissen der Ärzteschaft – und setzten nun auf Christus statt Asklepios als letztlich Zuständigen.

Museen

Ruinen verstehen

⓬ **Archäologisches Museum:** Hochkarätige Exponate vermitteln Verständnis für die zurückliegende Zeit. Vorwiegend Teilrekonstruktionen von Gebäuden des Heiligtums und medizinische Gerätschaften werden gezeigt. Schön sind die Wasserspeier in Form von Tierköpfen. Auch die drei Grundformen griechischer Kapitelle kann man hier studieren: ionische, dorische und korinthische.

Schlafen

Auf dem Bio-Hof

Hani Inn: Dimítris Skoufáris verdient sein Geld mit ökologisch betriebener Landwirtschaft. Darüber hinaus vermietet er

Im Museum von Epídavros werden die antiken Prachtbauten in Modellen anschaulich: auferstanden aus Ruinen.

zehn gut ausgestattete Studios am Rande seiner Felder. Idealer Übernachtungsort für Besucher der Festspiele im nur 8 km entfernten Theater von Epidaurus.
Hani Mercouri, 1 km von der Schnellstraßenausfahrt, T 27 53 02 32 09, DZ €

Bei den Ausgrabungen

Avaton: Einfaches zweigeschossiges Hotel nah bei der archäologischen Stätte. Schlichte Zimmer, Sitzgelegenheiten im Freien, freundliche Gastgeber.
Odós Ligourión, T 27 53 02 21 78, www.avaton.com.gr, DZ €

Infos

- **Epídavros Festival:** Aufführungen Fr und Sa zwischen Ende Juni und Ende August um 21 Uhr. Info: aefestival.gr; Tickets: T 21 08 93 81 12.
- **Bus zum Festival:** Preisgünstige Linienbusse ab Athen, Náfplio, Tólo und Árgos nach Epídavros und wieder zurück.

Ligourió

H5

ΛΥΓΟΥΡΙΟ, Λυγουριό
Im Großdorf Ligourió, 4 km westlich, präsentiert das private **Kotsiomitis-Museum** eine naturgeschichtliche Ausstellung: Fossilien, Mineralien, Kristalle und Halbedelsteine aus aller Welt. Schautafeln erläutern, welche Tiere auf dem Peloponnes lebten, nachdem die Halbinsel vor 145 Mio. Jahren entstanden war.

Asklipioú (Hauptstraße), T 27 53 02 25 87, www.museum-kotsiomitis.gr, Besuch nach Vereinb., T 69 72 56 80 80, Eintritt 2 €

Néa Epídavros

H5

ΝΕΑ ΕΠΙΔΑΥΡΟΣ, Νέα Επίδαυρος
Das Bergdorf (1100 Einw.) ist über eine schöne Strecke durch einsame Hügellandschaft zu ereichen (ca. 20 km). Hier tagte im Dezember 1821 die erste griechische Nationalversammlung während des Unabhängigkeitskrieges. Nach dem Vorbild der französischen Revolution wurde eine erste griechische Verfassung verabschiedet. Daran erinnert ein Denkmal an der Platía des Ortes. Nur 3 km weiter besetzt eine kleine Strandsiedlung mit Hotels und Tavernen eine weite Bucht mit viel Strand. Eine kleine weiße Kapelle thront auf dem Plateau am idyllischen Fischerhafen an der Nordseite.

Paleá Epídavros

J5

ΠΑΛΑΙΑ ΕΠΙΔΑΥΡΟΣ, Παλαιά Επίδαυρος
Die Küstensiedlung (1700 Einw.) an der Hauptstraße nach Korinth wirkt größer, lebendiger und mit zwei unbebauten Strandbuchten beiderseits des Hafens auch hübscher. In der Mitte überschaut die Kirche Ágios Nikólaos das Tavernenvietel, vor den schmalen Stränden ankern Boote, der Blick übers Wasser reicht zur Halbinsel **Méthana** und bis zur Insel Égina (Αίγινα).

Eine versunkene Stadt

Auf dem Kap im Süden blieben 18 steinerne Sitzreihen eines **antiken Theaters** erhalten, das heute im Sommer für Konzerte genutzt wird. Vom **Nísi Beach** (Paralía Nisáki) führt ein Fußweg zwischen Zitronenhainen dorthin, es ist aber auch direkt mit dem Auto zu erreichen.

Biegt man statt zum Theater nach Süden ab, gelangt man zum ausgeschilderten **Sunken City Beach** (Yialasi Beach, 1,5 km). Die angeblich seit 3500 Jahren versunkene Stadt liegt etwa 50 bis 100 m vor der Küste in 2 m Tiefe: Mauerreste der antiken Kaianlagen, die man beim Schnorcheln gut erkennen kann.

Schlafen, Essen

Exzellentes Frühstück

Poseidon: Die Crews der im Sommer am Kai liegenden Jachten möchten kräftig frühstücken, deshalb gibt es vielerlei – vom Omelette bis zum Joghurt zum günstigen Preis bei flinkem Service. Tagsüber stärkt man sich bei Fisch und Pasta. Auch Zimmer für um 55 €.

Paleá Epídavros, Hafen, T 27 53 04 12 11, tgl. ab 8 Uhr, €€

Für einen Badetag

Mouriá: Wer eine Badepause einlegen und anschließend gut griechisch essen möchte, ist am Südstrand gut aufgehoben. Von der Liegewiese an der ruhigen Bucht ist das gepflegte Restaurant nur wenige Schritte entfernt. Die Tische stehen im Schatten von Bäumen. Auch Studios/Apts. für um 80/120 €.

Yialasi Beach, neben Camping Nicolas, www.mouria.gr, €€

Bewegen

Mit dem Paddelboot in die Antike

PanExpeditions: Eine 6-std. Paddel-Tauch-Tour führt zur antiken Unterwasserattraktion der ›Sunken City‹ (um 90 €). Badeschuhe sind wegen Seeigeln nützlich!

Hafen Paleá Epídavros, T 69 36 04 64 84, www.panexpeditions.com

Info

- **Musical July:** Musikfestival im Theater, Konzerte Fr und Sa, Info und Kartenbestellung wie Epídavros Festival.

Méthana

J5

ΜΕΘΑΝΑ, Μέθανα
Vor der Ostküste des Peloponnes erhebt sich eine vulkanisch geprägte Halbinsel, die nur durch eine 300 m breite Landbrücke mit dem Festland verbunden ist. Heute fast vergessen, war sie früher einer der ersten Kurorte Griechenlands, und zwar wegen der Heilbäder im Hauptort Méthana, den man zuerst erreicht.

Direkt am Ortseingang liegt ein Bassin mit milchigem Wasser vor dem immer noch feierlichen, klassizistischen Badehaus. Dessen Schließung 2017 brachte den letzten Abschwung, aber was soll's: Die Menschen in der Bucht an der anderen Straßenseite lassen sich im ebenfalls schwefelhaltigen, gesundheitsförderlichen Wasser treiben, das glücklicherweise in die freie Wildbahn gelangt – für manche Geologen übrigens ein Zeichen für aktive Magmakammern unter dem Halbinselchen. Hotels, Pensionen und Privatzimmer, Tavernen, die gesamte Infrastruktur ist erhalten geblieben. Wer sich für Natur interessiert, gerne wandert oder eine Auszeit braucht ist hier richtig.

Die 55 km² große Halbinsel kann man mit dem Auto im Rahmen einer Rundfahrt über enge Bergstraßen erkunden. Dafür sollte man etwa 4 Stunden einplanen. Info: www.methana.com mit Karte zum Downloaden.

Essen

Die Mama kocht

O Melétis: In der Taverne am kleinen Hafen von Vathí kocht die Wirtin Athína alle typisch griechischen Gerichte selbst. Hervorragend schmecken die Zucchini-Reibekuchen mit Knoblauch-Kartoffel-Püree *(kolokithokeftédes me skordaljá)*, großartig sind aber auch die frischen, frittierten Kalamares.

Vathí, T 69 79 58 78 54, tgl. ab 8 Uhr, €€

Urig und nah an der Lava

Inotherapeftírio Ioánnou: Der kleine Komplex aus Natursteinhäusern kurz vor Kaméni Chóra, dessen Name ›Weintherapiezentrum‹ (!) bedeutet, bietet einen schönen Blick aufs Dorf. Im Sommer veranstaltet der Wirt Theodóros im Freilichttheater hinter der Taverne kleine Theateraufführungen.

Straße nach Vathí, außer im August oft nur an Wochenenden ab 19 Uhr, T 69 77 71 56 76, €€

Romantisch ruhig

Paleókastro: Die solide Taverne am Vathí-Strand bietet guten frischen Fisch und Meeresspezialitäten zu fairen Preisen. Nah am Wasser, freundlicher, schneller Service.

Paralía Vathí, südliche Hafenseite, T 22 98 09 27 47, tgl. ab 9 Uhr, €€

Bewegen

Méthana entdecken

Wandern: Tobias Schorr, Reiseleiter und Betreiber von methana.de dreht jeden Stein um, erkennt giftige Hornvipern aus mehreren Metern Entfernung und erklärt, wie sich die Landschaft nach dem Vulkanausbruch aus Magmamassen auftürmte. Sportliche und abenteueraffine Touren.

Anfrage an tobiasschorr@methana.de

Lieblingsort

Entschleunigung auf Lavafeldern

Inmitten der Lavafelder von **Méthana** (J 5) könnte man fast den Eindruck bekommen, auf Island zu sein. Karges Grün auf verbrannter Erde, Blütentupfer zwischen rötlicher Lava. In der Vulkanlandschaft von Méthana bin ich mit der Natur allein in einer ganz unwirklich scheinenden Welt der Gegensätze. Schaue aus der von Urkräften geformten Landschaft auf ihre Lieblichkeit, auf das Wechselspiel von Meer und Inseln. Nur ein paar Boote bewegen sich ab und zu auf dem Saronischen Golf, bringen Veränderung ins sonst beruhigend statische Bild.

TOUR
Landschaft aus Lavakuppeln

Fahrt über die Halbinsel Méthana mit Wanderung auf den Vulkan

Infos

J 5

Start: Méthana
Ziel: Paleókastro bei Vathí

Weg: Aufstieg zum Kaméno Vounó mindestens 30 Min.; Trittsicherheit und gutes Schuhwerk erforderlich!
Dauer: mit Abstecher nach Vathí und Paleókastro ca. 3–4 Std.

Die Méthana-Halbinsel mit über 30 Lavadomen gilt als immer noch aktives Vulkangebiet. 270 v. Chr. ist der Vulkan das letzte Mal ausgebrochen, selbst von Athen aus sah man das Naturspektakel, das auch Schriftsteller wie Ovid oder Strabon erwähnen. Eine zähe Masse trat nach oben, zu Explosionen kam es hingegen nicht. Dennoch trägt das winzige Dorf unterhalb des jüngsten Vulkans den Namen **Kaméni Chóra,** was so viel wie ›verbranntes Land‹ bedeutet. Der Berg bildete im Süden, Richtung Dorf, eine Lavazunge. So bildete sich die typische Form der Méthana-Vulkane, ein Lavadom.

Am **Parkplatz** ca. 1700 m hinter dem Ortsschild von Kaméni Chóra beginnt der Wanderpfad. Er führt schmal und stetig ansteigend in etwa 500 m auf den Vulkan **Kaméno Vounó**. Wie über Treppen geht es rasch höher und höher. Das macht das Wandern vergnüglich, denn man gelangt immer wieder auf Plateaus, auf denen man pausieren, seltene Orchideen und grandiose Aussichten genießen kann.

Nach dem Besuch des alten Vulkans kann man sich im ›Weintherapiezentrum‹, der kleinen **Taverne Inotherapevtírio** von Theodóros Joánnou (s. S. 202), oder in den Tavernen an der Küste von **Vathí** stärken und frische Meeresfrüchte genießen.

Das **Paleókastro** am Südende des Vathí-Strands, die antike Akropolis von Methana mit einer Agora, erwähnte schon der antike Reiseschriftsteller Pausanias. Einige Mauerreste, ein Eingangstor und eine frühchristliche Kapelle auf einem Gipfel blieben erhalten.

Árgos

G5

ΑΡΓΟΣ, Άργος
Neben Náfplio ist auch Árgos (24 300 Einw.) ein politisches und ökonomisches Zentrum der Region. Moderne Betonbauten prägen das Bild. Das Landstädtchen wurde vor über 5000 Jahren gegründet und ist somit eine der ältesten durchgängig besiedelten Städte Europas. Kennzeichnend sind die engen, vollgeparkten Straßen, kurze Fußgängerzonen und eine geschmackvolle Markthalle. Wer wenig Zeit hat, fährt vorbei; wer länger im Nordosten Urlaub macht, kann hier gut einen ganzen Tag verbringen.

Klassizistischer Kern

Am größten Platz, der Laïkí Agorá, stehen mit der **Kapodístrias-Kaserne** (1828) und der Markthalle **Dimototikí Agorá** (1889) die beiden größten und schönsten klassizistischen Gebäude der Stadt. In der Markthalle sind heute neben Geschäften auch Ouzerien angesiedelt. Im Südwestflügel der Kaserne zeigt das **Byzantinische Museum** mittelalterliche Kirchenkunst aus der Argolis-Region.

Museum: Zografou, www.byma.gr, Mi–Mo 8.30–15.30 Uhr, Eintritt 4 €, Kombiticket (gültig 3 Tage) mit sechs arch. Stätten der Argolis 20 €

Frühhellenistische Festung

Die Fahrt auf den 289 m hohen Burgberg zum **Kástro Lárisas** beschert einen schönen Blick über die Argolische Ebene. Am Weg zu den Ruinen der mittelalterlichen Festung liegen drei Klöster, von denen das der Richtung der Altkalendarier angehörende **Frauenkloster Génesis tou Christoú** einen Abstecher lohnt. Zugänglich ist die durch eine Vorhalle geschützte Außenmauer mit neuen Wandmalereien, die die Weihnachtsgeschichte illustrieren. Männern ist der Zutritt verboten.

Burgruine: Info T 27 51 04 72 33, Mittagsruhe der Klöster 12–16 Uhr, Eintritt frei

Was für ein Theater

Ausgrabungen förderten Zeugnisse des antiken Stadtzentrum zutage: die hohen, wie angefressen wirkenden Ziegelsteinmauern **römischer Thermen** und Reste der Hypokausten, des Heizungssystems mit Ziegelsteinpfeiler, die den von unten beheizten Fußboden trugen.

In den Berghang westlich der Thermen ist das nicht sehr gut erhaltene **Theater** eingeschnitten, das mit 81 Sitzreihen das größte Griechenlands war. 150 m südlich davon liegen die Reste eines früher überdachten Musiktheaters, des **Odeon.** Hier beginnt auch ein 2,6 km langer Fußweg über 250 Höhenmeter hinauf zum Burgberg.

Tripóleos 30, T 27 51 06 31 19, Mai–Okt. tgl. 8.30–15.30 Uhr, Eintritt 3 €

Kuriose Pyramide

In ganz Griechenland haben Archäologen bisher etwa ein Dutzend pyramidenförmiger Bauten nachgewiesen. Gegen die Pyramiden in Ägypten wirken sie winzig, sie waren nur etwa 6 bis 10 m hoch. Die **Piramída tou Ellinkoú** (›Pyramide von Hellinikon‹) ist bis in etwa 4 m Höhe erhalten. Funktion und Datierung sind umstritten. Sie wird als Grab aus dem 7. Jh. v. Chr., aber auch als Wachturm und Signalstation aus dem 4. Jh. v. Chr. bezeichnet.

8 km südwestlich von Árgos hinter Kefalári, T 27 52 02 46 90, frei zugänglich

Museen

Grab des alten Kriegers

Archäologisches Museum: Das Museum verwahrt seltene Funde der geometrischen Zeit aus **Lerna** (s. S. 191). Von einem Grab dort stammt eine Krieger-Rüstung des späten 8. Jh. v. Chr. Zwei

Stützen (›Chenets‹, gr. *kratevtés)* in Form von Kriegsschiffen dienten als Ablage für zwölf große Bratspieße, die als wertvolle Beigaben mit ins Grab gegeben wurden. Aus dem 6./5. Jh. v. Chr. sind nichtfigurale Bodenmosaike und Keramiken mit mythologischen Szenen zu sehen. Ein Modell zeigt das antike Argos in römischer Zeit um etwa 100 v. Chr., aus derselben Zeit auch Statuen nach hellenistischen Vorbildern. Bodenmosaike im Museumshof präsentieren naiv-rustikale Menschendarstellungen in dionysischen Szenen und Personifikationen der vier Jahreszeiten durch Charakterköpfe.

Odós Ólgas 2, T 27 51 06 88 19, vorübergehend geschl.

Essen

Tavernen gibt es an der Platía Ágiou Pétrou und in der Markthalle.

Alter Stil

Aígli: Service und Küche wie in den 1970er-Jahren, freundlich und ländlich-elegant. Viele Schmorgerichte, auch Suppen und Vegetarisches.

Platía Ágiou Pétrou/Vas. Georgíou V 68, T 27 51 02 48 12, tgl. ab 10 Uhr, €–€€

Einkaufen

Für Selbstverpfleger

Wochenmarkt: Jeden Samstagvormittag zwischen Markthalle und Kaserne.

Mykene

G5

ΜΥΚΗΝΕΣ, Μυκήνες

Das heutige **Mikínes** (420 Einw.) lebt weitgehend von seiner Geschichte: Etwa 1 km außerhalb der heutigen Siedlung bedecken die Ruinen der **mykenischen Burg,** die zum UNESCO-Welterbe gehört, Hang und Gipfelplateau eines nach drei Seiten hin abfallenden Felshügels. Den zwei- bis dreistündigen Rundgang durch die Ausgrabungen beginnt man am bestem mit dem Museum vor dem Löwentor. Zum Schluss laufen Sie die 500 m zum Schatzhaus des Atreus besser zu Fuß (dort kaum Parkplätze).

Mykene: T 27 51 07 65 85, http://odysseus.culture.gr/h/3/gh351.jsp?obj_id=2573, Mai–Aug. 8–20, Winter 8.30–15.30 Uhr, Eintritt 12 €

Ein Werk von Riesen

Die 900 m langen Mauern Mykenes werden erst erkennbar, wenn man sich ihnen bis auf wenige Hundert Meter genähert hat, so sehr sind sie farblich mit dem anstehenden Fels verwachsen. Auf der leicht zugänglichen Westseite sind sie mächtig, 3 bis 8 m dick. Am eindrucksvollsten sind jene aus der Zeit um 1250 v. Chr., die aus grob behauenen, unregelmäßig geschnittenen Blöcken bestehen. Schon in der Antike wurden sie als **Kyklopenmauern** ❶ bezeichnet, denn man konnte sie sich nur als das Werk von Riesen vorstellen. Aus hellenistischer Zeit (3. Jh. v. Chr.) stammen die Mauern aus regelmäßig zugeschnittenen Quaderblöcken. Etwas jünger sind die ausgebesserten und aus viel kleineren Steinen bestehenden Mauerpartien.

In der Höhle des Löwen

Der Rahmen des um 1250 v. Chr. erbauten **Löwentors** ❷ besteht aus vier mächtigen Monolithen. Der Türsturz allein wiegt etwa 20 t. Darüber befindet sich ein typisch mykenisches Entlastungsdreieck, das das Gewicht der Steine auf die seitlichen Mauerzungen umlenkt. Es ist mit einem einzigartigen Relief verschlossen, das zwei sich an einer mykenischen Säule aufrichtende Löwen zeigt. Ihre Köpfe fehlen, sie waren

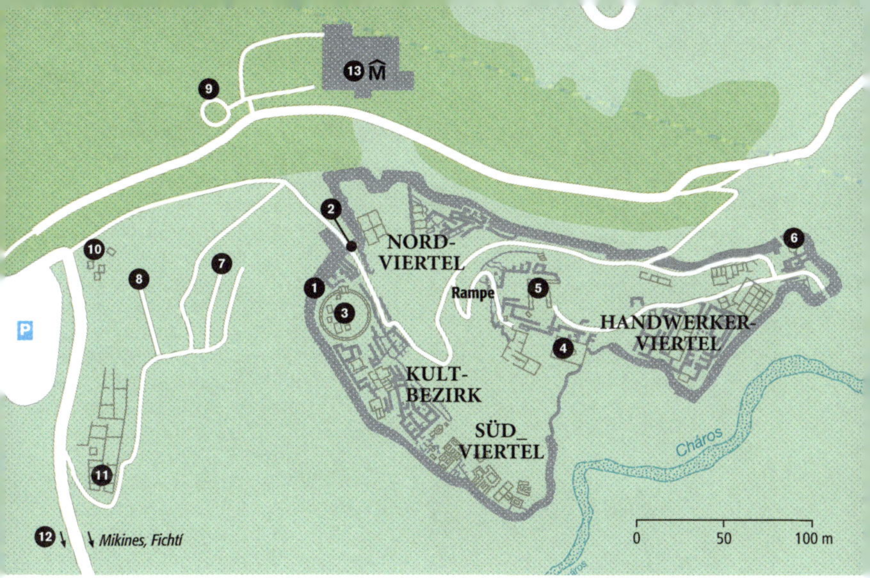

Mykene

Ansehen

1 Kyklopenmauer
2 Löwentor
3 Gräberkreis A
4 Königspalast
5 Hera-Tempel
6 Zisterne
7 Grab des Aigisthos
8 Grab der Klytaimnestra
9 Löwengrab
10 Gräberkreis B
11 Haus des Ölhändlers
12 Schatzhaus des Atreus
13 Archäologisches Museum

---

wahrscheinlich aus Bronze, Silber oder Gold gearbeitet. Das Relief (es gilt als das älteste erhaltene bekannte Monumentalrelief auf europäischem Boden) symbolisiert mit seinen Säulen den Palast als Herrschaftszentrum, die Löwen stehen für die Macht des Herrschers.

Gräber im Steinkreis

Unmittelbar hinter dem Löwentor öffnet sich rechter Hand der **Gräberkreis A** 3, den Heinrich Schliemann 1876 freilegte. Die Bestattungen dort erfolgten schon im 16. Jh. v. Chr. Beim Bau des Löwentors, als man die Burg erweiterte, gerieten die Gräber so in den Wohnbereich des Palastes. Das war aber in der klassischen Antike wie auch im Mittelalter verpönt, daher verwandelte man den Gräberplatz durch einen Doppelring aufrecht stehender, 150 cm hoher Platten mit 26 m Durchmesser in einen Kultbezirk. In den sechs Schachtgräbern des Kreises, in denen acht Männer, neun Frauen und zwei Kinder beigesetzt waren, fand Schliemann kostbare Grabbeigaben aus Gold, Silber und Elfenbein. Einige Funde sind im Archäologischen Nationalmuseum in Athen ausgestellt, andere sind im Museum vor Ort zu sehen.

Aufstieg zum Zentrum der Macht

Über neue Stufen und eine alte **mykenische Rampe** steigt man zum – einst teils zweigeschossigen – **Königspalast** 4 auf. Steinsetzungen lassen erkennen, dass

Wie ein Bienenstock schraubt sich das Schatzhaus des Atreus in die Höhe, wo es sich zur hoheitlichen Kuppel neigt.

er aus einem von Säulen umstandenen Vorhof und einem Saal, dem Megaron, bestand, dessen Zentrum ein großer Herd bildete. Der Herrscherthron dürfte an der Südseite des Megaron gestanden haben. Nördlich auf dem Plateaugipfel stand ein **Hera-Tempel ❺**, der schon in archaischer Zeit errichtet wurde.

Reichlich Wasser für die Stadt

Östlich folgte das Viertel der Kunsthandwerker und schließlich, in der Nordostbastion, eine gut erhaltene **Zisterne ❻**: Ein tunnelartiger Gang führt über 101 originale Stufen aus spätmykenischer Zeit zu einer überkuppelten Brunnenkammer hinunter. Aus ihr konnte in Zeiten einer Belagerung frisches Wasser der Perseia-Quelle geschöpft werden – so war die Wasserversorgung gesichert.

Die Gräber Könige

Westlich vom Löwentor stehen wir mit den aufwendigen Kuppelgräbern (Tholosgräbern) vor den Monumenten der mykenischen Großkönige. Das **Grab des Aigisthos ❼** entstand um 1470 v. Chr., das **Grab der Klytaimnestra ❽** um 1220 v. Chr. Man sieht, die Namenszuschreibung ist willkürlich, denn schließlich sollen die beiden ja eine Affäre gehabt haben (s. S. 279). Ebenfalls aus dem 15. Jh. v. Chr. stammt das **Löwengrab ❾** links neben dem Museum. Bei beiden älteren Tholosgräbern sind die Kuppeln eingestürzt – offenbar war man da baustatisch noch in der Lernphase.

Weiter westlich sicherten Archäologen ab 2007 den **Gräberkreis B ❿** mit 26 einfachen Schachtgräbern, datiert aus dem 17. Jh. v. Chr. Noch etwas tiefer haben sie eine städtische Siedlung mit mykenischen Häusern und Werkstätten aus dem 13. Jh. v. Chr. freigelegt, darunter das **Haus des Ölhändlers ⓫.**

Im Bauch der Kuppel

Das berühmteste und besterhaltene mykenische Kuppelgrab, das sog. **Schatzhaus des Atreus ⓬,** stammt aus dem frühen 13. Jh. v. Chr. Ein lang gestreckter Zugang (Dromos) führt – wie bei einem ägyptischen Tempel – auf den eigentlichen Grabbau zu. Die Seitenwände aus schweren Quadersteinen erreichen am Tor über 10 m Höhe, das Tor selbst über 5 m. Die 13,5 m hohe Kuppel ist unbeschädigt. Als ›falsches Gewölbe‹ wurde sie ohne Mörtel bienenkorbartig aufgeschichtet – und blieb fast 1400 Jahre lang die größte Kuppel der Welt – bis zum Bau des Pantheons in Rom.

Museen

Die (mykenische) Welt erklären

⓭ Archäologisches Museum: Im modernen, klimatisierten Bau lässt ein Reliefmodell die wehrtechnisch geschickte Einbettung der Burg in die Umgebung erkennen. Aus den Fenstern schaut man wie auf Bildschirmen in die Ruinenlandschaft. Anhand von Wand- und Deckenmalereien wird gezeigt, wie die Repräsentationsräume des Palastes mit Fresken geschmückt waren. Auch die mykenischen Kuppelgräber, Themen wie Frauen in der mykenischen Welt oder das häusliche Leben werden behandelt.

Schlafen

Das einzige Hotel

La Petite Planète: 29 moderne Zimmer, die meisten bieten einen Ausblick über die grüne Ebene. Hotelrestaurant mit Terrasse und offenem Kamin.

Mikínes, östl. Dorfrand, T 27 51 07 62 40, www.petite-planet.gr, April–Nov., DZ/F €

Wo Schliemann wohnte

Belle Helene: Als es noch keine Pension war, soll Heinrich Schliemann 1862 in diesem Haus in Zimmer Nr. 3 genächtigt haben. Bis Mitte 2024 sollen die neun Zimmer ausgebaut und renoviert werden.

Mikínes, Hauptstraße, T 27 51 07 62 25, DZ/F €

Essen

Mikínes lebt von Tagestouristen. Entsprechend ist das gastronomische Angebot. Man fährt besser nach Árgos oder ins Nachbardorf Fichtí.

Für Fleischliebhaber

O Dímitris: Nicht verwirren lassen: Am Haus steht groß in roten Buchstaben Taverna Kreopoleíon, also ›Metzgerei-Taverne‹, was aber nicht der eigentliche Name der Taverne ist. Fast immer dreht sich hier ein Spanferkel, an Wochenenden häufig Lamm oder *kokorétsi,* in Darm gewickelte Lamminnereien.

Fichtí, Hauptstraße, T 27 51 07 62 03, tgl. ab 7 Uhr, €€

Heraion bei Néo Iréo G5

ΝΕΟ ΗΡΑΙΟ, Νέο Ηραίο
Eines der wichtigsten Hera-Heiligtümer des antiken Griechenlands liegt etwas südlich von Mykene nördlich des heutigen Dorfs **Néo Iréo.** Diese Anlage, landschaftlich reizvoll auf drei Terrassen am Rand der Ebene vor dem Meer, wird im Gegensatz zum überlaufenen Mykene kaum besucht.

Das **Heraion** war in der Antike alljährlich das Ziel einer Prozession von Árgos aus. Auf der untersten Terrasse sind Reste einer Säulenhalle erhalten, in der Priester die Ankunft der Prozession erwarteten. Im quadratischen Gebäude daneben wurde das Festmahl ausgerichtet. Über eine breite Treppe betritt man die mittlere Terrasse, auf der seit 420 v. Chr. der Hera-Tempel stand. Ein hölzerner Vorgängerbau auf der von einer ›Kyklopenmauer‹ aus archaischer Zeit gestützten oberen Terrasse brannte 423 v. Chr. nieder.

Schnellstraße von Mykene nach Náfplio, Wegweiser ›Ancient Ireo‹, T 27 52 02 75 02, tgl. 8–15 Uhr, Eintritt frei

Nemea G4

ΑΡΧΑΙΑ ΝΕΜΕΑ, Αρχαία Νεμέα
Das Dorf **Archéa Neméa,** 5 km abseits der Nationalstraße nach Korinth, ist zusammen mit dem neuen **Neméa** weiter östlich ein Zentrum des Weinanbaus auf dem Peloponnes (s. Tour S. 212). Hier haben amerikanische und griechische Archäologen das **antike Nemea** mit gut erhaltenem Stadion, einem stattlichen Tempel und römischen Thermen freigelegt. Im Altertum war die Stadt alle zwei Jahre Austragungsort der Nemeischen Spiele zu Ehren von Zeus. Die Leitung

Wie die Pflüge einst geführt wurden – im Umweltmuseum am Stimfalía-See wird das Leben am Ufer dokumentiert.

der Spiele oblag der nahen Stadt Kleonai, von der nichts erhalten ist, seit hellenistischer Zeit dann Árgos. Nemea selbst war in der Antike eher ein Kultzentrum, denn eine Handelsstadt.

Farbenfroher Zeus-Tempel

Im **Museum** am Zugang zum Zeus-Tempel erklären die Modelle gut, wie das antike Heiligtum einmal aussah: Die Tempel waren farbenfroh bemalt, keineswegs nur im klassischen Marmorweiß gestaltet; das zeigen die Reste bemalter Bauplastik. Ein Hauch von Comic umgibt sie. Das Museum zeigt auch Funde aus dem mykenischen Gräberfeld von **Aidónia,** einem der bedeutendsten aktuellen Grabungsprojekte Griechenlands.

Der Weg zum Zeus-Tempel führt an einem **Grab** aus dem 6. Jh. vorbei, in dem noch ein Skelett liegt, und passiert die Reste römischer **Thermen** unter einem Schutzdach. Der Unterbau des **Zeus-Tempels** aus dem frühen 4. Jh. v. Chr. mit noch neun stehenden Säulen darf begangen werden. Vor dem Tempel lagern mächtige Säulentrommeln und Teile des Architravs, des ursprünglich auf den Säulen ruhenden Horizontalbalkens. Im Osten führt eine Rampe vom Tempel zu einem **Altar,** der in der Antike – anders als im Christentum – außerhalb des Tempels lag. Auf ihm brachte man den Göttern Brandopfer dar, wobei das Fleisch als Mahl für die Gläubigen diente.

Sport in der Antike

In dem am besten erhaltenen antiken **Stadion** Griechenlands kann man den Athleten von ihren Umkleideräumen bis zur Ziellinie des Stadionlaufs folgen. Da Nacktheit in der Männerwelt der Antike noch nicht schambesetzt, sondern ein Symbol für Stärke und Schönheit war, traten die Athleten unbekleidet zu den Wettbewerben an. Frauen waren deshalb nicht als Zuschauer zugelassen. Im **Auskleideraum** an der Außenseite des Stadionwalls rieben sich die Athleten mit Olivenöl ein – ähnlich wie die Bodybuilder heute. Das Stadion wird zwischen 330 und 320 v. Chr. datiert. Die Wettkämpfe fanden maximal 60 Jahre lang statt, 271 v. Chr. wurden die Spiele nach Árgos verlegt.

Durch die gewölbte Passage geht es ins Stadion: Hier warteten die Sportler, bis ihre Namen und Herkunft aufgerufen wurden. Einige von ihnen verkürzten sich die Wartezeit offenbar dadurch, dass sie ihren Namen in die Steinblöcke des Gangs ritzten. Drinnen ist die Startlinie erhalten. Dort hielt ein Kampfrichter die Enden zweier Seile in den Händen. Ließ er sie los, startete das Rennen. Bis zu 30 000 Zuschauer fanden im Stadion Platz. Münzfunde brachten Archäologen auf den Gedanken, dass es vor 2300 Jahren schon Fan-Blocks gab: In verschiedenen Abschnitten fand man immer nur Münzen bestimmter regionaler Herkunft.

T 27 46 02 27 39, Mai–Aug. tgl. 8–20, Sept./Okt. 8–18, Winter 8.30–15.30 Uhr, im Dez. Di geschl., Eintritt 6 €

Stimfalía-See F4

ΛΙΜΝΗ ΣΤΥΜΦΑΛΙΑ, Λίμνη Στυμφαλία

Die Hochebene beim Dorf **Stimfalía** (180 Einw., Mitte Sept. einwöchiger Jahrmarkt) wird zum größten Teil vom ›Stymphalischen See‹ mit seinem dichten Röhrichtgürtel eingenommen; drum herum breiten sich Weinrebfelder aus (s. S. 212). Der Legende nach vollbrachte Herakles hier seine fünfte Heldentat und kämpfte mit den stymphalischen Vögeln (s. S. 278).

Zwischen dem heutigen Dorf und dem Seeufer legten Archäologen Überreste des antiken **Stymphalia** aus dem 4. Jh. v. Chr. frei. An der Straße nach Kartéri ragen die eindrucksvollen Ruinen des Klosters **Moní Zaraká** auf. Das Zisterzienserkloster wurde im 13. Jh. errichtet, als die katholischen Kreuzritter den Peloponnes hier beherrschten.

Kloster Zaraká: tgl. 8–15 Uhr, Eintritt frei

Ökologie durch Bildung

Natur und Mensch im Naturschutzgebiet des Stymphalischen Beckens sind das Thema des **Umweltmuseums** Mouseío Perivállontos Stymfalías, das dem Besucher in Bild und Ton, mit interaktiven Displays und anschaulichen Modellen nahegebracht wird. Es gehört zum Museumsnetzwerk einer griechischen Bank.

E.O. Kiatou-Vitinas, T 27 47 02 22 96, www.piop.gr/en, März–Okt. Mi–Mo 10–18, sonst 17 Uhr, Eintritt 4 €

Schlafen

Ruhig übernachten

Archontikó Kefalári: Im Dorf Kefalári, 11 km von Stimfalía entfernt, bietet die urig-romantisch eingerichtete Pension Zimmer und ein Restaurant in einem Natursteinhaus aus dem Jahr 1880. Einige Räume verfügen über einen offenen Kamin, alle haben Holzböden, unverputzte Wände. Liebevoll zubereitetes Frühstück.

Kefalári, Hauptstraße, T 27 47 02 22 00, www.arxontiko-kefalari.gr, DZ/F €

Schlicht, aber freundlich

Korakis Rooms/Kastaniá Xenónas: Zum einfachen, guten Hotel gehört auch eine ganzjährig geöffnete Taverne.

Kastaniá, T 27 47 06 12 48, www.kastania-rooms.gr, DZ/F €

Archéa Feneós E4

ΑΡΧΑΙΑ ΦΕΝΕΟΣ, Αρχαία Φενεός

Durch schöne Gebirgslandschaft führt eine Straße auf die von Bergen umgebene

TOUR

Wo die Reben ranken

Auf der Weinstraße von Neméa zur Küste bei Korinth

Auch in Griechenland gibt es offizielle Weinstraßen, doch sind sie weniger durchorganisiert als anderswo. Wer Kellereien besichtigen möchte, klopft einfach an die Tür. Haben die Mitarbeiter Zeit, kümmert man sich um Besucher.

Die Kellereien von Neméa

Neméa ist eines der großen Weinanbauzentren Griechenlands, der trockene Rotwein der einheimischen Rebsorte *Agiorgítiko* wird hier angebaut. Insgesamt überwiegen Rosé- und Rotweine. Auch anderen länger vernachlässigten einheimischen Rebsorten widmet man sich jetzt verstärkt, baut daneben aber auch Chardonnay und Merlot an. Sowohl in Archéa Neméa als auch in Neméa machen viele Weingüter auf sich aufmerksam.

An der Hauptstraße im Dorf Archéa Neméa bieten alle paar Meter andere Hersteller ihren Rebentrunk an. Bringen Sie also etwas Zeit und am besten auch einen Fahrer mit!

Besonders gut auf Besucher eingestellt ist am Ortsausgang von **Archéa Neméa** nach Tripóli das renommierte Weingut **Ktíma Palivoú** (www.palivos.gr). Als Rarität können Sie dort den zum Backen und Kochen begehrten Traubensirup *petimézi* erstehen. Schnell geht es beim ökologischen Weinbauer **Papaioánnou** (www.papaioannouwines.gr) zu, wo man die Mitarbeiter beim Verpacken erwischt und kostenlos probieren darf. Die fairen Einkaufspreise erfreuen zusätzlich.

Auch im Shop der modernen Kellerei **Ktíma Bairaktáris** im Nachbarstädtchen **Neméa** (www.bairaktariswines.gr) können Sie die Weine des Familienbetriebs probieren, im Keller die Weinfässer begutachten. Wer schnell entschlossen ist, probiert und kauft – die Verkostung ist dann umsonst.

Bäuerliche Winzer
Im Dorf **Asprókambos** können Sie eine traditionelle, zur Straße hin offene Traubenpresse anschauen, deren Bedienung der Eigentümer gern näher erläutert. Daneben verkauft er auch eigenen Wein und Most. Auch die Weinkellerei **Pirgáki** (www.oinopoiio-pirgaki.gr) verkostet und verkauft hier ihre Weine.

Die Weinlese im Anbaugebiet am Stimfalía-See beginnt schon Mitte August. Ob Sultaninen oder Korinthen – Trauben sind bereits seit der Antike das Hauptprodukt der Region.

Getrocknete Trauben
Von Rebstöcken bestanden ist das Hochtal am **Stimfalía-See.** Wein wird hier aber kaum produziert. Die Beeren werden, vor allem beim Dorf **Kaliáni,** nach der Lese ab dem 15. August in der Sonne oder in Hallen getrocknet, um die schwarzen *korinthiakés,* die Korinthen, zu produzieren. Nach ca. 20 Tagen werden sie gereinigt, durch Schütteln von Stielen befreit und verpackt. Korinthen werden meist nicht geschwefelt, ihre Haut ist zarter als die anderer Rosinen. Die kernlose Sorte *Sultána* wird etwas später geerntet. Die helleren Trauben werden hier nicht zu Sultaninen verarbeitet, sondern als Tafeltrauben auf den europäischen Märkten angeboten.

Auch auf der weiteren Route zum Kanal geht es eher um Korinthen als um Wein – auch wenn wir auf der ›Weinstraße‹ bleiben. Aber an der an **Kefalári** vorbeiführenden Hauptstraße steht rechts, kurz vor der Taverne Mágkas, eine kleine Hütte – dort bietet ein Weinbauer eigenen *krassí* (Wein) und *moústos* (Most) an. Deutlich professioneller sind die Weine der modernen **Domaine Gioulis** beim Dorf **Kliménti** (www.domainegioulis.gr), die auch alte griechische Rebsorten zu Qualitätswein verarbeitet.

Das Dorf **Soúli** hingegen dürfte die größte Produktionsstätte für Korinthen in Griechenland sein. Ob man sich in einer der vielen **Trocknungshallen** westlich der Straße umsehen darf, hängt aber von der Bereitschaft und Sympathie der Mitarbeiter ab. Die Strecke nach **Kiáto** am Golf ist bis zum Gewerbegebiet vor der Autobahn wieder gesäumt von weiten Weinfeldern. Hier verkostet auch die **Oinopoiía Sevino** (www.sevino-winery.gr) ihre Weine. Die häufig auf dem Peloponnes angebaute Rebsorte *Rodítis* ist auch im Programm.

Infos

G 3–4

Start: Archéa Neméa
Ziel: Kiáto
Strecke: ca. 85 km

Info:
www.peloponnesewineroads.com (engl.)

Weingüter:
Meist April–Sept. tgl. ca. 10–18, sonst nur Mo–Sa 10–17 Uhr

P

PICKNICK MITNEHMEN

Die Fahrt durch das **Kyllíni-Gebirge** und die Hochtäler von Fenéos, Stimfalía und Archéa Neméa gehört für Natur-Fans zu den schönsten Erlebnissen. Zwölf Stunden sollte man dafür veranschlagen. Manche Tavernen an der Strecke sind nicht immer geöffnet – nehmen Sie also Proviant mit. Im Sommer sollte für Übernachtungen reserviert werden.

Feneós-Hochebene. Die Karstpolje, die durch Schlucklöcher unterirdisch entwässert wird, dehnt sich in 750 m Höhe über 10 km aus. Auf dem fruchtbaren Boden gedeihen Getreide und Mais, Kichererbsen, Walnüsse und Bohnen – nur keine Oliven. Neun Dörfer liegen leicht erhöht am Rande der Ebene. Dort steht an der Stelle des **antiken Feneos** das heutige Dorf Archéa Feneós (200 Einw.) mit Tavernen und Pensionen.

Bei den Gesundheitsgöttern

Das **Archäologische Museum** an der Platía ist eher ein kleiner Lagerraum, in dem einige Funde einer um 1960 durchgeführten Ausgrabung aufgestellt sind. Um ins meist verschlossene Museum zu gelangen, klopft man an die grüne Bürotür. Erklärungen gibt es nicht, beeindruckend sind aber die Augen im Marmorkopf einer Statue der Gesundheitsgöttin Hygeía und der mit einer Sandale bekleidete Marmorfuß des Medizingottes Asklepios. Beide Objekte stammen aus dem 2. Jh. v. Chr.

Platía, tgl. 8.30–14 Uhr, wenn das Büro besetzt ist, sonst T 27 47 04 12 28

Korinthische Schweiz

Häuser ziehen sich einen sanften Hang zum Ortsteil Panórama hinauf. Von hier führt die Straße hinab in ein Seitental, das seit 1998 der kleine **Dóxa-Stausee** (Límni Dóxas) füllt. Er eignet sich zum Schwimmen und wirkt wie ein idyllischer Bergsee – wohl deshalb wird die Gegend ›Korinthische Schweiz‹ genannt. Auf einer Halbinsel thront die kleine mittelalterliche Kapelle Ágios Fanoúrios.

Eine 1 km lange Straße führt hinauf zur filmreifen Klosteranlage von **Moní Ágiou Georgíou Feneoú** mit Bauten aus dem frühen 17. Jh. Auf einer mächtig wehrhaften Steinmauer sitzen rot und blau gestrichene Holzhäuser mit einem prächtigen Ausblick. Den Innenhof säumen dreigeschossige Gebäude mit Arkaden im Erdgeschoss und Holzgeländern in den oberen Etagen. Die Klosterkirche birgt Wandmalereien aus dem 18. Jh.

Kloster: tgl. 7–12, 16–19 Uhr

Schlafen

Mit Baumhaus und Fahrrädern

Xenónas Alexíou: Die 6 Apartments sind in einem Natursteinhaus untergebracht, in dem die Wirtsleute ein Café-Restaurant betreiben. Jedes Zimmer hat einen Kamin. Mountainbikes stehen kostenlos zur Verfügung.

Archéa Feneós, T 27 42 02 62 00, www.alexiouhotel.gr, DZ/F €–€€

Berghütte für Wanderer

Chalet Pasithea: Die rustikalen Holz-Chalets im neuen Dorf Fenéos (6 km nördlich) bieten schönen Blick auf Tal und Berge. Alle besitzen einen offenen Kamin. Inhaber Aléxis Safíris kann Tipps für Outdoor-Aktivitäten geben.

Fenéos, oberhalb am Hang, T 69 75 02 10 41, booking.com, DZ/F €

Essen

Bio-Wein und Mutters Küche

Capris Tavern (Kaprís): In der gepflegten Taverne mit großer Glasfront servieren

Wirt Panajótis Filopoúlos und Familie seit 1981 griechische Spezialitäten, darunter eine leckere *spanakópitta,* eine mit Spinat und Ziegenkäse gefüllte Blätterteigtasche. Gute Weine gibt es unter anderem vom Fass, Bio-Weine in Flaschen.

Archéa Feneós, T 26 47 04 13 14, www.capris.gr, tgl. ab 9 Uhr, €€

Áno Tríkala

F3

ΆΝΩ ΤΡΙΚΑΛΑ, Άνω Τρίκαλα

Das bis zu 2374 m hohe **Kyllíni-Gebirge,** auch Zíria genannt, gilt in der griechischen Mythologie als Geburtsort des Götterboten Hermes und seines Sohns, des ziegenfüßigen Pan. Der bedeutende Urlaubsort hoch droben besteht aus den drei auf ca. 1000 m Höhe gelegenen Dörfern Káto, Meséa und Áno Tríkala. Zusammen bieten sie viele Fremdenbetten, die im Winter belegt sind.

Zu jeder Jahreszeit kann man die **Kapelle Ágios Nikólaos** mit ihren Wandmalereien aus dem 10. Jh. und mehrere alte Herrenhäuser aus dem 16. bis 18. Jh. ansehen. Hinter dem Ortsende von Áno Tríkala steht zudem das um 1400 gegründete Nonnenkloster **Moní Agíou Vlasíou** (tgl. 13–16 Uhr geschl.) mit wundertätiger Ikone und einem prächtigen Blick bis zum Meer vom Hof aus.

Ein paar Kilometer weiter endet die Asphaltstraße vor dem **Skigebiet Ziría** am Rande einer beweideten Hochebene. Die Größe des Parkplatzes verrät, wie geschäftig es im Winter hier zugeht.

Schlafen

Fantastischer Fernblick

Iliovasílema: Alle 18 Suiten sind modern möbliert, farblich dunkel gehalten, haben einen offenen Kamin und bieten Platz für bis zu 4 Pers. sowie einen fantastischen Tal- und Bergblick. Zum Haus gehören ein Restaurant, ein Indoor-Pool und eine Sauna.

Meséa Tríkala, Straße n. Feneós, T 27 43 09 14 70, www.iliovasillema.gr, DZ/F €–€€

Essen

Eher deftig

Pinakoti: Kräftige Kost ist hier angesagt. Man isst mit Ziegenkäse gefüllte Blätterteigtaschen, Zitronenlamm oder Hahn *(kokkarás)* mit den griechischen Nudeln *chilopítes* oder Reis.

Meséa Tríkala, T 27 43 09 14 47, www.pinakoti.gr, tgl. ab 13 Uhr, €€

Infos

- **www.trikala-korinthias.gr:** Tourismus-Portal mit Unterkünften und Tavernen

Kórinthos (Korinth)

G/H4

ΚΟΡΙΝΘΟΣ, Κόρινθος

Das antike Korinth war über 1000 Jahre lang eine der bedeutendsten Städte der griechischen Welt. Die moderne Stadt Kórinthos (30 000 Einw.) hingegen ist einfach eine Stadt am Meer. Ziemlich schön ist der Ort also am Hafen, an seiner großen Platía. 1858, 1928 und 1981 richteten Erdbeben schwere Schäden an, 1933 wurde Korinth Opfer eines Großbrands. Alte Bausubstanz: Fehlanzeige.

Die Ausgrabungen finden sich nicht hier, sondern im nahen Dorf **Archéa Kórinthos.** Auf der Autobahn A8 (E65)

Richtung Athen (Athinai) gelangen Sie it der Ausfahrt 13 (ΑΡΧΑΙΑ ΚΟΡΙΝΘΟΣ) schnell zu den Ruinen der Hauptstadt der römischen Provinz Achaea.

Infos

- **Bahnhof:** Vorortzug Proastiakó stündlich nach Athen, Piräus und zum Athener Flughafen (T 145 11, www.trainose.gr).
- **Busse:** Nach Athen, Isthmía und Neméa bis zu 6 x tgl., nach Alt-Korinth und Loutráki mind. 1 x stdl. Die Fernbusse in die Provinzen des Peloponnes fahren nicht am städtischen Busbahnhof, sondern am Busbahnhof nahe der Kanalbrücke ab. Info: www.ktelkorinthias.gr.
- **Taxi:** 27 41 07 30 00

Archéa Kórinthos G4

ΑΡΧΑΙΑ ΚΟΡΙΝΘΟΣ,
Αρχαία Κόρινθος
Seinen ländlichen Charakter hat sich das nur 7 km vom Zentrum des modernen Korinth entfernte Archéa Kórinthos (2500 Einw.) bewahrt. Das Dorf liegt dem 575 m hohen **Burgberg Akrokorinth** quasi zu Füßen, die heutige Platía liegt direkt an der archäologischen Stätte. Zum Dorfcharakter tragen zweigeschossige Häuser mit Tavernen und Café-Bars, Metzgern, Friseuren, Konditoreien, Kiosk und Supermarkt bei. Neu gebaut wird hier nicht mehr; beim Ausschachten würde man unweigerlich auf Altertümer stoßen und aus archäologischem Interesse enteignet werden. Von vielen Stellen aus genießt man den Ausblick aufs Meer und die – abends angestrahlte – Festung.

Antike Handelsmetropole

Im antiken Korinth wurden Waren zwischen den Häfen Lechaion am Korinthischen und Kenchreai am Saronischen Golf umgeschlagen, der einzige Landweg des Peloponnes führte an Korinth vorbei. Schon früh wurde die Stadt reich, ab dem 8. Jh. v. Chr. gründete sie Kolonien, zu denen schließlich Inseln im Ionischen Meer wie Korfu und Léfkas, Syrakus auf Sizilien und Potidéa auf der Chalkidikí gehörten.

Reiche Tonvorkommen in der Nähe ermöglichten den Aufbau einer exportorientierten Keramikindustrie. Korinthische Vasenmaler nahmen um 600 v. Chr. orientalische Motive in ihr Repertoire auf. Und im 5. Jh. v. Chr. soll der Bildhauer Kallimachos hier das korinthische Kapitell erfunden haben. Es ist leicht zu identifizieren: Seinen plastischen Schmuck bilden vielfach gelappte Akanthusblätter, die den runden Kapitellkörper umschließen.

146 v. Chr. wurde Alt-Korinth von den Römern zerstört und 100 Jahre später von Julius Caesar neu gegründet. In den Jahren 51/52 predigte der Apostel Paulus hier und schrieb der dortigen Gemeinde später die ins Neue Testament aufgenommenen Korintherbriefe. Damals war Korinth die Hauptstadt der römischen Provinz Achaea, die den Peloponnes und Teile Attikas umfasste. Zu ihrem Niedergang in der Spätantike trugen Überfälle von Herulern und Goten sowie heftige Erdbeben bei.

Engelszungen lauschen

Auf dem Platz vor der Dorfkirche zitiert ein **Paulus-Denkmal** ❶ in vier Sprachen (Griechisch, Russisch, Englisch, Französisch) das »Hohelied der Liebe« aus dem 1. Korintherbrief, Vers 13, 1–8. In Korinth soll Paulus zudem die Römerbriefe verfasst haben. Auf dem Weg vom Dorfplatz zum Grabungsgelände, am Parkplatz unterhalb der Straße, sind die durch Steinraub fast verschwunden Ränge eines großen **Theaters** aus dem 4. Jh. v. Chr. und das besser erhaltene römische **Odeon** ❷ erkennbar. Das

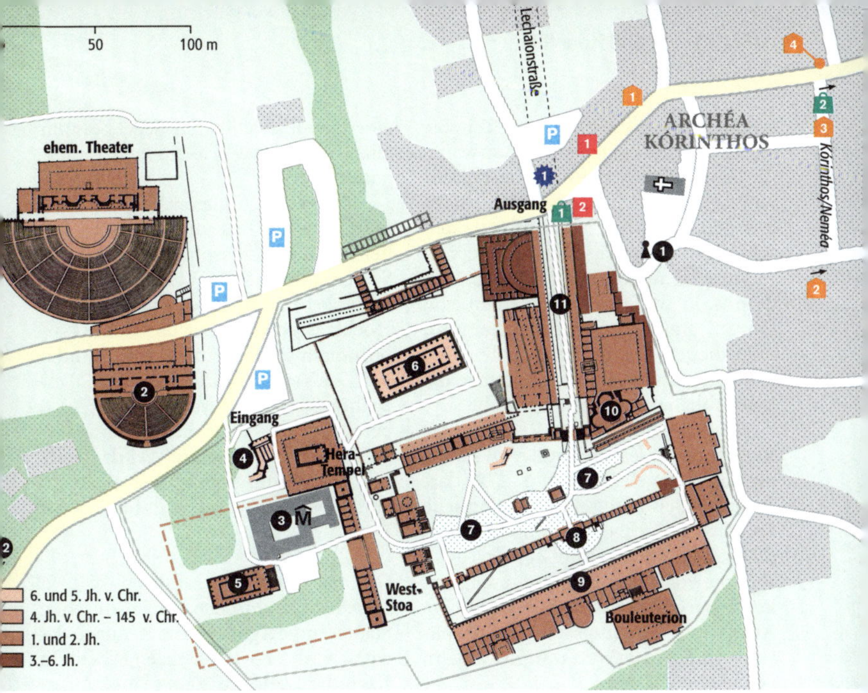

Archéa Kórinthos (Antikes Korinth)

Ansehen
1. Paulus-Denkmal
2. Odeon
3. Archäologisches Museum
4. Glauke-Brunnen
5. Octavia-Tempel
6. Apollon-Tempel
7. Agora
8. Bema
9. Süd-Stoa
10. Peirene-Brunnen
11. Lechaion-Straße
12. Akrokorinth

Schlafen
1. Pegasus Rooms
2. Marinos Rooms
3. Jo Marinis Rooms
4. Tassos

Essen
1. Marinos
2. Gémelos

Einkaufen
1. Exekías
2. Temple of Apollo

Ausgehen
1. Aigli Ancient Corinth

überdachte Odeon bot 3000, das Theater etwa 15 000 Zuschauern Platz.

Durchs römische Labyrinth

Nun kann der Irrweg durch die Zeiten beginnen: Das **Grabungsgelände** betreten Sie am Odeon und verlassen es an der Platía. Der Rundgang kann 2 Std. in Anspruch nehmen. Für Orientierung auf dem Gelände und im Museum sorgen Tafeln mit Grundrissen und Rekonstruktionszeichnungen auf Deutsch.

Der Weg beginnt mit dem **Archäologischen Museum** ❸. Im Innenhof stehen Statuen aus römischer Zeit: Sie wurden ohne Kopf angefertigt, so waren die Gesichter kostengünstig austauschbar. Gegen den Uhrzeigersinn geht es um den Innenhof herum; im ersten Raum gibt es Votivgaben an Asklepios/Äskulap, den Gott der Heilkunst, aus dem 4. Jh. v. Chr. Tonfigurinen von Ohren, Beinen, auch Brüsten und männlichen Genitalien wurden den Göttern geweiht, wenn der Kranke die Unsterblichen um Hilfe bat.

Zudem sind Teile vom Relieffries des Bühnengebäudes am Theater zu sehen, die Taten des Herakles (s. S. 278) darstellen. Fabelwesen und mythologische Szenen schmücken Vasen im korinthischen Stil aus archaischer Zeit. Seit 2016 sind die von Antiquitätenschmugglern konfiszierten **Kouroi von Klenia** eine Attraktion: Jünglingsstatuen aus parischem Marmor, die um 550 v. Chr. geschaffen wurden.

Wasser für alle

Der **Glauke-Brunnen** ❹ in Form eines frei stehenden Kalksteinblocks war nur einer von vielen. Jeder Bürger hatte freien Zugang zu Trinkwasser, Gebühren wurden nicht erhoben. Benannt ist der Brunnen nach Glauke, einer Tochter des korinthischen Königs Kreon. Sie wollte Jason heiraten, der für sie die durch die Tragödie des Euripides bekannte Medea verlassen hatte. Medea schenkte Glauke zur Hochzeit ein verzaubertes Kleid. Als sie es anzog, entflammte es. Um sich zu retten, sprang Glauke in den Brunnen – und kam darin wie ihr Vater, der ihr helfen wollte, ums Leben.

Alter und neuer Tempel

Im **Octavia-Tempel** ❺ mit ungewöhnlich gedrungenen korinthischen Säulen wurde in römischer Zeit Octavia, eine Schwester des Kaisers Augustus, wie eine Gottheit verehrt. Der Tempel aus dem 1. Jh. n. Chr. stand erhöht und bildete einen weithin sichtbaren Gegenpol zum alten Tempel des griechischen Hauptgottes Apollon.

Vom deutlich älteren **Apollon-Tempel** ❻ aus der Zeit um 540 v. Chr. stehen noch sieben wohlproportionierte Säulen aufrecht. Im Vergleich zu den schlankeren Säulen der griechischen Hochklassik wirken sie durch ihre Proportionen schwerer und erdverbundener. Das Verhältnis ihrer Höhe (7,20 m) zu ihrem unteren Durchmesser (1,75 m) beträgt 4,1 : 1 während es später auf bis zu 7,1 : 1 ansteigen kann. Wer das weiß, versteht, warum Archäologen akribisch antike Säulen vermessen: Es hilft bei der Datierung.

Die Agora des Apostels

In jeder griechischen und römischen Stadt war die **Agora** ❼ das Zentrum des wirtschaftlichen und sozialen Lebens: In Korinth bildete die 200 m lange Agora das Ziel der Handelswege von den beiden korinthischen Häfen her. Die Parallelen zu den Marktplätzen mit Läden, Rathaus, Kirche und Kneipen ›unserer‹ im Mittelalter entstandenen Städte sind unübersehbar.

In der Mitte fungierte eine erhöhte Terrasse, die **Bema** ❽, als Rednertribüne. Der Legende nach sprach der Apostel Paulus hier. Die **Süd-Stoa** ❾ begrenzte den Platz mit einer Säulenhalle, dahinter folgten zweigeteilte Räume mit Brunnenschächten, die sie als Marktschänken ausweisen. Denn in den Brunnen wurden Getränke kühl gehalten! Dahinten lag das **Bouleuterion,** das Rathaus. Vielleicht sind nicht nur die Honoratioren, sondern ist auch Paulus gelegentlich in den Schänken eingekehrt …

An der Nordostecke steigt eine Treppe zum **Peirene-Brunnen** ❿ auf, einer prunkvollen Brunnenanlage aus dem 2. Jh. Peirene war eine Nymphe, Tochter eines Flussgottes, Gemahlin des durch seine Qualen berühmt gewordenen Sisyphos und Mutter zweier Töchter des Meeresgottes Poseidon. In den Becken sind Spuren römischer Malereien erhalten. Seine noch zu erahnende Pracht verdankte der Brunnen dem reichen Römer Herodes Atticus, der ganz Griechenland mit seinen Stiftungen bedachte (s. S. 170).

Prunkvolle Flaniermeile

Gleich beim Brunnen beginnt die breite **Lechaion-Straße** ⓫, die marmorgepflastert und von Säulenhallen gesäumt zu den prachtvollsten Boulevards der Antike zählte. In der Nordbasilika am Anfang der Straße und auf der Nord-Agora auf der Westseite wurden die kostbarsten Güter zwischen Kleinasien und Rom gehandelt: Purpur, die berühmte korinthische Keramik und natürlich auch Sklaven.

Museum u. Ausgrabungen: T 27 41 03 12 07, odysseus.culture.gr, Sommer tgl. 8–19 o. 20, Winter 8.30–15.30 Uhr, Dez.–März Di geschl., Eintritt 8 €

Festung auf dem Tafelberg

Vom Dorf führt eine Asphaltstraße bis ans Tor der Festung **Akrokorinth** ⓬ an ihrem höchsten Punkt auf der Akropolis in 575 m Höhe. Man sieht die gewaltige Länge des dreifachen Mauerrings, die Größe der Steinblöcke, die Sorgfalt ihrer Bearbeitung. In byzantinischer Zeit wurden die Mauern durch Feldsteine und Ziegel ausgebessert. Was genau die

Drinnen stand mal eine Statue von Octavia in ihrem imposanten Tempel, denn die kaiserliche Schwester wurde hier verehrt. Die hellen Partien der Säulen sind rekonstruiert.

Franken, Türken oder Venezianer später erneuerten, lässt sich kaum unterscheiden. Innerhalb der Burg sind aber eine Moschee und die unscheinbare Kapelle Ágios Dimítrios, ein osmanischer Turm und Zisternen erhalten.

In Winter und Frühjahr ist ein Spaziergang durch die Anlage dank unglaublich üppig blühender Wildblumen und eines immer grandiosen Fernblicks ein Erlebnis. Gen Westen fällt die kleine Burg **Pendeskoúfi** ins Auge. Die fränkischen Kreuzritter belagerten um 1210 von dort aus das byzantinische Akrokorinth.

T 27 41 03 12 07, odysseus.culture.gr, Mai–Aug. 8–20, Selt./Okt. 8–18, Winter 8.30–15.30 Uhr, Eintritt frei

Schlafen

Neu, schick, komfortabel

1 **Pegasus Rooms:** Die Pension mit schöner Dachterrasse gehört zur Taverne Gémelos direkt an der Platía. Alle Zimmer sind klimatisiert und mit Flachbild-TV ausgestattet, einige befinden sich vor der Terrasse oder haben einen Balkon.

Aollonou (Platía), T 27 41 03 13 66, www.pegasusrooms.gr, DZ €–€€

Von Pinien umgeben

2 **Marinos:** 20 einfache Zimmer in einem großen Haus, das umgeben ist von alten, hochgewachsenen Pinien. Taverne im Haus, in der Wirt Vassílis und seine Frau Chrýssa exzellente Gerichte kochen. Ruhiger und ›grüner‹ kann man im Ort nicht wohnen. Am schönsten sind die Zimmer mit Balkonblick Richtung Akrokorinth.

Argous, 200 m von der Platía, T 27 41 03 19 94, www.marinos-rooms.gr, DZ €–€€

Mit Bio-Frühstück

3 **Jo Marinis Rooms:** Die zehn Zimmer (davon zwei Familienzimmer) sind komfortabel. Von der Terrasse aus bietet sich ein Blick über einen Orangenhain und den Apollon-Tempel bis zum Meer. Frühstück mit regionalen Produkten und Früchten aus dem eigenen Garten.

Enotiki Arch. Korinthou, T 27 41 03 14 81, www.jorooms.com.gr, DZ/F €–€€

Schlichte Zimmer, zentral

4 **Tassos:** Fünf modernisierte, einfache Zimmer im Herbergsstil über der gleichnamigen, ältesten Taverne im Ort.

Perinadrou, T 27 41 03 12 25, www.tassos-rooms.com, DZ €

Essen

Lecker und freundlich

1 **Marinos:** Von der Terrasse hat man einen schönen Blick auf die Küste. Es gibt frisches Moussaka, Gekochtes oder Gegrilltes. Das Fassbier wird eisgekühlt serviert, der offene Wein ist süffig, der Service durch Wirt Marínos und seine Frau Katerína exzellent.

Apollonou (Platía), T 27 41 03 11 30, www.marinos-restaurant.gr, tgl. ab 12 Uhr, €€

Mit Blick auf die antike Stadt

2 **Gémelos:** In dieser Taverne direkt gegenüber Marínos genießt man gutes Gyros und Spanferkel. Der Innenraum ist mit alten Waffen und Ziegenglocken dekoriert. Auf der Dachterrasse kann man über den Ausgrabungen mit Blick auf die Säulen speisen.

Apollonou (Platía), T 27 41 03 13 61, tgl. ab 10 Uhr, €€

Einkaufen

Antike Keramik

1 **Exekías:** Yiánnis Sénnis bemalt pro Jahr etwa 1500 Vasen und Tongefäße nach antiken Vorlagen. Oft sieht man ihn vor seinem Kelleratelier im Freien sitzen.

Apollonou (Platía), T 27 41 03 12 04, tgl. ca. 10–20 Uhr

Bombastische Statuen

2 Temple of Apollo: Der Sohn des Vasenmalers Sénnis präsentiert in seinem Geschäft bombastische Statuen aller Art, die man sich nach Hause schicken lassen kann und die einige griechische Restaurants im Ausland schmücken.

Archéa Kórinthos, T 27 41 03 19 38, www.temple-of-apollo.gr, tgl. ca. 10–18 Uhr

Ausgehen

Blick aufs Meer

1 Aigli Ancient Corinth: Auf der Terrasse sitzt man mit schönem Blick auf den Korinthischen Golf und die Berge des Festlands und genießt einen Sundowner oder Late Night Cup.

Apollonou (Platía), T 27 41 03 18 16, an schönen Tagen ab ca. 9 Uhr

Lécheo (Lechaion) H4

ΛΕΧΑΙΟ, Λέχαιο

Das antike **Lechaion** war der Haupthafen von Korinth. Seit dem 5. Jh. v. Chr. war die Verbindung zwischen der Stadt und den Kais ähnlich wie zwischen Athen und Piräus durch Mauern geschützt. Von Mauer und Hafen ist am Golf nichts mehr zu sehen. Nur frei zugänglichen Grundmauern einer 186 m langen frühchristlichen Basilika in Meeresnähe zeugen vom einstigen Bevölkerungsreichtum der Siedlung, die durch Erdbeben und Flutwellen zerstört wurde.

Sikyon G3

Kiáto (9700 Einw.) ist ein langgezogener Küstenort mit kleinem Hafen und schmalem Kiesstrand, ohne jede Sehenswürdigkeit (22 km ab Kórinthos). Doch im Inland, jenseits der Autobahn, gelangt man westlich des Dorfs **Sikiónas** zu den Ausgrabungen der antiken Stadt **Sikyon** (7 km). Eine erste Glanzzeit erlebte die zuvor von Árgos abhängige Stadt Sikyon im 6. Jh. v. Chr. Da gehörte sie nämlich zu den ersten griechischen Stadtstaaten, die für ihre Weihegaben an Apoll in Delphi ein Schatzhaus errichteten. Mit der Zerstörung Korinths durch die Römer 146 v. Chr. übernahm die Stadt sogar Aufgaben des Konkurrenten und durfte die Isthmischen Spiele leiten. Nach der Plünderung durch die Römer unter Sulla 87 v. Chr. und dem Wiederaufbau Korinths ab 44 v. Chr. sank Sikyons Stern.

Durch die antike Stadt

Das **Archäologische Museum** am Parkplatz wurde unter Verwendung der bis zu 4 m hohen Originalmauern römischer Thermen aus Backstein errichtet. Im Vorhof zieht ein reich mit Widderköpfen und Greifvögeln verziertes Säulenkapitell die Blicke auf sich. Faszinierend sind die Bodenmosaike aus weißen und grauen Kieselsteinen aus dem 4. Jh. v. Chr. Sie zeigen Pferde, Hirsche und Fabelwesen schlicht und eindringlich. Alles wird gut auf Englisch erklärt.

Das im 3. Jh. in einen Hang hineingebaute, sich zum Meer hin öffnende **Theater** besaß ursprünglich 60 Sitzreihen. Die steinernen Sessel für die Ehrengäste in der ersten Reihe und einige Sitzreihen sind gut erhalten. Die Zuschauer betraten das Theater durch zwei gewölbte Zugänge in den oberen Rängen. Westlich ist in einer Talsenke nur anhand der Geländeform das antike **Stadion** zu erahnen, von dem bloß Reste der Stützmauern erhalten blieben.

Im Verlauf des Rundgangs an der antiken **Agora** führt ein Zementweg zu den kargen Überresten eines archaischen **Tempels.** Er war Artemis oder Apollon geweiht. Dann kommt man zu

Gymnasion und **Palästra** mit zwei noch stehenden Säulen und schließlich zu den Mauern einer 106 m langen Marktbasilika aus dem 3. Jh. v. Chr.

Museum u. Stätte: T 27 42 02 89 00, odysseus.culture.gr, Mi–Mo 8–15.30, Nov–März Di geschl., sonst 8.30–15.30 Uhr, Eintritt 4 €

Am Kanal von Korinth

H4

ΔΙΩΡΥΓΑ ΤΗΣ ΚΟΡΙΝΘΟΥ,
Διώρυγα της Κορίνθου

Schnurgerade durchzieht der 6343 m lange Kanal die schmale Landenge *(isthmós)*, die den Peloponnes mit dem Festland verbindet – eine blendende Verbindung von Technik und Natur. Schiffen verkürzt er den Weg von Venedig nach Piräus um 240 km und erspart ihnen auf dem Weg von der Adria in die Ägäis und ins Schwarze Meer die oft stürmische Umfahrung des Peloponnes. Kanalbetreiber ist ein Firmenkonsortium, das den Kanal 2001 für 30 Jahre gepachtet hat (www.corinthcanal.com).

Wie alles begann

Die Idee zum Kanalbau wurde im 6. Jh. v. Chr. geboren. Erste Spatenstiche erfolgten unter dem römischen Kaiser Nero im 1. Jh. n. Chr. Tatsächlich realisiert wurde das Projekt jedoch erst 1882 unter der Leitung der ungarischen Konstrukteure István Türr und Béla Gerster. Das erste Schiff passierte den Kanal am 25. Juli 1893. Im Zweiten Weltkrieg versenkten deutsche Truppen 1944 bei ihrem Rückzug vom Peloponnes Eisenbahnwaggons im Kanal, der daraufhin fünf Jahre geschlossen blieb.

> Z
>
> **DER KANAL IN ZAHLEN**
>
> An der Wasseroberfläche ist der 8 m tiefe Kanal 24 m, auf dem Grund 21 m breit. Die seitlichen Felswände steigen bis zu 76 m hoch auf. Er eignet sich für Schiffe mit bis zu 18,3 m Breite. Sie dürfen den Kanal mit max. 6 Knoten durchfahren. Ab 100 Nettoregistertonnen ist ein Lotse Pflicht, ab 800 NRT ein Schlepper.

Der heutige Kanal

Sechs Brücken überqueren den Kanal, die beiden an den beiden Eingängen überspannen ihn in nur etwa 2 m Höhe – sie werden für Schiffsdurchfahrten im Kanal versenkt. Eine nicht begehbare Versorgungsbrücke im westlichen Teil führt der Stadt Korinth Trinkwasser aus Loutráki (s. S. 224) zu. Etwa in der Mitte des Kanals überbrücken ihn die alte Nationalstraße, die neue Autobahn und die eingleisige Eisenbahnstrecke in etwa 45 m Höhe. Für Fußgänger begehbar ist die Brücke der alten Nationalstraße, an deren beiden Enden man parken kann.

Essen

Direkt am Kanal

Isthmia Bridge Cafe: Schiffe fahren in den Kanal hinein und heraus – Passagiere und Jachtbesatzungen winken, die Gäste des Terrassenlokals winken zurück. Hier snackt man Souvláki, griechischen Salat und Pommes.

E.O. Gefiras Isthmou–Isthmion, Isthmía, T 27 41 03 79 70, tgl. ab 9 Uhr, €–€€

Bewegen

Bungee-Springen

Zulu Bungy: Der Adrenalinkick schlechthin: Auf der Festlandsseite der alten

Lieblingsort

Schauspiel der Schiffspassage

Die Cafés am **Kanal von Korinth** gleichen Theaterrängen. Doch sind die Zuschauer müde geworden oder fehlt es am nötigen Kleingeld? Einige Lokale am Kanal haben jedenfalls in den letzten Jahren dichtgemacht. Im **Café Isthmía Bridge** am Kanalausgang zum Saronischen Golf (H 4, s. S. 222) aber wird nach wie vor das gleiche Stück gespielt, in immer neuen Varianten: Welches Schiff wird als nächstes aus dem Wasserstraßen-Canyon auftauchen und vorbeigleiten? Nur ein schlichtes Segelboot, eine Promi-Luxusjacht, ein Frachter oder gar ein Kreuzfahrtschiff? Wohin führt sie ihr Weg an Korinth und Pátra vorbei? Ihnen steht die Welt offen …

Straßenbrücke bieten der in Australien aufgewachsene Grieche Sotíris und sein Team Gelegenheit zu Bungeesprüngen von der alten Straßenbrücke dem Kanalbett entgegen.

Palea E.O. Athinon–Korinthou, T 27 41 04 94 65, www.zulubungy.com, Di–So 10–18 Uhr, Kosten 80 €

Kanalfahrt

Zwischen Mai und September kann man den Kanal von Korinth mit dem Ausflugsschiff befahren. Die Touren starten in Loutráki (s. S. 224) und Isthmía.

Isthmía — H4

ΙΣΘΜΙΑ, Ισθμία

Beim Städtchen am östlichen Ausgang des Kanals von Korinth, haben Archäologen ein **Poseidon-Heiligtum** freigelegt. Dort fanden seit 582 v. Chr. alle zwei Jahre die Isthmischen Spiele statt, die den Hintergund für Friedrich Schillers Ballade »Die Kraniche des Ibicus« bilden.

»Gelocket von der Spiele Pracht«

Die Wettkämpfe kamen in ihrer Bedeutung gleich nach den Spielen von Olympia und Delphi. Besonders gut sind im antiken Stadion die Startvorrichtungen für die Laufwettbewerbe erkennbar. Im Museum gefallen intarsienartig zusammengefügte Arbeiten aus Stein und Glas, u. a. mit Darstellungen von Landschaften, Häusern, Tempeln, Schiffen, Nilgänsen und Meeresgetier. Letztere wurden im antiken Hafen teils als Handelsware verpackt gefunden.

T 27 41 03 72 44, odysseus.culture.gr, Mi–Mo 8–15.30 Uhr

Korinths Hafen

Bei **Kechriés**, 6 km südlich, lag das antike **Kenchreai,** früher ein Hafen Korinths am Saronischen Golf im Osten. Von hier segelte der Apostel Paulus im Jahr 53 nach Ephesus. Das kleine Ausgrabungsgelände an der Küste ist größtenteils umzäunt, jedoch über den Strand zugänglich. Sie entdecken Überreste der Südmole im Wasser und eines Isis-Tempels, einer frühchristlichen Basilika und eines Aphrodite-Schreins. Auch an der Nordseite der Bucht ragen römische Ziegelmauern meterhoch auf.

Schön Baden mit Helena

Der Badeort **Loutrá Elénis**, 8 km südlich von Isthmía, eignet sich gut zu einer Sonnenpause. Das ›Bad der Helena‹, besitzt den besten Kieselsteinstrand in der Nähe Korinths: über 1 km lang, mit Tamariskenschatten. Das Ufer fällt steil ab, Badeschuhe sind angeraten.

Entspannen wie die Fischer

Weiter im Süden, in Richtung nach Epidávros (Epidaurus), lohnt **Kórfos** wegen der landschaftlichen Schönheit der Bucht einen Abstecher. Doch über16 km muss man sich von der Hauptstraße ins Küstendorf (470 Einw.) hinunter schlängeln. Das einstige Fischerdorf, in dem es eher beschaulich zugeht, ist an Sommerwochenenden beliebtes Ausflugsziel Athener Bootsbesitzer.

Loutráki — H4

ΛΟΥΤΡΑΚΙ, Λουτράκι

Die Stadt am westlichen Ausgang des Kanals ist wie eine Vorstadt von Kórinthos. Die Hauptstraße, der Leofóros El. Venizélou, wird von Hotels, Geschäften und Cafés gesäumt. Die Badehochburg der 1980er-Jahre ist fast vollständig im Stil dieses Boom-Jahrzehnts verblieben.

Landschaftlich liegt Loutráki (gr. ›Quelle‹) schön vor den steilen Hängen des über 1000 m hohen Gerània-Gebir-

Das seit der Antike bekannte Wasser aus Loutráki ist reich an Magnesium. Inzwischen gibt es auch wieder kleinere griechische Abfüller.

ges. Und lebt gut vom Inlandstourismus und von seinen kräftig sprudelnden Thermalquellen: Bis vor 30 Jahren versorgten sie marktbeherrschend ganz Griechenland mit Tafelwasser. Heute eher ein Beispiel für den Verfall griechischer Industrie: Zunächst kaufte der Multikonzern PepsiCo die Marke, dann gab er die örtliche Anlage während der Schuldenkrise auf. Doch das heilkräftige Wasser lockt seit 1855 Griechen zur Kur nach Loutráki. Noch immer gehören die Einrichtungen zu den modernsten des Landes, ein Spielcasino trägt zur Attraktivität bei. In der Hochsaison ist es hier, auch durch Tagesbesucher, sehr voll.

Art-déco-Kulisse

Die Venizélou-Straße führt straks zum Zentralplatz **Platía 25is Martíou** mit einer großen Brunnenanlage. Dahinter folgt an der Küste der **Beach Park Loutráki** mit Hafen, Strand, Thermalbad. Unbedingt halten sollten Sie bei der **Thermal Water Drinking Spring** (Positherapeftírio), der einzigen wirklichen Sehenswürdigkeit des Städtchens. Der Kunstlehrer Stéfanos Ksenópoulos schmückte die Rundhalle 1935 zusammen mit einigen Studenten mit farbenprächtigen Mosaiken aus, die stilistisch Anklänge an Art-déco und Jugendstil erkennen lassen. Am besten betrachtet man sie bei einem Glas Mineralwasser: das heilende Nass schöpft das Personal stets frisch aus dem Becken.

Westlich der Halle führt ein Spaziergang zu den Wasserfällen *(kataráktes)*. Am Meer säumen eine Palmenreihe die Strandpromenade zurück zur City – und einige Tavernen am Beach Park.

Drinking Spring: Georgíou Lékka 70, Mo–Fr 8–20 Uhr

Schlafen

Ruhiger als in den Hotels an der Hauptstraße wohnt man entlang der Uferpromenade, an der Aktí Posidónos.

Neben dem Casino

Club Hotel Casino Loutraki: In das eher oberklassige Großhotel mit 275 Zimmern und Suiten lockt v. a. das große Spielcasino. Die Gartenanlage ist gepflegt, im Spa kann man entspannen. Zum Komplex gehören drei Restaurants, fünf Bars und eine rund um die Uhr geöffnete Cafeteria.

Aktí Posidónos 48, T 27 44 06 03 00, www.clubhotelloutraki.gr, DZ €€–€€€

Gut für eine Nacht

Hotel Kosmopolit: Das 1936 eröffnete Hotel mit 36 Zimmern liegt fast an der Platía 25is Martíou und ist im Art-déco-Stil gehalten. Mit kleinem Pool, der Strand ist 80 m entfernt.

Meléti Spirogiannáki 6, T 27 44 02 23 36, www.kosmopolit.gr, DZ/F €–€€

Essen

Bodenständig und günstig

Philip (O Fílippas): Dieser schnörkellose Familienbetrieb liegt zentral, am Gleis der stillgelegten Bahnstrecke nach Athen. Kaum sitzt der Gast, steht schon eine kostenlose Karaffe mit gekühltem Wasser auf dem Tisch. Die Auswahl an Tavernenkost zumeist vom Grill, aber auch einfachen Snacks und Suppen ist groß.

Eth. Antistáseos/Ecke Pein, T 27 44 02 30 81, tgl. ab 12 Uhr, €–€€

Bewegen

Wellness ganz modern

Loutraki Thermal Spa: Besuch von Pools, Sauna und Dampfbad nur nach kostenloser ärztlicher Kurzuntersuchung. Beauty-Anwendungen (10–20 €) sind ohne Arztvisitation möglich.

Georgíou Lékka 24, T 27 44 02 22 15, www.loutrakispa.gr, Mo–Fr 11–19, Sa/So 11–20 Uhr, min. 10 € Eintritt/Behandlung

Durch den Kanal

Alpha II: Vom Hafen an der Strandpromenade fährt das kleine Ausflugsschiff von Maria Efmosiádi nach telefonischer Absprache.

El. Venizélou 11, T 69 72 83 70 60, www.viptours.com.gr

Ausgehen

Für Glücksritter

Spielcasino: Das Glück kann man an 80 Spieltischen und 1000 Spielautomaten versuchen. Der Zutritt ist ab 21 Jahren mit Personalausweis erlaubt; keine Shorts oder Sandalen. Mindesteinsatz für das Roulette 2,50 €.

Aktí Posidónos 48, www.casinoloutraki.com, Slots tgl. 24/7, Spieltische tgl. ab 13 Uhr

Infos

- **www.visitloutraki.com:** Allgemeine Infos

Límni Vouliagménis G3

So wie Loutráki gehört der 17 km nordwestlich gelegene **Vouliagméni-See** geografisch nicht zur Halbinsel Peloponnes. Sein Wasser kommt aus dem Meer, denn seit dem 19. Jh. ist er über einen Kanal mit dem Golf von Korinth verbunden. Am Ufer stehen mehrere große Tavernen an schmalen Stränden. Die Straße zum **Kap Iréo** endet kurz vor dem 1897 erbauten, 13 m hohen Leuchtturm. Dessen Lichtstrahl sieht man auch noch von den Terrassenlokalen im Luftlinie 13 km entfernten Archéa Kórinthos aus.

Heiligtum für Hera

Vom Parkplatz am Leuchtturm führt ein Weg hinunter zu den Ausgrabungen des antiken **Heraion** (gr. Iraíon). Spätestens seit dem 9. Jh. v. Chr. war der Platz ein Heiligtum. Im 6. Jh. v. Chr. wurde Hera ein steinerner Tempel erbaut. Die Römer zerstörten das Heiligtum 146 v. Chr. Ob es fortan ein sakraler Platz blieb, ist ungewiss. Während der Slaweneinfälle im 5. Jh. wurden die Marmorblöcke der Tempel und Gebäude zu Kalk gebrannt, den man für den Bau einer Verteidigungsmauer benötigte, die sich quer über den Isthmós zog.

Außer den Grundmauern, u. a. einer unterhalb des Tempels gelegenen Zisterne, ist heute nicht mehr viel zu sehen. Sitzbänke unter schattigen Bäumen eignen sich für ein kleines Picknick. Beruhigend wirkt die abgeschiedene Lage und der schöne Meerblick.

Frei zugänglich

Zugabe
Bleiben oder gehen?

Auswandern war keine Option

Sofía Orfanós in der Riff Beach Bar: »Ich hab gut zu tun, sogar als der WDR hier drehte, konnte ich als Übersetzerin helfen.«

Es klingt sehr selbstbewusst, wenn Sofía Christine Orfanós sagt: »Ich bereue überhaupt nicht, dass ich nicht in meinem Beruf arbeite«. Die 36-Jährige aus der Nähe von Náfplio studierte in Athen Vermessungstechnik, einen aussichtsreichen Beruf in einem Land, in dem bekanntlich rege gebaut wird. Doch dann kam – Sie wissen, was jetzt kommt, im Gegensatz zur Protagonistin zu ihrer Zeit – die Krise, und die Baubranche lag erst mal brach. Orfanós konnte keine Stelle finden.

Da hätte es nahe gelegen, dass die junge und ausgezeichnete Absolventin – wie unzählige aus ihrer Schule und Hochschule – nach Deutschland geht. Zumal ihre Mutter Deutsche ist, sie sich dementsprechend fließend der ›Muttersprache‹ bedient, und fähige Fachkräfte im ›Mutterland‹ parteiübergreifend gern gesehen sind. Sofía Orfanós gehört zu der Generation, in der mehr als eine halbe Million gut ausgebildete, arbeitsfähige Griechen weggezogen sind – und zwar hauptsächlich aus ökonomischen Gründen.

Anfangs habe sie überlegt, ebenfalls dem lockenden Ruf nach Norden zu folgen. Doch sie entschied sich anders: »Ich wollte es in Griechenland versuchen.« Inzwischen könne sie sich nicht retten vor Arbeit: Sofía unterstützt die Eltern in deren Pension, arbeitet täglich in der Strandbar ihres Mannes und gibt deutschen Senioren, die sich in die Gegend um Náfplio verschossen und dann einen Platz unter der Sonne eingekauft haben, griechischen Konversationsunterricht.

Ich wollte es hier in Náfplio versuchen!

Sie tue gern, was sie tut, sagt Orfános aufrecht und freudestrahlend am Tresen der Riff Beach Bar in Asíni (T 69 43 05 54 22, tgl. ab 11 Uhr). »Ich glaube, es liegt daran, dass ich nur mit gut gelaunten Leuten zu tun habe. Alle sind im Urlaub.« Sie »musste nicht nach Deutschland«, wie sie es nennt, und es war »auf jeden Fall besser« für sie. Was sie hier festhält, das hat sie selbst aufgebaut. Ein wahres Alltagsmärchen von einer, die geblieben ist. ■

Das Kleingedruckte

Die Olive prägt die Landschaft des Peloponnes, ihr Öl seine Küche. Das ist nicht nur gesund – die Bäume sind immer auch Jahrhunderte alter Familienbesitz und Grundlage der griechischen Identität.

Anreise

Mit dem Flugzeug

Die beiden Militärflughäfen von Kalamáta im Süden (ab München, Düsseldorf, Hamburg, Frankfurt/Main, s. S. 70) und Áraxos bei Pátra im Norden (ab Stuttgart, Frankfurt/M., Hannover, München, Düsseldorf, s. S. 16) werden auch zivil von Ferienfluggesellschaften genutzt. Der Athener Flughafen bietet ganzjährig die besten Verbindungen.

Vom Flughafen Athen zum Peloponnes: Die Autobahn nach Korinth beginnt am Athener Flughafen (max. 100 Minuten bis Korinth, Maut ca. 7 €).

Bahn: Von der Metro-Station des Flughafens fährt die S-Bahn *(proastiakós)* nach Piräus; dort Umstieg nach Kiáto (stdl. ca. 5.30 bis 22.30 Uhr via Korinth, Fahrzeit bis Korinth 80 Min., bis Kiáto 95 Min., Ticket 14 €). Von Kiáto geht es per Bus weiter, doch soll das Bahnnetz ausgebaut werden; Info: www.trainose.gr.

Bus: Der Flughafenbus X93 fährt täglich rund um die Uhr zur Athener Fernbusstation KTEL Kifisou (6 €, Abfahrt alle 30–40 Min.). Von dort Busse in alle größeren Orte. Busgesellschaften der Provinzen haben hier Fahrkartenschalter, an denen Fahrpläne aushängen. Fahrpläne der regionalen Busgesellschaften online:
www.ktelachaias.gr (Pátra)
www.ktelargolida.gr (Náfplio, Mykene)
www.ktelarkadias.gr (Leonídio, Trípoli)
www.ktelkorinthias.gr (Korinth, Neméa)
www.ktel-lakonias.gr (Sparta, Githio)
www.ktelmessinias.gr (Kalamáta, Pílos)
ktelileias.gr (Olympia)

Mit der Bahn

Eine Bahnfahrt nach Griechenland ist mangels vorhandener Strecken kaum zu empfehlen. Wer dennoch umweltfreundlicher reisen möchte: Auf Schienen sind die Fährhäfen Ancona und Brindisi zu erreichen (www.bahn.de).

S

STECKBRIEF

Lage: Die Halbinsel Peloponnes schließt sich dem griechischen Festland im Süden an, begrenzt vom Korinthischen Golf im Norden, der Ägäis im Süden, vom Ionischen Meer im Westen und dem Saronischen Golf im Osten.

Größe: Mit einer Fläche von 21 549 km² ist die Region etwa so groß wie Hessen.

Geografie: Über 1800 m hohe Gebirge prägen das Land, höchster Berg ist mit 2407 m der Profítis Ilías im Taígetos. Die Hochlagen sind waldreich, die Ebenen tragen Oliven- und Orangenhaine. Nur wenige Flüsse führen ganzjährig Wasser.

Einwohner: ca. 1,1 Mio., davon Pátra (Patras) 214 000 Einw.

Verwaltungsbezirke: Griechenland ist seit 2001 Mitglied der Eurozone. Die Region *(periféria)* Pelopónnisos besteht aus den Präfekturen *(nomí):* Korinthía, Messenía, Lakonía, Arkadía u. Argolída; Achaía und Ilía (Elis) gehören zur Periféria Dytikí Elláda (Westgriechenland).

Sprachen: Neugriechisch. Fast immer auch Englisch, selten Deutsch.

Zeitzone: OEZ, man stellt die Uhr ganzjährig 1 Std. vor (Stand 2024).

Vorwahl: 0030

E

EINREISE

Zur Einreise nach Griechenland genügt für EU-Bürger und Schweizer ein **Personalausweis.** Kinder benötigen ein eigenes Reisedokument. Informationen zu deutschen **Zollregelungen** sind in der App ›Zoll und Reise‹ zu finden. Reist man mit dem **eigenen Fahrzeug** an, müssen der nationale Führerschein und der Kraftfahrzeugschein mitgeführt werden. Neben der Internationalen Grünen Versicherungskarte sind Zusatzversicherungen (Auslandsschutzbrief) empfehlenswert. **Haustiere** benötigen den EU-Heimtierausweis.

Mit dem Schiff

Pátra ist der bedeutendste Fährhafen Griechenlands im Verkehr mit Italien. Von Frankfurt bis Ancona sind es 1100 km, bis Bari 1540 km über Autobahnen. Infos zu Mautgebühren sowie Vignetten gibt's über die Routenplaner des ADAC (www.maps.adac.de). Ganzjährig bestehen mehrmals täglich Verbindungen mit Ancona (ca. 22 Std.) und Bari (ca. 16 Std.), mehrmals wöchentlich gibt es auch Verbindungen mit Venedig (ca. 32 Std.). Info:
www.greekferries.gr
www.anek.gr, www.minoan.gr
www.superfast.com

Bewegen & Entschleunigen

Baden

Sie haben die Qual der Wahl: von roterdigem Sand über feinstaubige Dünen bis hin zu Kiesstränden. Generell ist das Wasser um die Halbinsel klar und im Sommer angenehm lauwarm. Jedoch: Wer es gar nicht trübe mag, muss nicht unbedingt an die Strände westlich von Pátra fahren. Nur der **Kalógria-Strand** liegt dort bilderbuchartig mit beigen Dünen vor dem Küstenwald Strofiliá.

Einer der wenigen beaufsichtigten Strände liegt ebenfalls nördlich, im Urlaubsort **Arkoúdi.** Ansonsten sind Schwimmer auf sich selbst gestellt; etwa auf dem langen **Kaïáfas-Strand** südlich vom antiken Olympia. Vor allem Griechen kommen dorthin, hinter ihnen überziehen weiße Strandlilien die Sanddünen.

Schmale, beliebt-belebte Sandstrände warten in der **Navaríno-Bucht** bei Pílos im Westen. Windschutz ist ratsam, will man vermeiden, dass feiner Sand zwischen den Zähnen knirscht. Nur 7 Minuten zu Fuß ist von hier aus ein FFK-Strand, die **Paralía Glóssa,** zu erreichen – eine der wenigen Zonen, in denen das Nacktbaden gesetzlich gestattet ist.

Im Südwesten, bei Koróni am Messenischen Golf, liegen an der rotsandigen **Paralía Zagka** Felsen wie kleine Pauseninseln für Sonnenanbeter im Wasser. Passable Stadtstrände mit grobkörnigem Sand und Beach Bars gibt es sowohl in **Kalamáta** als auch in **Náfplio.** Wer lange Kiesstrände mit kleinen Steinchen bevorzugt, fährt an die Westküste des **Argolischen Golfs.** Vergleichsweise abgeschieden sind die Strände von **Méthana** ganz im Osten.

In der Máni führt nur – abgesehen von **Stoúpa,** wo es einen Sandstrand gibt – grober, grauer Kies ins Wasser, häufig fällt die Steinküste sogar steil ab; hier helfen jedoch Leitern ins Meer. Bei Gíthio am Lakonischen Golf wird man am **Mavrovoúni Beach** von einer flachen Küste empfangen. In **Géfira,** dem Dorf vor der Felsenstadt Monemvasiá im Südosten, machen zackige Felsen den Einstieg gefährlich. Aber auch hier gibt es Leitern ins Meer.

Klettern

Dass die Berge des Peloponnes längst Kletterer aus aller Welt anziehen, hat sich außerhalb der Szene noch nicht groß rumgesprochen. Die beste Infrastruktur findet sich bisher an der Ostküste: in Leonídio, das ab Oktober zur Kletterhochburg aufblüht, in Náfplio und in Kiparíssi. In der Nähe der Zentren entstehen immer neue Routen, z. B. oberhalb der Paralía Tiróu, in Tirós und Sapounakéika.

Kletterführer: Argolis – Sea Rock Sun, Hans und Jeanette Weniger. Beschreibung der vielfältigen Reviere in Westen des Peloponnes.

Infos: climbgreece.com, mountain-elements.com

Privater Guide: Dimitris Sotirakis, Mountain Guide: explore-share.com

Surfen

Finikoúnda in Messenien ist das erste Ziel für Windsurfer. Wind, der parallel zum Ufer antreibt, gibt es nahe Gíthio (Paralía Mavrovoúni). Für Kite-Surfer ist die Insel Elafónisos ein gern angesteuertes Ziel: Neben dem Símos Beach gibt es bei richtigem Nordwind spektakuläre Wellen. Ein gutes Revier für Wassersportler aller Art sind auch Portochéli und Toló in der Argolis. In der Nähe von Náfplio ist Drépano eine wichtige Adresse für Kite-Surfer: Am kleinen Kieselstrand vorm Dorf kann man sich das ganze Jahr in die Wellen der Ost- und Westwinde werfen, im Juli finden regelmäßig nationale Wettbewerbe statt.

Wassersportzentren gibt es zudem vor den touristischen Großhotels von Loutrá Kyllínis und Skafídia, nördlich von Pílos (www.costanavarino.com) sowie in Kalógria – alle an der Westküste.

Tauchen

An vielen Orten der Halbinsel lassen sich Schiffswracks und die Unterwasserwelt entdecken. Tauchschulen begleiten den Spaziergang durch das tiefe Blau. Es gibt sie südlich und nördlich des Kanals von Korinth, z. B. in in Isthmía, in Portochéli, in Ermióni in der Argolis sowie in Pílos in Messenien.

Beim Stand-up-Paddling-Wettbewerb drängen über 500 Teilnehmer durch den Kanal von Korinth.

Wandern

Wer abenteuerlustig ist oder an geführten Touren teilnimmt, der kann sich in den Sog unerwartet abwechslungsreicher südgriechischer Wälder begeben. Jedoch: Verblasste griechische Schriftzeichen, zugewachsene Wege, die seit Jahren nur die Tiere betreten: Wer auf sich alleine gestellt ist, kann das Wandern als leidig oder reizvoll erleben. Oft sind Wandernde auf ihr Gespür und Auskünfte vor Ort angewiesen. Manchmal geht es einfach nicht weiter. Um sich nicht in Gefahr zu bringen, sollte man das akzeptieren.

Der Europäische Fernwanderweg E4 durchzieht die Halbinsel. Er verbindet Égio am Korinthischen Golf über Kalávrita, Vitína, Trípoli und Spárti mit Gíthio. In schweizerisch-griechischer Zusammenarbeit wurde er komplett ausgeschildert. Eine Reihe von Pensionen (E4-Etap-Hotels, www.e4-peloponnes.info, auch dt.) fördert seine Erhaltung durch kleine Spenden. Ein Taxi-Gepäckservice macht ›Wandern ohne Gepäck‹ möglich.

Wegen ihrer gut markierten Wege sind das saftgrüne Loúsios-Tal in Arkadien, die wilde Halbinsel Máni, die Region von Monemvasiá und Neápoli Vión empfehlenswerte Wanderreviere. Für diese Gebiete sind Wanderkarten erhältlich.

Das Wegenetz um das Loúsios-Tal wurde bis nach Langádia erweitert: Der 75 km lange Menalon-Trail im gleichnamigen Gebirge, in Arkadien, ist die erste von der Europäischen Wandervereinigung zertifizierte Strecke der Region. Sie soll in den nächsten zwei Jahren erheblich ausgebaut werden, das Netz soll in alle Wanderregionen ausstrahlen, letztlich den ganzen Peloponnes abdecken. Über die bisher acht Routen durch das Ménalo-Gebirge informiert www.menalontrail.eu (auch engl.).

Auf der Rundreise durch die Bergdörfer trifft man auf überraschend engagierte Gemeinden, die die Natur der Umgebung für Besucher erlebbar machen: Die Rundwanderwege am Bach des Dorfes Kastorío in Lakonien (eine halbe Stunde entfernt von Sparta) führen unter anderem zu einer alten Marmorbrücke.

Ein besonderes Erlebnis ist der Gang durch die traumhafte Felsenlandschaft der Vouraïkós-Schlucht entlang einer Zahnradbahn, der man je nach Fahrtaktung gelegentlich ausweichen muss (s. Tour S. 38).

Geführte Wanderungen bucht man über: www.asi-reisen.de, www.baumeler.ch, www.griechenlandabc.de, www.heideker.de, www.imbach.ch, www.reisesalz.de, www.wikinger.de, www.weitblickreisen.de.

Bungee-Jumping

Wer den Sprung in die Tiefe wagen will, dem wird am Kanal von Korinth ein einzigartiges Erlebnis geboten. Sie können von der alten Straßenbrücke zwischen den Felswänden des Kanals 40 m tief dem Kanalbett entgegenspringen (s. S. 222).

FEIERN MIT GRIECHEN

F

Jedes Dorf feiert einmal im Jahr sein **Panigíri.** Diese Dorffeste sind ein gutes Beispiel für die selbstverständliche Verwobenheit von Religion und Tradition: Der Namenstag der Heiligen der örtlichen Kirche wird mit Getränken (viel selbst gebranntem Schnaps), mit Tanz und jeder Menge Souvláki begangen. Da die meisten Kirchen Maria geweiht sind, finden um den 15. August oder 8. September fast allerorts Feste statt. Ausländische Gäste werden immer freundlich empfangen. Also: Reinschnuppern empfohlen!

Feiertage

1. Januar: Neujahr *(Protochronjá)*
6. Januar: Heilige Drei Könige, Wasserweihe *(Epiphánia/Theofánia)*
25. März: Nationalfeiertag. Beginn des Befreiungskampfes im Jahr 1821
Tsiknopempti: Gründonnerstag, opulenter Fleischverzehr zu Beginn der Karnevalsaison, Straßen- und Grillfest: 27. Februar 2025, 19. Februar 2026, 11. März 2027
Faschingssonntag: Großer Karnevalsumzug in Pátra: 2. März 2025, 22. Februar 2026, 14. März 2027
Rosenmontag: *Kathará Deftéra,* Kinder mit Kostümen, Picknicks im Freien, bunt geschmückte Tavernen
Karfreitag: *Megáli Paraskeví,* 18. April 2025, 3. April 2026, 26. März 2027
Ostern: *Páska,* 5./6. Mai 2024, 20./21. April 2025, 12./13. April 2026, 2./3. Mai 2027

H

HELDENGEDENKEN

An den **Nationalfeiertagen** am 25. März und am 28. Oktober finden in allen großen Orten vormittags opulente Paraden mit anschließender Kranzniederlegung an einem Heldendenkmal statt. In vorderster Reihe marschieren der Klerus in vollem Ornat, Soldaten und Polizei in Uniformen – und Schulkinder in historischen Trachten.

1. Mai: Tag der Arbeit *(Protomajá)*
Pfingsten: *Deftéra tis Pendikósti,* 24. Juni 2024, 9. Juni 2025, 1. Juni 2026, 21. Juni 2027
15. August: Mariä Entschlafung *(Kímisis tis Theotókou),* entspricht Mariä Himmelfahrt.
28. Oktober: Nationalfeiertag »Ochi-Tag« *(Iméra tou óchi)*, s. Kasten
24. Dezember: Heiligabend *(Paramoní Christoujénnon)*
25./26. Dezember: Weihnachten *(Christoújenna)*
31. Dezember: Silvester *(Paramoní tis Protochronjás),* kein gesetzlicher Feiertag.

Gesundheit

Gut bestückte **Apotheken** gibt es viele. Wer auf ein bestimmtes Mittel angewiesen ist, sollte es dennoch besser mitnehmen. Besondere Impfungen sind nicht vorgeschrieben. Mit der Europäischen Krankenversicherungskarte haben deutsche und österreichische Urlauber in Griechenland kostenlos Anspruch auf **ärztliche Nothilfe,** allerdings rechnen meist nur Krankenhäuser über die Karte ab.

Empfohlen ist eine Auslandskrankenversicherung, die Rücktransport bei Unfall oder Tod, gestohlenes oder verlorenes Eigentum und ggf. Neuerwerb des Rückflugs erstattet. Auf der Website der deutschen Auslandsvertretung (s. S. 240 finden sich Listen deutsch- und englischsprachiger Ärzte in Griechenland.

Informationsquellen

www.visitgreece.gr: Website der Griechischen Zentrale für Fremdenverkehr (englisch).
www.culture.gr/el: Website des griechischen Kultusministeriums, Infos zu Museen und Ausgrabungen, oft aktuelle Angaben zu den Öffnungszeiten und Eintrittspreisen (auch englisch).
www.griechenland.net: Homepage der deutschsprachigen, wöchentlich in Athen erscheinenden Griechenlandzeitung.
www.griechenland-blog.gr: Politische Berichterstattung, Blog mit ins Deutsche übersetzten Texten griechischer Medien.
www.auswaertiges-amt.de: Reisehinweise des Außenministeriums, mit Download der ›Sicher-Reisen-App‹.
vokogriechenland.wordpress.com: Blog über das Reisen mit Wohnmobil in allen Regionen der Halbinsel.

Infostellen vor Ort

Info-Büros gibt es mangels Personals selten, Adressen in den Reisekapiteln.

Internet und Handy

Netzabdeckung: In der Regel gut. Nur in den Bergen kann das GPS mal verloren gehen. Grundsätzlich sucht sich das Handy automatisch ein griechisches Partnernetz.
Internationale Anrufe: Landescode Griechenland: +30 (D +49, AU +43, CH +41). In Griechenland gibt es keine Vorwahl mehr, man wählt immer eine zehnstellige Nummer. Wer ein nichtgriechisches Handy anruft, muss auch die jeweilige internationale Vorwahl mitwählen.
Roaming: Kosten für Telefonate ins Heimatland sind zwar entfallen, nicht jedoch

für Anrufe in ausländische Netze oder via Satellit auf Fähren. Das Roaming mobiler Daten ist bis zu bestimmten Obergrenzen kostenfrei. Fragen Sie Ihren Provider.

WLAN: Fast jedes Restaurant und Hotel bietet seinen Gästen kostenlos WLAN (engl. WiFi) an – einfach nach dem Passwort *(code)* fragen. Wer ständig ›on‹ sein will, kann auch eine griechische Prepaid-SIM-Karte mit Datenpaket, z. B. von Cosmote (7 Tage/3 GB um 4 €) kaufen. Dabei muss der Personalausweis vorgelegt werden.

Kinder

Größere Freizeitsparks gibt es nicht, vielmehr machen Kinder mit, was die Erwachsenen tun. Für Badeurlauber bieten große Hotelanlagen Spielflächen für die Kleinen an und bespaßen sie in einem Programm. Ansonsten sind die Griechen stets freundlich zu Kindern. Ihre eigenen rennen bis spät abends auf dem Dorfplatz um die Tavernentische herum und werden nicht als störend empfunden. Mit den vielen archäologischen Stätten, mittelalterlichen Ruinen und Naturschutzgebieten ist die Region eher für Kinder ab dem Grundschulalter geeignet – und für Familien, die sich gerne im Freien bewegen und die Natur entdecken wollen.

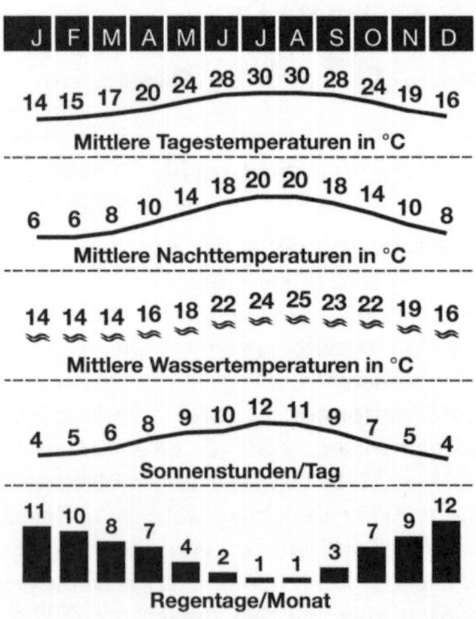

So ist das Wetter in Pátra (Patras).

Klima und Reisezeit

Mit mediterranem Klima ist der Peloponnes das ganze Jahr über eine Reise wert. Die Winter sind mild, die Sommer heiß und trocken. Meist kann ein langer Sommer bei mittleren Tagestemperaturen um 30 °C genossen werden. Sonnen- und Insektenschutzmittel bringt man am besten mit, denn kosmetische Produkte kosten in Griechenland oft mehr als das Doppelte.

Frühling/Herbst: Im März hingegen kühlt sich das Wasser auf 14 °C ab. Die Badesaison beginnt erst im Mai und läuft bis Ende September. Frühling und Herbst sind eher die Zeiten für Studienreisen und für diejenigen, die es nicht so heiß mögen. Auch mit Wanderlust packt man am besten zwischen März bis Mai und September bis November den Rucksack, um die aufblühende Natur oder bunt gefärbte Herbstwälder zu erleben.

Juli/August: Die große Hitze bricht aus. Bei Höchsttemperaturen von bis zu 40 °C herrscht Waldbrandgefahr, wodurch Tagesaktivitäten wie Wandern auf den offenen Feldern der archäologischen Stätten natürlich erschwert werden. Das Meer erreicht dann auch Temperaturen bis zu 25 °C. Eine gute Option, um sich abzukühlen und dem Sightseeing-Trubel zu entkommen, sind dann die Bergdörfer.

Winter: Im Dezember und Januar regnet es am meisten. Winterflüchtlinge reisen am besten tief in den Süden, in die südliche Argolis. Der gebirgige Peloponnes mit vielen Dörfern in über 1000 m Höhe hält von Dezember bis März jedoch auch Schnee für Winterurlauber bereit.

Lesetipps

Athos der Förster: Maria Stefanopoulou, 2019. Die deutsche Wehrmacht ermordete 1943 die männliche Bevölkerung in Kalávrita als sogenannte ›Sühnemaßnahme‹ für Partisanenüberfälle. Die überlebenden Frauen bauten das Dorf wieder auf. Erzählt aus der Perspektive von vier Frauen unterschiedlicher Generationen.

Alexis Sorbas und der getürkte Grieche, Lesereise Peloponnes: Nicole Quint, 2013. In der poetisch verarbeiteten Reise der Journalistin erfahren die Leser die mythische Landschaft von heute.

Stürzt die Götter vom Olymp: Landolf Scherzer, 2014. Aus der Beobachterrolle eines ›Pauschaltouristen‹ beschreibt der Autor die Überlebensstrategien und Hoffnungen der Griechen in der Schuldenkrise ab 2010.

Mani – Reisen auf der südlichen Peloponnes: Patrick Leigh Fermor, 2012. Eine neue Übersetzung des 1958 erschienen Buchs, mit dem der Autor, Weltkriegsheld und Reiseschriftsteller, die abgeschiedenste Ecke des Peloponnes bekannt gemacht hat.

Sonne hinter Tränen: Rafael Navarin, 2010. Einer von bislang vier Krimis um Kommissarin Phani Papadea, die in Kalamáta ermittelt – hier in einem wenig heiteren griechischen Winter, aber mit einer sehr intensiven Beschreibung sozialer Beziehungen abseits des Tourismus.

Argolis – Sea Rock Sun: Hans und Jeanette Weniger, 2017. Ein anregender Kletterführer mit einer informativen Beschreibung der vielfältigen Reviere im Westen des Peloponnes.

Garten der Götter: Waltraud H. Alberti, 2017. Fast 50 Gewürzpflanzen, Wildgemüse und Früchte Griechenlands, ihre Heilkraft und Anwendung in der Küche werden auf heitere Weise beschrieben.

Das Spiel mit der Angst und andere Geschichten: Petros Markaris, 2023. In der Geschichte »Restaurant Karagöz« (s. S. 28) finden ein zankender griechischer und türkischer Restaurantbesitzer über die gemeinsame Esskultur zueinander.

Messene – Die erträumte Metropole: Eva-Maria Lang, Waltraud Sperlich, 2005. Eine literarische Zeitreise in die Traumstadt Messene, die bis ins frühe 4. Jh. voller Leben war und heute als antike Ausgrabungsstätte erkundet werden kann.

Preise

Hotels

Die im Reiseteil dieses Buches angeführten Preiskategorien beziehen sich auf ein Doppelzimmer (DZ) mit Frühstück.
€ = bis 85 Euro
€€ = zwischen 85 und 185 Euro
€€€ = über 185 Euro

Tavernen und Restaurants:

Die Preise gelten für eine Vorspeise, ein Hauptgericht plus ein Getränk
€ = bis 15 Euro
€€ = zwischen 15 und 50 Euro
€€€ = über 50 Euro

Geld und Kreditkarten: In Griechenland heißt der Euro ›Evro‹ oder englisch ›Juro‹; der Cent heißt offiziell ›Lepta‹. Geld- oder Kreditkarten werden fast überall akzeptiert.

Reisen mit Handicap

Nur wenige behindertengerechte Hotels und Restaurants gibt es, auch Busse und Museen sind selten auf Rollstuhlfahrer eingestellt. Ohne Begleiter kommen sie daher in Griechenland nicht zurecht. Seit einigen Jahren gibt es immerhin einige am Strand installierte Rampen für Rollstuhlfahrer, die sich beispielsweise in der Máni, in Stoúpa und in Akrogiáli befinden. Weitere sollen folgen – unter dem

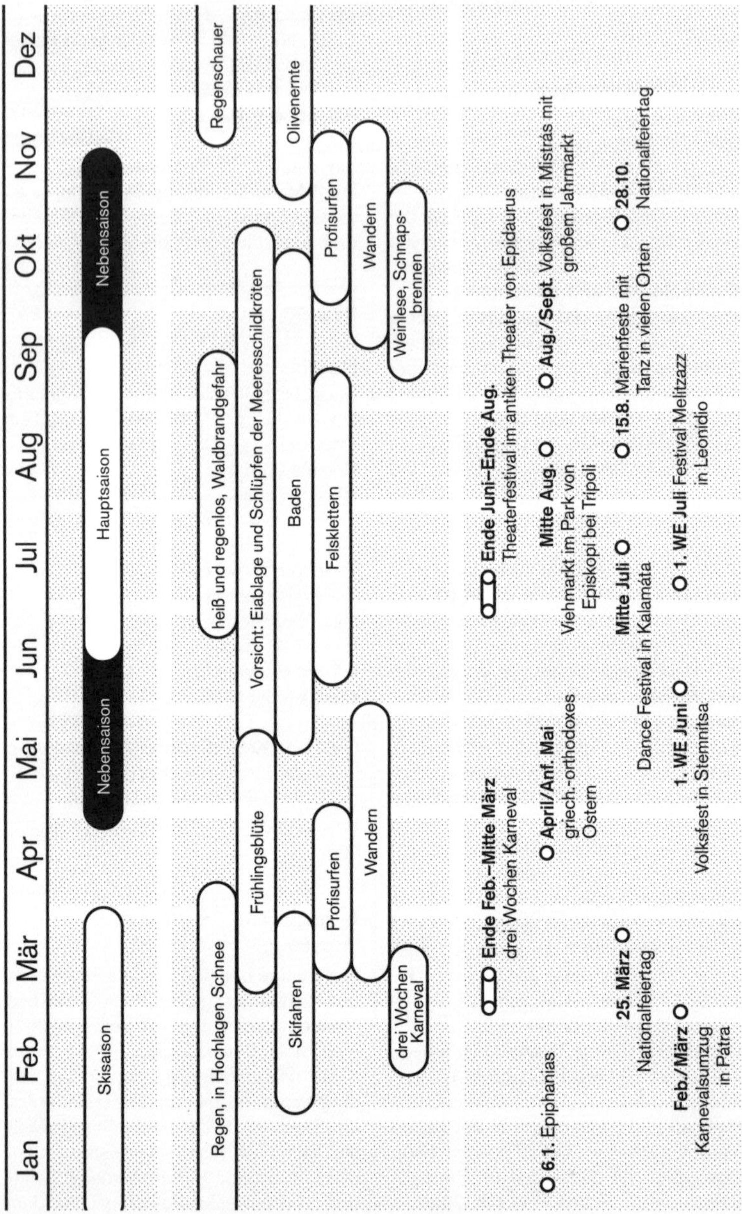
Jan
Feb
Mär
Apr
Mai
Jun
Jul
Aug
Sep
Okt
Nov
Dez
Skisaison
Nebensaison
Hauptsaison
Nebensaison
Regen, in Hochlagen Schnee
heiß und regenlos, Waldbrandgefahr
Regenschauer
Frühlingsblüte
Vorsicht: Eiablage und Schlüpfen der Meeresschildkröten
Olivenernte
Skifahren
Baden
Profisurfen
Felsklettern
Profisurfen
Wandern
Wandern
drei Wochen Karneval
Weinlese, Schnaps-brennen
Ende Feb.–Mitte März drei Wochen Karneval
Ende Juni–Ende Aug. Theaterfestival im antiken Theater von Epidaurus
6.1. Epiphanias
April/Anf. Mai griech.-orthodoxes Ostern
Mitte Aug. Viehmarkt im Park von Episkopí bei Trípoli
Aug./Sept. Volksfest in Mistrás mit großem Jahrmarkt
25. März Nationalfeiertag
Mitte Juli Dance Festival in Kalamáta
15.8. Marienfeste mit Tanz in vielen Orten
28.10. Nationalfeiertag
Feb./März Karnevalsumzug in Pátra
1. WE Juni Volksfest in Stemnitsa
1. WE Juli Festival Melitzazz in Leonídio

Suchbegriff ›Seatrac Tobea‹ finden Sie im Internet aktuelle Karten und Standorte.

Reiseplanung

Welche Jahreszeit ist richtig?

Jede Jahreszeit hat ihre eigene Stimmung, so auch ihre Vorzüge für Besucher. Abgesehen von den Skigebieten raten Reiseveranstalter vom Zeitraum Dezember bis Januar ab – wer will, kann sich dann trotzdem in absoluter Abgeschiedenheit an ein stürmisches Meer und verhältnismäßig menschenleere Küstenorte begeben. Das absolute Gegenteil darf man im Hochsommer erwarten, wenn auch die Griechen in den Urlaub fahren oder ihr Heimatdorf besuchen. Die Preise steigen dann genauso wie die Temperaturen, für den Sommer sollten Sie rechtzeitig vorab eine Unterkunft buchen.

Stippvisite – Peloponnes zum Kennenlernen

Bei einem Kurztripp kann man einen ›faulen‹ Badeurlaub verbunden mit Kultur- und Naturerlebnissen verbringen. Die beliebte Region Máni, ihre romantischen Fischerdörfer mit Turmhäusern vor den gewaltigen Felslandschaften des Taígetos-Gebirges, ist am besten über den Flughafen von Kalamáta zu erreichen. Die Ausgrabungen Mykene, Epidaurus, die Ruinenstadt Mistrás, Alt-Messene, Olympia und Alt-Korinth sind zu Recht Besuchermagneten. Auch wer sich nicht für alte Geschichte interessiert, wird vom Zusammenspiel von Landschaft und Architektur regelrecht verzaubert werden.

Aber die Mischung macht's: Von den größeren Städten haben Pátra (Patras) und Kalamáta den Finger am Puls der Zeit. Das malerische Náfplio ist mit seiner neoklassizistischen, kopfsteingepflasterten Altstadt eine Rarität in der griechischen Betonwelt. In den trubeligen Sommermonaten hat die Region aber auch Rückzugsorte: Die Ruinen der fränkischen Stadtfestung Geráki vor dem Parnon-Gebirge (Párnonas) – mitsamt traditionellem Dorf – kann als kleines Mistrás bezeichnet werden, erfährt aber weit weniger Zulauf.

Idyllisch liegen die Bergdörfer in Arkadien wie Stemnítsa, Dimitsána und Karítena – viele Athener blicken hier auf das Schauspiel der Berge und Flüsse. Noch mehr Ruhe finden Sie in strukturschwachen Regionen im Osten wie auf der vulkanischen Halbinsel Méthana, um die Stadt Megalópoli und Trípoli, wo man fast nur Locals trifft. Auch ins nordwestliche Lambía oder Kalávrita können Sie einen Seitensprung wagen: Die Orte bleiben selbst im Sommer wahre Ruhepole.

Gibt es überlaufene Touristenhochburgen?

Tourismus ist einer der bedeutendsten Einnahmequellen in Griechenland, mit rund 25 Prozent trägt er direkt und indirekt zur Wirtschaftsleistung bei. Aber auf dem Peloponnes gibt es dank der verwinkelten Gebirgszüge immer die Möglichkeit, großen Besucherströmen auszuweichen. Die tauchen nur in der Hochsaison (Juli/Aug.) auf, besonders in der mittelalterlichen Festungsstadt Monemvasiá, bei der vor allem Kreuzfahrtschiffe für Überlastung sorgen.

Auch die Bucht von Navaríno wird gern besucht, doch der Hotelkomplex Costa Navarino sorgt mit Luxusvillen auf monetärem Wege für eine Begrenzung der Besucherzahlen. Von Massentourismus oder gar Overtourism der ganzen Region kann aber nicht die Rede sein. Gigantische Hotelburgen sucht man fast wie die Nadel im Heuhaufen.

Rundreisevorschlag

Der Peloponnes ist das Gebiet für Rundreisen mit eigenem Fahrzeug schlechthin. Grundsätzlich ist es möglich, sich auf eine Region zu beschränken und so ein paar touristisch fast unberührte Orte im Landesinneren zu entdecken, gelegentliche Badeausflüge inklusive. Um zu sehen, was die meisten gesehen haben (sollten), können Sie ihre Tour entweder im Nordwesten in Pátra, entgegen dem Uhrzeigersinn, oder am Kanal von Korinth im Nordosten starten.

Über das Dorf Archéa Kórinthos (Alt-Korinth) und das antike Mykene geht es nach Náfplio; für einen Ausflug zum antiken Theater Epídavros sollte man von dort einen halben Tag veranschlagen. An dieser Stelle kann man gern vom Weg abkommen und die Strände und Berge der ruhigen Argolis erkunden.

Für Auslauf ist stets gesorgt: Spárti und die Geisterstadt Mistrás sind sportliche Stationen auf dem Weg nach Monemvasiá, das mit historischer Bausubstanz am oft tobenden Meer liegt. Auf der Halbinsel Máni sollte man den Küstenstädten Gíthio und Areópoli einen Besuch abstatten. Dann geht es entlang des Messenischen Golfes nach Kalamáta, wo ein Abstecher zu den Ruinen von Messene lohnt.

Koróni hat das Flair eines Fischerdorfs bewahrt, und die Festung von Methóni sollte man ebenso wenig auslassen wie Pílos und die Bucht von Navaríno – spätestens hier ist ein Bad fällig. Dann führt die Küstenstraße nach Norden, wo dem antiken Olympia Ehre gebührt.

Schließlich fahren Sie über Pátra am Korinthischen Golf entlang zurück nach Korinth. Für diese Rundreise sollten Sie mindestens sieben Tage einplanen. Wer mehr Zeit mitbringt, kann jederzeit ins Landesinnere ausbüxen und so den touristischen Hotspots entfliehen.

Restaurants

Rauchschwaden über Tischen an der Platía, auf weißen Plastikstühlen brüten die Gäste über dem Távli-Spiel und schauen nur kurz, wer vorübergeht. Neben diesem klassischen Kafenío, dem griechischen Kaffeehaus, traditionell mit Männerüberschuss, hat sich in den Großstädten eine neue Form der Cafe Bar entwickelt. Junge Griechen bieten dort, meist im alternativen DIY-Look eingerichtet, ausgefallenere Mezédes (traditionelle Vorspeisen wie Pasten, Pürees, Grillkäse und Wurst), gern auch Burger für die Hipster-Kundschaft und typische Schnäpse (Tsípouro, Oúzo), Retsína (Harzwein), Hauswein vom Dorf und Kaffeespezialitäten an.

Wo kann man essen?

Magireftá ist die umgangssprachliche Abkürzung für gekochtes Essen (Bohnen, Fleisch, Moussakás, Nudelaufläufe, Eintöpfe). In größeren Städten sind damit Kantinen mit Warmhaltetresen gemeint, die ausschließlich tagsüber geöffnet sind. Die typische Gaststätte heißt Tavérna – wenn sie vor allem Fisch anbietet, nennt man sie Psárotaverna. Das Spektrum reicht von ganz einfachen bis hin zu recht eleganten Lokalitäten, die schon als Restaurant (Estiatório) gelten können.

Viele neue Restaurants orientieren sich an der Haute Cuisine. Gleichzeitig versuchen sie durch den Fokus auf lokale und saisonale Lebensmittel, die bei den Tavernen von der Speisekarte geflogen sind, traditionelle Rezepte abzuwandeln.

F

FAST FOOD

Wenn es mal schneller gehen soll? Statt Fast Food einer Kette, die in Griechenland nie sehr erfolgreich war, stehen in größeren Orten eine *píta* (gefülltes Fladenbrot, z. B. mit Gyros, Souvláki) beim Gyrádiko, eigene Kombis in Sandwich-Läden oder Crêpes, neuerdings auch Falafel und Bougátsa oder Tirópita (süß- oder salzig-gefüllter Blätterteig) zur Auswahl. Oft sind die Lokale so gestaltet, dass man auch dort auch einen Tisch findet.

Neu sind Bar-Restaurants, Bistro-Pubs oder Beach Bars – sie sind schick, hip, oft laut und haben auch hochwertigere Snacks bzw. internationale Speisen auf die Karte gesetzt.

Fremde Sitten

Die Preise beinhalten alle Steuern und das Bedienungsgeld. Ein obligatorischer Betrag für den gedeckten Tisch (Brot, Besteck, Salz, Öl etc.) ist abgeschafft worden, jedoch wird das Brot am Ende berechnet: Wer keines möchte, sollte es direkt zurückgeben. Zum Durstlöschen ist das kostenlose Leitungswasser da, das meist vor der Bestellung auf den Tisch gebracht wird.

Die Griechen schätzen die große Tischgemeinschaft, die *paréa*. Dabei isst meist jeder von allen Gerichten aus der Mitte des Tisches. Bleibt viel übrig, ist es keine Schande, die Reste im *pakéto* mitzunehmen. Beim Trinkgeld werden bis zu 10 % empfohlen. Für gewöhnlich hinterlässt man einige Euromünzen nach dem Bezahlen auf dem Tisch oder in der Rechnungsmappe.

Süßes zwischendurch

Die Vielfalt in der Welt der Weißbrote überrascht in griechischen Bäckereien *(foúrnos/artopiós)*. Dinkelbrot *(zéa*, sprich: sea) gibt es auch. Die süßen und salzigen Kekse lohnen ein Kennenlernen. Bäckereien sind oft mit Konditoreien *(zacharoplastío)* kombiniert: Süß-Sahniges *(siropiásta)* oder Blätterteig mit Nüssen und Sirup *(baklava)* sind nicht nur ein Augenschmaus.

Einkaufen fürs Picknick

Trotz unzähliger, krisenbedingter Schließungen ist der ausgeprägte Einzelhandel nach wie vor ein Alleinstellungsmerkmal Griechenlands. Besonders im Sommer stehen die Händler nicht nur mit Obst und Gemüse, v. a. Orangen, Kürbissen und Melonen am Straßenrand. Meist haben sie auch heimische Tees, Kräuter, Marmeladen und haltbare Waren aus eigener Herstellung dabei. Fast überall gibt es kleine Lädchen, die regionale Produkte (Käse, Tees, besondere Teigwaren, selbst produzierten Schnaps) und kleine Souvenirs anbieten.

Wann macht die Küche auf?

Feste Essenszeiten gibt es in den großen Hotels und in Edelrestaurants, eher selten in Tavernen. Dort bekommt man immer etwas, wenn auch mit längerer Wartezeit. Die Griechen selbst gehen meist zwischen 13 und 15 Uhr zum Mittagessen. Im Sommer findet das Abendessen in der Regel erst zwischen 21 und 23 Uhr statt, im Winter ab etwa 19 Uhr.

F

FRISCHER FISCH KOSTET

Mit 15 000 km Küste steht Elláda für Fischerei. Frischer Fisch ist systembedingt nicht günstig. Zwar ist die Aquakultur dreimal größer als die deutsche, doch gehen in griechischen Gewässern fast viermal weniger Fische ins Netz als in Deutschland. Im Wettbewerb gegen die ca. dreimal so große türkische Produktion ist man unterlegen. Und die Ausfuhr einheimischer Fische z. B. nach Italien und in die USA fällt großzügig aus – 2022 waren es 75 %, also 104 000 t der lokalen Produktion von meist Doraden *(Tsipoúra)* und Seebarsch *(Lafráki)*.

Sicherheit und Notfälle

Griechenland ist ein sicheres Reiseland, auch für LGBTIQ – wobei die tatsächliche Akzeptanz eher in Großstädten ausgeprägt ist. Die Kleinkriminalitätsrate in Griechenland ist im Zeichen der Wirtschaftskrise seit 2010 leicht gestiegen, aber im europäischen Vergleich niedrig. Eine kostenlose App des deutschen Auswärtigen Amts und das Länderprofil auf der Webseite versorgen Sie mit aktuellen Informationen (›Sicher-Reisen App‹/ www.auswaertiges-amt.de/).

Notrufnummern

– **T 112,** auch von jedem Handy. Über diese Nummer sind Polizei, Feuerwehr, Krankenwagen, Erste Hilfe zu erreichen. Es wird auch Englisch gesprochen.

– **Sperrung von Handy-, Bank- und Kreditkarten:** +49 116 116
Es wird empfohlen, die IBAN und die BIC der Bank gesondert zu notieren.

Diplomatische Vertretungen

– Botschaft von Deutschland (Athen)
T +30 21 07 28 51 11
www.athen.diplo.de
Honorarkonsulat (Pátra)
T +30 26 10 31 02 10
patras@hk-diplo.de
– Botschaft von Österreich (Athen)
T +30 21 07 25 72 70
athen-ob@bmeia.gov.at
Honorarkonsulat (Pátra)
T +30 26 10 32 14 44
HK.Patras@yahoo.com
– Botschaft der Schweiz (Athen)
T +30 21 07 23 03 64 / 65 / 66
www.eda.admin.ch
patras@honrep.ch

Spartipps

An den Feiertagen (s. S. 232) ist der Eintritt in staatliche Einrichtungen frei, ebenso an jedem ersten Sonntag von Nov. bis März. Freier Eintritt auch an folgenden Tagen:
– 6. 3. (Melina-Mercouri-Gedenktag)
– 18. 4. (internationaler Denkmalstag)
– 18. 5. (internationaler Museumstag)
– letztes Wochenende im Sept. (Europäische Tage des Kulturerbes)

Ermäßigungen: Für EU-Bürger bis 25 Jahre ist der Eintritt frei. Ebenso für Behinderte (über 80 %) und ihre Begleitperson sowie für Elternteile in Begleitung minderjähriger Kinder. Rentner über 65 aus EU-Ländern erhalten 50 % Ermäßigung (entsprechende Ausweise vorlegen).

Toiletten

Weder im Hotel noch im Restaurant darf man Papier oder Binden etc. einfach ins Klo werfen, denn die oft engen Leitungen können verstopfen. Dafür gibt es einen nebenstehenden Eimer. Gäste müssen sich also etwas umstellen. In Restaurants sind Toilettentüren meist durch die Aufschrift ΑΝΔΡΩΝ (Männer) oder ΓΥΝΑΙΚΩΝ (Frauen) gekennzeichnet.

Übernachten

Mit Ausnahme weniger Großhotels werden die meisten Unterkünfte von ihren Inhabern und deren Familie geführt. Kleine Pensionen gibt es in fast allen Küsten- und in zahlreichen Binnenorten. Seit dem Erfolg der Buchungsplattformen wie www.booking.com und www.airbnb.de sind immer mehr komplett ausgestattete Privatzimmer *(domátio)* und Apartments (Ferienwohnungen) für Selbstversorger hinzugekommen.

Inzwischen ist fast jede existente Unterkunft auf den Plattformen verzeichnet. Mit ein wenig Google-Geschick können Sie auch an den Direktkontakt zum Anbieter kommen und auf diesem Weg buchen. In Griechenland gehört Verhandeln dazu: Es steht Ihnen offen, höflich und bestimmt nach einem besseren Preis zu fragen.

In ländlichen Gegenden kann es selten vorkommen, dass kein WLAN zur Verfügung gestellt wird. Mit Ausnahme

Viele Hotelterrassen blicken aufs Meer, aber ganz zugebaut sind die Ufer zumeist noch nicht.

der Zeit zwischen dem 20. Juli und Ende August sind Reservierungen nicht notwendig, außer man möchte in ein ganz bestimmtes Hotel. In Skigebieten sollte man im Winter vorreservieren. In kleineren Pensionen in den Bergen kann es sein, dass der Empfang während der Ruhezeit (15–17.30 Uhr) nicht besetzt ist.

Sucht man ohne Vorbuchung direkt vor Ort, ist es üblich, das Zimmer zunächst einmal unverbindlich anzuschauen. Auch dabei kann man versuchen, den Preis geringfügig herunterzuhandeln.

Hotelbuchung

www.mchotel.de: Auf dieser Seite können Sie die aktuellen Preise von bis zu 30 internationalen Hotelbrokern miteinander vergleichen.
www.booking.com, www.hrs.de, www.hotel.de, www.discovergreece.com: Internationale Hotelbroker
www.attika.de, www.tui.com, www.dertour.de: Reiseveranstalter mit Nur-Hotel-Angeboten
www.gtp.gr: Englischsprachig. Über die Ortssuche (englische Schreibung!) erhält man eine Liste der Hotels. Für Preisdetails kann man das Hotel direkt kontaktieren.
www.grhotels.gr: Englischsprachig. Ebenfalls mit Ortssuche in engl. Aufgelistet werden alle Hotels, die Mitglied der griechischen Hotelkammer sind.
higreece.gr: Seite der griechischen Jugendherbergen, von denen sich fünf auf der Halbinsel befinden.

Ferienwohnungen und -häuser

Atraveo: www.atraveo.de
Domizile: www.domizile.de
Fewo direkt: www.fewo-direkt.de
Jassu-Reisen: www.jassu.de
Griechenlandreise: www.griechenlandreise.de
Wimdu: www.wimdu.de
Home-to-go: www.hometogo.de

Camping

Nirgendwo in Griechenland gibt es so viele gute Campingplätze wie auf dem Peloponnes. Über 80 verschiedene Anlagen stehen zur Auswahl. Die meisten von ihnen liegen unmittelbar am Strand. Einige Plätze sind ganzjährig geöffnet, die meisten zwischen Mai und Mitte Oktober. Wild zu zelten ist verboten, wird aber von Griechen an einsamen Stränden praktiziert. Entscheidend dürfte sein, sich nicht neben einem Campingplatz einzurichten. Eine Kurzdarstellung von 80 Campingplätzen ist auf www.greececamping.gr zu finden, Plätze mit eigenen Websites sind dort verlinkt.

Trinkwasser

Das Wasser aus der Leitung kann grundsätzlich getrunken werden, an manchen Orten nimmt man aber wegen unsauberer Leitungen besser Flaschenwasser. Einfach fragen.

Umgangsformen

Tagesrhythmus: Mittagsruhe gilt zwischen 15 und 17.30 Uhr (Sommer), dann sollte man niemanden anrufen. Offizielle Nachtruhe ist von 23 bis 7 Uhr.

Trinkgeld: Wie überall freuen sich Kellner und Taxifahrer über ein Trinkgeld, es sollten aber keine Centbeträge sein – das wirkt beleidigend. In Kirchen gibt man eine Spende in die ›Sparbüchsen‹ für die Kerzen-Selbstbedienung.
Handeln und Feilschen: Großzügigkeit ist in Griechenland eine geschätzte Tugend, ›Geizhals‹ ein schlimmes Schimpfwort. Üblich ist Handeln bei teurem Schmuck, Souvenirs oder überzogenen Hotelpreisen.
Nacktbaden: FKK ist allgemein nicht zugelassen. Erlaubt ist es nur an wenigen ausgewiesenen Stränden. ›Oben ohne‹ ist jedoch weitgehend akzeptiert.
Kirchenbesuch: Knie und Schultern sollten bei Kirchen- und Klosterbesuchen bedeckt sein. Manche Klöster bieten Frauen in Shorts oder Hosen und Männern in Shorts Leihröcke zum Überziehen an.

Der Umwelt zuliebe

Auf dem Peloponnes gibt es drei **Nationalparks:** das Sumpfgebiet mit dem Küstenwald Kotichíos-Strofiliá im Nordwesten, das Chelmós-Gebirge bei Kalávrita, das Taígetos-Gebirge bei Spárti. Viele Feuchtgebiete stehen unter Schutz der Ramsar-Konvention, weitere Areale gehören dem europäischen Programm Natura 2000 an, etwa der Eichenwald von Folói oder das Polilímnio-Tal nahe Charavgí. Landesweit beträgt die Fläche aller Schutzgebiete mehr als 3,2 Mio. Hektar.

Umweltprobleme rühren von einer nicht nachhaltigen Wasserwirtschaft sowie illegalen Bautätigkeiten. Waldbränden, ausgelöst durch Klimawandel, aber auch (fahrlässige) Brandstiftung, fallen fast jedes Jahr große Areale zum Opfer. Weitere Probleme sind das zügellose Abladen von Müll und die umweltschädlichen Kreuzfahrten, deren Anlegestellen rund um den Peloponnes verteilt sind.

Strandbars mit lauter Musikbeschallung torpedieren bisweilen das Engagement von Tierschützern wie der Archelon-Stiftung (www.archelon.gr), die sich für den Meeresschildkrötenschutz einsetzt. Sie versorgt von Mai bis Oktober verletzte Schildkröten (s. S. 256) und kennzeichnet die Schildkrötennester am Strand durch Stöcke, Netze und leichte Zäune. Bitte achten Sie darauf!

Die Einführung des Entgelts für Plastiktüten seit 2018 war ein großer Schritt in Griechenland. Nehmen Sie genügend Taschen für ihren Einkauf mit und scheuen Sie sich nicht, unnötige Verpackungen abzulehnen. Bringen Sie eine Flasche und einen Kaffeebecher zum Auffüllen mit. Seit 2022 sind auch in Griechenland Plastikstrohhalme verboten. Wer klimaschädliche Emissionen seines Flugs ausgleichen und Klimaschutzprojekte unterstützen möchte, kann dies bei Atmosfair (www.atmosfair.de, s. S. 290) oder MyClimate (www.myclimate.org) tun.

Verkehrsmittel

Autofahren

Das Verkehrsverhalten der Griechen ist wenig regelgetreu. Nicht selten werden Kurven geschnitten, deswegen sollte man auf den gebirgigen Straßen langsam und rechts fahren. Vor unübersichtlichen Kurven kräftig hupen! Im Kreisverkehr wird die Vorfahrt selten beachtet, selbst wenn an den Einfahrten Stopschilder stehen. Also Vorsicht! Die zulässige Höchstgeschwindigkeit beträgt innerhalb von Ortschaften 50 km/h, auf Landstraßen 110 km/h und auf den Festlandsautobahnen 130 km/h – wird in der Praxis aber meist überschritten. Für Motorräder gelten 40/70/90 km/h.
Tankstellen gibt es überall in großer Zahl. Selbstbedienung ist unüblich. Kreditkarten werden fast immer akzeptiert, es empfiehlt sich jedoch vorher zu fragen. Die Preise

für Benzin sind ca. 15–20 % höher als in Deutschland, für Diesel etwa gleich hoch. Sie variieren von Tankstelle zu Tankstelle und von Tag zu Tag.

Parken: In vielen Innenstädten darf zu Geschäftszeiten nur mit Parkschein geparkt werden. Es gibt Parkscheinautomaten oder aber Rubbel-Parkscheine, die an den Kiosk-Häuschen verkauft werden. Einige Gemeinden haben sogar elektronische Parksysteme (mit App) installiert.

Panne/Unfall: Viele Mietwagenunternehmen haben Verträge abgeschlossen, über die man sich informieren sollte. Wer mit dem eigenen Auto unterwegs ist, wendet sich an den Auslandsnotruf seines Schutzbriefausstellers. Der griechische Automobilclub ELPA ist im Zuge der Wirtschaftskrise geschlossen worden.

Auslandsnotruf
ADAC: T +49 89 22 22 22;
ACE: T +49 711 5 30 33 66 77

Mietwagen

Schon an den Flughäfen sind Mietwagenunternehmen vertreten, ebenso in den wichtigsten Badeorten. Die Preisunterschiede zwischen den Anbietern sind enorm, günstiger sind zumeist lokale Anbieter. Internationale Vermieter bieten andererseits ein großes Netz von Abgabestellen. In der Hochsaison empfiehlt sich die Buchung über einen Mietwagen-Broker wie www.holidayautos.de oder www.sunnycars.de. Versicherungen sind immer im Preis inbegriffen. Schäden an den Reifen, an der Unterseite des Fahrzeugs und auf Fähren sind jedoch nicht versichert. Wichtig ist auch ein Vergleich der Höhe der Selbstbeteiligung im Schadensfall.

Taxi

Taxis sind relativ preiswert im Vergleich zu Deutschland, hinzu kommen aber zahlreiche Zuschläge ab Mitternacht sowie für Gepäck und Fahrten zum Flughafen und Häfen. Städtische Taxis verfügen über ein Taxameter. Landtaxis, *agoraíon* genannt, besitzen nicht immer ein Taxameter, dann wird der Fahrpreis nach der Entfernung berechnet. Eine Fahrpreistabelle muss der Fahrer auf Verlangen vorzeigen.

Vom Flughafen Athen ins Zentrum fährt man per Taxi für einen Pauschalpreis von 40 €, nachts zwischen 0 bis 5 Uhr von 55 €. Bei der Suche kann auch die griechische App ›Beat‹ behilflich sein, die einen direkten Kontakt zwischen potenziellem Fahrgast und verfügbaren Fahrern herstellt.

Inlandsflüge

Auf dem Peloponnes wird innergriechisch derzeit nur Kalamáta von Thessaloníki aus durch Olympic Airlines angeflogen. Informieren Sie sich über die Websites der folgenden Airlines.
Aegean Airlines: www.aegeanair.com
Astra Airlines: www.astra-airlines.gr
Ellinair Airline: de.ellinair.com
Olympic Air: www.olympicair.com
Sky Express: www.skyexpress.gr

Öffentliche Verkehrsmittel

Eine Rundreise mit öffentlichen Bussen funktioniert leider nur bedingt. Sie brauchen viel Zeit und müssen sich auf einige wenige Regionen beschränken. In 14 Tagen machbar wäre aber z. B. die folgende Rundfahrt: Athen – Náfplio (drei Übernachtungen mit Busausflügen nach Mykene, Tiryns, Árgos, Epidaurus und Korinth). Náfplio – Trípoli – Sparta (zwei Übernachtungen, Besuch von Mistrás). Weiter nach Gíthio (eine Übernachtung) – Areópoli/Máni (eine Übernachtung) – Kardamíli (zwei Übernachtungen, Wandern und Baden) – Kalamáta (zwei Übernachtungen, Ausflug nach Koróni oder Messene) – Pírgos – Olympia (zwei Übernachtungen) – Athen.

Schiffsverkehr

Fähren zu den umliegenden Inseln:
www.ferriesingreece.com

Sprachführer Griechisch

UMSCHRIFT

U

Für die richtige Aussprache muss man auch auf die Betonung achten, die durch den Akzent angegeben wird.

Das griechische Alphabet

		Aussprache	Umschrift
Α	α	a	a
Β	β	w	v, w
Γ	γ	j vor e und i, sonst g	g, gh, j, y
Δ	δ	wie in engl. ›the‹, s	d, dh
Ε	ε	ä	e
Ζ	ζ	s wie in ›Sahne‹	z, s
Η	η	i	i, e, h
Θ	θ	wie in engl. ›thief‹	th
Ι	ι	i, wie j vor Vokal	i, j
Κ	κ	k	k
Λ	λ	l	l
Μ	μ	m	m
Ν	ν	n	n
Ξ	ξ	ks	x, ks
Ο	ο	o	o
Π	π	p	p
Ρ	ρ	gerolltes r	r
Σ	σ	s wie in ›Tasse‹	ss, s
Τ	τ	t	t
Υ	υ	i	i, y
Φ	φ	f	f, ph
Χ	χ	ch, wie ›ich‹ vor i, e wie ›ach‹ vor a, o, u	ch, h, kh
Ψ	ψ	ps	ps
Ω	ω	o	o

Buchstabenkombinationen

ΑΙ	αι	ä	e
ΓΓ	γγ	ng wie in ›lang‹	ng, gg
ΕΙ	ει	i wie in ›lieb‹	i
ΕΥ	ευ	ef wie in ›heftig‹	ef, ev
ΜΠ	μπ	b im Anlaut, mb im Wort	B mp, mb
ΝΤ	ντ	d im Anlaut nd im Wort	D nd, nt
ΟΙ	οι	i wie in ›Liebe‹	i
ΟΥ	ου	langes u	ou, u

Begrüßung und Höflichkeit

Guten Tag	kalí méra
Guten Abend	kalí spéra
Gute Nacht	kalí níchta
Hallo, Tschüss	jassú
zu mehreren und Sie-Form	jassás
Auf Wiedersehen	adío (adíosas)
Gute Reise	kaló taxídi
Bitte	parakaló
Danke (vielmals)	efcharistó (polí)
Ja	ne (sprich: nä)
Jawohl	málista
Nein	óchi
Nichts	típota
Entschuldigung	signómi
Macht nichts	den pirási
In Ordnung, okay	endáxi

Unterwegs

Straße/Platz	odós/platía
Hafen	limáni
Schiff	karávi
Bahnhof/Busstation	stathmós/stássi
Bus	leoforío
Haltestelle	stásis
Flughafen	aerodrómio
Flugzeug	aeropláno
Fahrkarte	issitírio
Motorrad	motosikléta
Fahrrad	podílato
Auto	aftokínito
Ausfahrt	éxodos
rechts/links	deksjá/aristerá
geradeaus	efthía
hinter, zurück	píso
weit/nah	makría/kondá

Bank, Post, Arzt, Notfall

Bank/Geldwechsel	trápesa/sinállagma
Geldautomat	ATM
Quittung, Beleg	apódixi

Postamt	tachidromío
Briefmarken	grammatóssima
Hilfe!	voíthia!
Arzt/Arztpraxis	jatrós/jatrío
Krankenhaus	nossokomío
Hilfe!	voíthia
Polizei	astinomía
Unfall/Panne	átichima

Einkaufen

Kiosk	períptero
Laden	magasí
Bäckerei	foúrnos

Nützliche Adjektive

gut/schlecht	kalós/kakós
groß/klein	megálos/mikrós
neu/alt	néos/paljós
heiß/kalt	sestó/krío

Zahlen

1	éna (m), mía (f)	21	íkossi éna
		22	íkossi dío
2	dío		usw.
3	tría, trís	30	triánda
4	téssera, tésseris	40	saránda
		50	penninda
5	pénde	60	exínda
6	éksi	70	evdomínda
7	eftá	80	ogtónda
8	októ	90	enenínda
9	enéa	100	ekató
10	déka	200	diakósja
11	éndeka	300	triakósja
12	dodéka	400	tetrakósja
13	dekatría	500	pendakósja
14	dekatéssera	600	exakósja
15	dekapénde	700	eptakósja
16	dekaéksi	800	oktakósja
	usw.	900	enjakósja
20	íkossi	1000	chílja

W

WICHTIGE SÄTZE

Allgemeines

Wie geht es dir?	Ti kánis?
Mehrere, Sie-Form	Ti kánete?
Ich verstehe nicht.	Den katalavéno.
Woher kommst du?	Apo poú ísse?
Wie spät ist es?	Ti óra íne?
Ich habe es eilig!	Viásome!

Unterwegs

Wo ist …?	Poú íne …?
Wo fährt der Bus nach … ab?	Poú févji to leoforío ja …?
Wann fährt er?	Póte févji?
Wann kommt er an?	Póte ftáni?
Wie viele Kilometer sind es bis …?	Póssa chiljómetra íne méchri to …?

Notfall

Ich möchte telefonieren.	Thélo ná tilefonísso.
Ich suche eine Apotheke.	Thélo ná vró éna farmakío.

Einkaufen

Was wünschen Sie?	Tí théleto?
Bitte, ich möchte …	Parakaló, thélo …
Was kostet das?	Pósso káni afto?
Ich nehme es!	To pérno!
Das ist teuer!	Íne akrivó!

Im Restaurant

Herr, Dame (Anrede für Kellner)	kírie, kiría
Die Speisekarte, bitte.	To katálogo, parakaló
Was empfehlen Sie?	Tí protínete?
Die Rechnung, bitte!	To logarjasmó, parakaló!
Guten Appetit!	Kalí orexí!
Prost!	Jammás!
Salz/Pfeffer	aláti/pipéri
Tasse	flidzáni
Löffel	koutáli
Teelöffel	koutaláki
Messer	machéri
Gabel	piroúni
Glas	potíri
Teller	piátto
Serviette (serviétta: Damenbinde!)	petsétta

Kulinarisches Lexikon

Allgemeines

aláti	Salz
chorís	ohne
dío *(sio)* merídes	zwei Portionen
gemistó *(jemistó)*	gefüllt
glikó	süß
kafteró	scharf
katálogos	Speisekarte
krio	kalt
magireftó	gekocht
me *(mä)*	mit
mía merída	eine Portion
pipéri	Pfeffer
psiméno	gebraten
sáchari	Zucker
sestó	warm, heiß
skchára	gegrillt
souvlistós	am Spieß
sto foúrno	aus dem Ofen
tiganito	frittiert

Frühstück

avgá	Eier
avgá mátja	Spiegeleier
avgá me béikon	Eier mit Speck
giaoúrti (yaoúrti)	Joghurt
... me karídia	mit Walnüssen
... me méli	mit Honig
loukániko	Wurst
marmeláda	Konfitüre
méli	Honig
psomáki	Brötchen
psomí	Brot
sambón	Schinken
tirí	Käse
féta	Schafskäse
voútiro	Butter

Vorspeisen (Mézedes)

angoúro saláta	Gurkensalat
choriátiki saláta	›Griechischer Salat‹
chórta saláta	Wildkräutersalat
fáva	Bohnenpüree
gígantes *(jígandes)*	weiße Bohnen in Tomatensoße
láchano saláta	Krautsalat
maroúli saláta	Blattsalat
melindsáno saláta	Auberginenpüree
skordaliá	Kartoffelpaste mit Knoblauch
taramá	Fischrogen-püree
tomáto saláta	Tomatensalat
tónno saláta	Thunfischsalat
tzatzíki *(dsadsíki)*	Joghurt mit Gurken und Knoblauch
saganáki	gebackener Schafskäse

Fisch und Meeresfrüchte

astakós	Languste
barboúnja	Rotbarbe
fangrí	Zahnbrasse
garídes	Scampi
glóssa	Scholle oder Seezunge
kalamarákja	Calamares
ksifías	Schwertfisch
lavráki	Barsch
mídja	Muscheln
ochtapódi	Krake
psári	Fisch
solomós	Lachs
soupjés	Sepia (Tintenfisch)
strídia	Austern
tsipoúra	Dorade

Fleischgerichte

arnáki, arní	Lammfleisch
békri mezé	Gulasch mit Kartoffeln, scharf
biftéki	Frikadelle
brizóla	Kotelett
chirinó	Schweinefleisch
gardoúmba	gebratene Innereienwurst

gemistá *(jemistá)*	gefüllte Tomate oder Paprika
giouvétsi *(juvétsi)*	Kalbfleisch mit Reisnudeln
gída	Ziege
gourounópoulo	Spanferkel
gouvarlákja	Hackfleischbällchen in Zitronensauce
katsíki	Zicklein
keftédes	Fleischbällchen gegrillt
kokkinistó	Rindfleisch in Wein
kokorétsi	gegrillte Innereienwürstchen
kotópoulo	Hühnchen
kounélli	Kaninchen
kreatópitta	Blätterteigtasche mit Fleischfüllung
láchano dolmádes	gefüllte Kohlblätter
loukaniká	Landwürstchen
makarónja me kimá	Spaghetti mit Hackfleischsauce
mialá	Hirn
moskári	Rindfleisch
moussaká	Auberginenauflauf
païdákja	Lammkoteletts
pansétta	Schweinerippchen
papoutsákja	gefüllte Auberginen
pastítsjo	Nudelauflauf mit Hackfleisch
psitó	Braten
sikóti	gebratene Leber
soutzoukákia *(sudsukakja)*	Hackfleischrollen in Tomatensoße mit Kreuzkümmel
souvláki	Fleischspieß (Huhn, Schwein)
stifádo	Fleisch mit Zwiebeln in Tomaten-Zimt-Sauce

Gemüse (Vegetarisches)

briam	Gemüseauflauf
bámjes	Okraschoten
eljés	Oliven
fassólja	grüne Bohnen
florínis	rote, süße Spitzpaprika (gegrillt)
kafterés	scharfe Paprika (meist gegrillt)
kolokithákja	Zucchini
kolokithokeftédes	frittierte Zucchini
lachaniká	Gemüse
melindsánes	Auberginen
spanáki	Spinat
tourloú	Gemüseeintopf

Obst

achládi	Birne
fráules	Erdbeeren
karpoúsi	Wassermelone
kerássja	Kirschen
lemóni	Zitrone
mílo	Apfel
peppóni	Honigmelone
portokáli	Orange
rodákino	Pfirsich
síka	Feige
staffílja	Weintrauben

Desserts

froútto saláta	Obstsalat
karidópitta	Walnusskuchen
milópitta	Apfelkuchen
pagotó	Eiscreme
bakláva	Blätterteig mit Nüssen und Sirup
riságalo	Reispudding
tirópitta	Blätterteig mit Käse

Getränke

bíra	Bier
chimós	Saft
chimó portokáli	Orangensaft
gála	Milch
frappé	kalter Kaffes mit Eis
kafés ellinikós	griechischer Kaffee
kafés filtroú	Filterkaffee
kafés me gála	Kaffee mit Milch
krassí	Wein
lemonáda	Limonade
neró/sóda	Wasser/Sprudelwasser
portokaláda	Orangeade
soumáda	Mandelmilch
tsái	Tee
tsípouro	Tresterschnaps

Das

Zu Ostern, dem Fest aller Feste Griechenlands, geht es heute so zu wie im Westen zu Silvester. Früher begnügte man sich mit der entzündeten Kerze (als Symbol für die Erlösung durch Christus) und roten Eiern (als Symbol für dessen Blut) – heute gibt es in Loutráki rotes Feuerwerk beim Umzug am Karfreitag mit dem Epitaphios, dem symbolischen Sarg Christi.

Magazin

Landwirtschaft in der Krise

Ein Mandarinenbauer erzählt — Auf den Feldern ginge kaum noch was ohne Erntehelfer und Tagelöhner aus Albanien und Bulgarien. Doch selbst deren Niedriglöhne zu bezahlen, fällt immer mehr Bauern angesichts des Preisverfalls für Olivenöl und Zitrusfrüchte schwer.

Geórgios hat von seinem Vater einen 5500 m² großen Mandarinenhain bei Asíni in der Argolis übernommen, in dem er auch Gemüse für den Eigenbedarf anbaut. Sein Vater stellt hier immer noch Bienenstöcke auf, die genug Honig liefern, um damit seine Rente ein wenig aufzubessern. »Mein alter Herr konnte unserer Familie mit den Früchten seiner 250 Bäume noch ein einfaches Leben sichern«, erzählt er mit deutlicher Bitterkeit, »ich würde zehnmal so viele brauchen, um damit ein Auskommen für mich, meine Frau und meine Tochter zu sichern. Weißt du, sie studiert jetzt in Athen!«, fügt er stolz hinzu.

Niedrige Erzeugerpreise

Die Erzeugerpreise für Orangen, Clementinen und Mandarinen liegen heute deutlich niedriger als noch Ende der 1980er-Jahre, obwohl sich die Lebenshaltungskosten seitdem mehr als vervierfacht haben. »Für ein Kilo bekomme ich vom Zwischenhändler gerade einmal 15 bis 18 Cent!«, sagt Geórgios, sichtlich empört.

Kein Wunder also, dass so viele griechische Bauern versuchen, ihre Produkte am Straßenrand direkt an Vorbeifahrende zu verkaufen. Oder sich selbst mit einem Kleinlastwagen auf den Weg in die Dörfer machen, um durch Selbstvermarktung für ihre Waren einen besseren Preis zu erzielen.

Geórgios und seine aus Köln stammende Frau haben einen anderen Weg zur Aufbesserung ihres Einkommens gewählt. Sie haben zehn Bungalows in ihrem Mandarinenhain errichtet, die sie sehr erfolgreich an griechische und ausländische Urlauber vermieten.

Im Winter erntereif

Geórgios baut Mandarinen an, weil diese Bäume am besten tragen: pro Jahr ca. 100 bis 120 kg Früchte. Orangenbäume

Ein Anblick, der jedem Bauern wehtut. Doch wenn die Ernte nicht mehr lohnt, bleibt keine andere Wahl. Am Ende nimmt die Natur zurück, was sie geschenkt hat.

erbringen nur etwa 100 kg, Clementinen gar nur höchstens 80 kg. Trotzdem haben viele Nachbarn von Geórgios auf den Anbau von Clementinen umgestellt, weil sie wegen ihrer Kernlosigkeit stärker gefragt sind.

Orangen kann man zwischen November und Mai ernten, Clementinen sind im Dezember reif, Mandarinen im Januar. Da trifft es sich für Geórgios gut, dass im Winter kaum Touristen kommen und er sich in dieser Zeit ganz seinen Bäumen widmen kann. So müssen z. B. die Bäume im Rahmen der Veredelung alljährlich mit Kunstharz gegen eindringendes Wasser versiegelt werden, denn die früchtetragenden jungen Bäume sind den Stümpfen von Altbäumen aufgepfropft, die durch Frostschäden kaputtgegangen sind. In den Sommermonaten hingegen machen die Bäume weniger Arbeit, müssen nur alle 20 Tage einmal ordentlich bewässert werden. Dann hat Geórgios genügend Zeit, seine Gäste durch den Mandarinenhain zu führen und ihnen viel zu erklären.

Probleme der Olivenbauern

Noch stärker als die Zitrusfrüchte-Bauern sind die vielen Zehntausend Olivenbauern auf dem Peloponnes vom dramatischen Preisverfall für landwirtschaftliche Produkte betroffen. Bei ihnen macht sich die Konkurrenz aus Spanien besonders bemerkbar, das dreimal mehr Oliven produziert als Griechenland. Dort sind die Produktionskosten deutlich niedriger, weil die Olivenhaine jünger, die Bäume kleiner und daher maschinell abgeerntet werden können. In Griechenland sind sie alt, oft uralt und müssen fast immer noch per Hand abgeerntet werden.

Im Jahr 2023 zahlten internationale Ankäufer zwischen 8 und 9 € für 1 l Olivenöl. Dafür braucht man etwa 6 bis 8 kg Oliven, je nach Qualität. Ein ausländischer Erntehelfer kostet ca. 30 € pro Tag, die Olivenölmühle wiederum verlangt einen Anteil nach der Pressung von etwa 10 %. Ein Einkommen lässt sich da kaum noch erzielen. Zufrieden ist nur, wer Öl lediglich für den Familien- und Freundeskreis produziert. Aber dann braucht er zum Lebensunterhalt Einkommen aus dem Tourismus. Fachkundige Menschen wie die in der Máni lebende Katrin Hensel-Manoulákis schätzen, dass ein weitaus höherer als der handelsübliche Literpreis gezahlt werden müsste, damit es sich lohnt. Sie und ihr Partner Heinz Neth haben einen Weg aus der Krise gefunden: Sie setzen auf Gourmet- und Bio-Öle sowie deren Direktvermarktung im Ausland, womit über 20 € pro Liter zu erzielen sind.

Doch die meisten griechischen Olivenbauern sehen nur staunend zu. Ihnen fehlen meist der zur Umstellung auf Bioanbau nötige lange Atem, aber auch die finanziellen Mittel und die nötige Bildung. Hinzu kommt die allgemeine Abkehr der Jugend von der Landwirtschaft, die auch für die Älteren demotivierend wirkt. ■

Von Klaus Bötig

O

OLIVENERNTE MITERLEBEN

Touristen können sich an der Olivenernte beteiligen und Einblicke in den praktischen Arbeitsprozess gewinnen. Angebote (November bis Februar) gibt es in verschiedenen Preisklassen. Zum Beispiel in einem Luxusresort in Messinía: www.costanavarino.com; auf der Máni: www.natur-und-kultur.de; in Lakonía: www.eumelia.com; in ganz Griechenland gegen Kost und Logis: www.wwoofgreece.org.

Die ersten Minuten zählen

Feuerwehr und Rettungsdienste — sind im Niemandsland der Máni weit entfernt. Was tun also, wenn's brennt? Tief im Süden haben Freiwillige eine eigene, zivilgesellschaftliche Lösung für den Selbstschutz organisiert.

In der paradiesischen Einsamkeit der Máni finden viele ihr persönliches Eden. Doch wo satte Sommersonne auf fahrlässiges Verhalten und heftige Winde trifft, sind flächendeckende Waldbrände nicht weit. Gaia, in der Mythologie die personifizierte Erde, heißt der Selbsthilfe-Zivilschutz im Küstenort Ágios Nikólaos. Mehr als eine Freiwillige Feuerwehr, übernimmt Gaia auch den Rettungsdienst im abgelegenen Süden.

»Schreib, wie einzigartig es ist, was wir aus dem Nichts aufgebaut haben«, sagt Christína Constantíos, ehrenamtliche Direktorin Gaias, bevor sie die an der Hauptstraße gelegene Station verlässt, um ins Café Patrikó zu eilen, das sie hauptberuflich in Stoúpa betreibt.

Die Aktiven von Gaia tun, was sie können. Sogar einen Feuerwehrwagen hat der Verein beschaffen können.

Rechtzeitig helfen

Nur aus eigener Kraft, ohne Staat oder EU-Gelder, durch unbezahlte Ehrenämter und Spenden trage sich der Verein, erzählt Georgía Spanoú, eine der Freiwilligen. In Kalamáta und Gíthio und Areópoli gibt es Versorgungszentren. »Sonst gibt es niemanden, und wir sind eine Stunde von dort entfernt.« Die Freiwilligen machen sich, bis die Einsatzkräfte aus größeren Orten eingetroffen sind, im Fall des Falles sofort nützlich. »Wenn es brennt, kann man keine Stunde verlieren. Bei starkem Wind kann in der Zeit ein ganzes Dorf abbrennen«, so Spanoú energisch.

Wir sind als Erste da!

Die Self-Made-Helfer, ausgebildet in Brandbekämpfung, Berg- und Seerettung, Erdbeben- und Fahrzeugevakuierung, schließen die Versorgungslücke der Ersten Hilfe im ländlichen Raum, wo die staatliche Hilfe manches Mal zu spät kommt. Über das Vorgehen bei Verkehrsunfällen sagt Spanoú: Man schneide das Fahrzeug auf, man stoppe Blutungen, reanimiere den Verunglückten auch. »Die Person kann sterben, bis die anderen aus Kalamáta ankommen.«

Expertise auch beim Bergsteigen: Viele Touristen ziehen mit einer einfachen Wanderkarte los und verlaufen sich prompt. Weil die Wanderwege nicht immer in Ordnung sind, die Wälder verwildern und überwachsen die alten Eselpfade. Die verirrten Wanderer rufen zuerst die 112 an, die Feuerwehr informiere dann direkt Gaia, die die Leute in den Bergen sucht.

Viele Unterstützer

So viel Vertrauensvorschuss seitens der Behörden resultiert aus der Not, aber auch aus der guten Reputation seit 2000. Damals wurde Gaia ins Leben gerufen. »Viele sehen, was wir machen und versuchen, ihren Beitrag zu leisten«, sagt die engagierte ›Maniátissa‹ und meint die Spendenbereitschaft der Einheimischen und derer, die an die Máni ihr Herz verloren haben. Dazu gehören etwa die ›Mani-Freunde Colmberg‹ um Hans Stamminger. Die fränkischen Touristen haben in ihrem Urlaub gesehen, woran es bei der lokalen Infrastruktur hapert und daher begonnen, im zuhause Spenden einzutreiben.

Schließlich entstand in einer griechisch-deutschen Gemeinschaftsaktion die Halle von Gaia. Dort zeigt Spanoú beim Rundgang die Ausrüstung, die aus ausrangierten, aber durchaus noch funktionsfähigen Geräten aus Deutschland, Frankreich und England besteht. Derweil erklärt Dieter Dickow von den Mani-Freunden gerade einigen Gaia-Freiwilligen die Funktion eines ›neuen‹ Gebrauchtgeräts: eine aus Franken eingefahrene Feldküche, mit der man bis zu 800 Menschen ausspeisen kann. Zum Einsatz kommen soll die Feldküche erst einmal nur zu freudigen Anlässen wie bei einer Panigíri, den großen Volks- und Kirchenfesten der Region. ■

Von Elisabeth Heinze

W

SOMMERSAISON – WALDBRANDSAISON

Die Waldbrände von 2007 richteten auf dem Peloponnes enormen Schaden an und kosteten 70 Menschen das Leben. Beim Inferno 2018 in Máti blieb die Region verschont. 2023 brannte es um Loutráki, dabei kam es in Nordgriechenland zum bisher größten zusammenhängenden Brand der EU-Geschichte. Oft gilt Brandstiftung als Ursache, denn Zerstörtes kann in gewinnbringendes Land umgewandelt werden. Verheerende Brände werden aber auch durch die Klimakrise verschärft. Und Fahrlässigkeit spielt eine Rolle: Rauchen und Grillen, Abfackeln von Pflanzen, selbst eine weggeworfene Flasche kann als Hohlspiegel ein Feuer entfachen! Bei Großbränden steht stets der Vorwurf des staatlichen Versagens im Raum: mangelnde Ausrüstung und Prävention wie z. B. im Zuge des Sparzwangs gestrichene Stellen für die Waldüberwachung.

Pro & Contra: Braunkohle

Noch rauchen die Schlote — Doch die Braunkohlemine und das Kraftwerk im peloponnesischen Megalópoli steht auf der Kippe. Für den Erhalt kämpft nun die Gewerkschaft.

Ausgerechnet auf dem New Yorker Klimagipfel 2019 – von dem aus Greta Thunbergs »How dare you!« durch die Welt hallte – sagte der griechische Ministerpräsident Kyriákos Mitsotákis von der konservativen Nea Dimokratia (ND) einen Ausstieg aus der Braunkohleverstromung bis 2028 zu. Als ob man in den Startlöchern wartete, kündigte die DEI (Dimosia Epichirisi Ilektrismou), Griechenlands größter Energieversorger, daraufhin an, ihre Anteile an Braunkohlekraftwerken zu veräußern und den Betrieb bis 2023 einzustellen. Doch der Konzern ist noch zu 51 % in Staatsbesitz.

Das zügige Aus der griechischen Braunkohle werde zu einer »Totalkatastrophe« führen, sagt dazu Móschos Móschou, Gewerkschaftschef der DEI-Belegschaft namens ›Spartakos‹. Der Name ist Programm: Als die Regierung 2011 17 % seiner Anteile dem Privatisierungsfonds übergab, antworteten die DEI-Mitarbeiter mit regulierten Stromausfällen. Der Nutzen dieser Privatisierungen (von manchen als Ausverkauf kritisiert) sind äußerst umstritten.

Noch bis 2019 galten Anstellungen bei DEI als krisenresistente Arbeitsplätze, die mehreren Generationen einer Familie den Lebensunterhalt sicherten. Nun hängen Tausende Arbeiter in der Luft. Sie leben in den Städten, neben Megalópoli auch das nordgriechische Ptolemaída, deren Identität, einschließlich der dunklen Dunstwolke überm Dach, fast nur auf DEI-Kraftwerken basiert. 1200 Arbeitsplätze sollen allein in Megalópoli wegfallen.

Inzwischen erzeugen die beiden Standorte 25 % statt wie in den Vorjahren 50 % des Stroms, beklagt Móschou. Für ihn kommt der Plan der Regierung nicht nur einer »Zerstörung der ganzen Region« gleich, auch geopolitische Aspekte hat er im Blick: »Der nationale Brennstoff wird verdrängt, damit machen wir uns abhängig von Gas-Pipelines an den Grenzen der Türkei und von importiertem Flüssiggas.«

Stets hatte die Tourismusbranche das emissionsreiche Kohlekraftwerk kritisiert. Die Frage aber, wie der Übergang in die postfossile Ära sozial gerecht gestaltet werden kann, bleibt unbeantwortet. Zwar versprach der Umweltminister Anfang 2020, aus den EU-Fonds 4 Mrd. Euro zur Verfügung zu stellen. Den Gewerkschaftern aber erscheint Arbeitslosigkeit und Auswanderung als eher realistisch. Der Zeitrahmen 2023 bis 2028 ist laut ›Spartakos‹ nicht machbar. »Uns zwingt das keiner auf«, sagt Móschou und verweist auf den Pariser Vertrag, der ein Ende der Braunkohle bis 2050 vorsah. Jetzt will Griechenland vorpreschen – genauso schnell, wie es laut Klimaschützern nötig ist. So hart die Maßnahmen gegen den Klimawandel auch sind, im Land selbst sind seine Folgen längst spürbar: in den Wäldern, den überhitzten Städten und dramatischen Wetteränderungen. ■

Von Elisabeth Heinze

Nur eine wird es schaffen!

Die Natur ist oft drastisch — Von 1000 Meeresschildkröten erreichen nur eine oder zwei das Erwachsenenalter. Deshalb ist es umso wichtiger, dass der Mensch die Sterberate der Caretta nicht unnötig erhöht.

So ein Schildkrötendasein, bei der mediterranen Caretta etwa 20 Jahre, ist stets Bedrohungen ausgesetzt, besonders am Anfang. Füchse und Hunde graben nach den Eiern; auf dem Weg zum Meer werden die Jungen von Vögeln oder Ratten abgefangen. Doch wenn sie es schafft, bleibt die Langstreckenschwimmerin ihrem Geburtsort treu: Sie wird an den Strand zurückkehren, an dem sie schlüpfte, um dort selbst Eier zu legen.

»Wir wissen nicht, wie viele Carettas im Meer überleben«, sagt Giánnis Chalkiás. Er leitet das west-peloponnesische Büro von Archelon, dem Verein zum Schutz von Meeresschildkröten, der rund um die Halbinsel aktiv ist. Zur Protokollierung zählt Archelon die Eier und bringt sie teils sogar an sichere Orte.

Während die Grüne Meeresschildkröte nur von ihren Niststränden in der Türkei zum Grasen auf den Posidonia-Meergraswiesen in den Lakonischen Golf zieht, brütet die Unechte Karettschildkröte *Caretta caretta* hier auch, vor allem an der Westküste zum Ionischen Meer. Nach der Paarung kriechen die Weibchen an die Sandstrände, wo sie ihre 50 cm tiefen Nester graben. Die Ablage der Eier, etwa 120 pro Nest, beginnt Mitte Mai und endet im August. Das ›Brüten‹, über 7 bis 10 Wochen, wird der Sonne überlassen. Dann beginnt die Auslese: »Aus einem Nest gehen nur etwa 80 Junge hervor«, so Chalkiás.

Nicht nur Wind, Kälte und Fressfeinde machen der Caretta das Leben schwer, gewiss sind die Gefahren durch Menschen. Dazu zählt die Meeresverschmutzung durch Öl, Abwässer, Zigarettenkippen und Plastik. Manche Carettas verenden durch Plastiktüten, die sie für Quallen, ihre Lieblingsspeise, halten. Die Kernkritik von Naturschützern richtet sich aber gegen den rücksichtslosen Einbruch in die Natur: Wenn Badestrände erschlossen werden, ohne die Nistreviere im Blick zu haben. Denn viele Charakteristika eines Urlaubsortes stören die Muttertiere: Die Lichter verwirren sie, Liegen versperren den Weg zum hinteren Strand, wo sie ihre Nester graben. Selbst der Schatten von Sonnenschirmen wirkt sich auf die Brut aus, die zur Entwicklung mindestens 28 °C braucht. Radfahrzeuge verdichten den Sand, den Jungen erschweren die Reifenspuren den Eintritt ins Meer.

Solche Fehlkonstruktionen sind korrigierbar. Doch an den ›Traumstränden‹ von Divári oder Kalógria stören im Sommer Beach Bars mit Discolautstärke die Ruhe empfindlich. Chalkiás weiß als Naturschützer um Konflikte mit touristischen Unternehmen. Meist, weil »nicht verstanden wird, dass die Erhaltung der Umweltqualität eine Säule der Entwicklung eines guten Tourismus ist«. Doch er ist überzeugt, Schildkröten und Touristen – das geht. Vorausgesetzt, die Einen wissen um die Existenz der Anderen. ■

Von Elisabeth Heinze

Begegnung der dritten Art beim Schnorcheln an der Westküste. Manchmal guckt die Caretta genauso neugierig wie der Taucher.

S

SCHUTZ DER CARETTAS

Jeder kann Nester und Junge schützen: Mit gekennzeichneten Nestern – wilde Konstruktionen aus Stöcken und Plastikzaun – ist respektvoll umzugehen. ›Neugeborene‹ müssen ganz allein das Meer erreichen, unberührt von Menschenhand. Bleiben Sie den Stränden nachts möglichst fern. Lassen Sie keine Plastiktüten liegen und nehmen den gesamten Müll wieder mit. Info-Stationen gibt es in Gíthio, Koróni und Kiparisía, im Web: www.archelon.gr.

Das zählt

Zahlen sind schnell überlesen — aber sie können die Augen öffnen. Nehmen Sie sich Zeit für ein paar überraschende Einblicke. Und lesen Sie, was auf dem Peloponnes zählt.

15.000.000

Schafe und Ziegen werden seit Jahrtausenden als Nutztiere auf griechischem Boden geweidet. Das Mittelmeerland weist heute noch den höchsten Anteil an Milchschafen und Milchziegen in Europa auf.

20

Mautstationen kann man derzeit in etwa auf den Straßen des Peloponnes passieren, Tendenz steigend. Die griechischen Autobahnen wurden nämlich im Zuge der Staatschuldenkrise privatisiert. Die Preisspanne für eine Fahrt variiert von ca. 1 € bis 5 € – genau so wie die Qualität der Fahrbahnen, wobei keine Korrelation vorliegt.

239

Naturschutzgebiete definierte die Europäische Kommission 2006 in Griechenland. Im Umweltschutzgesetz 2020 änderte die griechische Regierung die Bestimmung der Schutzzonen: In bestimmten Wäldern dürfen künftig u. a. Hotelanlagen errichtet werden. Ob und wie sich die Gebiete tatsächlich ändern werden, bleibt abzuwarten.

9.792

Kirchen bezeugen im ganzen Land den herausragenden Stellenwert des orthodoxen Christentums. Dabei sind etliche Privatkirchen und die Klöster gar nicht mitgezählt. Die Anzahl für gesetzlich zugelassene Gotteshäuser anderer Religionen beträgt dagegen 20.

13

Prozent beträgt die Mehrwertsteuer seit 2020 im öffentlichen Transport und Tourismus, damit sich die Einheimischen Urlaub im eigenen Land leisten können. Zuvor betrug die Steuer wegen der Schuldenkrise 24 %. Auch in der Gastronomie (außer bei Alkohol) und für Kulturevents wurde sie gesenkt. Das soll allerdings nicht so bleiben.

996.106

Einwohner lebten im Gebiet der peloponnesischen Halbinsel bei der letzten Zählung 2021. Sie hat damit etwa so viele Einwohner wie Köln, jedoch auf einer Fläche, die ungefähr der von Hessen entspricht.

310

Ölmühlen verzeichnet der Peloponnes; das sind nur die, die im Telefonbuch stehen. Zum Vergleich: In Deutschland gibt es etwa 20 zentrale Ölmühlen. In Hellas stehen die eher kleineren Betriebe Besuchern offen.

1.780

Dörfer gibt es auf der Halbinsel. Nur 27 von ihnen gelten offiziell als verlassen: vier in Arkadien, vier in Elis, 19 in Achaía. Urbane Zentren gibt es nur elf, darunter touristisch bedeutend: Náfplio, Kalamáta, Pátra, Pílos und Spárti.

5

Monate lang, von November bis März, werden auf dem Peloponnes Oliven geerntet und verarbeitet. Für Reisende in der Nebensaison vielleicht eine gute Gelegenheit, einer örtlichen Ölmühle einen Besuch abzustatten.

6

feste Charaktere gibt es im griechisch-türkischen Schattentheater Karagiozis mitsamt dem titelgebenden Helden. Auf kleinen Bühnen werden immer noch Vorstellung dieser Art Kasperle-Theater gezeigt.

36.114

Geflüchtete kamen 2023 auf dem Seeweg nach Griechenland. Sie sind nur eine Gruppe von vielen innerhalb der in 2023 insgesamt 169 600 im Land registrierten Geflüchteten.

1.260

Euro beträgt der durchschnittliche Bruttolohn in Griechenland. Damit gehört das Land zu den ärmsten Europas. Ein Kellner im Hotel verdient nur ca. 900 €, ein Polizist 812 bis 1400 €.

400

besiedelte Strände hat ganz Griechenland ungefähr, und es werden immer mehr. Denn Griechen haben statt eines Schrebergartens oft eine Bleibe in Meernähe. Jede Provinz des Peloponnes hat ein Stück Küste. Ohne geht es nicht.

6

archäologische Stätten des Peloponnes schmücken sich mit dem Titel eines UNESCO-Weltkulturerbes: Olympia, Apollon-Tempel von Bassae, Mistrás, Tyrins, Epidaurus, Mykene.

3.259

Sonnenstunden jährlich misst man auf dem Peloponnes. In Schwerin zählt man 1692, in Stuttgart 1860.

81

Cent bekommen die peloponnesischen Bauern für ein Kilo Mandarinen, für Orangen nur etwa 42 Cent.

Von Elisabeth Heinze

Griechische Musik – ein Interview

Lieder mit griechischen Texten — sind generationsübergreifend beliebt, sie laufen im Radio, im Fernsehen, in den Nachtclubs. Hier berichtet ein Musiker vom Peloponnes.

Der Gitarrist und Bouzoúki-Spieler Níkos Livadítis erzählt, welchen Platz der früher berüchtigte, heute beliebte Musikstil des Rembétiko in seinem Leben und Alltag einnimmt.

Wie hat der Ort deiner Kindheit deine Kunst beeinflusst?
Ich wurde 1964 in Kalamáta geboren. Das Umfeld, in dem ich aufgewachsen bin, hat eine Schlüsselrolle dabei gespielt, dass ich mich später mit Musik befasste. Meine ganze Familie war musikalisch, stimmbegabt und liebte Musik.

Welcher Stil dominiert dein Tun als Musiker?
Ich komponiere nicht, aber ich spiele traditionelle griechische Musik, die sich auf die Rembétiko-Lieder aus der Zeit von 1936 bis zu den volkstümlichen Laïkó-Liedern der 1960er bezieht. Sie wurde geprägt durch griechische Komponisten wie Míkis Theodorákis, Mános

R

REMBÉTIKO, LAÏKO & CO.

Der Stil des **Rembétiko** entstand um 1920 in den unteren Schichten der Handelszentren und Hafenstädte, in denen die Vertriebenen aus dem Osmanischen Reich (der heutigen Türkei) eine neue Heimat fanden. Eine Vielzahl von Themen (Gefängnis, Drogen, Einsamkeit, Liebeskummer) werden textlich aufgegriffen. Das Leitinstrument dieser Musik ist die Bouzoúki (Langhalslaute) – und zwar bis heute.
Die Lieder des **Laïkó** gelten als ländliche Musik, in der Aspekte des menschlichen Lebens (Geburt, Hochzeit, Tod, Krieg) thematisiert werden. Andere Stile heißen *Dimotikó* (entstanden nach dem Zweiten Weltkrieg), *Éntechno* (poetische Lieder, von professionellen Musikern komponiert) und *Skiládiko* (tanzbare Musik mit erotischer Konnotation, in Nachtclubs, den ›Bouzoúkia‹ oder ›Skiládika‹ meist live gespielt).

In den Tavernen gehört Livemusik so fest ins Repertoire wie Wein und Schnaps in die Gläser und etwas zum Snacken auf den Tisch. Hier erzählt der Gitarrist Níkos Livadítis (links).

Hatzidákis, Mános Loísos, Stávros Xarchákos und Ákis Panoú.

Hat die Máni eine für Besucher wahrnehmbare Musikszene?
In Kalamáta gibt es mehrere kleine Szenen. Ich nehme bei den dortigen Musikfestivals als Mitglied lokaler Bands teil. In der Máni spiele ich zwei- bis dreimal wöchentlich, im ›Ellis‹ in Ágios Nikólaos, im ›Krítamo‹ in Kardamíli und in verschiedenen Läden in Stoúpa. Jedes Jahr mache ich beim Jazz Festival in Kardamíli mit – eine tolle Erfahrung: Das Publikum reist aus ganz Europa an! Es ist mir eine große Freunde, so viele professionelle Musiker treffen zu können. Die meisten meiner Zuhörer in der Máni sind Touristen, die die griechischen Lieder und Tänze aber gut kennen!

Deutsche Volksmusik ist kaum erfolgreich. Rembétiko aber strahlt ein starkes Gemeinschaftsgefühl aus.
Es ist erstaunlich, wie ausländische Besucher vom Rembétiko ergriffen werden! Ich persönlich bin in sehr jungem Alter mit dem Stil in Berührung gekommen. Meine Großeltern kamen aus Smyrna (Izmir) und Konstantinopel (Istanbul). Zu jedem Feiertag und bei jedem Familienanlass spielten wir diese Musik. Der Rembétiko basiert auf der Musik ihrer alten Heimat in Kleinasien.

Glaubst du, die griechische Volksmusik hat etwas Weltumspannendes?
Der Rembétiko begeistert durch die Fülle seiner Texte. Er bestimmte, was musikalisch in Griechenland folgte. Auf diese Weise ist er zur universalen Musik der Griechen und zum weltweit anerkannten Musikstil geworden, der bis heute reproduziert wird. Ob traditionell oder modern interpretiert, er hat ein großes Publikum in Europa gewonnen. Spezialisierte Bands gründen sich noch heute, meist sogar unter Beteiligung ausländischer Musiker. Doch die spielen die Stücke absolut glaubwürdig! ■

Von Elisabeth Heinze

Bei vielen der altgriechischen Ruinenstätten werden auch wichtige Funde museal präsentiert. Für den Laien rätselhaft, für den Forscher aber hochinteressant ist diese berühmte Schrifttafel aus der Zeit um 330 v. Chr. in Epidaurus, die über den Bau und die Kosten des Tholos-Tempels im Heiligtum des Asklepios berichtet.

Reise durch Zeit und Raum

Die griechische Nation — nahm auf dem Peloponnes ihren Anfang. Hier entstand das Alphabet, hier begann nach langer osmanischer Besatzung die neugriechische Staatsbildung.

Erste Siedler der Vorzeit

ab 15 000 v. Chr.

Erste Spuren einer menschlichen Besiedlung in Griechenland werden auf ein Alter von 15 000 Jahren geschätzt. Diese Jäger lebten bis ins 6. Jt. v. Chr. (Jungsteinzeit) in der Fránchthi-Höhle und in Lerna. Ab 2600 v. Chr. wandern neue Stämme aus Anatolien ein. Sie bringen Kenntnisse der Bronzeherstellung mit. Zuerst entwickelt sich auf Kreta die minoische Kultur als älteste Hochkultur Europas. Die Siedlungen des Peloponnes stehen noch in ihrem Schatten.

Zum Anschauen: Lerna, S. 191

Mykenische Kultur

1600–1150 v. Chr.

Durch Wissenstransfer zwischen Kreta und dem Peloponnes entstehen, besonders in der Argolis, Königreiche mit Palästen und Burgen. Die Stadt Mykene wird zum Machtzentrum der frühen Griechen, bei Homer Achaier oder Danaier genannt. Sie entwickeln das erste geschriebene Griechisch (Linear B) und die Metallbearbeitung (Waffen), den Burgenbau und die Goldschmiedekunst weiter. Ab 1400 v. Chr. erobern sie Kreta, um 1200 v. Chr. das asiatische Troja und sichern ihren Handelsschiffen freie Zufahrt ins Schwarze Meer. Den Luxus ihrer Fürsten zeigen die 2019 auf dem Aidónia-Gräberfeld entdeckten, vollständig intakten Grabkammern.

Zum Anschauen: Pílos, S. 87; Mykene, S. 206; Museum Archéa Neméa, S. 210

Harte Zeiten

ab 1200 v. Chr.

Warum die mykenischen Paläste verschwinden, bleibt unklar; womöglich war es der Klimawandel. Dürreperioden im östlichen Mittelmeerraum führen zu Hungersnöten, Aufständen, Krieg und Migration (›Seevölkersturm‹ gegen Ägypten). Es folgen die ›Dunklen Jahrhunderte‹ (1150–900 v. Chr.). Die Bevölkerungszahl sinkt; kaum ein Zeugnis – Schreiben scheint vergessen – erhellt diese Epoche. Erst langsam setzt, mit der Einwanderung der Dorer aus dem Norden, eine neue zivilisatorische Entwicklung ein: Aus dem Phönikischen wird das griechische Alphabet entwickelt, Sparta wird das neue Machtzentrum auf dem Peloponnes.

Aufstieg der Stadtstaaten

700–500 v. Chr.

Griechenland ist nicht als Reich oder Staat organisiert, sondern als System konkurrierender Stadtstaaten *(poleis)*. Bald zwingen die Verhältnisse erneut zur Auswanderung: Kolonien werden im Mittelmeer- und Schwarzmeerraum gegründet; der Überseehandel floriert erneut. Die ersten steinernen Tempel und Großskulpturen entstehen. Korinth wird zur (kolonie-)reichen Handelsstadt und berühmt für seine Vasenmalerei, Sparta als Soldatenstaat zur beherrschenden Macht der südlichen Ägäis.

Zum Anschauen: Archäologisches Museum Spárti, S. 127

Der Weg zur Großmacht

ab 490 v. Chr.

Im Krieg gegen das Perserreich (500–479 v. Chr.) stehen noch alle griechischen Städte vereint unter Führung von Athen und Sparta. Anschließend aber führen konkurrierende Großmachtansprüche zum Peloponnesischen Krieg zwischen Athen und Sparta und deren Verbündeten (431–404 v. Chr.). Der 30-jährige Krieg endet mit der Vorherrschaft von Sparta gegenüber Theben und Athen. Doch dann unterwirft das makedonische Königreich unter Philipp II. die zerstrittenen griechischen Stadtstaaten; 337 v. Chr. auch den Peloponnes. Danach, unter Alexander dem Großen, spielt Sparta machtpolitisch keine Rolle mehr, Korinth nur noch als Handelsstadt.

Zum Anschauen: Archéa Kórinthos, S. 216

Hellenistische und römische Zeit

332 v. Chr. bis 395 n. Chr.

Mit Alexanders Reich beginnt die als Hellenismus bezeichnete Epoche der Verschmelzung orientalischer und griechischer Rationalität. Nach seinem Tod 322 zerfällt das Weltreich. Die Griechen auf dem Peloponnes schließen sich zu Bündnissen zusammen (z. B. Achäischer Bund), die jedoch gegen die unbesiegbaren Legionen Roms keine Chance haben. Ab 205 v. Chr. unterwirft Rom ganz Griechenland; 146 v. Chr. wird Korinth zerstört. Danach jedoch übernehmen die Römer griechische Kultur (Philosopie, Kunst, Rhetorik). Die Region erlebt in der römischen Friedenszeit (›Pax Romana‹) ab 27. v. Chr. eine Blütezeit mit prachtvollen Neubauten. Korinth wird Hauptstadt der römischen Provinz Achaea, die das gesamte griechische Kernland umfasst. Athen ist nur noch als Sitz der von Platon gegründeten ›Akademie‹ von Bedeutung.

Zum Anschauen: Olympia, S. 53; Megalópolis, S. 165; Epidaurus, S. 197

Byzantinische Zeit

ab 395

Das Christentum begann in der griechischen Welt: Apostel Paulus besucht 51/52 Korinth, Apostel Andreas stirbt etwa 65 am Kreuz in Pátra. Im 4. Jh., wird es mit der Verlagerung der Reichshauptstadt nach Byzanz/Konstantinopel zur Staatsreligion. Anfang des 5. Jh. zerbricht das Römische Reich im Westen, das oströmische Griechenland findet in Byzanz seine Fortsetzung. In den alten Tempeln werden christliche Basiliken errichtet, die im späten 6. und im 7. Jh. jedoch fast alle durch Erdbeben und Einfälle der aufgrund des Klimawandels aus dem Norden einströmenden Slawen zerstört werden. Im teils blutigen Bilderstreit (726–843) um die Rechtmäßigkeit der Verehrung heiliger Bilder (Ikonen) bildet sich die heutige Bildertheologie. Im 11./12. Jh. blüht der Bau von Kirchen, Klöstern und Burgen.

Zum Anschauen: Kirche Ág. Andréas, Pátra, S. 18; Monemvasiá, S. 139; Kloster Moní Loukoús, S. 170

Fränkische Eroberer

1204–1430

Römisch-katholische Kreuzritter erobern und plündern Konstantinopel und gründen auf dem Peloponnes das Fürstentum Achaia. Venedig errichtet entlang der Küsten mächtige Festungen. Doch die Byzantiner erobern Zug um Zug den Peloponnes zurück, schon 1262 wird Mistrás zum Sitz eines by-

Otto (Othonas) von Bayern war 1832–1862 König von Griechenland.

zantinischen Fürstentums. 1430 endet die Frankenherrschaft, als der spätere byzantinische Kaiser Konstantin XI. Palaiologos die Burg von Pátra besetzt.
Zum Anschauen: Mistrás, S. 131; Geráki, S. 136; Burgen in Náfplio, S. 179

Unter dem Halbmond

1453 bis 19. Jh.

Die Osmanen erobern Konstantinopel, Byzanz ist passé. Bis 1460 nehmen sie den Peloponnes, 1500 die Festungen Koróni und Methóni ein. Einzig Monemvasiá untersteht noch Venedig. Der Anteil der Muslime steigt, auch durch die Konversion einheimischer Christen im 17. Jh. Die Existenz der orthodoxen Kirche greifen die Osmanen nicht an, erst recht nicht die jüdischen Gemeinden, die in Korinth bis in die Antike zurückreichen. Das Ringen um die Vormachtstellung geht weiter: 1686 besetzen die Venezianer Teile des Peloponnes, Náfplio wird Hauptstadt. Doch 1715 fällt die Halbinsel wieder in osmanische Hand.
Zum Anschauen: Koróni, S. 82; Methóni, S. 86; Moscheen in Náfplio, S. 181

Die nationale Erhebung beginnt

1821–1830

Auf dem Peloponnes beginnt die nationale Befreiungsbewegung: Herren großer Landgüter begehren auf und bewaffnen ihre Handelsflotte. Als Startsignal für den Freiheitskampf gilt die Segnung (der Fahne) durch den Erzbischof Germanós von Pátra im Kloster Agía Lávra – das Kreuz ist das Symbol des Aufstands. Um den 25. März 1821 (heute Nationalfeiertag) beginnt der Aufstand. 1822 bezeichnet sich die Guerilla in der Revolutionsverfassung selbst als Hellenen. Im Kampf – für die Aufständischen ein Glaubenskrieg zwischen Christen und Muslimen – fließt viel Blut: In Trípoli werden Muslime Opfer eines Massakers, in Pátra wird der Bischof gehängt. In der Seeschlacht von Navaríno vernichten 1827 Engländer, Franzosen und Russen die osmanische Flotte entscheidend. Ein Jahr später wird Náfplio Sitz der ersten griechischen Regierung. 1830 erkennen die Osmanen die Unabhängigkeit Griechenlands an.
Zum Anschauen: Kloster Agía Lávra, S. 35; Pílos, S. 87; Náfplio, S. 179

Neugriechisches Königreich

Ab 1828

Erster Staatspräsident wird 1828 Ioánnis Kapodístrias, ein Diplomat in russischen Diensten aus italienischer Familie. Nach seiner Ermordung (wg. ›ungriechischer‹ Gründlichkeit) setzen die Großmächte ab 1832 den bayerischen Prinzen Otto als ersten König von Griechenland ein. Náfplio bleibt Hauptstadt bis 1834, erst dann wird sie nach Athen verlegt. Unter Ottos Herrschaft kommen viele Bayern (Beamte, Architekten und Handwerker) ins Land. Der Widerstand gegen seine bürokratische Herrschaft zwingt auch ihn 1862/63 zum Rücktritt. Sein Nachfolger, Georg I. aus Dänemark, plant Modernisierungen wie den Kanal von Korinth, der seit 1893 den Seeweg um 325 km verkürzt. Griechenland ist wirtschaftlich vor allem von England abhängig. Die Arbeitslosigkeit ist hoch, die Auswanderung nach Kanada, Australien und USA beginnt. Das Interesse an den Olympischen Spielen entflammt wieder, die ersten Spiele der Neuzeit finden 1896 in Athen statt.

Zum Anschauen: Weingut Achaia Clauss in Pátra, S. 22; Haus Armansperg und Kriegsmuseum in Náfplio, S. 184; Kanal von Korinth, S. 222

Expansion und Katastrophe

ab 1912

Dem Kreter Elefthérios Venizélos, von Georg I. zum Ministerpräsidenten berufen, schwebt eine Ausdehnung des Staatsgebiets in seiner antiken Form vor. 1912/13 werden Kreta und der Norden als Ergebnis der Balkankriege in den neuen Staat eingegliedert. 1917 tritt man an der Seite Englands in den Ersten Weltkrieg ein. Griechenlands Versuch, 1921/22 die von Griechen bewohnten Küsten Kleinasiens zu erobern, endet in einer Katastrophe, die 1923 zu einem ›Bevölkerungstausch‹ führt: Etwa 1,5 Mio. Griechen verlassen die Türkei, etwa 0,5 Mio. Türken Griechenland. Im Agrarstaat Griechenland führen die Weltwirtschaftskrise und die hohe Zahl der Flüchtlinge zu einer prekären Lage. 1935/36 übernimmt General Ioánnis Metaxás das Amt des Ministerpräsidenten und errichtet eine Diktatur.

Kampf gegen deutsche Besatzung

1940–1944

Am 28. Oktober 1940 erklärt Italien Griechenland den Krieg, Metaxás antwortet auf Italiens Aufforderung zur Kapitulation ganz undiplomatisch nur mit dem Wort ›Nein‹ (gr. *óchi*). Heute ist dieser Tag Nationalfeiertag. Als Italien zu verlieren droht, greift die Wehrmacht ein. Deutsche Truppen besetzen den Peloponnes. Nach der Kapitulation Italiens als Folge der Invasion der Alliierten 1943 bereiten royalistische und kommunistische Partisanen den Besatzern Probleme, die diese mit brutalsten Repressalien beantworten. Die griechischen Juden werden in Vernichtungslager transportiert.

Ein Jubelbild der NS-Propaganda: Soldaten der deutschen Wehrmacht durchqueren den Kanal von Korinth, aufgenommen im Juni 1941.

Zum Anschauen: Kalávrita, S. 32

Griechenland nach dem Krieg

1946–1975

Den linken Partisanen, die eine neue Monarchie verhindern wollen, entziehen die Briten ihre Unterstützung. Der folgende Bürgerkrieg (1946–49) entscheidet sich zugunsten der konstitutionellen Monarchie. 1952 folgt der Beitritt zur NATO, die USA bilden die neue Schutzmacht. Um den erwarteten Wahlsieg der Linken abzuwenden, führt ein Militärputsch 1967 zu einer von der NATO unterstützten Diktatur. Viele Griechen flüchten ins Ausland. Dagegen nehmen ausländische Investitionen zu; der Tourismus beginnt zu boomen. 1974 bricht die Diktatur zusammen, als ein von der regierenden Junta initiierter Putsch auf Zypern scheitert und ein Krieg gegen die Türkei droht. 1974 gewinnt die konservative Nea Dimokratia (ND) die ersten freien Wahlen; ein Jahr später wird durch Volksabstimmung die Monarchie abgeschafft.

Der Weg mit Europa

1981–2002

Der Wahlsieg der sozialdemokratischen PASOK und der Beitritt zur EU (damals EG) 1981 verändert Griechenland tiefgreifend. Frau und Mann werden rechtlich gleichgestellt, Strukturfördermittel fließen, der Lebensstandard steigt. Gleichzeitig werden lukrative Markenfirmen aufgekauft, Kleinproduzenten vom Markt gefegt. Nach der Wende in Osteuropa 1989 wandern Menschen aus Albanien, Bulgarien, der Ukraine sowie Russlandgriechen ein. Ende der 1990er wird durch Einsparungen und Privatisierungen Wirtschaftswachstum vorgetäuscht (wie sich später herausstellt) – so gelingt 2002 der Beitritt zur Euro-Währungsunion.

Zum Anschauen:
Trikoúpis-Brücke bei Pátra, S. 22

Griechenland in der Krise

2002–2022

Das bereits überschuldete Griechenland richtet 2004 die kostenintensiven Olympischen Spiele aus – damit ist der Ruin besiegelt. Gleichzeitig beginnt ab 2007 eine Dekade schwerer, durch den Klimawandel bedingter Waldbrände, auf dem Peloponnes in den Provinzen Ílis und Achaía. Trotz hoher Touristenzahlen muss die PASOK-Regierung 2009 die jahrelang verschleierte Misswirtschaft öffentlich machen und löst dadurch eine europäische Finanzkrise aus. Das bankrotte Griechenland wird zu rigorosen Sparmaßnahmen verpflichtet. 2015 übernimmt die Linkspartei SYRIZA die Regierung, wird von der EU jedoch zu harten sozialen Einschnitten gezwungen.

Obwohl SYRIZA für Griechenland neue Kreditwürdigkeit ›erspart‹ hat – und wesentlichen Nationalbesitz wie den Hafen Piräus (an Chinesen) oder Flughäfen (an Deutsche) verkauft oder verpachtet –, verliert sie die Wahl; die ND übernimmt 2019. Griechenland wird wie schon 2015 zum Anlaufpunkt für Geflüchtete. Das treibt immer mehr Griechen zu Rechtspopulisten. Zudem trifft die Corona-Krise den Tourismus hart.

Neue Hoffnungen, neue Krisen

seit 2023

Nach der Coronapandemie folgt ein regelrechter Reiseboom, mit Rekordeinnahmen von bis zu 17,9 Mrd. € (2023). Nur langsam wird der Schuldenberg unter Kyriákos Mitsotákis (ND) abgebaut. Seine Partei gewinnt trotz starker Kritik (u. a. am Abhörskandal seit 2022 gegen Oppositionelle und Journalisten) die Parlamentswahl 2023; die Linkspartei SYRIZA hat sich zuvor zerlegt und verliert sowohl Wähler als auch Parteimitglieder.

2023 ist von Katastrophen geprägt: Bei einem Zugunglück in Tempi kommen 57 Menschen ums Leben – als Hintergründe über die marode Infrastruktur und erhebliche Sicherheitsmängel trotz finanzieller Ressourcen ans Tageslicht kommen, sorgt dies für Aufruhr in der Bevölkerung. Vor Pílos macht ein Schiffsunglück einmal mehr auf die missliche Lage der Migranten aufmerksam: Über 600 Menschen sterben, als der überladene Fischkutter kentert, was bei rechtzeitiger Rettung durch die Behörden wohl hätte verhindert werden können. Nach großen Bränden im Sommer folgen sintflutartige Überschwemmungen, die in Mittelgriechenland die landwirtschaftliche Produktion für die nächsten Jahre verunmöglicht sowie 17 Menschen- und über 200 000 Tierleben kostet.

Zum Anschauen:
Öl-Kooperative in Stérna, S. 95

Von Elisabeth Heinze

Ein himmlisches Kabinett

In der Kirche im messenischen Dorf Séllas wird die Ikone des Hl. Nikítas (Ágios Nikítas) anlässlich des Panigíri-Festes am 15. September geschmückt.

Volksfrömmigkeit und orthodoxer Glaube — spielen auch im Alltag noch eine bedeutende Rolle. Nach Überzeugung vieler Hellenen kann eine Heerschar von Heiligen ins Leben der Menschen eingreifen.

Die Zeichen der Volksfrömmigkeit sind auf dem Peloponnes allgegenwärtig. In Taxis, Bussen und Bahnen bekreuzigen sich viele Menschen, wenn eine Kirche oder eine Kapelle passiert wird. Neue Geschäfte, Restaurants und sogar Clubs werden von Priestern in feierlicher Zeremonie gesegnet, damit sie von Erfolg gekrönt sind. Nicht nur in Privathäusern, auch in Tavernen, Banken und Bussen, an Hotelrezeptionen und in Supermärkten hängen Ikonen, die heiligen Bilder der Ostkirche. Sie fehlen auch auf keinem Fischerboot und keiner Fähre – sie sind schlicht omnipräsent.

Der Himmel auf Erden

Und natürlich sind die orthodoxen Kirchen vollständig mit heiligen Bildern ausgemalt. Zu sehen sind Christus, Maria, alttestamentarische Propheten sowie zahlreiche Heilige. Hinzu kommen Darstellungen von neu- und (seltener) alttestamentarischen Szenen wie die Erschaffung der Welt sowie Heiligenviten. Sie alle dienen nicht als Schmuck, sondern holen den Himmel auf die Erde. In diesen Bildern sind die Heiligen auf mystische Weise spirituell präsent: Nehmen am Gottesdienst teil und sind durch Gebete ansprechbar, können mit Votivtäfelchen, Schmuck und Uhren beschenkt werden. Solche Dankesgaben hängen daher oft an wundertätigen Ikonen.

Die Bilderwände in den Kirchen – im Westen Ikonostasen, in Griechenland *témplon* genannt – empfindet man daher auch nicht als Trennwand zwischen Altarraum und der Gemeinde, sondern als Brücke: Die dort angebrachten Ikonen leiten sichtbar in die unsichtbare wahrhaftige Welt über, von der die für uns erfahrbare Welt nur einen winzigen Ausschnitt darstellt. Da der Heilige in seiner Ikone stets gegenwärtig ist, wird diese im Rahmen von Prozessionen über die Felder, durch Gassen, Olivenhaine und Weingärten getragen, um die Welt zu segnen.

Auch die szenischen Darstellungen des Heilsgeschehens sind keinesfalls als ›Armenbibel‹ für Analphabeten zu verstehen. Sie vergegenwärtigen vielmehr ewige Wahrheiten, keine historischen Ereignisse. Bei der Darstellung der Genesis zum Beispiel ist es nicht wichtig, dass Gott einmal die Welt geschaffen hat, sondern dass Mensch und Tier alle seine Geschöpfe sind. Im Hinblick auf die Geburt Jesu Christi ist nicht dieses einmalige Ereignis bedeutend, sondern der Umstand, dass der Mensch durch seine Geburt vom Tod erlöst wurde. Deswegen findet sie auch nicht sozialromantisch in einem Stall statt, sondern in einer dunklen Höhle als Symbol des Todes.

Die Auferstehung Jesu wird in der Ostkirche in Form seiner Höllenfahrt gezeigt, bei der er Adam und Eva stellvertretend für die ganze Menschheit aus den Gräbern steigen lässt: Wichtig ist nicht, dass Jesus auf wundersame Weise auferstanden ist, sondern dass er damit den Menschen ein immerwährendes Versprechen aufs ewige Leben gibt.

W

ZUM WEITERLESEN

Die beste kurzgefasste Darstellung zum Verständnis der Ikonen in der Ostkirche hat der evangelische Theologieprofessor und Ikonenmaler Helmut Fischer geschrieben. Es ist als Insel-Taschenbuch unter dem Titel »Die Welt der Ikonen« erschienen.

Grenzen aufheben

Auch der Gottesdienst wird anders als im Westen begangen: Er dauert meist zwei bis drei Stunden, doch kaum ein Besucher bleibt die ganze Zeit. Es herrscht ein reges Kommen und Gehen. Priester und Diakone zelebrieren die Liturgie zusammen mit den *psáltes,* die für den Sprechgesang zuständig sind. Die Gemeinde schweigt, murmelt allenfalls ein Amen.

Eine Kanzel ist zwar vorhanden, wird aber bestenfalls von Bischöfen für kurze Ansprachen genutzt. Der Gottesdienst gilt schließlich nicht der Belehrung der Gemeinde. Er ist vielmehr ein Vorgriff auf die himmlische Liturgie, die in Gottes Reich unentwegt zu seinem Lobe zelebriert wird. In der Kirche hat der Mensch Anteil an diesem himmlischen Geschehen, zumal seine prominenten Heiligen in Gestalt ihrer Ikonen ja ebenfalls anwesend sind.

Das richtige Kreuz

Während des Gottesdienstes bekreuzigen sich die Gläubigen immer wieder. Dabei sind Daumen, Zeige- und Mittelfinger ausgestreckt, Ring- und kleiner Finger hingegen angelegt. Dies gilt als Bekenntnis zur Dreifaltigkeit und als Anerkennung des Dogmas der beiden Naturen Christi, also der menschlichen und göttlichen zugleich. In frühchristlicher Zeit war das infrage gestellt worden. Die richtige Art, das Kreuz zu schlagen, bekräftigt also die Rechtgläubigkeit.

Die Katholiken hingegen halten alle fünf Finger gleich: Nach Meinung der Orthodoxie nehmen sie den vierten Finger für Maria und den fünften für den Papst, stellen diese beiden also auf eine Stufe mit der Dreifaltigkeit – für den orthodoxen Glauben eine Häresie.

Auch in den noch so verlassenen Dörfern der Máni sind in den kleinen Kapellen stets zahlreiche Ikonen als ›Direktschalte zum Himmel‹ versammelt.

Ressortverteilung in Gottes Kabinett
Wünsche an die Heiligen äußert man nicht während der Liturgie, sondern direkt vor seiner Ikone – allein oder mit Assistenz eines Priesters. Dabei ist es wichtig, zu wissen, welcher Heilige wofür zuständig ist. Maria, die in der Orthodoxie als Panagía (Allheilige) und Mitéra Theotókos (Gottesmutter) bezeichnet wird, kann man um alles bitten, nicht nur um reichen Kindersegen.

Die anderen Heiligen haben gewissermaßen als Minister Gottes ihre speziellen Aufgabenbereiche. So ist die hl. Markélla für Bein- und Hüftleiden zuständig, die hl. Paraskeví für Augenkrankheiten, der hl. Mámas für Hirten und ihre Herden, der hl. Nikólaos für Kinder und Seereisende.

Der bedeutendste Heilige der Gegenwart ist der hl. Rafaíl von der Insel Lesbos, der 1463 den Märtyrertod starb. Seine Gebeine wurden 1959 entdeckt, heute ist seine Ikone in vielen griechischen Kirchen zu finden. Denn er hat ein Ressort besetzt, das es bis dahin nicht gab: Er hilft vor allem gegen Krebs. ■

Von Klaus Bötig

DIE ORTHODOXE KIRCHE – WAS IST ANDERS?

O

Griechen zahlen keine Kirchensteuer, die Kirche wird vom Staat und aus eigenem Grundbesitz finanziert. In orthodoxen Kirchen fehlen Statuen, Beichtstühle, Orgeln und Weihwasserbecken. Der Papst wird nicht als Oberhaupt anerkannt. Frauen sind weder als Priester noch als Ministranten zugelassen. Priester dürfen vor der Priesterweihe heiraten, können dann aber keine Karriere machen, z. B. nicht Bischof werden. Bei der Taufe wird der Körper des Täuflings untergetaucht. Ehescheidung und zweimalige Wiederverheiratung sind zulässig.

Raus aus dem Schatten

Zu Besuch im Lysos Garden — Bei Kalamáta erlernen junge Menschen mit Behinderung, etwa 30 an der Zahl, den Beruf des Gärtnergehilfen.

Die Ausbildungsstätte im tiefen Süden des Peloponnes wurde 2016 von Eva Lang und Waltraud Sperlich ins Leben gerufen. Eigentlich vertreiben die beiden Auslandsdeutschen im Eigenverlag Bücher über Archäologie. Sensibilisiert durch die Erfahrungen von Langs Sohn, der in Deutschland in einer betreuten Einrichtung lebt und arbeitet, konkret animiert durch eine wohltätige Spende, haben sie in den Zeiten grassierender Arbeitslosigkeit ihr intellektuelles Engagement zeitweilig aufs Eis gelegt, um praktische Hilfe zu leisten.

Gärtnern von A bis Z: Zusammen mit der Betreuerin Eleftheria streuen die Schüler Wintersamen ins Hochbeet.

Kleine, große Schritte

»Der Garten ist mein liebster Ort«, erzählt der 21-jährige Jánnis Chatzojánnis begeistert. »Wir pflanzen biologisch an und verkaufen unsere Produkte dann auf dem Wochenmarkt. Mit den Erlösen können wir einen Ausflug machen.« Ein paar Schritte entfernt, auf dem weiten, 6000 m² großen Gelände inmitten der Stadt beugen sich Eleftheria und ihre Schüler über ein Hochbeet. »So verteilt ihr den Samen«, sagt und zeigt sie gleichzeitig. Behutsam verstreut Stavroúla, so wie es die Lehrerin vorgemacht hat, die kleinen Kügelchen. Die Samen der Wintersalate landen in den vorgezogenen Bahnen.

»Was den Menschen fehlt, ist eine Perspektive«, meint Eva Lang. Das gilt umso mehr für Menschen mit bestimmten Leiden, denn »die ersten Opfer der Krise waren die jungen Menschen, ganz zu schweigen von denen mit Behinderungen«. Zwar haben sie ab dem 22. Lebensjahr die Möglichkeit, Tagesbetreuungszentren zu besuchen, doch eine berufliche Ausbildung ist darin nicht angelegt. Nur etwa 5 % der Menschen mit gesundheitlicher Beeinträchtigung werden an den Universitäten zugelassen. Viele schieben daher den Schulabschluss künstlich auf, um irgendwie beschäftigt zu sein, weiß Waltraud Sperlich.

Immer nur drinnen, nie raus aus dem Haus

Laut Statistik leben fast 1 Mio. Menschen mit Behinderung in Griechenland. Das macht 9,3 % der Bevölkerung aus. In der Öffentlichkeit sind sie selten anzutreffen, denn die meisten verbringen ihr Leben in geschlossenen Pflegeheimen oder mit der Familie. Wer interessiert sich schon für ihr Dasein, ohne familiär selbst involviert zu sein? Sie sind »von Gott und den Menschen vergessen«, so drastisch formulierte es Ioánnis Vardakastánis, Direktor des Nationalverbands der Menschen mit Behinderung (NCDP), bei einer Demonstration vor dem griechischen Parlament 2015. Dass sich ihre Lage mit der Schuldenkrise nicht noch verschlechtert hat, ist für ihn das Verdienst der Behindertenbewegung.

Die UN-Behindertenrechtskonvention wurde 2012 von Griechenland ratifiziert, auf deren Umsetzung setzt Vardakastánis große Stücke. Darin ist das Recht auf Bildung festgehalten, niemand soll benachteiligt werden. Ferner wurde 2017 ein Gesetz beschlossen, das den Zugang zu Gebäuden erleichtern und Inklusion nicht nur auf materieller Ebene, sondern durch den Einbezug von Menschen mit Behinderungen in öffentlichen Gremien voranbringen will.

Erste Absolventen, erste Anstellung

Der Lysos Garden in Kalamáta liefert mithin eine alternative Aussicht – und dass trotz hoher Jugendarbeitslosigkeit im Land und den besonderen Hürden für Menschen mit Behinderung auf dem Arbeitsmarkt anzukommen. Seit Juni 2019 beenden jedes Jahr zwölf bis 15 Lehrlinge ihre dreijährige Ausbildung. Absolventen wie Jánnis und Stavroúla können nun tatsächlich selbst etwas Geld verdienen. So ist auf dem Land des Bio-Ölproduzenten Bläuel auf einer Fläche von 30 000 m^2 eine professionelle Gärtnerei entstanden, in der einheimische Kräuter angebaut werden. Im eigens initiierten Kräutergarten werden die Lysos-Absolventen weiterbeschäftigt. »Die Kräuter werden dem Käse und den Oliven der Firma Bläuel beigefügt«, sagt Waltraud Sperlich, die von der Zusammenarbeit im Taígetos-Gebirge schwärmt. Auch Oregano und Salbei, die Lysos Namen tragen, sind im Shop von »Mani« zu erwerben.

Lange Warteliste

Neben Agrarwissenschaftlern und Fahrern werden die Schüler durch Psychologin Sandy begleitet. Die Initiative finanziert sich und seine derzeit neun Angestellten über private und institutionelle Spenden. Zum Beispiel sind eine Liechtensteiner Stiftung und der Hamburger Verein Elliniko finanziell engagiert – dennoch kein leichtes Unterfangen. Die Bemühungen um eine gesicherte Finanzierung, besonders vonseiten des Staates, laufen weiter. Vor Ort und auf dem Kontinent vernetzt ist die Lehrgärtnerei allemal: Die benachbarte Sondergrundschule wurde beispielsweise botanisch verschönert, indem Beete angelegt und Bäume gepflanzt wurden. Lebendig ist der Austausch über die Soziale Landwirtschaft mit dem Aktionszentrum in Benediktbeuern, sodass Studienreisen nach Bayern unternommen werden konnten.

Nicht nur weil die Arbeit als Gartengehilfe sozusagen sichtbar Früchte trägt, sondern, mehr noch, ein aktives und sinnstiftendes Dasein ermöglicht, wird die Warteliste auf die Ausbildungsplätze – 90 derzeit – bei Lysos Garten immer länger. Hier wird den jungen Menschen mit Behinderung ein Weg aus der Randständigkeit geboten und das ist in Griechenland einzigartig.

Adresse: Kalamáta, Lakonikís 87, lysos.gr, Besuch möglich nach Anmeldung: T +30 69 72 77 58 70. ■

Von Elisabeth Heinze

Omas Rezepte bleiben beliebt

In der Taverne Marianthi in Monemvasiá kocht die Chefin Magda selbst – natürlich nach den Rezepten ihrer Oma.

Gyros, Grillfleisch, Pommes — das soll griechisches Essen sein? »Völlig falsch«, erklärt die Köchin Danái Bílli. Und gibt sogleich eine Einführung in die wahren kulinarischen Schätze des heutigen Griechenlands.

Begeisterung und Bewusstsein spricht aus den Worten der 27-Jährigen, die derzeit in Athener Restaurants kocht: »Die griechische Küche schuf ihre eigene Identität, indem sie regionale Produkte und die anderer Kulturen kombinierte. Wir Griechen waren eben schon immer sehr multikulturell veranlagt!«

Wie alle mediterranen Küchen besteht sie aus einer großen Auswahl an Gemüse, Hülsenfrüchten, Getreide, Meeresfrüchten, Fisch, Fleisch, Käse, Weinen und vielem mehr. Aufgrund seiner Geschichte und geografischen Lage hat Griechenland verschiedene Geschmacksrichtungen aufgegriffen und übernommen. Nach fast fünf Jahrhunderten osmanischer Herrschaft sind besonders die orientalischen, aber auch italienische Spuren erkennbar.

Neue Trends, jung und experimentell

Während die griechische Diaspora im Ausland bestenfalls mit Schmorgerichten wie *soutsoukákia* oder *giouvétsi* gegen das Image trockener Souvláki-Spieße und versalzener *patátes* ankocht, haben sich derweil in Hellas ganz neue Gastro-Trends entwickelt, sagt Bílli. Bunte Kafenía werden von jungen Leuten, auch im Kollektiv, betrieben: halb Kaffeehaus, halb Mezedopolío oder Bar obendrauf, durch Veranstaltungen und Publikationen oft sozial engagiert.

Der erstaunliche Stilmix überzeugt nicht nur, was die äußere Erscheinung der Lokalität angeht, sondern auch beim Blick in die Speisekarte: Betagte Gerichte werden mit Rezepten aus der ganzen Welt variiert und aufgepeppt. »Die neue griechische Küche basiert auf der traditionellen, aber ist einfach viel reicher. Sie mag Einflüsse aus Skandinavien bis nach Asien haben, aber ich glaube, sie behält ihre Authentizität«, meint Bílli.

So kann man Vorspeisen wie einen herzhaften Cheesecake, bestehend aus Schwarzbrotkrümelboden, selbst gemachtem Fetafrischkäse und Topping aus Tomatenmarmelade, oder neue Kreationen wie Rote Bete, abgemischt mit Manoúri-Käse, Walnüssen und Kürbiskern-Öldressing finden. Bestimmte einheimische und doch irgendwie ›exotische‹ Zutaten wie Sepia-Tinte, Rosapfeffer und Trüffelöl haben mittlerweile die Speisekarten zahlreicher Restaurants erobert.

Doch Bílli warnt. Es besteht fast die Gefahr, dass diese geschmacklichen Kicks überbeansprucht werden. Sie passen einfach nicht überall. Letztlich trage die fachliche Technik zum Geschmacksergebnis bei, betont sie.

Einerseits ist nicht alles kombinierbar – es bedarf einer klaren Kante, welche Geschmacksrichtung letztlich hervorstechen soll. Andererseits müssen die Küchenutensilien stimmen – es bedarf einer Entscheidung, in welcher Form die Zutat hinzugefügt werden soll.

Regionale Produkte, regionale Rezepte

Der neue Trend bringt bestimmte Spezialitäten wie Käse, Liköre, Gemüsesorten, Kräuter und essbare Blüten, Gewürze und getrocknete Früchte verstärkt in die Öffentlichkeit. Viele Lokalitäten beziehen – und das hat während der Krise deutlich zugenommen – ihre Waren von regionalen Kleinproduzenten. Gleichsam als Solidarität mit den Nachbarn. »Die Köche finden regional alles, sie müssen nicht in die Supermärkte!«, meint Bílli, die ihr Diplom an einer französischen Kochschule ablegte. Griechische Rezepte erlernte sie teils von der Mutter, teils bei Familien von Freunden. Denn noch immer gehen Omas Rezepte von Hand zu Hand. Die junge Köchin hofft, dass sich das nicht ändern wird.

Zum einen gibt es in Griechenland – wo die geschmackliche Differenz zwischen dem Norden, an der Grenze zum Balkan und der Türkei, und dem Süden, mit der Nähe zu Italien, deutlich erkennbar ist – noch immer wenig bereiste Regionen, die an überlieferten Rezepturen festhalten. So wie auch einige peloponnesische Bergdörfer (die in diesem Band erwähnt werden), in denen traditionelle Gerichte mit regional hergestellten Zutaten einen Tick anders zubereitet werden. Im Reiz des Reisens und Probierens bieten sich Chancen, Neues zu entdecken und gleichsam Altes zu bewahren.

Zum anderen haben auch die Menschen, die sich mehr und mehr für neue Geschmacksrichtungen begeistern, ihre Wurzeln nicht vergessen, findet Bílli. »Jeder, der ein Original- oder Spezialrezept

Stets entfalten frische Kräuter ihr Aroma in der traditionellen Küche des Peloponnes, auch bei vegetarischen und beliebten Snacks wie gegrilltem Halloumi auf Pítabrot.

von seiner Oma oder einer alten Dame hat, ist stolz darauf, es zu teilen.«

Mehr Reality-Show als Kochkurs

Jedoch: »Wie in der Musik entwickelt die Welt sich auch beim Kochen weiter«, sagt die Kochkünstlerin. Fernsehen und Globalisierung leisten dabei ihren Beitrag. Als nachhaltiger Trendsetter kann die TV-Sendung ›Masterchef‹, in Griechenland nicht Teil des Pay-TV und so einem breitem Publikum zugänglich, bezeichnet werden. »Als die Sendung nach Griechenland kam, wollten alle plötzlich direkt Küchenchef werden«, erinnert sich Bílli. Doch eine professionelle Küche hat nichts mit jener zu tun, die bei ›Masterchef‹ – eher eine Reality-Show – dargestellt wird, findet Bílli.

Die Globalisierung nutzen

Dass die Regionalküche durch die Globalisierung verkümmern könnte, hält die Nachwuchsköchin daher für unwahrscheinlich. Sie erinnert sich aber an die Aufregung im Lande, als erste chinesische und mexikanische Restaurants eröffneten. Zwar könne sie sich keinen Gast vorstellen, der die Lieder der Rembétiko-Legende Márkos Vamvakáris mitsingt und »einen Teller Sushi vor sich hat«. Dennoch begreift Bílli gastronomische Vielfalt als Gewinn: »Ich kann heute *giouvarlákia* (Fleischklößchen mit Reis) und morgen indisch kochen. Meine Auswahl hat einfach zugenommen.«

Dennoch lieben die Griechen – Verallgemeinerung ist hier angebracht – ihre ureigene Küchentradition und vor allem das dazugehörige Kulturpaket: stundenlang gemeinsam mit der Clique, der *paréa,* üppig essen, ordentlich trinken, Musik hören und oftmals dazu tanzen. Deswegen ist die Ära der traditionellen Taverna und Bouzoukia längst nicht vorbei. »Sicher sind die Dinge nicht mehr so wie sie waren«, resümiert Bílli, »aber sie existieren noch in den Dörfern«. Die Kafenía haben vielleicht nur eine kleine Speisekarte, »doch die wenigen Gerichte sind genau das, was sie sein sollten: lecker, einfach und mit Liebe gemacht.« ■

Von Elisabeth Heinze

S

REGIONALE SPEZIALITÄTEN

Wollen Sie mal etwas Neues probieren? Dann bietet Ihnen der Peloponnes Speisen, die Sie daheim selten finden. Ein Patent (AOP) hat die Region auf den berühmten Käse *féta,* der im Original aus Schafs- und Ziegenmilch hergestellt wird. Es gibt auch reinen Ziegenféta, den *gídini* oder *katsikisía féta,* der aber offiziell nicht Feta genannt werden darf. Allerlei Früchte und unreif geerntete Walnüsse werden in Zuckersirup eingelegt *(gliká tou kotalioú).* Nudeln *(simariká)* kann man in unterschiedlichen Geschmacksrichtungen handgearbeitet kaufen. Das *pastó* ist in Salz und Fett eingelegtes, getrocknetes Schweinefleisch (ähnlich wie *kavourmás*, sautiertes Fleisch, das gebraten serviert wird). Die Schweinssülze *piktí* wird wie auch in Essig eingelegte Kapernzweige *(káppari)* in Gläsern verkauft. Eine Beute auf dem Eroberungszug ist auch der würzige Meerfenchel *(krítamo),* der gern in eingelegter Form als Garnitur bei ausgefallenen Salaten verwendet wird. Im Sommer wird *gournopóula,* also Spanferkel, gegrillt. Ein milder Weichkäse aus Molke von Schaf und Ziege ist der *myzíthra*, in der Konsistenz ähnlich wie der italienische Ricotta.

Tatort Peloponnes

Drama, Mord und Heldentaten — der Peloponnes ist seit mythologischen Zeiten der Platz blutiger ›Krimis‹. Im antiken Theater von Epidaurus werden die immerwährenden Tragödien des menschlichen Lebens wieder lebendig.

Wenn im Hochsommer Tragödien der griechischen Dramatiker des 5. Jh. v. Chr. im antiken Theater von Epidaurus unter freiem Himmel aufgeführt werden, kehren die ewigen Protagonisten leidvoller Verstrickung an ihren Ursprungsort zurück. Das Zirpen der Zikaden begleitet Handlungen, die tief im Sagenkreis der mykenischen Kultur wurzeln.

Herakles' Heldentaten

Der beliebteste Heros der alten Griechen war Herakles, den die Römer Hercules nannten und dessen Name neugriechisch Iraklís lautet. Herakles war ein Sohn des Zeus und der Alkmene. Nach dem Willen des Vaters sollte er Herrscher über Mykene werden, doch dessen eifersüchtige Gattin Hera bewirkte, dass der schwächliche Eurystheus den Thron bestieg. Herakles musste ihm dienen und zwölf scheinbar unlösbare Aufträge erfüllen. Die ersten sechs waren auf dem Peloponnes zu vollbringen.

Die erste Aufgabe führte Herakles nach Nemea (s. S. 209), wo er den Nemeischen Löwen mit bloßen Händen erwürgte. In Lerna (s. S. 191) tötete er die neunköpfige Hydra, indem er die enthaupteten Hälse ausbrannte, damit sie nicht nachwachsen konnten. Dann gelang es ihm, zwei Ungeheuer lebend einzufangen: die Kerynitische Hirschkuh am Fluss Ládonas in Arkadien und den wilden Erymantischen Eber im Erimánthos-Gebirge (s. S. 29) bei Pátra. Am Stymphalischen See (s. S. 211) erlegte Herakles dann die menschenfressenden Stymphalischen Vögel, um schließlich in Elis (s. S. 49) die Ställe des Königs Augias an einem einzigen Tag zu reinigen. Dies gelang, indem er die Flüsse Alfiós und Kladéos, die bis heute durch Olympia (s. S. 53) fließen, in die Ställe umleitete.

Von den erhaltenen antiken griechischen Tragödien widmet sich nur eine jenem Helden, der den Peloponnes erst für den Menschen bewohnbar machte, indem er ihn von seinen urzeitlichen Ungeheuern erlöste: ›Die Trachinierinnen‹ von Sophokles.

Mörderisches Mykene

Gleich acht erhaltene Tragödien aller drei großen Dramatiker beschäftigen sich hingegen mit sagenhaften Ereignissen im mykenischen Königshaus. Die Dramen ›Agamemnon‹, ›Die Totenspende‹ (engl.: ›The Libation Bearers‹) und ›Die

Eumeniden‹ des Aischylos bilden zusammen die Orestie-Trilogie. Sophokles und Euripides haben je eine Tragödie unter dem Titel ›Elektra‹ verfasst; die Tragödie des Aischylos zum gleichen Thema trägt den Titel ›Choephoroi‹. Von Euripides blieben zudem die Werke ›Iphigenie bei den Taurern‹ und ›Iphigenie in Aulis‹ erhalten.

Die schicksalhaften Ereignisse, die den Stoff für diese Tragödien liefern, sind alle auf einen Fluch des Pelops zurückzuführen, jenes Helden, der dem Peloponnes seinen Namen gab (s. S. 59) und der in Elis als König residierte. Sein Sohn Atreus ermordete zusammen mit seinem Bruder Thyestes den gemeinsamen Stiefbruder Chrysippos, den Lieblingssohn des Pelops. Dieser verfluchte seine Söhne und verbannte sie in die Argolis, wo Atreus König in Mykene wurde, nachdem er seinen Bruder Thyestes aus dem Land gejagt hatte.

Später lud er Thyestes samt dessen Kindern zu einem angeblichen Versöhnungsmahl ein, tötete die Kinder jedoch und setzte sie seinem Bruder als Mahlzeit vor. Dieser verfluchte Atreus daraufhin und sann auf Rache. Ein Orakel riet ihm, mit seiner Tochter Pelopeia einen Sohn zu zeugen, der ihn rächen würde. Dieser Sohn, Aigisthos, erschlug nach weiteren Verwicklungen Atreus. So wurde Thyestes König in Mykene.

Doch dann eroberte Agamemnon, ein Sohn des Atreus, den Thron zurück. Er heiratete Klytaimnestra und zeugte mit ihr vier Kinder, darunter die Mädchen Elektra und Iphigenie sowie den Sohn Orest. Als ein gewisser Paris die schöne Helena, Frau des Agamemnon-Bruders Menelaos, nach Troja entführte, rief Agamemnon zum Trojanischen Krieg auf und zog mit einem großen Heer für zehn Jahre vor die Mauern der Stadt an der Ägäisküste Kleinasiens. Diese Zeit nutzte Aigisthos, der Sohn des Thyestes, um das Herz der Klytaimnestra zu gewinnen. Gemeinsam entwickelten die beiden den Plan, Agamemnon nach seiner Rückkehr aus dem Krieg zu töten. Klytaimnestra erschlug ihn im Bad mit einer Axt. Nun wurde Aigisthos König in Mykene.

Um das Leben ihres Bruders Orest zu retten, ließ seine Schwester Elektra ihn an den Hof eines Verwandten auf dem Festland bringen. Sobald er erwachsen war, kehrte er auf Betreiben Elektras zurück und tötete Aigisthos und seine Mutter Klytaimnestra, die Mörder des Vaters. Nun verfolgten die Erinyen den Muttermörder und trieben ihn in den Wahnsinn. Doch auf Wunsch des ihm wohlgesinnten Apoll kam es zu einem göttlichen Gericht, das Orest freisprach. Damit war der Fluch des Pelops aufgehoben.

Und dann auch noch: Menschenopfer

Der Stoff, aus dem Theaterstücke sind, war damit aber noch nicht verbraucht. Als Agamemnon mit seiner Flotte auf dem Weg nach Troja in eine Flaute geriet, riet ihm ein Seher, seine Tochter Iphigenie der Göttin Artemis zu opfern. Die ließ die blutige Tat aber nicht zu, sondern entführte das Mädchen vom Opferaltar in ihr Heiligtum im Taurerland auf der Krim. Dort fand sie ihr Bruder Orest, der von Apoll den Auftrag erhalten hatte, die hölzerne Artemis-Statue aus diesem Heiligtum zu entführen. Die Geschwister erkannten einander, Iphigenie floh mit ihrem Bruder zurück auf den vom Familienblut getränkten Boden der Argolis.

Diese schöne Landschaft heute zu bereisen wird sicherlich spannender, wenn man Mykene nicht nur als archäologische Stätte, sondern auch als Schauplatz vieler antiker ›Tatort‹-Folgen begreift. ■

Von Klaus Bötig

Beim Feiern werden sie wild

Feste feiern — das können die Leute vom Peloponnes wirklich. Nicht nur beim Karneval in Pátra, selbst bei den Panigíri, den Kirchweihfesten, geht es ordentlich rund.

Offiziell wird der Karneval in Pátra seit 1829 veranstaltet. Die Hauptstadt des Peloponnes hat sich heute zu einer Karnevalshochburg gemausert. Ganz wie in Köln sind die jungen Leute ganz jeck.

Am Ende bleiben von der großen Sonntagsparade in Pátra nur Luftschlangen auf der Straße. Über 10 000 Karnevalisten nehmen am Umzug teil, der live im Fernsehen übertragen wird. Und dann beginnt die Fastenzeit.

Im Taígetos-Dorf Nédousa verkleiden sich die Leute beim Frühlingsfest am Aschmontag als Ziegen und Hirten. Sie tanzen und feiern für Wohlstand und Glück – in alter heidnischer Tradition.

Bevor der Epitaph, der symbolische Leib Christi, am Karfreitag, durch die Straßen getragen wird, schmücken ihn die jungen Frauen mit Bändern und Blumen, wie hier in Leonído.

Oben: Der Schutzpatron von Náfplio, der hl. Anastasios, wird am 1. Februar, dem Tag seiner Hinrichtung 1655 durch Türken, in einer prächtigen Prozession geehrt. Unten: Im Sommer werden in Epidaurus antike Theaterstücke am originalen Schauplatz gespielt. In Griechisch natürlich, aber mit englischen Untertiteln.

Destillieren nach alten Rezepten

Oúzo macht froh — vor allem, wenn er sich, ungekühlt mit Wasser vermischt, so schön milchig färbt. Ein Verkostungsbesuch in einer der ältesten Oúzo-Destillerien Griechenlands.

Der Anisschnaps Oúzo gilt als griechisches Nationalgetränk. In Deutschland ein Verkaufsschlager, wendet man sich in seinem Herkunftsland in letzter Zeit eher dem Tsípouro zu, den es mit oder ohne Anis gibt. Als Griechenland in den ›goldenen‹ Achtzigern und Neunzigern wirtschaftlich besser dastand, gönnte man sich ohnehin lieber einen weltgewandten Whisky.

»Aber jetzt haben sich die Zeiten geändert«, erzählt Jánnis Karónis, Eigentümer der Karonis Distillery in Náfplio (s. S. 189, Verkostung ca. 7 €, nur als Gruppe nach Absprache). »Griechische Spirituosen sind auch im Land wieder gefragt.« Ebenso wie der Tresterschnaps Tsípouro ist Oúzo steuerlich begünstigt, daher preiswerter als andere Schnäpse oder Liköre.

Traditonsbetrieb mit Showroom

Familie Karónis betreibt ihre Destillerie schon in der fünften Generation, seit 1869. Sie gehört zu den ältesten im Lande. Um ihre lange Geschichte zu präsentieren, hat der Karónis-Nachkomme einen Showroom in der Filiale der Innenstadt von Náfplio eingerichtet. »Mehr können Sie hier auf Deutsch nicht lesen«, grinst er und deutet auf die erste Parlamentszeitschrift des ersten Parlaments der damals ersten Hauptstadt Griechenlands aus dem Jahr 1833. Sie erschien auch mit deutscher Übersetzungen, weil in diesem Jahr ›Óthonas‹, so der gräkifizierte Name des jungen Otto von Bayern, König von Griechenland wurde.

An sich wandelnder Technik wird sowohl Waren- als auch Regionalgeschichte deutlich: Nicht anhand einer der ersten Destillierapparate des Hauses, der hier ausgestellt ist – er kam einst aus dem nordgriechischen Thessaloníki –, sondern mithilfe eines Firmenvideos erklärt der Fachmann seinen Gästen den Herstellungsprozess. Natürlich ohne das Familienrezept zu verraten.

Der kupferne Kessel wird je zur Hälfte mit Wasser und 96-prozentigem Äthylalkohol gefüllt. Die beigefügten Gewürze – fotogen auf einem runden Tablett drapiert: Sternanis, Ingwer, Koriander, Kardamom, Mastix und Fenchel – geben ihr Aroma zwei bis drei Tage lang an die Flüssigkeit ab, bevor der bis zu neunstündige Brennvorgang beginnt. Zwei Monate lang lagert die Mischung dann in Edelstahltanks und wird anschließend mit Wasser auf Trinkstärke herabgesetzt.

Kaum endet die werberomantische Hintergrundmusik des Videos, füllt der Gastgeber die schmalen Gläschen mit dem köstlichen Anistrunk auf. Aber nicht nur damit …

Vielfalt ist Programm

Nach 70 Jahren hat die Firma seit einigen Jahren wieder Wein im Programm. Jetzt stehen Oúzo, Tsípouro, Brandy, Kirsch- und Zitronenlikör, auch Mastícha auf dem Tresen. Welcher war noch gleich besser?

Der Tsípouro kann im Gegensatz zum Oúzo nur für kurze Zeit zwischen Oktober und Anfang Dezember destilliert werden. Er wird aus der Maische von Neméa-Trauben gewonnen und zweimal gebrannt. Der Mastícha, eigentlich auf der Insel Chíos zu Hause, hat lediglich 25 % Alkoholgehalt und eignet sich als Likör oder Digestif. Seine Grundlage ist das Harz des Mastixstrauches. Man sollte ihn probieren, denn an ihm scheiden sich die Geister – wie an Lakritz. »Wir zeigen immer die Zutaten im Schaukasten und erklären auch, woher sie kommen«, sagt Karónis besänftigend.

Schnaps in der Krise

Als Kuriosum der Sammlung gilt die Quittung eines deutschen Wehrmachtsoffiziers für ein beschlagnahmtes Kopfkissen der Familie. Während der deutschen Besatzung wurde übrigens heiter weiter produziert, was einmal mehr die steigende Nachfrage von Spirituosen in kriegerischen oder krisenhaften Zeiten beweisen könnte. Dann lässt man vielleicht alle Fünfe gerade sein.

Schließlich ist der Verzehr in Griechenland üblicherweise mit viel Sitzfleisch und viel Zeit verbunden. Auch wenn man sie nicht hat, man nimmt sie sich eben. »Stin Igiá mas« (kurz: *jámmas!*), auf unsere Gesundheit, so stößt man hier an! ■

Von Elisabeth Heinze

T

OÚZO TRADITIONELL

Die Heimat des Oúzo ist wahrscheinlich die einst griechische Westküste Kleinasiens im Osmanischen Reich. Nachweislich seit Mitte des 19. Jh. – vermutlich aber schon seit der Eroberung durch die Türken. Denn da der Islam Wein verbietet, musste etwas anderes her. Lange brannte man Weintrauben zu Alkohol (wie heute Tsípouro oder Soúma), doch dann wurden Rosinen (getrocknete Trauben) zum lukrativen Exportprodukt. Also brannte man den Alkohol aus Feigen. Als die pfiffigen Händler aus Smyrna (heute Izmir) merkten, wie gern in Marseille, ihrem wichtigsten Importhafen, Pastis mit Anisaroma getrunken wurde, da war die Idee geboren, dieses köstliche Gesöff zu kopieren. Oder war es andersherum? So jedenfalls könnte der Name entstanden sein: *Uso di Marsiglia* (›Gebrauch in Marseille‹) stand auf den Exportkisten. Übrigens: Immer, jedenfalls vor dem Verlangen der Touristen nach eiskaltem Oúzo, trank man ihn verdünnt mit Wasser. Denn richtig besoffen wurde man im Dorf zum Gespött der anderen. Und außerdem ist er so auch leckerer!

Offene Fragen

Oh mein
Kirch
hier eig

Seite 2

Oliven oder Mandarinen?

Seite 95, 250

Hat der Peloponnes ein Problem mit dem Klimawandel?

Seite 255

Ist Cannabis-Anbau hier ein gutes Business?

Seite 51

Endlich mal abschalten im Olivenhain?

Seite 174

Was tun, wenn man im Meer einer Caretta-Schildkröte begegnet?

Seite 256

Trauen Sie sich, telefonisch nach einem besseren Preis zu fragen, statt übers Internet zu buchen?

Baden oder eine Unterwasserstadt besichtigen?

Seite 201

Street-Art? Sogar auf dem Peloponnes?

Seite 24

Hätten Sie den Mut auszuwandern?

Seite 227

Sind alle Lakonier lakonisch?

Seite 125

Auf Wellen reiten oder auf einem Pferd in die Wellen reiten?

Seite 84

Ein Mann ohne Speer, geht das?

Seite 148

** Fragen über Fragen – aber Ihre ist nicht dabei? Dann schreiben Sie an info@dumontreise.de. Über Anregungen für die nächste Ausgabe freuen wir uns.*

abeth Heinze, freie Journalistin, ist auf der Peloponnes-Reise dem griechischen Gebirge mit seinen spektakulären Panoramen verfallen. Und sie findet: Nichts ist sicher in Griechenland, aber alles möglich. Das kann ärgerlich sein, wenn das Museum zu ist, obwohl man die Öffnungszeiten gerade erst online gecheckt hat – oder ganz wunderbar, wenn man spontan in den Garten einer fremden Familie zum Kuchen eingeladen wird. Aus der Perspektive einer Ethnologin aus Thüringen jedenfalls spannend.

Abbildungsnachweis

Dimitrios Karabatsos, Kalamáta (GR): S. 261 **Elisabeth Heinze,** Thessaloniki (GR): S. 14 re., 25, 40, 60, 97 li., 112, 143, 151 re., 175, 177 re., 203, 227, 253, 272 **Getty Images,** München: S. 282 u. li (Aris Messinis/AFP); 93 (DeAgostini); 14 li., 17 (Didier Marti); 137 (Franz Aberham); 58 (Michael Steele); 265 (Prisma/UIG); 248/249 (Valerie Gache/AFP) **Huber-Images,** Garmisch-Partenkirchen: Umschlagklappe vorn, S. 7 o. li., 10, 99, 105, 122 re., 125, 139, 200, 219 (Reinhard Schmid) **Laif,** Köln: S. 153 (Dagmar Schwelle); 280/281 (eyevine/eyev/Lefteris Partsalis Xinhua); 225 (hemis.fr/Rene Mattes); 96 li., 107 (Le Figaro Magazine/Laurent Fabre); 6 li., 8, 12/13, 69 li., 87, 159, 169, 176 li., 179, 183, 188, 271, 274, 276 o., 276 u. (Thomas Linkel) **Lookphotos,** München: S. 208 (age fotostock) **Mauritius Images,** Mittenwald: S. 282 o. li. (Anastasios Moumtzoglou/Alamy); 7 u. li. (Andronosh/Alamy); 97 re. (Anton Havelaar/Alamy); 123 re., 149 (Cinema Legacy Collection); 210 (Clairy Moustafellou/Alamy); 228 (foodcollection); 36, 90 (Giannis Katsaros/Alamy); 213 (Greek photonews/Alamy); 33 (Hercules Milas/Alamy); 35 (Karl Allen Lugmayer/Alamy); 85 (Katja Kreder); 89 (Klaus Scholz); 176 re., 283 u. (Martin Beddall/Alamy); 187 (Matthias Scholz/Alamy); 268/269 (Nigel Howard/Alamy); 27 (Nina Firsova/Alamy); 82 (Oleg Znamenskiy/Alamy); Titelbild, 29, 63, 68 li., 71, 282 re. (Peter Eastland/Alamy); 196 (Ruben Ramos/Alamy); 283 o. (Vangelis Bougiotis/Alamy); 15 li., 50, 56 (Westend61) **picture-alliance,** Frankfurt a. M.: S. 266 (ZB/Berliner Verlag Archiv) **Shutterstock.com,** Amsterdam (NL): S. 23, 223, 231 (Aerial-motion); 44 (Alika Obraz); 96 re., 111, 162 (Andronos Haris); 123 li., 256 (Benny Marty); 115 (Dimitris Panas); 77 (dinosmichail); 251 (DJSinop); 122 li., 134 (f8grapher); 7 re., 68 re., 80, 166 (Georgios Tsichlis); 173 (Georgios Zarkadis); 15 re., 65 (Heracles Kritikos); 177 li. (Karl Allen Lugmayer); 129 (Leonid Andronov); 150 li., 155 (Lev Levin); 47 (Maria Sbytova); 145 (mdanek); 161 (ollirg); 262 (Pavel Kirichenko); 147 (Pit Stock); 185 (SD91); 43 (siete_vidas); 241 (slava296); 117 (Styve Reineck); 102 (Sven Hansche); 69 re. (Theastock); 151 li. (Trakadas Ilias); 2/3, 192 (Ververidis Vasilis); 150 re. (Von ollirg) **The Victoria Karelias Collection of Traditional Greek Costumes,** Kalamáta (GR): S. 74 (Costas Vergas)

Umschlagfotos

Titelbild: Unterwegs in Kardamíli
Umschlagklappe vorn: Idylle pur am Símos Beach auf der Insel Elafónisos

Zitatnachweis

Zitat S. 7: Nicole Quint, Alexis Sorbas und der getürkte Grieche, Lesereise Peloponnes, Picus Verlag, 2013

Kartografie

© KOMPASS-Karten GmbH, A-6020 Innsbruck; DuMont Reiseverlag, D-73751 Ostfildern

Autoren: Elisabeth Heinze, Klaus Bötig **Redaktion/Lektorat:** Hans E. Latzke; Susanne Pütz **Bildredaktion:** Sylvia Pollex, Titelbild: Carmen Brunner **Grafisches Konzept und Umschlaggestaltung:** zmyk, Oliver Griep und Jan Spading, Hamburg

Hinweis: Autoren und Verlag haben alle Informationen mit größtmöglicher Sorgfalt geprüft. Gleichwohl erfolgen alle Angaben ohne Gewähr. Bitte schreiben Sie uns! Über Ihre Rückmeldung und Ihre Verbesserungsvorschläge freuen wir uns: DuMont Reiseverlag, Postfach 3151, 73751 Ostfildern, info@dumontreise.de, www.dumontreise.de

2., aktualisierte Auflage 2024

© DuMont Reiseverlag, Ostfildern
Alle Rechte vorbehalten

Printed in Poland

DAS KLIMA IM BLICK

Reisen bereichert und verbindet Menschen und Kulturen. Wer reist, erzeugt auch CO_2. Der Flugverkehr trägt in erheblichem Maße zur globalen Erwärmung bei. Wer das Klima schützen will, sollte sich für eine schonendere Reiseform (z. B. die Bahn) entscheiden – oder die Projekte von atmosfair unterstützen. Atmosfair ist eine gemeinnützige Klimaschutzorganisation. Die Idee: Flugpassagiere spenden einen kilometerabhängigen Beitrag für die von ihnen verursachten Emissionen und finanzieren damit Projekte in Entwicklungsländern, die dort den Ausstoß von Klimagasen verringern helfen. Dazu berechnet man mit dem Emissionsrechner auf www.atmosfair.de, wie viel CO_2 der Flug produziert und was es kostet, eine vergleichbare Menge Klimagase einzusparen (z. B. Berlin – London – Berlin 14 €). Atmosfair garantiert die sorgfältige Verwendung Ihres Beitrags.

atmosfair

FSC www.fsc.org
MIX
Papier | Fördert gute Waldnutzung
FSC® C018236